JN441518

조선 중기 훈구·사림정치와 광주이씨

조선 중기 훈구 · 사림정치와 광주이씨

초판 1쇄 인쇄 2011. 9. 21.
초판 1쇄 발행 2011. 9. 28.

지은이 박병련·김학수 외
펴낸이 김경희

경 영 강숙자
편 집 장수영
영 업 문영준
경 리 김양헌
펴낸곳 ㈜지식산업사
본사 • 경기도 파주시 교하읍 문발리 520-12
전화 (031)955-4226~7 팩스 (031)955-4228
서울사무소 • 서울시 종로구 통의동 35-18
전화 (02)734-1978 팩스 (02)720-7900
한글문패 지식산업사
영문문패 www.jisik.co.kr
전자우편 jsp@jisik.co.kr
등록번호 1-363
등록날짜 1969. 5. 8.

책값은 뒤표지에 있습니다.

ISBN 978-89-423-1147-7 (94910)
978-89-423-0062-4 (세트)

이 책을 읽고 지은이에게 문의하고자 하는 이는
지식산업사 전자우편으로 연락 바랍니다.

서 문

한국역사문화연구원에서는 그동안 수행해 온 문중연구를 한국역사문화연구총서로 간행하기로 했다. 총서 4는 《아계 이산해의 학문과 사상》이라는 제목으로 이미 출간되었다. 이번에는 조선시대 광주廣州이씨 둔촌공파遁村公派 인물들에 관한 연구들을 모아 세 권의 책으로 발간하고자 한다. 총서 1권에는 광주이씨 대종회에서 2006년에 위촉한 둔촌遁村 이집李集을 비롯한 둔촌계 초기 인물들에 대한 논문 8편을, 총서 2권에는 2007년에 위촉한 조선 중기 광주이씨 인물에 관한 논문 11편을, 총서 3권에는 조선 후기 광주이씨 인물에 관한 논문 12편을 수록하기로 했다. 책 제목은 각각 《조선 초기 사대부정치와 광주이씨》, 《조선 중기 훈구·사림정치와 광주이씨》, 《조선 후기 당쟁과 광주이씨》로 정했다.

1권에는 8편 가운데 4편이 중시조 둔촌遁村 이집李集에 관한 글들이고, 나머지는 그의 아들 지직之直·지강之剛, 손자 인손仁孫에 관한 논고가 실려 있다. 2권에는 이지직의 손자뻘인 극규克圭·극배克培·극감克堪·극증克增·극돈克墩·극균克均·극기克基·극견克堅 등과 그의 증손자인 세우世佑에 관한 논고가 수록되었다. 시대가 시대이니만치 여기에는 사화와의 관계가 다루어질 수밖에 없었다. 그리고 3권에는 조선 중기 이세좌李世佐의 손자인 연경延慶·윤경潤慶을 비롯해 그 뒤의 수경·중경·광악光岳·윤우潤雨·우항宇恒·원정元禎·도장道長·담명聃命·한명漢命·만운萬運·기양基穰 등 다양한 광주이씨 인물들에 대한 논고를 실었다.

대체로 학계에서는 인물연구라면, 더욱이 문중과 연계된 경우에는 문중사학이라고 매도하는 경우가 있다. 물론 문중에 유리하게 편향적으로 서술하면 그런 비난을 받아도 좋다. 그러나 이것은 생각하기 나름이다. 연구를 시작할 때부터 인물에 대한 객관적인 서술을 전제로 임하면 문제가 없을 것으로 생각한다. 오히려 인물사, 사상사 연구에서 문중에만 있는 자료를 협조받을 수 있어 심도 있는 연구에 도움이 될 수도 있다. 한국역사문화연구원에서는 이러한 사항을 반드시 계약서에 넣어 객관적인 연구를 해 오고 있다.

광주이씨는 현달한 인물이 많아서 한꺼번에 수십 편의 논문을 발표했다. 앞으로도 동고東皐 이준경李浚慶, 한음漢陰 이덕형李德馨에 관한 연구를 계속할 것이다. 관심 있는 많은 분들이 읽어 주시기를 바란다.

2011년 8월

한국역사문화연구원장 이 성 무

차 례

조선 초기 상신 이극배의 생애와 활동 • 문숙자

이극감의 생애와 관직활동 • 류주희

이극증의 생애와 정치활동 • 류주희

이극돈의 생애와 역사적 평가 • 박홍갑

조선 전기 사림-훈구 갈등과 사림 이데올로기의 정치적 정당화
-광원군 이극돈의 사례를 중심으로- • 박병련

조선 전기 이극균의 정치활동과 갑자사화 • 한춘순

이극견의 생애와 그 가문 • 이영춘

조선 전기 이세좌의 생애와 갑자사화 • 한희숙

성종 대 이세우의 정치활동 • 이상규

이극규의 생애와 정치활동

배 성
한국역사문화연구원

1. 머리말

이극규李克圭는 1472년(성종 3) 문과에 급제한 뒤 성종~연산군 대에 걸쳐 내·외직을 두루 거치며 활동한 문신이다. 그는 고려 말 도덕과 문장으로 이름이 높았던 둔촌 이집의 후손으로, 선대 이지직-이장손을 거치면서 대대로 전수된 강직하고 청렴한 기풍의 소유자였다. 그는 병조·호조참의, 사간원 대사간 등 주요 요직을 두루 역임하였고, 연산군 대 폐비윤씨 추숭 논쟁과 관련하여 정치적 시련을 겪기도 하였지만 20여 년이 넘는 기간 동안 정국의 당로자로서 활발한 활동을 하였다.

이 글에서는 이극규의 가계를 살펴보고 그가 성종~연산군 대의 정국에서 어떠한 활동을 하였는지를 중심으로 고찰해 보고자 한다. 그러나 이극규에 대한 연구는 현재로서는 전혀 진행된 바가 없고 관계 자료 또한 조선왕조실록, 《광주이씨세적》 등에 보이는 단편적인 기사들이 전부인 실정이다. 이러한 사실들을 감안하여 이 글에서는 부족하나마 실록 기사를 중심으로 조선 초기 정치사의 흐름을 이해하면서 그의 가계와 생애, 그리고 정치활동을 추적해 보고자 한다.

2. 가계와 생애

광주이씨는 신라 내물왕 때 내사령內史令을 지낸 이자성李自成의 후예들이다. 이자성은 지금의 경남 함안 지역인 칠원백漆原伯에 봉해짐으로써 그 자손들이 대대로 작위를 이어받았다. 그러나 나말여초의 격동기에 칠원만은 성을 굳게 닫고 신라에 절의를 지켜 항복하지 않다가 고려 태조의 노여움을 사게 되었다. 이에 그 후손들은 회안淮安(광주 경안) 역리驛吏에 처해져 신분이 강등될 위기에 직면하게 되었다. 당시 역리는 과거를 보아서 사적仕籍에 오를 수 없는 천역이었다. 그나마 요로에 있던 여러 관리들이 이들의 처지를 안타깝게 여겨 광주의 향리鄕吏로 이속시켜 주었다고 한다.1)

그 뒤 고려 말에 이르면 더러 과거에 급제하여 벼슬을 하는 이들도 생기게 되었는데, 그들 가운데 한 사람이 바로 이당李唐이었다. 광주이씨의 조상 중에서 오늘날 기록이 확실히 남아있는 사람은 둔촌遁村 이집李集이므로, 대부분의 광주이씨들은 이당을 시조로 하고 이집을 광주이씨의 제1대로 기록하고 있다.

이당은 광주의 향리로 사마시에 합격하였고 행실이 어질었는데 이집은 바로 그의 둘째 아들이다. 이집(1314~1387)의 초휘初諱는 원령

1) 《韓國系行譜》(天), 보고사, 1992, 341쪽.

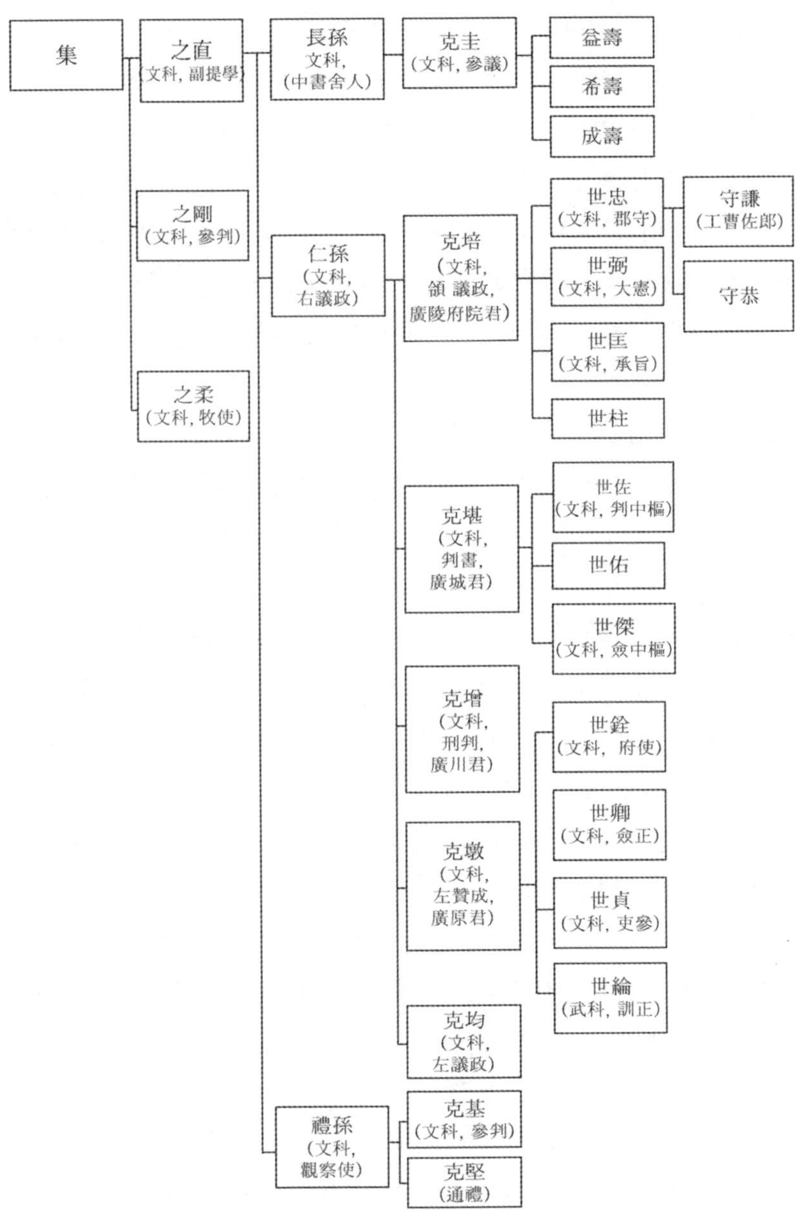

그림 1-1. 광주이씨 가계도

元齡, 자는 성노成老이다. 그는 포은圃隱 정몽주鄭夢周, 목은牧隱 이색李穡, 도은陶隱 이숭인李崇仁 등과 더불어 도덕과 문장으로 일세를 풍미한 인물로 널리 알려져 있으며, 1347년(충목왕 3)에 급제하여 봉순대부 판전교시사判典校寺事를 지냈다.

그는 일찍이 신돈과 뜻이 맞지 않아 그의 죄를 논척한 바 있었다. 이로 말미암아 화가 닥치게 되자 1368년(공민왕 17) 이집은 아버지를 업고서 난을 피하여 영천永川의 최원도崔元道의 집에서 숨어 지내게 되었다. 그러나 이듬해 아버지가 돌아가시자 최원도는 장례 일체를 친상親喪과 다름없이 마련해 주는 등 정성을 다하였다고 한다.

이후 1371년(공민왕 20) 신돈이 주륙을 당하자 이집은 4년 만에 비로소 송도로 돌아왔다. 이때 이집은 '지금 나는 마치 죽었다가 다시 살아난 것 같은데 어찌 이름만 옛 것을 쓸 수 있겠는가'라고 하며 이름은 집集, 자는 호연浩然, 호는 둔촌遁村이라 고치게 되었다.[2] 그 뒤 그는 여주 천녕강川寧江 가에 우거하면서 이색, 육우당六友堂 김구용金九容 등과 함께 조석으로 대화하면서 만년을 보냈다. 그가 세상을 떠난 지 얼마 되지 않아 조선왕조가 개창하였고, 그는 곧 의정부 좌찬성에 증직되었다. 저서에 《둔촌유고遁村遺稿》가 있으며 광주의 구암서원龜巖書院에 제향되었다.[3]

이집은 황석범黃碩範의 딸인 정화택주 영주황씨榮州黃氏와의 사이에서 지직之直·지강之剛·지유之柔 세 아들을 두었는데 이들 모두가 등제하는 쾌거를 이루었다. 이 세 아들의 맏이가 곧 이극규의 조부가 되는 이지직이다.[4]

2) 《遁村先生遺稿》 권4 부록, 〈墓碣文〉 및 《三峰集》 권4, 〈李浩然名字後說〉.
3) 《遁村先生遺稿》 권4 부록, 〈神道碑銘〉, 〈遺事〉 등.
4) 이지직에 관한 구체적인 사항은 김문택의 〈탄천 이지직의 관직생활과 청백리〉 참조.

이지직의 초명은 도途로 포은 정몽주의 문하에서 수학하였다. 그는 일찍이 1380년(우왕 6) 전구서승典廐署丞으로 대소과에 아원亞元으로 급제하여 한원翰苑을 거쳐 평창 등 여러 고을의 목사와 관찰사(관동·호서) 등 외직을 역임하였으며, 벼슬이 형조우참의刑曹右參議와 보문각寶文閣 직제학直提學에 이르렀다. 학문이 높고 처사處事에 바르고 강직하였으며, 청백하고 높은 절의가 있어 한 시대의 사표師表가 되었다고 한다. 뒤에 의정부 영의정에 추증되었다.

이지직과 관련하여 왕자의 난 당시에 있었던 다음의 유명한 일화는 단편적이나마 그의 충정을 엿볼 수 있게 한다. 일찍이 태종이 정안대군靖安大君으로 있을 당시 이방석을 제거하고자 군사를 몰고 출정할 때였다. 이지직은 죽음을 무릅쓰고 길을 막고서 그것이 옳지 못한 일임을 울며 간하였다. 그러자 사태의 심각성을 깨달은 춘정春亭 변계량卞季良이 홀로 "이모李某는 깨끗하고 곧은 사람입니다. 그의 말은 신의가 있으니 백이·숙제와 다름이 없습니다"라고 이지직을 변호하고 나섰다. 이에 태종은 그를 파직하고 그 자손들이 수십 년 동안 출입을 못하게 하는 것으로 사태를 마무리 지었다.

이후 이지직은 광주 한음漢陰의 탄천炭川 가로 물러나 담담하게 여생을 보내고자 하였다. 그러나 태종이 임종할 때 동궁에게 이지직을 다시금 중용하도록 명하였고, 이에 세종이 즉위하자마자 그는 다시금 형조우참의로 징소되었다. 그러나 그는 끝내 부임하지 못하고 세상을 등지고 말았다.[5]

이지직은 경주이씨 인주부사 이원보李元普[6]의 딸과의 사이에 장손

---

5) 《遁村先生遺稿》 권4, 부록, 〈淸白吏公 墓碣銘〉.
6) 이원보는 익재益齋 이제현李齊賢의 종질이었으며, 선조조의 명신 영의정 이항복李恒福은 그의 7세손이다.

長孫·인손仁孫·예손禮孫 세 아들을 두었는데, 이 세 아들도 모두 등과함으로써 광주이씨의 번성을 예고하였다. 이극규의 아버지 이장손의 자는 맹윤孟胤으로 1411년(태종 11) 문과에 급제, 행대감찰行臺監察, 좌헌납左獻納, 병조정랑, 의정부 사인 등을 역임하며 태종~세종 대에 주로 활동하였다.

이장손의 성품은 1417년(태종 17) 행대감찰로 있을 때 황희黃喜와의 사이에 있었던 일화를 통해 엿볼 수 있다. 그는 태종의 명을 받아 행대감찰로 의주義州를 다녀온 뒤 황희의 우유부단함을 탄핵하였다. 그 뒤 황희는 세종의 지우를 받아 정승이 되었고 사람들은 지난 일을 떠올리며 이장손이 외직으로 내보내질 것이라 생각하였다. 그러나 오히려 황희는 그를 중서성 사인舍人으로 천거하면서 그의 강직한 성품을 높이 평가하였다.

> 이모는 나와 같은 사람이다. 윗사람의 불의를 보고 말을 하지 않는다면 관직에 있을 필요가 없다. 그 또한 나를 위하여 그런 말을 한 것이다. 그는 청덕淸德과 강직을 두루 갖춘 사람이다. 이런 사람을 내가 알아주지 않는다면 나 또한 누가 알아주겠는가? 이는 소인이 할 짓이다.[7)]

한편 1430년(세종 12)에는 호조에서 공법의 폐해에 대한 논란이 있었다. 이장손은 당시 좌헌납으로서 토지 1결에 대한 세금을 10두로 한정한다면 경중의 구별을 어지럽게 하는 폐단이 있을 것이니, 양전量田이 끝나기를 기다려 다시 수납할 세량을 정하여 공사 모두 편리하게 하자는 견해를 밝힌 바 있다.[8)]

---

7) 《문종실록》 권12, 문종 2년 2월 8일. 영의정부사 황희의 졸기.
8) 《세종실록》 권49, 세종 12년 8월 10일.

또한 그는 효성이 지극하고 형제간에 우애도 좋았던 것으로 보인다. 이장손은 부친상을 당하자 좋은 묏자리를 수소문하였고 진사 조한필曺漢弼에게 자문을 구하게 되었다. 조한필은 "이 자리가 참으로 명당자리라 앞으로 자손들이 연이어 과거에 오르고 현달하겠으나, 단지 거리낌이 있는 것은 맏아들에게 좋지 않다"고 하였다. 이 말을 들은 형제들은 아무리 좋은 묏자리라도 형님에게 불길하다면 입장入葬할 수 없다고 고집하였다. 그럼에도 이장손은 오직 선친의 안장安葬만을 최우선으로 생각하여 그대로 장사를 지냈다.

그러나 안타깝게도 그 다음 해에 조한필의 말대로 이장손은 끝내 세상을 떠나고 말았고 그의 후손들도 아들 극규를 제외하고는 크게 문명을 떨치지 못하였다. 이와 달리 이장손의 아우인 인손·예손 형제들은 그 다음 대에 이른바 '광이8극廣李八克'의 전성시대를 맞이하면서 당대의 주요 가문으로 발돋움하는 또 하나의 전기를 마련하게 된다. 성현은 《용재총화》에서 광주이씨를 당대 최고의 문벌가문으로 꼽았다.

지금 문벌이 번성하기로는 광주이씨가 으뜸이다. 광주이씨는 둔촌遁村 이후로 점점 커졌으니 둔촌의 아들 지직之直은 참의였고, 참의는 아들이 셋인데 장손長孫은 사인舍人이었고, 인손仁孫은 우의정이었고, 예손禮孫은 관찰사였으며, 사인의 아들인 극규克圭는 지금 판결사判決事로 있다. 우의정에게도 다섯 아들이 있었는데, 극배克培는 영의정 광원부원군廣陵府院君, 극감克堪은 형조판서 광성군廣城君, 극증克增은 광천군廣川君, 극돈克墩은 이조판서 광원군廣原君, 극균克均은 지중추였으니, 모두 1품에 올랐는데, 이 네 아들은 공이 있어 군君으로 봉한 것이다. 광성군은 비록 일찍 죽었으나 그 아들 세좌世佐는 지금 광양군廣陽君이며, 문자文子·문손文孫도 높은 반열에 서서 서로 잇따

라 끊이지 않았다.[9)]

광이8극, 즉 이장손의 아들 극규, 인손의 다섯 아들 극배·극감·극증·극돈·극균, 예손의 아들 극기, 극견은 모두 문과에 급제함은 물론이고 주요 관직을 역임하며 정국의 당로자로서 이름이 높았다. 특히 이극배는 영의정을, 극균은 좌의정을 지낸 바 있고, 극기는 성리학性理學에 정통한 학자관료로 이름이 높았으며,[10)] 조선 초기에 있었던 몇 차례의 공신책봉에서도 극배·극감·극증·극돈 같은 이들이 여러 차례 녹훈되었다.

앞서 언급한《용재총화》의 기사에서도 알 수 있겠지만, 광주이씨는 이지직의 차자였던 인손과 그 후손들의 역할이 거의 절대적이었던 것과 달리, 이장손의 후손들은 아들 이극규가 성종~연산군 대에 세 차례 대간직과 호조·병조참의를 맡는 등의 활약상을 보이는 것을 제외하고는 크게 번성하지 못하였던 것 같다.

이극규의 자字는 공서公瑞로 이집–이지직–이장손을 이어 전수받은 강직하고 청렴한 가풍家風의 영향으로 매사에 겸양하고 정직하였으며, 의리에서도 늘 법도에 맞게 행하였다고 한다. 현재 남아 있는 자료가 부족하여 그의 생몰년조차 확인이 되지 않고 있으나 조선왕조실록에 나타난 기록에 따르면, 그는 1472년(성종 3) 과거에 합격한 뒤 성종~연산군 대에 걸쳐 사헌부 지평, 세자 보덕, 사간원 사간, 장례원 판결사, 호조참의, 병조참의, 사간원 대사간 등의 관직을 역임하였던 것으로 나타나고 있다. 이 과정에서 그는 당시 정국의 중요 현안이었던 외척과 공신자손의 지나친 작상爵償에 대해 강도 높은

9) 成俔, 《慵齋叢話》 권2.
10) 이극기에 대해서는 김학수, 〈이극기의 가계와 관직활동〉을 참조.

비판을 하였다. 또한 폐비윤씨 추숭 문제에서도 사은私恩과 대의大義의 경중을 논하면서, 폐비를 위해 신주와 사당을 세우는 일은 연산군의 애통 박절한 정에서 나왔으니 인정에 따라 하지 않을 수 없는 일임을 강조하였다.

그러나 이극규는 이 일로 말미암아 대간들의 거친 공박을 받게 되었고, 마침내 국문의 명까지 받게 됨으로써 커다란 시련을 겪기에 이르렀다. 그는 1498년(연산군 4) 정국의 파란을 일으켰던 무오사화戊午士禍를 전후로 관직에서 물러났던 것으로 보이는데, 이후 그는 해주의 수양산首陽山 아래에 은거하여 시詩와 부賦를 읊으면서 후생을 가르치는 것으로 여생을 보냈다. 자손들에게는 과거나 벼슬을 탐하지 말 것을 훈계하였고 향리로 돌아가서 본분을 지키며 처세를 잘하라는 유훈을 남겼다.[11]

그는 해주오씨 오효민吳孝敏의 딸과의 사이에 익수益壽, 희수希壽, 성수成壽(진위현령)를 두었고 성수의 아들 희석姬奭이 병절교위秉節校尉, 희석의 아들 충경忠慶이 참봉, 효경孝慶, 성경誠慶은 감찰監察, 우경友慶은 신창현감新昌縣監, 제경悌慶, 방경邦慶은 사과司果를 지냈다.

3. 성종~연산군 대의 정치활동

1) 이극규의 관직활동

이극규는 1472년(성종 3) 문과에 급제한 뒤 전라·황해도 도사를 거

11) 〈通政大夫戶曹叅議公 墓碑銘〉.

쳐 1485년(성종 16) 사헌부 지평이라는 대간臺諫의 직임을 맡게 되면서 중앙정계에 발을 들여놓게 되었다. 성종 대는 잘 알려진 바와 같이 16세기 이후 조선왕조의 발전 계기가 되고 그 발전의 성격을 특징짓는 중요한 변화의 시기였다.

세조 대부터 거의 모든 권력을 장악하고 있었던 소수의 훈구세력들에 대한 극렬한 비판으로부터 시작된 이러한 변화는 정치운영에서 성리학적 이념이 더 적극적으로 반영되어야 한다는 주장으로 나타나게 되었고 바로 이 과정에서 가장 중심적인 구실을 담당하였던 것이 대간이었다.

이극규는 처음 사헌부 지평이라는 직임으로 중앙정계에 입문하였을 뿐만 아니라 1492년(성종 23)에는 사간원 사간, 그리고 1496년(연산군 2)에 사간원 대사간이라는 대간직을 역임하였다. 그의 정치인생에서 세 번이나 대간직을 맡게 되었다는 사실은 바로 그가 성종 대

시 기	관 직
미상	전라·황해도 도사
1485년(성종 16)	사헌부 지평
1491년(성종 22)	세자 보덕
1492년(성종 23) 9월	사간원 사간
1494년(성종 25) 4월	절충장군에 가자
1495년(연산군 1) 1월	장례원 판결사
1495년(연산군 1) 5월	호조참의
1496년(연산군 2) 3월	병조참의
1496년(연산군 2) 8월	사간원 대사간
1497년(연산군 3)	호조참의

표 1-1. 이극규의 주요 관직 수행일람표

의 이 같은 변화의 중심에서 일정한 역할을 하였다는 사실을 간접적으로 시사한다.

대간, 즉 사헌부와 사간원은 관료들의 비행을 감찰하고 탄핵하며 왕에게 끊임없이 충고와 간언을 바쳤던 기관으로, 조선왕조의 통치기구 안에 설치된 자체적인 비판기구였다는 점에서 매우 특이하면서도 중요한 위치를 차지하고 있다. 그리고 대간의 탄핵과 간쟁행위는 왕조의 권력구조에 커다란 영향을 미쳤기 때문에 그 중요성은 더하다고 말할 수 있다.

성종 대에는 그 이전부터 조선왕조의 주요 관료를 배출했던 유력가문에서 절대 다수의 대간이 나왔다. 이 점에 대해 일찍이 정두희 교수는, 비교적 새로운 인물들이 많이 등장하였다고 알려진 성종 대의 대간에 이처럼 과거 중앙관료를 배출한 가문 출신이 주류를 이루고 있었다는 사실은, 조선 초기의 정치적·사회적 변동이 일어나는 가운데서도 지배층의 구성이 근본적으로 달라지지는 않았음을 말해주고 있으며, 조선 초기의 지배층은 성종 대 대간을 중심으로 보더라도 지속성이 무척 강하였다는 점을 인정하지 않을 수 없다고 하였다. 사실 지금까지 성종 대가 조선왕조 건국 이후 최초의 가장 중요한 변화의 시기였다는 점에 대해서는 이론의 여지가 없었다. 다만 그 변화의 성격을 어떻게 규정해야 하느냐라는 점이 논의의 초점이었던 것이다.

성종 대는 지방에 근거지를 둔 중소지주들이 과거를 통해 중앙정계에 진출하였는데, 주로 사헌부와 사간원 또는 홍문관과 같은 언론기관이 이들의 진출기반이 되었다. 그러나 위의 세 기관 가운데 사헌부와 사간원 직을 역임한 인사들의 대부분이 새로운 사회계층 출신의 신진인사가 아니라 조선 초기의 주요 관료가문 출신이었다는 점에 주목할 필요가 있다.

그러나 조선 초기 지배층의 지속성이 매우 강하였다고 해서 사회적인 변화가 전혀 없었다고 속단할 수는 없다. 성종 대는 분명 중요한 변동기였다. 대간의 활동에도 변화가 진행되고 있었으며 세조 대부터 거의 모든 권력을 장악하고 있었던 소수의 훈구세력들에 대한 극렬한 비판에서 시작된 이러한 변화의 대세는 거스를 수 없었다. 성종 대의 대간은 이러한 변화의 중심 역할을 맡았던 것이다. 그러므로 이들이 이전의 중앙관료를 배출한 가문 출신이었다 하더라도 이들의 행동 양식은 이전의 집권 관료들과 현저하게 달랐다는 점에 유의해야 한다.[12]

당시 광주이씨 가문에서는 모두 12명의 대간들을 배출하였는데, 그 가운데 11명이 이집의 후손이었다. 이극규를 비롯하여 극돈, 극균, 극기, 극견, 세필, 세광, 세좌, 세전, 세경, 수공이 바로 그들로, 대간을 배출한 이 시기 유력한 가문 사이에서도 수적인 면에서 절대 다수를 차지하는 양상을 나타내고 있어 광주이씨의 위상을 짐작케 한다.

이극규는 1485년(성종 16) 사헌부 지평을 맡으면서 역로驛路체계가 허술해지는 폐해에 대해 이는 역마를 타는 자가 많기 때문이니, 장번長番 내관內官이나 당상관을 제외한 당하관에게는 역마를 주지 말 것을 건의하였고,[13] 뇌물을 받은 관리의 아들 등의 허통許通이 잘못되었음을 간하는 등 비교적 활발한 활동을 한 것으로 보인다.[14] 그러나 1485년(성종 16) 사촌인 이극균이 병조판서로 임명되자 그는 당

12) 정두희, 《조선시대의 臺諫연구》, 일조각, 1994.
13) 《성종실록》 권178, 성종 16년 4월 21일.
14) 《성종실록》 권180, 성종 16년 6월 6일.

시 사헌부 대사헌을 맡고 있었던 이세좌와 함께 스스로 물러났다[引避].[15)]

그 뒤 이극규는 1491년(성종 22) 세자 보덕에 임명되었으며 1492년(성종 23)에 다시금 사간원 사간의 직임을 맡게 되었다. 이때에도 그는 육조 당상관의 오랜 유임에 대해 서로 돌려가며 바꿔 기용하여 어질고 어질지 못함을 가려야 한다는 견해를 피력하였으며,[16)] 또 사람을 인선하는 데에도 군자를 쓰고 소인을 물리쳐야 함을 늘 강조하였다.[17)]

한편 1494년(성종 25)에 그는 태조비 신의왕후神懿王后 한씨韓氏의 사당인 문소전文昭殿을 감역監役한 공로로 절충장군折衝將軍에 가자되었다. 당시 사헌부 대사헌 허침 등과 사간원 사간 등은 단지 문소전을 수리한 작은 공로만으로 당상관의 자급을 준 것은 부당한 처사라 간하는 등 논란이 있었으나, 성종은 이 일이 선왕 선후를 위한 것임을 명백히 밝히면서 더 이상 논하지 말 것을 전교하였다.[18)]

연산군 대에 들어서 이극규는 장례원 판결사, 호조 및 병조참의, 그리고 사간원 대사간의 직임을 맡으며 1498년(연산군 4) 무오사화를 전후한 시기까지 활동하였다. 그러나 그가 활동했던 연산군 대 초반은 분에 넘치는 외척의 중용, 작상爵賞, 재상의 임명, 폐비윤씨의 추숭 등의 문제를 둘러싸고 연산군, 재상과 대간, 홍문관의 대립과 갈등이 이어지던 시기였다.[19)] 특히 외척의 지나친 작상에 대해서는, 외척 또는 후족后族인 이철견李鐵堅, 윤탄尹坦, 안우건安友騫, 신수근愼

15) 《성종실록》 권181, 성종 16년 7월 7일.
16) 《성종실록》 권271, 성종 23년 11월 2일.
17) 《성종실록》 권271, 성종 23년 11월 9일.
18) 《성종실록》 권289, 성종 25년 4월 20일, 22일.
19) 김돈, 《조선전기 군신권력관계 연구》, 서울대출판부, 1997.

守勤, 임사홍任士洪 등의 등용에 대해 지평 최부崔溥 등이 청정聽政한 지 벌써 3개월에 이르니 10년이 못 가 외척의 조정이 될까 염려된다고 상계할 정도였다.[20)]

또한 성종의 계비 정현왕후 윤씨의 족친인 윤탕로尹湯老에 대한 대간의 집요한 탄핵도 또 다른 갈등을 가져왔다. 이극규는 호조참의를 맡고 있던 1495년(연산군 1) 김극뉴, 김심, 김경조 등과 함께 윤탕로의 일을 합동 심문하기를 아뢰었다. 윤탕로는 정현왕후의 족친임에도 성종의 국상 기간인 졸곡卒哭 전에 기생과 동거하였다는 이유로 대간의 탄핵을 받은 것이었다.[21)] 3개월 이상 대간과 홍문관에 의해 제기된 논박은 윤탕로가 파직된 뒤에도 계속되어 직첩을 환수하고 경기에 부처되고 나서야 일단락되었다.[22)]

또한 임사홍의 가자 문제도 정국의 끊임없는 갈등을 일으켰다. 연산군의 즉위 이후 처음 면대한다는 것을 이유로 공신 적장자 90여 명에 대한 가계加階 조치가 이루어지면서,[23)] 한편으로 작상의 외람을 논박하는 가운데 갈등이 드러났다. 그리고 이 과정에서 임사홍에게 가선대부嘉善大夫 상호군上護軍의 직첩과 가자가 주어지자, 대간·홍문관의 논박은 이 문제에 초점을 두었다.[24)] 그러나 대간이 의견을 개진한 지 몇 달이 지나고, 또 사직하기를 60~70번이 되도록, 대신들의 대다수가 대간의 간언을 받아들여야 한다고 의견을 모았으나 임사홍의 가자는 개정되지 않았다. 오히려 연산군은 대신이 대간을 두려워하여 그렇게 뜻을 모은 것이라고 간주하기까지 하였다.

---

20) 《연산군일기》 권5, 연산군 원년 5월 13일.
21) 《연산군일기》 권4, 연산군 원년 4월 10일.
22) 《연산군일기》 권7, 연산군 원년 7월 21일.
23) 《연산군일기》 권22, 연산군 3년 3월 8일, 14일.
24) 《연산군일기》 권22, 연산군 3년 4월 3일.

이 과정에서 이극규는 이육, 김제신, 이계남, 안침 등 여러 대신들과 함께 다음과 같이 간하였다.

> 벼슬을 주고 상을 주는 것이 비록 인군이 가진 권리이지만, 시행이 여러 사람의 마음에 맞지 않게 되면 대간이 논박할 수 있습니다.……예부터 간하여 논쟁하는 신하는 자기 자신의 계책을 하는 것이 아니라 그 책임을 다할 것을 생각할 뿐인 것입니다.……만일 아랫사람이 과감하게 말하는 것을 윗사람에게 항거한다고 한다면 안 되는 것입니다.……그 말이 비록 과격하더라도 굽히어 들어주는 것이 바로 제왕의 미덕인 것이요 존엄과 무게를 손상하는 일이 아닌 것입니다.[25]

그러면서 다시금 임금의 눈과 귀의 구실을 하는 대간의 공론을 존중해 줄 것을 간곡히 요청하였다. 이후 1497년(연산군 3) 6월, 선정전宣政殿 기둥에 벼락이 떨어지는 재변이 일어나자 그 해소책을 논의하는 가운데 공신의 가자와 더불어 임사홍에 대한 고신추탈告身追奪이 이루어졌다.[26] 그리고 원자의 탄생을 이유로 또 다시 임사홍에게 가선대부 상호군의 직첩이 주어졌으나[27] 곧바로 이를 논박하는 대간의 논계가 이어졌고, 여기에 의정부 및 육조의 대신도 가세하면서 임사홍의 가자가 개정되었다.[28]

이렇듯 이극규는 연산군 대 초반 군신간의 갈등이 차츰 고조되어 가고 있던 시대 배경 속에서 당시 논란이 되었던 주요 정치적 사안에 대해 자신의 주장을 소신있게 펴 나갔다. 그러나 다음에서 기술

25) 《연산군일기》 권24, 연산군 3년 6월 12일.
26) 《연산군일기》 권24, 연산군 3년 6월 28일.
27) 《연산군일기》 권28, 연산군 3년 12월 27일.
28) 《연산군일기》 권29, 연산군 4년 2월 5일.

할 폐비윤씨의 추숭 논쟁과 관련하여 여러 차례 대간들의 탄핵을 받게 되면서 그의 정치인생에서 최대 고비를 맞게 되었다.

2) 폐비윤씨 추숭 논쟁과 정치적 시련

원래 연산군은 성종에게 죄를 짓고 폐출된 폐비윤씨의 소생이었다. 성종은 만년에 앞으로 왕이 될 연산군을 고려해서였던지 폐비윤씨의 묘를 '윤씨지묘尹氏之墓'라 하고 묘직墓直 2인을 정하여 속절俗節에 제사를 올리는 최소한의 예를 갖추고, '이것으로 아들의 마음을 위로하고 혼魂의 정情을 감동케 하는 것이니 비록 내가 죽은 뒤라도 영원히 고치지 말아서 아비의 뜻을 따르라'고 유시하였다.

그러나 연산군은 즉위 직후 성종의 묘지문에 나타난 폐비윤씨의 아버지 윤기무尹起畝의 이름을 확인하는 과정에서 윤씨가 죄를 입어 폐위된 사실을 알게 되었다.[29] 그리고 연산군은 폐비 묘의 관리상태를 알아보는 과정에서 폐비 사사의 전말을 파악했던 것이다.[30]

그러한 가운데 1495년(연산군 1) 원로대신이었던 노사신盧思愼은 폐비윤씨가 선왕께 죄를 얻기는 하였지만 왕이 이미 존위尊位에 나갔으니 소생所生의 의리가 지극히 중대하므로 고례古禮를 알아보아 추존하여 제사드리는 일을 의논하자고 발의하였다. 이때 영돈령 윤호尹壕도 따로 사당을 세워 제사 드리고 묘소에도 따로 제사를 지내는 의식절차를 마련하자고 하였고 좌의정 신승선, 우참찬 윤효손 등도 이 의견에 동조하였다. 이 외에 이조판서 유순, 예조판서 성현 등 대부분의 대신들은 예관, 홍문관으로 하여금 옛 제도를 알아보게 한

29) 《연산군일기》 권4, 연산군 원년 3월 16일.
30) 《연산군일기》 권4, 연산군 원년 4월 11일.

뒤에 다시 의논하자고 건의하였다. 그러나 병조참판 허침, 이조참판 안침, 병조참의 정석견, 참지 성세명은 선왕의 유교를 결단코 고칠 수 없으며 천륜의 중함을 생각하고 기일마다 궁중에서만 재계, 소식을 행할 뿐 결코 국기國忌로 거행할 수는 없다고 주장하였다.[31]

당시 호조참의였던 이극규는,

> 폐후의 기신忌辰 등 일은 비록 폐위한 본의에 어긋남이 있는 것 같기는 하지만 신자의 정리로서 기신의 예를 폐지하는 것은 미안하므로 3년 안에는 궁중에서 거행하고 3년 뒤에는 예관으로 하여금 널리 옛 제도를 찾아보아서 다시 의논하여 시행하소서.[32]

라는 의견을 피력하며, 신주를 세우는 일 등은 연산군의 애통 박절한 정에서 나왔으니 하지 않을 수 없는 일임을 강조하였다.

이러한 논란이 계속되는 가운데 연산군은 이듬해인 1496년(연산군 2) 3월 폐비의 묘를 옮기도록 명하며 지난번 국기國忌로 거행할 수 없다고 주장한 안침 등을 거명하면서 이 일을 불가하다고 하는 자는 자신의 신하임을 부정하는 것으로 여기겠다고 말하기까지 하였다.[33]

그러나 예조참판 신종호 등은 묘를 옮기는 것보다는 예전대로 두고 보수하는 것이 마땅하다고 간하며 선왕의 분부를 어기지 말 것을 거듭 당부하였다.[34] 이에 연산군은 현재 허물어진 곳은 수축하도록 하며 삼년상이 끝난 뒤에 다시 좋은 산지, 길한 해를 택하여 천묘하라고 승정원에 전교하였다.[35]

---

31) 《연산군일기》 권8, 연산군 1년 8월 15일.
32) 《연산군일기》 권8, 연산군 1년 8월 15일.
33) 《연산군일기》 권14, 연산군 2년 3월 13일.
34) 《연산군일기》 권14, 연산군 2년 3월 14일.

천장 문제가 어느 정도 마무리되는가 싶더니 얼마 지나지 않아 다시금 입주立主·입묘立廟 문제가 본격적으로 제기되면서 대간, 홍문관에서는 성종의 유교를 준수해야 한다는 입장을 내세워 적극적으로 반대하는 상황이 전개되었다.36)

당시 홍문관 직제학 표연말表沿末의 차자를 보면,

> 전하께서 일찍이 윤씨의 양육한 은혜를 받지 못해 장사를 후히 하고 제사를 풍족히 하고자 할 것이나, 정은 끝이 없지만 예는 한계를 넘을 수 없는 것입니다.……지금 묘를 옮기는 일은 비록 부득이한 데서 나온 것이지만, 단연코 전보다 더할 수 없는 것인데, 장사를 빈嬪의 예로 쓰고 참람되게 석수石獸를 설치하고 또 신주를 세우고 사당을 세우자는 의논이 있으니……이는 전하의 망극하신 정情에 비위를 맞추는 데 지나지 않은 것입니다.……전하께서는 정을 누르시고 예를 따르셔서 한결같이 성종의 유교를 준수하시옵소서.37)

라고 하여 연산군이 은恩보다는 의義를 더 우선해야 하는 입장임을 거듭 강조하였다.

한편 이극규를 비롯하여 신승선, 홍귀달, 어세겸, 정문형, 한치형, 이극돈, 성준, 이세좌, 윤효손 등 입주·입묘를 찬성한 이들은 성인이 예를 만들 때 인정에 따라 절문을 만든 것이고 특수한 경우에는 임시로 변통하는 것이 곧 예임을 강조하면서, 묘를 옮긴 이상 신이 안거할 수 있도록 따로 신주를 세우고 사당을 세워 애모하는 정을 펴

35) 《연산군일기》 권14, 연산군 2년 3월 14일.
36) 《연산군일기》 권15, 연산군 2년 6월 3일~11일.
37) 《연산군일기》 권15, 연산군 2년 6월 5일.

는 것이 의리에 맞다는 견해를 드러냈다.38)

그러나 대간은 정을 누르고 예를 따를 것을 극력 주청하면서 선왕의 유교를 저버리지 말 것을 연일 간하고 나섰다. 또 홍문관 부제학 박처륜 등은 윤필상·노사신·정문형 등이 전에는 후세에서 바꾸지 말아야 한다고 의논하고서 이제 와서 번복하는 것은 신하의 도리가 아니라고 비판하였다. 이에 대해 노사신은 선왕과의 유교를 어기는 것은 그 과실이 적은 것이요, 모후를 서인庶人으로 대우하는 것은 그 과실이 큰 것이라며 반박하고 나섰다.39)

사태가 이러한 지경에 이르게 되자 사헌부에서는 노사신의 죄를 다스려야 한다는 차자를 올리기에 이르렀고, 노사신·윤필상 등은 마침내 존호를 올리는 일까지 거론하였다.40) 연산군도 내심 이 일을 추진하고 싶었지만 입주·입묘만 하더라도 효도를 다할 수 있고 성종의 3년상이 아직 끝나지 않았음을 들어 예조판서 성현이 반대하자 폐비윤씨에 대한 존호는 이 시기에는 올려지지 않았다.41)

그러나 그 뒤에도 대간과 홍문관의 반발은 계속되었고 그러다가 1496년(연산군 2) 8월 이극규는 사간원 대사간의 직을 맡게 되었다. 앞서 언급한 바와 같이 이극규는 호조참의 시절 폐비윤씨의 신주를 세우는 일 등은 연산군의 애통 박절한 정에서 나왔으니 불가피하다는 견해를 몇 차례 밝힌 바 있었다. 대사간의 직임을 맡은 뒤에도 그의 이러한 입장에는 변함이 없었고, 이 때문에 이와 정반대의 의견을 개진하고 있었던 여러 대간들과 심각한 괴리현상이 벌어지게 되었다.

38) 《연산군일기》 권15, 연산군 2년 6월 6일, 7일.
39) 《연산군일기》 권15, 연산군 2년 6월 8일.
40) 《연산군일기》 권15, 연산군 2년 6월 13일.
41) 《연산군일기》 권15, 연산군 2년 6월 12일, 13일.

이러한 가운데 이극규는 자신과 같은 의견을 폈첬던 대사헌 윤민, 집의 이의무와 함께 신주를 세우고 사당을 세우는 일은 인정에 따라 하지 않을 수 없는 바, 대간이 뜻이 맞지 않으면 한쪽을 체직遞職시키는 것이 준례임을 들어 피혐避嫌을 청하기에 이르렀다. 이에 대해 사간 민휘, 장령 허집 등 대간들은 이극규와 윤민, 이의무를 임금의 비위에 맞추어 하늘에 계신 선왕의 영을 배반하였다는 죄명으로 국문할 것을 청하기에 이르렀다.[42]

상황이 갈수록 심각한 양상으로 전개되자 영의정 신승선은 양편을 다 체직시키기를 요청하였다. 연산군도 대간들을 모두 체직시키겠다는 엄명을 내리고는[43] 이튿날 김심金諶을 사헌부 대사헌으로, 이복선李復善을 사간원 대사간으로, 유빈柳濱을 사헌부 집의로 명하였다.[44]

이후 김심, 이복선 등은 윤민·이극규·이의무 및 천묘도감당상遷墓都監堂上 등을 국문하도록 극력 주청하였고 끝까지 이를 반대하던 연산군과의 지루한 논쟁 끝에 마침내 윤허를 받게 되었다.[45] 그리고 이듬해 1497년(연산군 3) 4월, 사당〔廟〕은 '효사孝思', 무덤〔墓〕은 '회懷'로 지칭되면서 폐비윤씨에 대한 연산군의 추숭 의도는 이 시기에 어느 정도로 마무리되었다.[46]

---

42) 《연산군일기》 권17, 연산군 2년 8월 8일, 10일.
43) 《연산군일기》 권17, 연산군 2년 8월 10일.
44) 《연산군일기》 권17, 연산군 2년 8월 11일.
45) 《연산군일기》 권17, 연산군 2년 8월 20일, 21일, 22일, 27일, 29일; 권18, 연산군 2년 9월 4일.
46) 《연산군일기》 권22, 연산군 3년 4월 9일. 연산군의 전제적 성향이 드러나게 되면서 동시에 언관언론이 위축되었던 1502년(연산군 8)에는 대산 홍문관의 반대에도 효사묘의 친제 및 조석상식에 관한 의제절목가지 상세히 마련되고 있었다(《연산군일기》 권45, 연산군 8년 7월 29일, 8월 3일, 8일). 이후 1504년(연산군 10) 연산군은 생모의 폐비사건을 문제 삼아 갑자사화를 일으키면서 거듭 추숭론을 거론하였다. 이때는 연

이 일로 이극규는 그동안의 정치활동에 큰 타격을 입었던 것으로 보인다. 그는 사간원의 대사간으로서 폐비윤씨의 추숭 문제에 대간들과 정반대의 의견을 개진함으로써 국문을 명받기까지 하였고 이 일이 일단락된 뒤에도 여러 차례에 걸쳐 대간들에게 인신공격성 질책을 받기도 하였다.[47]

이후 이극규는 다시금 호조참의 직을 맡아 활동했던 것으로 보이며 1498년(연산군 4) 무오사화가 끝난 지 얼마 되지 않아 관직에서 물러나 수양산 아래에 우거하면서 만년을 보내었다. 그는 1499년(연산군 5) 연산군이 춘궁春宮에 있을 때의 정리를 생각하여 한차례 더 서용되는 기회를 얻게 되나 관직에 나아가지는 않았다.[48]

4. 맺음말

광주이씨는 둔촌 이집 이후 차츰 문벌이 번성하였고 그 명성은 이른바 '광이8극'시대에 이르러 최정점에 도달하게 된다. 이 글에서 살펴본 이극규도 8극 가운데 한 사람으로 이집과 이지직, 그리고 이장손으로 면면히 이어져 내려오던 강직하고 청렴한 가풍을 이어받아 20여 년이 넘는 관직생활을 충실하게 수행하였다.

그는 1472년(성종 2) 과거에 합격한 뒤 성종~연산군 대를 거치면

산군 초와 달리 사화로 신하들의 기상이 크게 저해되어 윤필상, 유순, 박건, 정미수 등 대부분의 대신들이 찬성했고 최숙생, 이행, 김세필 등 일부 삼사신만이 반대하였다. 이러한 상황에서 사친추숭 작업은 쉽게 추진되어 폐비윤씨는 제헌왕후로 추숭되고 회묘는 회릉으로 격상되었으며 별묘인 혜안전이 건립되었다(《연산군일기》 권52, 연산군 10년 3월 23일, 24일; 권53, 연산군 10년 5월 6일).

47) 《연산군일기》 권18, 연산군 2년 9월 4일, 10월 8일.

48) 《연산군일기》 권34, 연산군 5년 7월 11일.

서 병조·호조참의, 사간원 대사간 등 주요 요직을 두루 역임하였다. 특히 연산군 대에는 당시 정국의 중요 현안이었던 외척과 공신자손의 작상 문제, 폐비윤씨 추숭 문제 등에 관여하며 일관되면서도 소신있는 의견을 개진하였다. 그러나 폐비윤씨 추숭 문제에서 자신이 사간원 대사간직을 맡았음에도 여러 대간들과 의견이 맞지 않아 수차례 탄핵을 받기에 이르렀고, 이후 무오사화를 전후한 시기까지 1년여 동안 관직생활을 한 뒤 정계에서 물러났다.

관직생활에 염증을 느꼈던 그는 수양산 아래에 은거하며 후학들을 가르치는 것으로 여생을 보내었다고 하며, 자손들에게 과거나 벼슬을 탐하지 말 것을 훈계하였다고 한다. 이극규의 자손 가운데 관계에 진출한 사람이 많지 않았던 것도 이러한 영향 때문이라 생각된다. 추후 후손들에 대한 종합적인 연구를 기대해 본다.

■ 참고문헌

《遁村先生遺稿》《三峰集》《慵齋叢話》
《세종실록》《문종실록》《성종실록》《연산군일기》
《韓國系行譜》(天), 보고사, 1992.

정두희, 《조선시대의 臺諫연구》, 일조각, 1994.
김돈, 《조선전기 군신권력관계 연구》, 서울대출판부, 1997.

이극기의 가계와 관직활동

김 학 수
한국학중앙연구원

1. 머리말

'일반화의 오류'라는 것이 있다. 이는 특정 집단에 속하는 인물을 그 집단의 일반적인 속성과 동일시하는 것을 말한다. 조선시대, 특히 조선 초기 훈구세력이라고 하면 훈공을 바탕으로 권력의 노른자위를 독점·세습한 세력으로 치부하여 다소 비판적인 시각으로 바라보는 것이 사실이며, 그 정점에 이집李集의 자손들인 광주이씨가 있었던 것으로 인식되어 왔다. 이는 마치 19세기 세도정권기의 안동김씨[壯洞金氏]를 망국의 장본인으로만 몰아붙일 뿐 그들이 명가로 성장하기까지 감내해야 했던 정치적 희생과 문화·학술상의 업적은 간과하는 것과 같은 이치이다.

이 글에서 다루고자 하는 이극기李克基(1426~1489)는 이집의 증손이므로 그 또한 '광주이씨'라는 문벌의 속성과 별개로 존재할 수는 없다는 쪽에 무게를 실어 평가해 버린다면, 그것이 바로 일반화의 오류이며 편견인 것이다.

이극기는 분명 당대의 훈구 명문 광주이씨 출신이었지만 그가 남긴 역사적 자취는 크고 참신했으며, 교훈 또한 되새길 만한 것이었다. 그는 세종~성종조에 이르는 수성의 시대에서 뛰어난 성리학적 소양과 원칙론에 바탕을 둔 투철한 관료정신을 가지고 문교진흥과 문물정비에 이바지한 사람이었다.

그럼에도 현대의 사가들 가운데 그에게 주목한 이는 없었고, 또 남겨진 사료 또한 풍부하지 못하여 조선왕조실록이나 동시대인의 문집류에서 일부 기록이 보일 뿐이다. 이에 이 글에서는 시론적이나마 이들 기록을 바탕으로 이극기의 삶의 궤적들을 추적하여 그 의미를 새겨보고자 한다.

2. 가문의 전통

이극기의 자는 백온伯溫, 호는 원봉圓峯, 1426년(세종 8) 황해도관찰사를 지낸 예손과 밀양박씨 사이에서 2남 1녀의 장자로 태어났다. 그의 집안인 광주이씨는 당대 손꼽히는 문벌가문이었다. 이집李集의 문장과 절조節操, 이지직李之直[1)]의 청백淸白 등 유교적 이념과 가치에

1) 이지직은 아래로 지강之剛·지유之柔 두 동생이 있었는데, 이들 또한 문과 출신이었다. 특히, 이지강은 문과 중시에도 합격한 수재로 경연관으로 활동하며 군주의 마음을 바로잡아야 한다는 '정심지설正心之說'을 올려 국초의 명신으로 평가되었고, 벼슬은 좌참찬에 이르렀다. 이지강의 학자적 면모와 경연관으로서의 역할은 훗날 종질 이극기에게로 계승·발전된 일면이 있었다. 이지유는 직언으로 말미암아 외직에 출보되었다가 의분을 이기지 못하고 사망한 불운한 인물이었다. 이 가계는 후일 영남학파의 핵심가문으로 성장하게 되는 의성김씨와 혼맥으로 연결되어 있었는데, 이지유의 사위 김영명金永命은 이황의 고제로 퇴계학맥의 전승과 발전에 중요한 구실을 담당했던 김성일金誠一의 5대조이다(영남학파에 대해서는, 李樹健, 《嶺南學派의 形成과 展開》,

충실했던 선대의 행적은[2] 하나의 가풍으로 이어졌고, 이런 토대 위에서 이지직의 세 아들 장손長孫·인손仁孫·예손禮孫이 문과에 합격하여 청요직을 수행함으로써 문로가 혁혁해졌다. 특히, 이집의 증손인 극규(장손의 아들)·극배·극감·극증·극돈·극균(이상 인손의 아들)·극기·극견(이상 예손의 아들) 등 이른바 '8극八克' 대에 이르면 전성기를 누리게 되는데, 성현成俔은 《용재총화慵齋叢話》에서 광주이씨의 번화상을 다음과 같이 평가했다.

> 지금 문벌이 번성하기로는 광주이씨가 으뜸이고, 그 다음으로는 우리 성씨만 한 집안도 없다. 광주이씨는 둔촌遁村 이후로 점점 커졌으니 둔촌의 아들 지직之直은 참의였고, 참의는 아들이 셋인데 장손長孫은 사인이었고, 인손仁孫은 우의정이었고, 예손禮孫은 관찰사였으며, 사인의 아들인 극규克圭는 지금 판결사로 있다. 우의정에게도 다섯 아들이 있었는데, 극배克培는 영의정 광릉부원군廣陵府院君, 극감克堪은 형조판서 광성군廣城君, 극증克增은 광천군廣川君, 극돈克墩은 이조판서吏曹判書 광원군, 극균克均은 지중추知中樞였으니, 모두 1품에 올랐는데, 이 네 아들은 공이 있어 군君으로 봉한 것이다. 광성군은 비록 일찍 죽었으나 그 아들 세좌世佐는 지금 광양군廣陽君이며, 문자文子·문손文孫도 높은 반열에 서서 서로 잇따라 끊이지 않았다.[3]

성현의 평가에서 이지직의 차자 인손과 그 자손들의 역할이 더욱

일조각, 1998 참조).

2) 이지직의 청백리로서의 삶은 본 총서 1권에 수록된 김문택의 〈탄천 이지직의 관리생활과 조선조 청백리〉 참조.

3) 成俔, 《慵齋叢話》 卷2, "當今門閥之盛 廣州李氏爲最 其次莫如我成氏 廣李自遁村以後漸大 遁村之子參議之直 參議之子三 曰長孫舍人 曰仁孫右議政 曰禮孫觀察使 舍人之子克圭今爲判決事 議政有五子 曰克培領議政廣陵府院君 曰克堪刑曹判書廣城君 曰克增廣川君 曰克墩吏曹判書廣原君 曰克均知中樞 皆階一品 四人以功封君 廣城雖早卒 其子世佐今廣陽君 文子文孫 羅列崇班 相繼不絕."

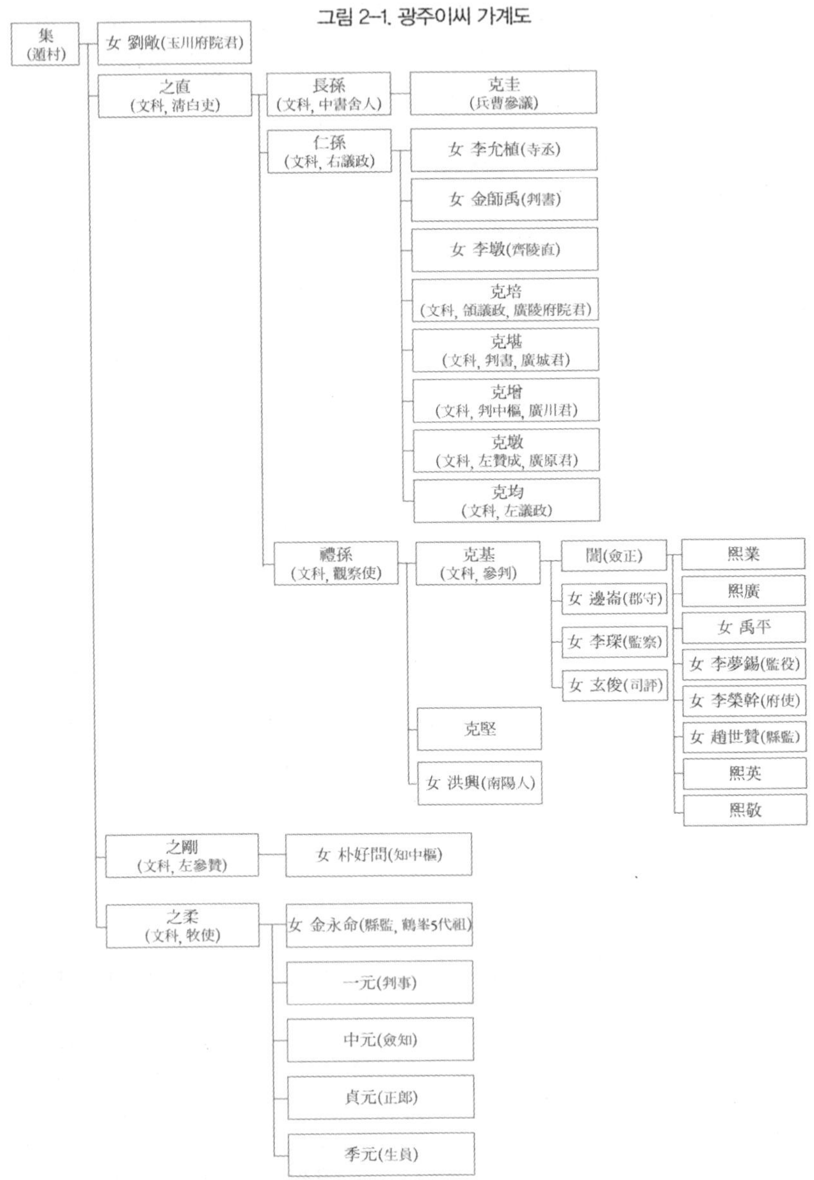

그림 2-1. 광주이씨 가계도

* 1610년(광해군 2)에 간행된 《廣州李氏族譜》(庚戌譜)와
1724년(경종 4)에 간행된 《廣州李氏族譜》(甲辰譜)에 의거하여 작성.

강조되고 있는 것은 사실이지만 이 글의 주인공인 이극기 가계 또한 환력이 탄탄하고 사회적 기반도 확고하였다. 특히 이예손·극기 부자는 유학에 조예가 깊어 성균관 대사성을 수행하며 왕조 초기의 유풍儒風을 진작시키는 과정에서 사환가보다는 학자로서의 전통을 수립하게 되었던 것이다.

이극기의 아버지 이예손은 이집→이지직으로 이어지는 절조와 청백의 기풍을 고스란히 이어받은 학자·관료였다. 1411년(태종 11) 문과에 합격하여 세종연간부터 본격적인 사환활동에 들어간 그는 정언·지평 등 주로 대간직에 종사하며 직언을 서슴지 않았고, 특히 윤리와 강상을 어긴 죄에 대해서는 추호의 관용이 없었다. 1440년(세종 22) 사헌부 지평으로 재직하고 있을 때 상중에 기생과 간음한 김하金何의 처벌을 극론하여 세종에게 강한 인상을 남겼던 일화는[4] 강직했던 그의 면모를 잘 대변하고 있다.

이후 그는 병조정랑, 수원부사 등을 거쳐 1456년(세조 2)에는 사유師儒의 자리인 성균관 대사성이 되어 예문 직제학 안지귀安知歸, 직집현전 이계선李繼善, 사성 이승소李承召, 예문 응교 서거정徐居正, 사예 김수온金守溫 등 당대의 명사들과 함께 세조의 문신 친강親講에 참가하기도 했다.[5] 아쉽게도 이예손의 문집이나 저술이 전하지 않아 학문과 사상의 정도를 알 수는 없으나, 위의 기사를 통해서 볼 때 그가 유학적 소양이 매우 깊었던 인물이었음은 분명한 것 같다. 이예손의 이러한 유학적〔性理學〕 소양은 뒷날 아들 이극기가 아버지에 이어 '부자대사성父子大司成'의 영예를 이어가는 한편, 유신儒臣으로 일컬어지며 성종조 흥학興學의 상징적인 존재로 부각되는 데 적지 않은 영향

4) 《세종실록》 권91, 세종 22년 10월 25일 갑오.
5) 《세조실록》 권5, 세조 2년 9월 11일 무인.

을 미쳤던 것으로 생각된다.

한편 이예손은 세종~세조조에 이르는 네 명의 왕을 섬기는 동안 정치적 외풍에 따른 별다른 부침없이 평탄하게 사환에 종사하였고, 1457년(세조 3)에는 좌익원종공신(2등)에 책훈되어 황해도관찰사, 형조참의 등 안팎의 요직을 두루 거쳤다. 세조의 신임이 두터웠던 그는 1459년(세조 5) 관압사로서 명나라에 파견되었다가 돌아오는 길에 병을 얻어 사망하였다. 이예손이 위독하다는 보고를 받은 세조는 내의內醫와 아들 이극견을 보내 치료를 도왔다. 군왕의 예우와 정성에도 그해 3월 11일 이예손이 봉산鳳山에서 유명을 달리하자, 세조는 쌀·콩 각 20석, 종이 100권, 곽槨·송진〔松脂〕·석회石灰 등을 부의로 내려 지우를 표시하였다. 이예손의 삶의 궤적은 그의 졸기에 압축적으로 표현되어 있다.

> 이예손은 광주 사람인데 성질이 강개慷慨하고 방직方直하여 구차하게 남의 마음에 들려고 하지 않았으므로, 그때에 염개廉介하다고 불렀다. 그가 죽게 되자, 사람들이 모두 애도하였다.[6)]

강개하고 방직함은 조부 이집의 유풍이며, 염개한 정신은 아버지 이지직으로부터 유전된 것이라 해도 지나치지 않은 바, 이예손의 이러한 청덕淸德은 고스란히 대물림되어 이극기와 같은 호학好學 군자의 출현을 예견하게 된 것이다.

이예손의 2남 1녀 가운데 차남 극견은 좌통례를 지냈고,[7)] 사위 홍

6) 《세조실록》 권15, 세조 5년 3월 11일 계사, 관압사 이예손의 졸기.
7) 이극견의 자손 중 일부는 영남으로 낙남하여 영남학파의 주요가문으로 성장, 발전했다. 이극견의 5세손 석담 이윤우는 한강 정구의 고제로 회연서원에 배향되었고, 이윤우의 손자 이원정과 증손 이담명 부자는 숙종조 남인정국의 핵심인물로 활동했다.

홍洪興은 대사헌을 지낸 현달한 인물이었다. 특히, 홍홍은 한성부윤 홍심洪深의 아들이자 성종조에 좌의정을 지낸 홍응洪應의 아우였으니, 남양홍씨와의 혼맥에서도 당시 이예손·극기 집안의 사회적 지위를 충분히 유추할 수가 있다.8)

좌익원종공신에 책훈되었던 이예손의 정치적 위상, 이인손-'5극五克'으로 대변되는 광주이씨 일문의 정치적 성향을 고려할 때 이예손·극기 가문도 당대 손꼽히는 훈구세력이었음에 분명했다. 그러나 이극기를 거쳐 아들 이은李誾 대에 이르게 되면 훈구적 색채를 벗고 사림세력으로 탈바꿈하게 되는데, 이극기의 아들 이은, 생질 홍사부洪士俯, 종질 이영부李英符가 1519년 기묘사화 당시 조광조 일파로 몰려 화를 입은 사실이9) 이를 증명해 주고 있다.10)

한편 이극기는 슬하에 1남 3녀를 두었는데, 아들 이은은 호가 음

특히, 이들은 안동김씨 김시양 가문, 전주이씨 이수광 가문, 해주정씨 정중휘 가문, 동복오씨 오시수 가문 등 근기남인의 명가들과 혼맥으로 닿아 있었고, 학맥상으로는 미수문하를 출입하며 영남남인의 핵을 이루었다.

8) 남양홍씨 홍심 가문은 안동김씨 청음·선원 가문과도 혼맥으로 연결되었다. 홍심의 손자 홍걸의 사위가 곧 김상헌·상용 형제의 증조인 김번이었다. 김번과 그 후손들이 묘역이 조성된 양주 석실은 원래 홍심 가문의 별업이 있던 곳이었으나 김번이 처가로부터 이 일대를 물려받은 것으로 알려지고 있다(조준호, 〈조선후기 石室書院의 위상과 學風〉, 《조선시대사학보》 11, 1999; 이근호·조준호·이계형, 〈京畿北部地域의 集成村의 분포와 입지조건〉, 《北岳史論》 8, 2001).

9) 《學圃集》 卷9, 〈己卯黨禁錄〉.

10) 이런 경향은 인손의 자손들에게서도 공통적으로 찾을 수 있는데, 예컨대 이인손의 현손 연경延慶·윤경潤慶·준경浚慶, 약수若水·약해若海·약빙若氷 대에 이르면 광주이씨는 조광조, 김안국, 성수침, 조식 등과 학문적 유대관계를 굳건히 하며 사림명가로 거듭날 수 있었다. 특히, 김굉필(寒暄堂)·조광조(靜菴) 양문의 문인이었던 이연경은 기묘사화 당시에는 조광조 일파로 몰려 피화될 뻔했으나 중종의 배려로 화를 면한 뒤로는 이자 등과 교유하여 사림의 학풍을 크게 진작시켰다. 점필재→한훤당→정암의 학통을 잇는 그의 문하에서는 노수신盧守愼, 강유선康惟善, 심건沈鍵, 서경덕徐敬德, 조성趙晟 등이 배출되었다. 노수신, 강유선, 신건은 그의 사위이기도 했는데, 뒷날 노수신이 탄수의 신도비명을 찬한 것도 혈연과 학연에 따른 굳건한 세의에 바탕을 둔다. 더욱이, 서경덕은 개성을 중심으로 화담학파를 형성함으로써 탄수학맥을 보다 신장시킨 인물로 평가할 수 있다.

애陰崖로, 조광조의 억울함을 주장하다 피화되어 〈기묘명현록己卯名賢錄〉에 이름이 올랐다. 이은은 하형산河荊山의 문하에서 수학하여[11] 학문과 문장이 출중하였으며, 1480년(성종 11) 사마시에 입격하였고, 이듬해인 1481년 음서로 출사하여 사헌부 감찰, 형조정랑 등의 요직을 역임하였다.

그는 학맥이나 교유관계에서 김종직金宗直 → 김굉필金宏弼 → 조광조趙光祖로 이어지는 사림파와 관련이 깊었다. 그의 스승인 하형산은, 정몽주의 문인이자[12] 승평수문昇平守文의 재상으로 잘 알려진 영의정 하연河演의 종손자로, 당대에 이름난 문사였다. 그는 학문이 정박하고, 후진의 양성에 각별했던 나머지 배움을 청하는 학도들이 문정門庭에 가득했다고 하며,[13] 이극기와는 1482년(성종 13) 성종의 명으로 《소문충공집蘇文忠公集》의 이해하기 어려운 대목을 주해할 때 동참한 인연도 있었다.[14]

특히 그의 행적에서 눈여겨볼 점은 점필재 문인 유호인兪好仁과의 관계이다. 일찍이 하형산은 유호인이 《황산곡집黃山谷集》을 간행할 때 경상도 도사로서 적극 협조한 바 있었는데,[15] 이것은 1485년(성종 16) 이극기가 경상감사로 재임할 때 조위曺偉, 유호인의 시詩를 책자로 만들어 봉진한 것과[16] 일맥상통한다고 하겠다.

이처럼 이은은 스승 하형산, 아버지 이극기가 유호인·조위 등 점필재 문인들과 교유하는 과정에서 사림파들과 가까워질 수 있었던

11) 《甫村書院誌》〈陰崖年譜〉〈9歲〉.
12) 《東儒師友錄》 卷1, 〈圃隱先生門人〉〈河文孝公演〉.
13) 《성종실록》 권83, 성종 8년 8월 20일 갑인.
14) 《성종실록》 권140, 성종 13년 4월 6일 갑진.
15) 《雷谿集》 卷7, 〈黃山谷集跋〉. "會是時 金相公自行建節于玆道 而河斯文荊山爲之佐 於是請工鳩集鋟梓垂半."
16) 《성종실록》 권175, 성종 16년 2월 28일 경진.

것으로 보이며, 이러한 유대는 이은의 학문·정치적 행보에 영향을 끼쳐 마침내 1519년(중종 14) 조광조 등이 새로운 인재등용책으로 모색했던 현량과賢良科에[17] 추천되기도 했던 것이다. 비록 현량과에 합격하지는 못했지만 이를 통해 조광조 등 기묘사림과 입장을 같이했음을 알 수 있고, 이를 빌미로 기묘사화가 일어나자 영광의 보라리甫羅里로 유배되었던 것이다.[18] 2년이 지난 1521년에 해배되었지만 이후 그는 모든 관직을 마다하고 경산京山에 은거하여 후학을 양성하다 1522년(중종 17) 68세로 사망하였다.

이은의 묘비문은 정사룡鄭士龍이 찬했는데, 정광보鄭光輔의 아들이자 영의정 정광필鄭光弼의 조카였던 정사룡은 명종~선조조 문단文壇의 거장으로 이름이 높았다. 정사룡이 인척관계에 따른 세의에 의해 이은의 비문을 짓게 되었는데,[19] 이은의 아들 이희업李熙業이 정광보의 사위였으므로 이희업과 정사룡은 처남-매부 사이였던 것이다. 이처럼 이극기 가문은 차츰 사림파적 성향을 보이는 가운데 동래정씨와 같은 명가들과 통혼하고 있었다.

한편 막내 사위 현준玄俊은 이극기의 환우였던 현석규玄碩圭의 아들이었다. 현석규는 세조의 선견지명으로 효령대군의 손서가 된 인물로서[20] 문과에 합격하여 벼슬이 참찬에 이르렀으며, 영의정 이극배와 사돈을 맺었다. 즉, 이극배의 아들 이세광李世匡이 현석규의 사

17) 李秉烋, 《朝鮮前期畿湖士林派硏究》, 일조각, 1984.
18) 1782년(정조 6) 나주 사림들은 이은李誾의 유풍을 기려 보촌사甫村祠를 건립하여 위패를 봉안하였다(《甫村書院誌》〈沿革〉 참조).
19) 《甫村書院誌》〈陰崖先生諱誾墓碑文〉. "以銘屬于余 余以監察(李熙業: 필자)妹壻也 義不可辭."
20) 〈효령대군유사孝寧大君遺事〉에 따르면, 수양대군 시절 세조는 여러 대군 왕자와 더불어 제천정濟泉亭에서 연회를 베풀다 마침 과거차 상경하는 한 선비를 불러 빈례賓禮로 대접하고 성명을 물은 다음 효령대군에게 사위로 맞이할 것을 권유하자 평소 세조의 식견을 깊이 신임하였던 효령은 흔쾌히 그를 손서로 맞았다고 한다(《淸權輯遺》 原集, 〈大君遺事〉).

위였고, 현석규의 아들 현준이 이극기의 사위였으니 연주현씨와 광주이씨는 연혼·중혼관계에 있었고, 이로써 이극기 집안은 효령가孝寧家와도 간접적인 혼맥을 형성하게 되었던 것이다.

3. 관직활동

이극기가 태어나던 1426년(세종 8)은 수성의 군주로 평가되는 세종 치세의 출범기로 집현전의 학자들을 중심으로 왕조 초기의 문물제도를 정비하는 데 박차를 가하던 시기였다.[21] 또한 그가 사망하던 1489년(성종 20)은 문치주의의 기치 아래 추진되었던 우문정책佑文政策이 화려한 꽃을 피우던 시기이기도 했다.

이극기는 바로 이 수성의 시대를 이끈 숨은 일꾼이었고, 당시만 해도 이해의 폭이 넓지 못했던 성리학의 탐구에 침잠했던 학자였으며, 백성을 다스림에 법도를 중시했던 뛰어난 경세가였다.

명문가의 자제로 태어나 양질의 교육을 받고 자란 그는, 관료로서는 부지런함[勤]과 삼가함[愼]으로 공무를 받들었고, 학자로서는 성리학을 깊이 연구하여 지나치게 파고들거나 왜곡하지 않았으며, 교육자로서는 학생들을 심복시켜 운집하게 하는 도량을 지닌 스승이었다.

또한 그는 40여 년 동안 관직생활을 하면서 성균관 정자, 예문관 검열, 호조좌랑, 홍문관 수찬, 사헌부 지평·장령, 성균관 대사성, 예문관 부제학, 이조참의, 승지, 대사헌, 한성우윤, 예조참판, 공조참판

---

21) 李成茂 外, 《世宗時代의 文化》, 태학사, 2001.

등 삼사와 문한의 요직을 두루 거쳤고, 1453년 문과에 합격하여 홍문관 수찬에 임명된 뒤로는 뛰어난 학문을 바탕으로 서연·경연관으로 활동하며 국왕과 세자를 올바르게 이끄는 데 크게 이바지하였다. 나아가 그는 《시경詩經》 구결의 교정, 《소문충공집》의 난해처의 주해, 《오례의五禮儀》의 주석 등 학술고문 역할에도 충실하였다.[22]

이처럼 그는 주로 중앙에서 관직생활을 하였고, 외직으로 나간 것은 강원·경상감사 등 극히 일부에 지나지 않았다. 두 차례의 감사 발령은 민생을 챙기겠다는 성종의 강한 의지가 반영된 인사 조치였지만, 그때마다 유생들은 임명을 거두어주기를 청하는 상소를 올리는 등 미담적 성격의 인사 파문이 일기도 했다.

이극기는 문과를 통해 발신한 전형적인 문신이었지만 성리학에 정통하여 조정에서는 유신으로 일컬어지면서도 문장에 능하고 경세에도 밝아, 1479년(성종 10)과 1481년 두 차례에 걸쳐 정조사로 임명되어 중국을 다녀오기도 했다.[23] 결국 그는 학문과 문장, 경세를 고루 갖춘 유능한 관료였고, 여기에 권력에 아부하지 않는 직심, 유교적 윤리·강상을 지키고자 했던 소신이 더해지면서 훈구와 사림 모두의 존경과 인정을 받았으며, 40년 관직생활에 어떤 추문도 남기지 않아 청명淸名을 보존하였다. 이제 이극기가 관료로서 벌였던 여러 활동 가운데서도 가장 대표적인 몇 가지 사안들을 살펴보고, 그 의미를 가늠해 보기로 한다.

22) 《세조실록》 권44, 세조 13년 12월 1일 계사; 《성종실록》 권140, 성종 13년 4월 6일 갑진; 권149, 성종 14년 12월 12일 신미.
23) 《성종실록》 권108, 성종 10년 9월 20일 계유; 권139, 성종 12년 10월 20일 신유.

1) 성리학적 소양과 관학교육의 진흥

〈원봉연보圓峯年譜〉에 따르면, 이극기가 학업을 시작한 것은 6세 때였고, 입문서는 《소학》이었다.[24] 그러나 그가 누구에게서 수학했는지에 대해서는 알려진 것이 없어 학맥·학통을 파악하기는 어렵다. 다만, 그의 증조 이집이 이색李穡·정몽주鄭夢周·이숭인李崇仁 등 삼은三隱과 교유가 깊었던 점은 학문적 연원과 관련하여 시사하는 바가 크다. 그러나 이극기의 학문은 기본적으로 이집→이지직·지강→이예손으로 이어지는 가학에 바탕을 두었다고 할 수 있고, 훈구 가문으로 성장·발전을 구가하던 광주이씨의 가문적 성격을 고려할 때 그를 관학파의 대표적 인물로 규정할 수 있을 것 같다.

이극기는 세종 치세의 후반부인 1446년(세종 28)에 21세의 나이로 생원시에 입격하여 음직으로 출사하였고, 1453년(단종 1)에 실시된 식년 문과에 급제하여 당당히 문신의 반열에 올랐다. 계유정란과 세조의 즉위로 이어지는 일련의 정치적 격변을 거치면서도 별다른 부침이 없었던 이극기가 성리학적 소양을 바탕으로 유신儒臣으로 부각되기 시작한 것은 1462년(세조 8) 서연관書筵官에 임명되면서였다.

당시 37세에 지나지 않던 이극기는 세조가 직접 자리한 가운데 윤필상과 함께 세자에게 《맹자》를 강론하였고, 이 자리에서 세조는 이극기의 학술과 인품을 신뢰하여 벼슬을 올려 주라는 파격적인 지시까지 내렸다.[25] 나아가 1466년(세조 12)에는 공조판서 구종직이 학문이 정밀하고 깊다는 명분으로 그를 적극 천거했다. 당시 구종직은 8개 조항의 흥학조건을 올리면서 주백손朱伯孫, 임수겸林守謙, 이극증李

24) 《圓峯先生文稿》〈年譜〉〈6歲〉(1431).
25) 《세조실록》 권29, 세조 8년 12월 4일 갑자.

克增, 이극기李克基, 구치동丘致仝, 김영벽金映壁, 김석통金石通, 방강方綱 등 8인에게 성균관, 종학宗學, 사학四學의 책임을 맡길 것을 건의했던 것이다.[26]

이런 가운데 이극기의 학문적 명성은 날로 높아져 1470년(성종 1)에는 당대의 실력자 한명회가 서면으로 이극기 등에게 사표의 책임을 맡길 것을 건의하기에 이른다. 당시 이극기와 함께 천거된 사람은 모두 7명이었으나, "경학經學에 밝고 행실을 닦은 사람은 오직 이극기 한 사람뿐이고, 그 나머지 사람들은 훈고訓古를 대강 익혔을 뿐이다"라는[27] 세론은 이극기가 경학, 즉 성리학의 본질의 탐구에 정통했던 학자였음을 말해준다.

구종직·한명회 등의 지속적인 천거와 함께 마침 신임 대사성 신자승申自繩이 동지사 정자영鄭自英과 알력을 빚다 사간원의 탄핵을 받고 체직되자,[28] 그해 4월 6일 비로소 이극기가 성균관 대사성에 임명되어 사유의 자리에 오르게 되었다. 주지하다시피 성균관은 '명인륜明人倫', '성인재成人才'의 사명을 띠고 건립된 관학의 최고학부로, 조선왕조의 지배 사상인 주자학 이념을 보급하고 관료양성소의 기능을 지닌 기관이었다.[29] 대사성은 실제적으로 성균관을 대표하는 직임으로 학식과 인품을 겸비한 사람만이 임명될 수 있었다.[30] 당시 이극기는 45세의 나이로 1456~1457년에 대사성을 지낸 바 있는 아버지 이예손에 이어 14년 만에 '부자대성父子大成'의 영예를 누리게 되었다.[31]

---

26) 《세조실록》 권39, 세조 12년 7월 7일 병자.
27) 《성종실록》 권2, 성종 1년 1월 27일 병오.
28) 《성종실록》 권4, 성종 1년 4월 1일 기유.
29) 이성무, 《한국 과거제도사》, 민음사, 1997, 289쪽.
30) 이성무, 위의 책, 415쪽.

이로부터 약 10개월 동안 홍학에 노력하던 이극기에게 1471년 2월 뜻밖의 인사 조치가 내려졌다. 외직인 강원도관찰사에 임명된 것이었다. 이에 한명보 등 성균관 유생들이 연명으로 상소하여 만류할 것을 청하자, 성종은 이극기가 비록 현재賢才이기는 하지만 한 가지 일에만 얽매이게 할 수 없다는 이유로 이를 받아들이지 않았다. 사실 이극기는 학문에 정통할 뿐만 아니라 경세에도 밝았기 때문에 성종은 민생을 돌보기 위해 잠시 그를 감사에 보임한 것이었다. 그러나 도백道伯의 직무는 그리 오래가지 않아 그해 11월 다시 대사성에 복직하게 되었다.

바로 이때부터 이극기는 사유로서 직무에 전념하여 많은 치적을 남겼다. 당시만 해도 성균관은 유교 아카데미라는 본래의 기능에서 벗어나 특권 자제들의 출세도구화됨으로써 교육기능이 허약해지는 일면이 지적되고 있었고, 유생들의 기강도 문란해졌던 것이 사실이었다.

이에 이극기는 대사성에서 물러난 뒤에도 경연관으로 활동하며 경서 강독의 중요성을 줄기차게 제기하여[32] 부문浮文, 곧 부질없는 문장을 일삼아 요행을 바라는 사풍을 바로잡는 데 노력하였다. 강경론講經論과 제술론製述論의 대립으로 표현되는 학문 풍토는 세조조 이후부터 강경론 우위의 추세를 보이게 되었는데, 여기에는 주자학의 학문적 연구를 기초로 하는 지방 유학자들의 활발한 정계 진출과 밀접한 관계가 있었다.[33] 그러나 이극기는 훈구 가문 출신이면서도 오

31) 이집의 사위이자 이예손의 고모부로 조선왕조 초기에 대사성을 지낸 옥천부원군玉川府院君 유창劉敞을 포함한다면(《태조실록》 권2, 태조 1년 9월 27일), 둔촌가문에서는 신왕조가 개창된 지 100년 이내에 무려 3명의 대사성을 배출한 셈이 된다.
32) 《성종실록》 권53, 성종 6년 3월 3일 임자.
33) 이성무, 앞의 책, 464쪽.

히려 '학문의 연원을 알기 위해서는 독서가 필수이니, 경서를 강독하는 법은 결코 폐지할 수 없다'는 입장을 분명히 하였다.[34)]

또한 그는 반수泮水의 복구로 대표되는 성균관의 외연 정비에도 각별한 관심을 보였다. 반궁제泮宮制에서 반수는 필수 요소로, 1434년(세종 15) 성균 사예 김반에 의해 반수 개척 문제가 처음으로 제기되었으나 성종 초반에 이르기까지 난맥상을 거듭하였다. 그러다 1470년(성종 1) 성균 생원 유자후가 이를 재론함으로써 조정의 현안으로 부각되자 1475년(성종 6) 좌부승지 이극기는 경연 등 기회가 있을 때마다 개척의 필요성을 강변하여[35)] 그해 윤6월에 기존 반수의 양안兩岸에 석축石築을 쌓는 단계까지 진전하게 되었다.

이처럼 이극기는 대사성에서 물러난 다음에도 성균관을 비롯한 관학 진흥에 노력하였고, 경연관으로 활동하는 과정에서 성종의 신임도 더욱 두터워졌다. 그리하여 1477년(성종 8) 2월에는 경연의 참찬관 자격으로 사紗 1필을 하사받기도 했다.[36)]

유신, 특히 사유로서 이극기의 면모는 동료들의 평가에서 여실히 드러난다. 1477년 8월 석강에서 손비장孫比長은 이극기가 대사성으로서 유생들을 강훈·교회하여 그들을 심복시킨 공로를 높이 평가하는 한편, 성종이 이극기의 학식을 묻자 학문이 매우 정통하고 능숙한 사람으로 추앙해 마지않았고,[37)] 1482년(성종 13) 이극기가 동지성균관사의 직책을 사직하기를 청한 바 있었는데, 당시 사신은 논찬에서 다음과 같이 평할 정도였다.

34) 《성종실록》 권53, 성종 6년 3월 3일 임자.
35) 《성종실록》 권53, 성종 6년 3월 9일 무오.
36) 《성종실록》 권77, 성종 8년 2월 16일 갑인.
37) 《성종실록》 권87, 성종 8년 12월 12일 을사.

> 이극기는 학술이 순수하고 바르며 인품이 매우 고매하여 일찍이 대사성이 되었는데, 배우는 자가 흠앙하였으니, 근래의 유교의 총수가 되는 자가 그와 견줄 이가 없다.[38]

이 두 가지 평가만 보더라도 이극기는 학술과 인품을 고루 갖춘 인물로 유생들을 마음으로 감복시킬 수 있었던 참스승이었다고 할 수 있었다.

다만 문집이나 저술이 전하지 않아 그의 학자적 진면목을 자세하게 알 수는 없지만 그가 당대에 손꼽히는 성리학자였음에는 의심의 여지가 없다. 예컨대, 1482년 11월 성종은 이학理學(주자학)에 밝은 대신들을 불러 학문을 강론한 적이 있었는데, 윤필상, 홍응, 노사신, 이극배, 윤호, 서거정, 허종, 이파, 손순효, 어세겸, 이극기 등 모두 11명이 소집되었다. 이날의 주제는 《대학》의 명명덕明明德, 신민新民, 지지선止至善과 심心, 성性, 정情이었는데, 이극기의 대답이 가장 명쾌하였다고 《성종실록》은 전하고 있다.[39]

뿐만 아니라 그해 12월에는 선정전에서 《대학》, 《중용》을 강하는 자리에 소명을 받고 입시하는[40] 등 학문 토론의 마당에는 어김없이 그가 있었고, 1483년(성종 14) 정월 성종이 전경專經 문신들로 하여금 강독하게 할 때는 허종, 이승소 등과 함께 입시하기도 했다.[41]

한편 이극기는 1483년 8월 동지성균관사로서, 흉년으로 줄어든 성균관 유생들에 대한 처우를 구례대로 회복할 것과 동학東學의 강사講舍를 수리할 것을 건의하여 성종의 허락을 얻는 등 교육 문제에 관

38) 《성종실록》 권148, 성종 13년 11월 14일 무신.
39) 《성종실록》 권148, 성종 13년 11월 24일 무오.
40) 《성종실록》 권149, 성종 13년 12월 23일 정해.
41) 《성종실록》 권150, 성종 14년 1월 19일 임자.

한 남다른 애착을 보였다.

1485년(성종 16) 성종이 공조참판 겸 동지성균관사 이극기를 경상감사에 임명하자 성균관 생원 문계유文繼游 등은 장문의 상소를 올려 명을 철회할 것을 극력 주장하였다. 이극기의 탁월한 학문과 행실, 유생들을 감복시키는 사유로서의 자질과 덕망 등이 자세하고 간곡하게 묘사된 이 상소를 통해 이 의견이 관학 유생들의 공론이라는 사실과 함께 이극기가 이들 유생들로부터 얼마나 중망을 받고 있었는지를 짐작하고도 남는다. 그러나 유생들의 간청에도 성종이 이를 가납하지 않자 사신은 아래와 같은 논평을 통해 당시의 인사를 평가하였다.

> 이극기가 일찍이 대사성이 되었을 때, 여러 학생들이 재사에 있으면서 혹시 이야기하고 떠들고 웃다가도 이극기가 온다고 하면 반드시 숙연하게 몸가짐을 단정하게 하였으니, 그 심복함이 이와 같았으므로 근세에 스승의 자리에 있는 사람이 미칠 바가 아니다. 이에 이르러 학생들이 그대로 머물러 있게 해달라고 청하였으나 윤허를 얻지 못하여 크게 실망하였다.[42)]

사유로서 이극기의 위상은 그를 대신하여 동지성균관사가 된 사림의 영수 김종직에게도 인정을 받았으나,[43)] 경상감사로 부임한 지 10개월 만에 중풍에 걸림으로써 동지중추부사로 체직되어 일선에서 물러나게 되었다. 하지만 관학의 부흥에 헌신했던 그의 업적은 1489년(성종 20) 1월 10일 그가 사망한 뒤에도 모범적인 사례로 두고두고 사람들의 입에 오르내렸다. 《성종실록》에 수록된 졸기는 사유로서

42) 《성종실록》 권174, 성종 16년 1월 18일 신축.
43) 《성종실록》 권181, 성종 16년 7월 17일 을축.

교육 진흥에 노력했던 그의 삶을 매우 적실하게 표현하고 있다.

> 동지중추부사 이극기가 졸하였다.……또 성리학에 정밀하여 천착하지 아니하고 왜곡하지 아니하며, 대의를 잡기에 힘쓰니, 이로 말미암아 배우는 자가 기꺼이 스승으로 삼았다. 전후에 스승의 자리에 있으니, 학업을 받는 자가 모두 따랐다. 성균관 동지에서 가정대부에 올라 경상도관찰사로 나가자 학도들이 상소하여 머물기를 청하였으나, 임금이 백성을 다스리는 직무가 사유보다 중하다고 하여 특별히 보냈다. 이때 바야흐로 흉년이 들어 구제할 정책이 가장 급했다. 이극기가 마음을 다해 백성을 보호하며 쉬지 않고 분주하였는데, 그로 말미암아 병을 얻어 크게 쓰는 데 이르지 못하게 되니, 사람들이 모두 애석해하였다.[44]

이처럼 이극기는 일생을 주자학적 가치와 이념에 충실한 관료로서 일관된 삶을 살았던 만큼 이단에 대해서도 매우 엄정한 태도를 보였다. 대표적인 것이 척불斥佛이었다. 우선 그는 고려가 망한 이유는 불교를 숭신했기 때문으로 단언하였고, 태종이 사원을 정비한 것을 매우 높이 평가하였다.[45] 이 연장선에서 그는 1476년(성종 7) 승려가 날로 증가하는 폐단을 지적하고 법의 엄격한 시행을 적극 주장하였고,[46] 1477년(성종 8)에는 처녀가 머리를 깎고 중이 되는 폐단을 바로잡을 것을 주장하는[47] 등 척불에는 강경론으로 일관하였다.

척불에 대한 이극기의 입장이 단적으로 드러난 것은 1479년(성종 10)에 발생한 승려 설준雪俊에 대한 처리 문제였다. 정인사正因寺의 승

44) 《성종실록》 권224, 성종 20년 1월 10일 기사.
45) 《성종실록》 권48, 성종 5년 10월 26일 무신.
46) 《성종실록》 권70, 성종 7년 8월 1일 신미.
47) 《성종실록》 권76, 성종 8년 2월 29일 무술.

려였던 설준은 양반가문의 자제를 유인하고, 법회를 핑계로 여승과 과부들을 꾀어서 감금한 죄로 붙잡혔는데, 그 처리를 두고 조정에서 논란이 일었다. 당시 대사헌이었던 이극기는 경연에서 마땅히 설준을 환속시켜야 한다고 주장하였지만[48] 성종은 허락하지 않았다. 이에 이극기는 전후 다섯 차례에 걸쳐 차자와 면대를 통해 설준을 법에 따라 처단할 것을 주장하는 등[49] 매우 집요한 태도를 보였다. 이극기가 설준의 처리 문제에 이토록 집착했던 것은 불교 폐단의 척결과 국법의 엄정한 시행에도 목적이 있었지만, 동시에 주자학적 가치체계를 확립하고자 했던 유자 본연의 대불관對佛觀이 강하게 반영된 결과라 할 수 있다.

이상에서 살펴본 바와 같이 이극기는 성리학에 대한 깊이 있는 견해를 바탕으로 사유의 자리에 올라 관학 진흥에 노력하였고, 나아가 불교에 대해서는 단호한 입장을 취함으로써 조선왕조 초기 유교문화의 정착에 크게 이바지하였던 것이다.

2) 원칙론에 바탕을 둔 경세관

이극기가 국가의 문물제도 정비 작업에 참여하며 경세 관료로서 부각된 것은 세조 후반기였다. 당시 세조는《경국대전經國大典》의 완성도를 높이고자 여러 차례에 걸쳐 교정·수교하는 과정을 거쳤는데,[50] 1465년(세조 11) 이극기는 좌부승지 이영은李永垠과 함께 〈호전戶典〉을 수교하였고,[51] 1467년(세조 13)에는 정인지, 최항, 양성지 등

48)《성종실록》권103, 성종 10년 4월 5일 신묘.
49)《성종실록》권103, 성종 10년 4월 6일 임진; 성종 10년 4월 10일 병신.
50) 李成茂, 〈經國大典의 편찬과 大明律〉,《역사학보》제125집, 역사학회, 1990, 85~106쪽.
51)《세조실록》권36, 세조 11년 5월 21일 정묘.

과 함께 새로 지은 〈형전刑典〉의 수교 작업에 참여하였다.[52] 이러한 경험은 뒷날 이극기가 재용의 절감, 형옥의 공정성, 선군의 역사 금지 등을 주장하며 정치·경제·사회 전반의 사안을 폭넓게 아우르는 경세관을 확립하는 데 커다란 영향을 미치게 되었다.

당대의 문제점과 개선책을 설파한 이극기의 주장은 상소, 차자, 경연에서의 면대 등을 통해 왕에게 전달되었는데, 대표적인 것은 1473년(성종 4) 예문관 부제학 재직시에 올린 상소였다. 이 상소는 한재旱災에 따른 일종의 시국 타개책으로 군주의 정심에서 사습士習의 확립, 내수사의 혁파와 과전의 회복, 인재선발과 언론의 확충에 이르기까지 국정의 현안과 문제점 등을 조목조목 지적한 장문의 글로, 그 내용을 요약하면 다음과 같다.

① 하늘의 경계를 삼가할 것(군주의 정심正心과 수신修身)
② 습속을 바로잡을 것(사풍士風의 확립)
③ 내수사內需司를 혁파할 것
④ 과전科田을 회복할 것
⑤ 정병政柄을 무겁게 할 것(인사의 공정성)
⑥ 선용選用을 공정히 할 것(인사의 공정성)
⑦ 상벌을 신중히 할 것
⑧ 부비浮費를 줄일 것(재정의 효율적 활용)
⑨ 언로를 확충할 것
⑩ 금법禁法을 엄하게 할 것

52) 《세조실록》 권43, 세조 13년 9월 26일 무자.

①은 군주가 천심에 따라 마음을 바로잡고, 법규에 따라 조정의 기강을 바로 세울 것을 요청하는 내용이다. 당시 성종은 한재가 들자 주악을 금하고 음식을 줄이는 등 근신하는 태도를 보였으나 이극기는 신료들 가운데 군주의 방침에 부응하는 자가 없음을 개탄한 나머지 이러한 주장을 한 것이다. 결국 조정의 기강을 바로 잡아야 한다는 데 요점이 있었다.

②는 사치와 부박함을 일삼는 사풍을 바로잡기를 요청하는 내용이다. 당시 신료들 사이에는 고을의 창기를 첩으로 삼는 폐단이 속출하였고, 공경대부들은 거처를 지나치게 화려하게 꾸미는가 하면 혼례문화가 예법에 맞지 않게 지나치게 호사스러워 풍속에 누가 되므로 법령으로 이를 바로잡을 것을 주장한 것이다.

③은 내수사를 혁파하여 그 소유를 공유의 관사에 붙여 왕자는 사사로운 것이 없다는 것을 천명하자는 데 주안점이 있었는데, 실로 파격적인 주장이었다.

④는 직전을 혁파하여 과전으로 삼자는 주장으로, 이렇게 하면 종묘사직에 대한 선비들의 충성과 신의를 담보할 수 있다고 보았다.

⑤는 전주의 책임을 한 사람에게 오랫동안 맡기는 폐단을 시정할 것을 요구하는 내용이다.

⑥은 적법한 절차를 통해 관료를 선발할 것을 주장한 것인데, 내지內旨 또는 사사로운 천거로 관료를 임용하는 폐단을 근절해야 한다는 내용이다.

⑦은 인심을 바로잡고 치도의 효용성을 높이려면 엄격한 기준에 따라 상벌을 시행해야 한다는 내용이다.

⑧은 사사寺社의 위전을 혁파하여 국가의 비용을 줄이자는 것이다.

⑨는 대간의 간언을 수용하여 언로가 막히지 않게 하기를 요청하

는 내용이다.

⑩은 기존의 법을 함부로 바꾸기보다는 더욱 엄하게 집행하게 할 것을 요청하는 내용이다.

이 상소의 반향은 컸다. 성종은 곧바로 정승들을 소집하여 이에 대해 논의하게 하였는데, 논의에 참여한 정승은 한명회·신숙주·정인지·정창손·최항·조석문 등이었다. 이극기의 건의사항은 정승들의 적극적인 지지를 얻었고, 특히 ⑦·⑧·⑨조는 탁견으로 평가되어 곧바로 시행할 것을 제청하기도 했다.[53] 다만 과전의 회복만큼은 워낙 사안이 중대하고, 또 대부분의 정승들이 현실적인 어려움을 들어 반대함으로써 시행되지는 못했다. 그러나 이 상소를 통해 이극기가 성종과 대신들로부터 국정 전반을 꿰뚫어보는 안목을 인정받게 되었음은 분명하다. 1485년(성종 16) 성종이 유생들의 반대에도 백성을 다스리는 직무가 사유師儒보다 못하지 않다고 하며 그를 경상감사에 임명한 것도 이런 선상에서 이해할 필요가 있다.

사사寺社의 위전을 혁파해야 한다는 ⑧조는 이극기가 입조 이래로 줄기차게 주장해 온 척불론과, 상벌의 엄격한 시행을 주장한 ⑦조는 형옥刑獄의 공정성을 강조했던 그의 지론과 맥락을 같이하는 것이었다. 이극기는 기회가 있을 때마다 체옥滯獄으로 말미암은 형옥의 비원활성을 지적해 왔고,[54] 1475년(성종 6)에는 상전 대신에 하인을 수금하는 폐단을 바로잡을 것을 적극 건의하기도 했다.[55] 심지어 1480년(성종 11) 종친들과의 간통사건으로 사회적 물의를 일으켰던 어을

53) ⑦조의 경우, 정창손, 한명회 등은 이극기의 위전 혁파에 동의하면서도 개경사, 연경사, 봉선사, 홍교사 등 왕실의 능침을 위해 특별히 위전을 지급한 사찰은 예외로 할 것을 주장하였다.

54) 《성종실록》 권48, 성종 5년 10월 19일 신축.

55) 《성종실록》 권54, 성종 6년 4월 23일 신축.

우동於乙宇同에게 의금부에서 비율比律을 적용하여 교형에 처할 것을 건의했고, 성종 또한 이를 받아들이려 하자 이극기는 그녀의 죄상이 무겁기는 하나 마땅히 정률正律을 써야 한다는 입장에서 이를 반대하였다.[56] 이를 통해 이극기가 각종 사안을 처리함에 얼마나 원칙과 정도를 중시하였는가를 충분히 짐작할 수 있다.

위의 상소에서도 나타나는 바와 같이 이극기가 관직생활을 하는 동안 조정의 기강을 바로잡아 부국강병을 도모함에 더없이 중요하게 여겼던 것은 인사의 공정성이었다. 따라서 이 문제와 관련된 그의 주장과 입장은 《성종실록》 곳곳에 실려 있으므로 하나하나 거론할 수는 없고, 여기서는 대사헌으로 재직하고 있을 당시(1478. 9.~1479. 5.) 성종 정국의 일부 실세들과 관련된 사안에 한정하여 살펴보기로 한다.

1478년(성종 9) 9월 이극기는 사헌부의 장관으로서 하료들을 이끌고 이조판서 박중선朴仲善이 그 적임자가 아님을 극론하였다.[57] 무과 출신으로 적개·익대·좌리공신에 책훈되어 당대 유수의 훈신 반열에 오른 박중선은 병조판서와 경기감사를 지냈고, 성종의 형 월산대군月山大君과 예종의 아들 제안대군齊安大君을 사위로 맞아 왕실과도 통혼하는 등 권세가 막강하였다.

당초 조정의 신료들은 박중선[58]이 불해문묵不解文墨의 무반 출신으로 사대부들과 통교가 없었으며, 무엇보다 능력이 검증되지 않았다는 이유에서 이조판서 임명을 반대하였으나 성종은 이를 강행하

56) 《성종실록》 권122, 성종 11년 10월 18일 갑자.

57) 《성종실록》 권97, 성종 9년 10월 17일 을사.

58) 박중선은 태종을 옹립하는 데 기여하여 좌명공신에 책훈된 박석명朴錫命의 손자이며, 세종의 장인 심온의 외손자였다. 훗날 성희안, 유순정 등과 함께 중종반정의 원훈이 된 박원종朴元宗은 그의 아들이다.

여 문제가 된 것이었다. 이극기가 문제삼은 것은 박중선이 적임자도 아니거니와, 박중선이 당대의 벌족 강희맹姜希孟 집안과 혈연으로 연결되어 있어 권력이 진주강씨에 치우칠까 우려했기 때문이었다. 세종의 장인 심온沈溫의 외손자들이었던 두 사람은 이종사촌 사이였고, 그것도 당초 전조銓曹에서 강희맹의 후임으로 박중선을 이판 후보로 올린 것은 강희맹에게 아첨하기 위함이라는 것이 물론物論이었다.

성종이 사헌부의 주장에 완강하게 대응하자 이극기는 추천자를 추국할 것을 건의하는 등 더욱 강경한 입장을 취하였으나 끝내 성종은 이를 수락하지 않았다. 따라서 이극기를 비롯한 사헌부의 인사 철회 요청은 좌절되었지만, 인사의 공정성을 위해 성종과의 긴장관계까지 감수하며 사헌부 본연의 임무에 충실하려 했던 태도만큼은 높이 평가해야 할 것이다.

일반적인 인사와는 약간의 차이가 있기는 하지만 임사홍任士洪의 처치 문제에서도 이극기는 원칙론을 고수하였다. 1477년(성종 8) 임사홍은 유자광柳子光과 손을 잡고 지평 김언신金彦辛을 사주하여 도승지 현석규玄錫圭를 왕안석王安石과 같은 소인이라고 탄핵하도록 하였는데, 이듬해 4월 홍문관 부제학 유진兪鎭, 예문관 봉교 표연말表沿沫, 주계부정朱溪副正 이심원李深源 등의 연이은 상소에서 임사홍이 사주한 사실이 밝혀져 그는 의주로, 유자광은 동래로 각각 유배되었다.

그런데 의주 귀양지에 있어야 할 임사홍이 공주의 병을 핑계로 서울에 소환되어 와서 계속 머무르자 대사헌 이극기가 그를 유배지로 돌려보낼 것을 주장하게 된 것이다.[59] 그러나 이번에도 성종이 이를 거부하자 이극기는 1478년 12월 11일 장문의 상소를 올려 임사홍 문

59) 《성종실록》 권97, 성종 9년 10월 29일 정사.

제를 포함한 시정의 치란治亂과 득실得失을 강경한 어조로 논하였다.[60] 이에 성종은 정승과 사헌부 관료를 소집하여 상소에 대해 논의하는 자리에서 임사홍 처리 문제에 대해서는 자신의 잘못을 인정하고 그를 유배지로 돌려보냈다.[61]

그러나 일부 내용에 대해서는 논란이 뒤따랐다. 성종은 자신에 대해 '어진 사람을 좋아하는 마음이 해이해지고, 간언을 받아들이는 아름다운 뜻이 차츰 게을러졌다'는 신하들의 지적에 대해서는 불편한 기색을 감추지 않았고, 대신들도 대간의 말일지라도 반드시 들어줄 필요가 없다는 태도를 노골적으로 드러내었다. 또한 성종은 '조정에 청렴한 선비가 없다'고 한 부분에 대해 왜 아무개 아무개가 탐오하다고 직서하지 않았느냐고 따져 묻기까지 했다. 결국 성종과 정승들은 이극기의 상소에 대해 상당한 불만감을 표시한 것으로 해석할 수 있다. 그러나 이극기는 여기에 동요하지 않고 본연의 직무에 충실하여 경기감사에 임명된 윤호尹壕 인사의 적부 문제,[62] 이손·김미·이숙황 등의 인사 문제를 꾸준히 거론하여 시정을 촉구하였다.[63] 윤호의 경우는 그가 감사로 부임하게 되면 상피 때문에 세 고을의 수령이 바뀌어야 하는 부작용을 지적한 것이었고, 후자의 경우는 죄를 지은 전력이 있거나, 벼슬에 제수된 지 오래되지 않았거나, 일찍이 내력이 없던 자를 후보자로 올려 품계를 높이는 것은 부당하다는 입장에서 문제를 제기하여 인사를 주관한 이조의 추국까지 촉구한 것이었으나 이 또한 수락되지는 않았다.

이상에서 살펴본 바와 같이 이극기는 상소나 경연에서 면대를 통

60) 《성종실록》 권99, 성종 9년 12월 11일 무술.
61) 《성종실록》 권99, 성종 9년 12월 12일 기해.
62) 《성종실록》 권98, 성종 9년 11월 15일 임신; 성종 9년 11월 18일 을해.
63) 《성종실록》 권99, 성종 12년 12월 27일 갑인; 12월 28일 을묘.

해 국정의 문제점과 개선책을 꾸준히 진달하는 가운데, 조정 기강의 확립 차원에서 인사의 공정성에 관해서는 더욱 집착하는 태도를 보였다. 특히 권력이 특정 세력에 집중되는 현상에 대해서는 더욱 단호한 입장을 보였는데, 박중선의 경우가 바로 그러하였다.

4. 맺음말

이상에서 이극기의 생애와 관직활동에 대해 개략적으로 살펴보았다. 이집의 문장과 절조, 이지직의 청백의 전통을 이어받은 광주이씨는 15세기 중엽부터는 사환仕宦을 바탕으로 유수의 문벌가문으로 도약·발전하였다. 특히, 이집의 증손대인 '8극'에 이르러서는 가문의 전성기를 구가하게 되었는데, 이극기도 8극의 한 사람이었다.

약관의 나이에 관계에 진출하여 40여 년을 환로에 머무는 동안 이극기는 말과 행동을 삼가 스스로를 단속하여 어떠한 추문도 남기지 않았고, 아경亞卿의 반열에 이르러서도 초심을 잃지 않았던 전형적인 문신·관료였다.

특히 성리학에 정통했던 그는 사유로서 당대 관학의 학풍을 이끌었고, 관료로서 책임감 또한 투철하여 비리와 부정, 사리에 맞지 않는 인사조처가 내려지면 직언·감언으로 맞섰던 강직한 성품의 소유자였다. 그리하여 후세의 사가들로부터 '성리학에 정통하였으며, 성정은 강직하였고, 맡은 직임을 다스리는 것이 법도가 있었다'64)는 평가를 받았다.

64) 《海東雜錄》 卷3, 本朝, 〈李克基〉. "廣州人 遁村之後 登第 精於性理之學 性剛直 治官有度 官至參判."

■ 참고문헌

《廣州李氏族譜》(甲辰譜) 《廣州李氏族譜》(庚戌譜)

《雷谿集》《東儒師友錄》《甫村書院誌》《慵齋叢話》《圓峯先生文稿》《淸權輯遺》

《學圃集》《海東雜錄》

《세종실록》《세조실록》《성종실록》

李秉烋, 《朝鮮前期畿湖士林派硏究》, 일조각, 1984.

______ 외, 《世宗時代의 文化》, 태학사, 2001.

이성무, 《한국 과거제도사》, 민음사, 1997.

李樹健, 《嶺南學派의 形成과 展開》, 일조각, 1998.

이근호·조준호·이계형, 〈京畿北部地域의 集成村의 분포와 입지조건〉, 《北岳史論》 8, 2001.

李成茂, 〈經國大典의 편찬과 大明律〉, 《역사학보》 제125집, 역사학회, 1990.

조준호, 〈조선후기 石室書院의 위상과 學風〉, 《조선시대사학보》 11, 1999.

조선 초기 상신 이극배의 생애와 활동

문 숙 자
서울예술대 강사

1. 머리말

시대마다 수많은 인물과 가계가 정치적·사회적으로 명멸해 왔다. 그런 면에서 볼 때 이 글에서 소개하는 광주이씨처럼 조선조의 숱한 정치적 사건 속에서도 굳건하게 사회적 입지를 굳힌 가문은 흔치 않다. 광주이씨 가계가 명멸 과정을 거치지 않은 것은 아니다. 그러나 그 기반이 워낙 넓고 토대가 단단하여, 한쪽에서 정치적 소용돌이에 휘말려도 다른 한쪽이 사회적 지위를 유지해 줌으로써 가계 전체는 전혀 흔들림 없이 그 기반을 이어온 것 같은 양상을 보인다. 조선조에 유래가 드문, 부자父子 재상을 배출하고 형제 모두가 등과하는 등의 전력이 이 가문의 흔들림 없는 사회적 지위를 보장해왔을 것이다. 그러나 그러한 전력이 하루아침에 이루어진 것은 아니다. 고려말부터 이어지는 가계의 전통과 학문의 견고함, 그를 통한 인적 네트워크의 형성 등에 힘입은 것임은 재론의 여지가 없다.

이 글은 이러한 가문적 전통 아래에서 조선 초기 광주이씨 가문의 핵심을 이룬 인물 가운데 한 사람인 익평공翼平公 이극배李克培에 대해 조명하고자 한다. 그에 관한 기록은 문종 대부터 연산군 대까지 7대에 이르는 조선왕조실록을 비롯, 《연려실기술》·《대동야승》 등 조선조의 각종 역사서에서 확인할 수 있다. 더욱이 7명의 국왕을 모시고 관직생활을 했다는 사실은 조선 초기 이극배의 역량과 면모를 짐작케 한다.

그러나 풍부한 사료가 남아 있음에도 그를 조명한 연구는 거의 없다. 오히려 갑자사화와 관련된 이극감李克堪 계열을 중심으로 이들의 부침 과정이 알려지거나, 훈구파와 사림파의 교체 과정과 관련하여 전체 광주이씨 가계가 거론되는 형태가 대부분이었다.[1] 이는 이극배가 오랜 관직생활을 하면서도 큰 정치적 사건에 연루되지 않고 철저한 행정가의 면모를 보여왔다는 점 때문이라 생각된다. 평소 검소한 성품에, 사사로이 사람을 집안에 들이지 않았다는 등의 기록이 이를 뒷받침한다.[2] 따라서 실록 등 관찬사서에는 그에 대한 기록이 풍부하나, 사적인 기록은 별로 남아있지 않다.

하지만 그가 사신으로 명나라를 오가면서 보여준 외교 능력과, 군적의 정비 등 병조에서 발휘한 능력, 진휼사로서의 민정 능력 등은 실록을 통해 충분히 검증할 수 있다. 이러한 그의 사회적 구실을 중심으로 이극배와 그의 가계를 조명해 보기로 한다.

1) 이 방면의 연구로는 金成俊, 〈東皐 李浚慶과 그 家系 －政治勢力을 중심으로－〉, 《碧史李佑成敎授 定年退職紀念論叢, 民族史의 展開와 그 文化》 上, 1990, 525~554쪽과 朴洪甲, 〈16세기 전반기 정국 추이와 충주사림의 피화－광주이씨 克堪系를 중심으로－〉, 《史學硏究》 79, 2005, 125~166쪽 등이 있다.

2) 실록에 수록된 그의 졸기에 '정권이 손아귀에 들어 있은 지 오래였으나, 문 앞에는 私謁이 없었고, 物에 있어서도 별로 좋아하는 것이 없었다'고 기록되어 있다(《연산군일기》 권6, 연산군 1년 6월 계축).

2. 여말선초 광주이씨가의 정치·사회적 기반

1) 이극배의 선대先代 가계家系

광주이씨 이극배의 가계는 고려조의 이당李唐을 중시조로 하여, 그 차자次子인 이집李集으로 이어진다. 이당에 대해서는 인화이씨仁華李氏를 아내로 맞아 오형제를 낳았고, 아들들이 모두 과거에 급제했다는 사실 이외에는 별다른 내용이 전하지 않고 있다.[3] 기록이 풍부하게 전하는 것은 이집부터이다. 이들의 가계를 간략히 정리하면 〈그림 3-1〉과 같다.

그림 3-1. 광주이씨 이극배의 가계

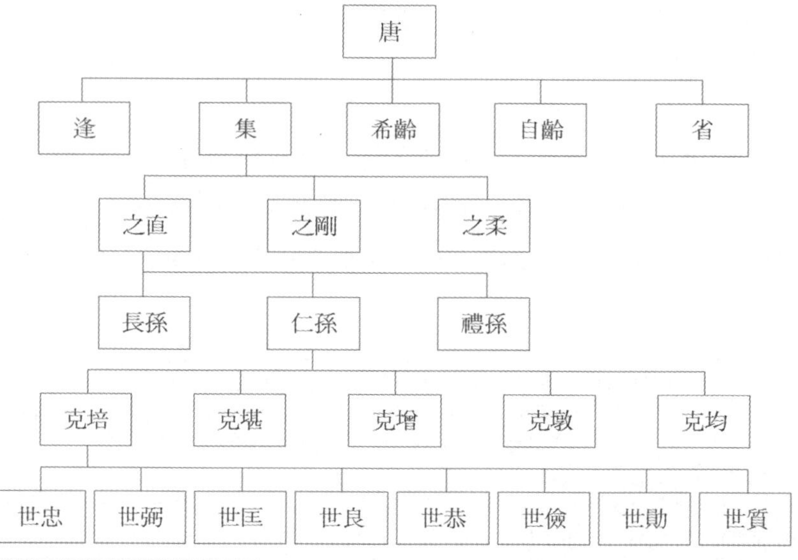

3) 이하 광주이씨 가계에 대한 것은《廣州李氏大同譜》, 卷之首의 내용을 바탕으로 재구성하였다.

이집은 초명이 원령元齡이었으나 뒤에 집集으로 개명하였으며, 자字는 호연浩然, 호는 둔촌遁村이다. 그의 호가 둔촌인 것을 보면, 이 집안의 세거지가 당시부터 이미 한양에서 그리 멀지 않은 경기 지역이었음을 짐작할 수 있다.[4] 그는 고려 말에 과거에 급제하였고, 문장과 도덕으로 여말에 명성을 올린 것으로 알려져 있다. 그러나 신돈辛旽을 비난하고 그의 세력에 붙지 않은 것이 화근이 되어 4년여의 기간 동안 본거지를 떠나 영천에서 생활하였다. 그가 신돈의 화를 피해 간 곳은 과거 시험에 동방同榜으로 급제한 최원도崔元道의 집이었다. 그곳에 부친을 모시고 가서 생활하던 중 부친이 사망하자 영천에 부친의 묘소를 마련하였다.

신돈이 죽고 개경으로 돌아온 뒤 이집李集의 행적에 대해서는 논란이 있다. 《신증동국여지승람》에서 그의 행적에 대한 기록이 엇갈리고 있기 때문이다. 즉 〈광주인물조〉에는 본조에서 벼슬이 전교판사에 이르렀다고 씌어 있다.[5] 그러나 이어지는 〈변오조辨誤條〉에는 봉순대부奉順大夫 판전교시사判典校寺事로 임명되었지만 얼마 뒤 여주의 천녕현으로 퇴거하여 그곳에서 생활하다가 사망한 것으로 되어 있다. 또 임사홍 부자가 이극배 형제를 질시하여 이들을 조선조에 사환한 것으로 무함하였고, 조선조의 인물조에 기록하기까지 이르렀다고 씌어 있다.[6]

4) 둔촌은 현재 서울의 강동 지역의 지명이며, 당시는 경기도 광주에 있었다. 서울 강동구 암사동 유역에 '광주이씨 부원군파 묘역'이라 하여 이극배와 그 후손들의 묘소가 들어서 있다. 즉 이극배의 선대부터 현재의 강동구 일대를 중심으로 세거해온 사실을 알 수 있다.

5) "……仕本朝 官至典校判事 學問高邁 一時交遊李穡鄭夢周李崇仁輩 皆敬重焉……."(《신증동국여지승람》 권6, 광주인물조)

6) "……旽誅始還 改名曰集 字浩然 戶遁村 自是無行世之意 爲奉順大夫判典校寺事 未幾退居驪州川寧縣……任士洪父子 甚嫉李克培兄弟 乃誣以集入我朝仕宦 遂致誤錄於本朝人物下……."(《신증동국여지승람》 권6, 廣州, 辨誤)

조선 건국 이전에 사망한 이집의 조선 초 사환 여부가 논란이 된 것은 그의 가계가 여말선초에 불사이군不事二君한 절의의 상징으로 평가받는 것에 대해 견제가 있었음을 의미한다. 하지만 이집의 세 아들 지직·지강·지유 또한 아버지를 이어 연달아 과거에 급제함으로써 이 가계는 고려 말 이래 가문이 흥성할 기반이 탄탄하게 마련되어 가고 있었다. 조선조에 영의정·좌의정·판서 등 유수한 지위의 관직자를 배출할 수 있었던 것은 이러한 기반이 있었기에 가능했다.

이집의 장자이며 이극배의 조부인 이지직李之直은 고려 말인 우왕 6년(1380)에 문과에 급제하여 관직에 입문하였다. 그는 강원도안렴사·내서사인·사헌집의·성주목사·형조참의·보문각 직제학 등을 거쳤고 후에 대광보국 숭록대부 의정부 영의정으로 증직되었다.[7] 곧 이때부터 고려왕조를 신봉하던 절의파적인 가계 분위기가 조선 초의 대표적 훈구 가문으로 변모했다고 보아도 무리가 없을 듯하다. 묘비문에 따르면 이지직은 왕자의 난을 일으킨 이방원에게 아우를 죽인 것을 직접적으로 비난하는 간언을 하고, 태종 대가 끝날 때까지 광주의 촌사村舍에 물러나 살았다 한다.[8] 그럼에도 그가 태종 대에 청백리로 뽑힌 것을 보면, 조정으로부터 두터운 신임을 받고 있었으므로 극간極諫에도 끄떡없었음을 짐작할 수 있다.

이지직의 아들 삼형제도 모두 등과하여 문한文翰을 이어갔다. 그 가운데 둘째 아들 인손仁孫(1395~1463)이 바로 이극배의 아버지이다. 그는 등과 후 검열로 예문관에 뽑힌 이래, 감찰·예문관 직제학·경상도관찰사 겸 상주목사·대사헌 등의 요직을 두루 거쳤다. 그러나 언

7) 《廣州李氏大同譜》〈형조참의 보문각직제학공 묘비문〉 참조.

8) "……當昭悼之變 公挺身冒白刃叩馬 極諫曰 白日中天 父王前殺弟何如 左右欲兵之 太宗急顧謂 是余故舊 豈付託而然哉 退黜野外禁錮……."《廣州李氏大同譜》〈형조참의 보문각직제학공 묘비문〉.

사가 지나치게 곧아 대신들의 미움을 받고 한성부윤으로 좌천되었다. 그렇지만 이내 형조참판을 거쳐 호조판서로 특진되었고 의정부 우의정으로 치사하였다. 특히 세종 대에 진휼사로 나아가 남쪽 지방의 기근으로부터 백성을 구제한 것으로 유명하다.

이상이 광주이씨 중시조로부터 이어지는 이극배의 선대 계보이다. 고려 말에는 세족으로서 지위를 누렸으며, 이극배의 조부인 이지직 대부터는 활발하게 관계에 진출하여 다양한 관직을 섭렵함으로써 조선 초기 훈구파의 대표 격으로 성장하였다. 특히 할아버지·아버지 양대에 걸쳐 형제들 모두가 등과한 것은 광주이씨 가문이 조선 초에 정치·사회적 입지를 다질 수 있는 중요한 바탕이 되었다.

2) 이극배와 광주이씨가의 연망

이극배를 비롯한 이인손의 아들 다섯 형제가 모두 문과에 급제하면서[9] 이 가계는 당대 누구도 따라올 수 없는 최대의 거족을 형성하게 된다.[10] 이와 같이 이지직 형제, 이인손 형제, 이극배 형제 등 3대를 이어서 형제 전원이 과거에 합격한 것은 조선조에서도 그 유래가 매우 드문 것이었다. 뿐만 아니라 이극배의 다섯 형제는 여러 차례 공신으로 책봉되어 조선 전기 대표적 훈구 가문으로 성장하고 있었다.[11] 이극배와 그의 형제들이 이끌던 시기의 광주이씨는 이와 같이 최고의 훈구 가문이었으나, 몇 차례의 사화를 겪으면서 정치적 성향

---

9) 이극배의 형제 5명이 모두 과거에 급제하자 세조는 전지를 내려 아버지인 이인손에게 해마다 쌀 20석을 내려주도록 하였다(《세조실록》 권17, 세조 5년 7월 을미).
10) 이태진, 〈15세기 후반기의 '鉅族'과 名族意識〉, 《한국사론》 3, 서울대 국사학과, 1976.
11) 이들 형제는 '오형제등과'이며 '사인등훈'으로, 5명이 모두 등과하였고 이극균을 제외한 나머지 4명이 공신이었다(《국조문과방목》, 세종 29년 丁卯式, 이극배).

과 세력의 판도에서 그 존재 양태가 여러 갈래로 나뉘게 되었다. 이들이 훈구 가문이자 거족으로서 순탄한 행로만을 걸었던 것은 결코 아니다. 이극배는 바로 가문의 분화와 존재 양태의 변화 과정에 있었던 오형제의 장남이었다.

이극배는 자가 겸보謙甫, 호는 우봉牛峰으로 세종 4년(1422)에 태어나 연산군 1년(1495)에 74세의 나이로 사망하였다. 어머니는 교하노씨 노신盧信의 딸이며, 부인은 경주최씨 최유종崔有悰의 딸이다.[12] 그는 일찍이 문경공文敬公 허조許稠로부터 가르침을 받았고, 그런 인연으로 허조의 외손녀를 아내로 맞이하였다.[13] 70세 무렵에는 끊임없이 관직을 사양해야 할 정도로 사환이 끊이지 않았다. 연산군 1년에 그가 사망했다는 것은 이후에 닥쳐올 무오·갑자사화 등 정치적 소용돌이를 피해갈 수 있었음을 의미한다. 손자 이수공李守恭을 비롯하여, 동생 이극감의 자손 등 그의 후손들 가운데 연이은 사화에 휘말려 정치적으로 곤경에 빠진 이들이 많이 있었다. 그런 과정에서 이씨가문의 정치적 성향 또한 여러 갈래로 나뉘어 갔다.[14]

이극배는 장남으로서 아버지 이인손과 여러 가지 면에서 비슷한 성품을 타고났다. 실록의 기록에 따르면 이인손은 성격이 매우 강직했으며, 담백한 것을 좋아했다고 한다.[15] 이극배에 대해서는 '집에 사사로이 출입하는 사람이 없고, 물건을 좋아하는 바가 없었다'고 기록되어 있다.[16] 이는 곧 사환이 끊이지 않았고 최고 관직인 영의정

12) 《국조문과방목》, 세종 29년 丁卯式, 이극배.
13) 《연려실기술》 권6, 성종조고사본말, 상신 이극배.
14) 이극배 사후 사화를 전후하여 이 가문의 분파 및 정치적 분화 과정에 대해서는 앞의 김성준, 박홍갑의 논문에 상세하게 기술되어 있다.
15) 《세조실록》 권3, 세조 9년 윤7월 경오, 〈이인손의 졸기〉.
16) 《연산군일기》 권6, 연산군 원년 6월 계축.

에까지 올랐으며, 두 차례나 공신 지위에 오른 사람인데도 가까이에 사람을 두어 사사로이 집안에 드나들지 못하게 하였음을 의미한다. 그리고 강직한 아버지의 성품이 장남인 이극배에게까지 이어진 것이라 여겨진다.

이인손·이극배 부자는 광주이씨가를 명실 공히 훈구파의 중심 가문으로 올려놓은 인물이다. 광주이씨 가문은 이인손이 문과에 급제하여 호조판서·우의정 등 요직을 거치고 그의 다섯 아들이 문과에 급제하면서부터 정계에 두각을 나타내기 시작했다. 특히 이 가문은 수양대군이 세조로 즉위하는 과정에 공로를 세워 부자간에 3명이나 세조 즉위 공신으로 책봉됨으로써 정치적 입신의 틀을 마련하였다. 당시 아버지 이인손은 원종공신 2등으로, 장남 이극배와 차남 이극감은 좌익공신 3등으로 녹훈된 바 있다.

이 가문이 세조의 신임을 받게 되는 과정 역시 이인손에서 비롯되었다. 이인손은 대사헌 직에 있던 단종 1년(1453), 스스로가 정부당상인 황보인皇甫仁·김종서金宗瑞·정분鄭苯 등과 사이가 멀어지는 결정적 계기를 제공하였다. 즉 비가 내려서 현릉顯陵의 사토莎土가 무너지자, 산릉도감제조를 맡고 있던 우의정 정분을 탄핵해야 한다고 강력하게 요청한 것이다. 이 사건으로 이인손은 한성부윤으로 밀려났으나, 황보인·김종서·정분 등과 멀어지면서 자연히 이들을 견제하던 수양대군과 가까워질 수 있게 된 것이다.[17] 임금이 되기 전부터 가까워진 만큼 이인손이 세조 즉위 후에 막강한 훈구세력이 될 수 있었음은 자명하다. 뿐만 아니라 이극배는 군사실무에 뛰어나 수양대군의 인정을 받기도 했다.[18]

17) 김성준, 앞의 글, 535~536쪽.
18) 김성준, 위의 글, 536쪽.

이와 같이 이씨가의 선대 인물들로부터 이극배가 정계에 진출하기까지의 과정을 살펴보면 이들의 연망이 드러난다. 이색·정몽주·이숭인 등과 교유한 이집으로부터 고려조에 충성을 다한 구가세족舊家世族임을 알 수 있고, 허조 등을 스승으로 섬기면서 학문적·정치적 인연을 구축해 갔음을 알 수 있다. 결정적으로 수양대군의 즉위를 도와 공신을 배출하면서 명실 공히 훈구세력으로 발돋움하였다.

한편 이인손이 생원으로 있을 때 김숙자金叔滋와 같은 학재學齋에 있었고, 이극배의 동생 이극균은 문과급제 후 김종직과 함께 사가독서에 뽑혀 선산김씨 가문과도 깊은 인연을 맺게 되었다. 선산김씨와의 인연은 여기서 그치지 않았다. 이극배의 손자 이수공이 김종직의 문하에서 수학한 것이다. 결국 그는 무오사화 때 김종직의 제자라는 이유와, 조의제문을 알고도 수록했다는 이유로 창성에 유배되기도 하였다.[19]

광주이씨가는 절의와 학문으로 연망을 구축해 나갔다. 성현은《용재총화慵齋叢話》에서 이 가문을 일컬어 '문벌이 가장 번성했고, 둔촌 이후 가문이 차츰 성장하여 문자문손文子文孫이 높은 반열에 지속적으로 이어졌다'는 평을 내놓기도 하였다.[20] 그들은 고려 말부터 당대 최고의 학자들과 교유하였고, 조선조에는 김숙자·김종직 부자父子 등 사림세력들과도 교유하였다. 즉 정계에 등장하고 세조 대에 여러 차례 공신에 책봉되는 등 기반을 다졌으나 교유 범위는 훈구 일변도가 아니라 사림들과도 다양한 관계를 맺었던 것이다. 이는 훗날 사화 등 정치적 사건으로 피해를 본 화근이 되기도 했으나, 정치적 세력 관계를 넘어선 학문 관계에서 연유하는 연망에서 비롯된 것으로

19) 김성준, 위의 글, 543~544쪽.
20) 김성준, 위의 글, 526~527쪽 재인용.

여겨진다.

사사로이 사람을 만나지 않고 물욕을 초탈한 이극배의 성품 또한 이러한 가풍의 영향을 받은 것이다. 다음에 설명할 이극배의 환력과 그의 활동상을 보면, 관직을 누린 것이 아니라 공복公僕으로서 철저히 봉사한 일면을 엿볼 수 있다.

3. 정계 입문과 환력

이극배는 세종 29년(1447) 26세의 나이로 사마시에 합격하여 진사가 된 뒤, 같은 해 식년문과에 급제하였다. 그가 문과급제 후 초임으로 임명된 것은 승문원 부정자 직이었다. 승문원 부정자를 시작으로 20대부터 시작된 그의 관직은 그가 사망하던 해까지 계속 이어졌고, 그 과정에서 조정의 주요 관부와 요직을 두루 거쳤다. 뿐만 아니라 세종 대에 관직에 입문하여 문종·단종·세조·예종·성종을 거쳐 연산군에 이르기까지 7명의 국왕을 섬겼다. 세조 대와 성종 대에 각각 좌익공신과 좌리공신으로 책훈되기도 하였다.[21] 이러한 전력만 보아도 그가 조선 초기 최고의 관료이며 훈신이었음을 알 수 있다.

조선왕조실록에 수록된 정사 기록을 중심으로 이극배의 주요 관직 임명 시기를 정리하면 〈표 3-1〉과 같다. 그리고 실록에 수록된 위의 관직 임명 기사를 그가 거쳐간 관부를 중심으로 살펴보면 〈표 3-2〉와 같다.

21) 《세조실록》 권13, 세조 4년 6월 을유조에 수록된, 이극배에게 내리는 좌익공신교서에는 특히 군사의 기밀을 총괄하면서 민첩하게 일을 처리한 것을 치하하는 내용이 수록되어 있다.

연도	관직명
문종 2년(1452)	겸병조좌랑
세조 1년(1455)	추충좌익공신 책훈
세조 3년(1457)	예조참의
세조 3년(1457)	공조참의 겸 경상도관찰사
세조 4년(1458)	첨지중추원사 겸 경상도관찰출척사
세조 5년(1459)	병조참판, 한성부윤 겸 광릉군, 경창부윤, 예조참판
세조 8년(1462)	이조판서, 형조판서, 예조판서
세조 9년(1463)	평안도도관찰사
세조 13년(1467)	도총관, 사복장, 병조판서
세조 14년(1468)	평안도절도사
예종 1년(1469)	의정부 우참찬, 경상도문폐사, 황해도체찰사
성종 1년(1470)	의정부 좌참찬
성종 2년(1471)	전라도진휼사, 좌리3등공신
성종 8년(1477)	판중추부사
성종 10년(1479)	영중추부사
성종 12년(1481)	호조판서
성종 16년(1485)	의정부 우의정
성종 24년(1493)	대광보국 숭록대부 의정부 영의정
연산군 1년(1495)	광릉부원군

표 3-1. 이극배의 관직 연보

〈표 3-2〉에서 보는 바와 같이 이극배는 최고 관직인 영의정을 비롯하여 의정부·육조 등 주요 관부를 모두 거쳤다. 특히 그는 아버지 이인손에 이어 장자로서 다시 정승이 됨으로써, 조선조에서도 몇 안 되는 2대가 이어서 정승이 된 예로 꼽히고 있다.[22] 또 육조의 최고

22) 《연려실기술》 별집 제6권, 〈官職典故〉. 조선조에 부자가 이어서 정승이 된 것은 황희·황수신 부자를 비롯하여, 이인손·이극배·이극균 3부자 등 다섯 가문 정도가 꼽힌다.

관부	관직명
의정부	영의정, 우의정, 좌참찬, 우참찬
6조	판서(이조, 호조, 예조, 병조, 형조) 병조참판, 예조·공조참의, 병조좌랑
승정원	우승지
지방관직	경기도(관찰사) 경상도(관찰사, 관찰출척사, 도관찰사, 문폐사) 평안도(도관찰사, 절도사, 관찰사) 황해도(체찰사) 전라도(진휼사)
기타	한성부윤, 경창부윤 도총관, 사복장, 판중추부사, 영중추부사

표 3-2. 이극배의 환력

관직인 판서직을 공조를 제외한 모든 관부에서 거쳤다. 병조의 경우 판서·참판·좌랑을 역임했을 뿐 아니라 병조의 속아문이거나 병조에서 독립한 관부의 직임인 도총관·사복장 등과, 역시 무관 벼슬인 판중추·영중추부사 등을 역임하였다. 그가 역임한 경상도관찰사·평안도관찰사 등의 직임은 병조판서 시절 겸임한 것으로서, 병조와 그의 깊은 연관성을 짐작케 한다.

그는 병조판서 시절 경상도·평안도관찰사를 겸임하였고, 이후 호조판서 시절 다시 평안도 지역 절도사 등을 겸임하였다. 이 밖에도 경상도·전라도·평안도·황해도 등의 지방에서 절도사·관찰사·체찰사·진휼사를 역임하여 호서 지역을 제외한 거의 전국을 돌면서 민정을 직접 관장하였다. 그리하여 민정 규찰과 진휼에 관한 부분에서 많은 공로를 쌓았다.

이러한 그의 관직 이력은 그가 최고위직을 모두 섭렵했지만 정치력보다는 행정력을 발휘한 전형적인 관료였음을 나타낸다. 세조의 등극과 함께 좌익공신으로 책훈된 것을 보면 세조를 직접 보좌한 것으로 보이지만, 그럼에도 그는 다른 훈구세력과 달리 철저히 관료적 성향을 보였던 것이다. 따라서 7명의 국왕을 섬기며 관직생활을 해온 50여 년 동안 정치적 사건에 연루되거나 비판받는 일이 없이 모든 직임을 소화할 수 있었다. 휘하들을 사저私邸에서 만나지 않는 청렴한 그의 성품이 평생의 관직생활을 가능하게 한 것이라 생각된다. 다음 장에서는 그의 전력 가운데 특히 두각을 나타낸 것으로 보이는 분야를 중심으로 살펴보겠다.

4. 주요 정책과 역할

1) 대중국對中國 관계

앞의 〈표 3-2〉에서 보듯이 이극배는 육조를 두루 거친 관료였으나 그 가운데서도 병조와 관련된 관직을 가장 많이 역임했고, 그의 특기 또한 대중국 관계, 여진 정벌, 군적 정비 등 무적武的 능력과 관련된 부분이 두드러졌다. 우선 그는 신숙주가 여진족을 정벌하자 그 뒤 그의 대여진정책에 여러 가지로 동참하였다. 그가 개선한 후 국왕에게 치계馳啓한 내용이 《세조실록》에 상세히 기록되어 있다. 이를 통해 보면 그는 신숙주·양정 등과 동행하여 조선에서 잡혀간 인질과 가축을 쇄환하는 데 중요한 역할을 하였다. 또 서로 적대 관계에 있던 마감馬鑑과 올적합兀狄哈을 화해시켜 조선에 나쁜 영향을 미치지 못하도록 견제하는 역할을 하였다. 또한 왕이 하사한 물품을 가지고 가서 외교 수완을 발휘하여 마감을 설득하여 물리적 충돌을 일으키지 않도록 하였다.[23] 그리하여 그는 싸움에서 이기고 돌아와 자헌대부 경기도관찰사로 임명되었다.[24]

그에 대한 보상은 관직으로 끝나지 않았다. 같은 해 11월에 세조로부터 정토征討에 나간 공로로 군공을 보상받았는데 이극배는 이때 노비 4구를 받았다.[25] 또 다음 날 중궁의 탄일을 기념하여 북정北征한 장수와 군사를 위로하였는데, 다시 내구마 한 필과 활 하나를 상으로 받았다.[26] 그 뒤에도 북방 개척과 정비에 대한 공로는 끊임없이 논의되었다. 2년 후에 다시 건주위 정벌의 공로를 치하받았는데, 이극배는 4등으로 분류되어 노비 4구를 받고 자품을 올려 받았다.[27]

한편 이극배는 사신으로 중국에 건너가 외교적 수완을 여러 차례 발휘하였다. 정례적인 의례에 사절로서 참가한 것은 물론, 특별한 사안이 있을 때에는 자주 그의 외교력이 요구되었다. 먼저 조선은 세조 4년(1458)에 명나라로부터 사신을 보내어 조회하라는 통첩을 받았다. 이에 세조는 안마와 옷 한 벌을 하사하고, 가선대부 중추원사의 직과 함께 광릉군을 봉하여 다녀오도록 명하였다.[28] 또 이듬해인 세조 5년(1459)에는 예조참판으로서 다시 명나라에 가서 천추절을 하례하고 4개월여 만에 돌아왔다.[29] 성종 대에는 의정부 좌참찬으로서 성절聖節을 하례할 목적으로 표문表文을 받들어 북경에 파견되기

---

23) 《세조실록》 권21, 세조 6년 8월 신해.
24) 《연산군일기》 권6, 연산군 1년 6월 계축, 〈졸기〉.
25) 《세조실록》 권22, 세조 6년 11월 임오.
26) 《세조실록》 권22, 세조 6년 11월 계미.
27) 《세조실록》 권44, 세조 13년 12월 신축.
28) 《廣州李氏大同譜》, 〈광릉부원군 시익평공 행장〉.
29) 《세조실록》 권17, 세조 5년 8월 갑술조에 천추절을 하례하고 돌아오도록 명령을 내린 기사가, 《세조실록》 권19, 세조 6년 정월 임오조에 명에서 돌아온 이극배가 왕께 보고한 기사가 수록되어 있다.

도 하였다.30)

이와 같이 중국을 오가는 사이 그는 어느덧 외교절차와 의례에 정통하게 되어 조선과 중국 사이의 많은 외교적 마찰을 해결하였다. 대표적인 예로 중국 사신을 맞이하는 의례와 관련하여 세자가 직접 출영出迎할 것인지를 논의한 적이 있었다. 이때 이극배는 '이미 책봉한 세자는 출영하는 것이 마땅하나 나이가 너무 어리니 출영하지 말도록 하되, 중국 사신의 물음에 대처할 방안을 따로 마련해 놓는 것이 좋겠다'며 복안을 만들어 제시하였다. 중국과의 관계에서 그가 내놓는 이러한 현실적 방안들은 당시 조정에서 절실히 요구되는 것들이었다. 이는 20여 년 전인 세조 6년(1460) 중국 사신 장령張寧 등이 왔을 때 문제가 되었던 사안을 떠올려 이를 바탕으로 해결책을 제시한 것이기도 했다.31)

직접 사신으로 중국에 가는 것은 물론 후방에서도 그의 외교력은 발휘되고 있었다. 성종 대에는 중국에 진헌하는 물건에 대해 조정이 논란에 휩싸였다. 이에 이극배는 상아 같은 물건은 조선에서 나는 것이 아니므로 중국이 원하는 만큼 모두 봉진해서는 안 되고, 황금은 지금은 원하는 대로 봉진할 수 있어도 나중까지 이어지기는 어려우므로 사유를 갖추어 중국에 주청할 것을 강력하게 건의하여 이를 관철시키기도 하였다.32) 또 문신들을 번갈아가며 북경에 보내 중국어를 잘 할 수 있게 해야 한다고 건의하여 성종의 허락을 받아내기도 하였다.33)

이처럼 그는 직접 사신으로서 행한 외교적 역할 이외에도 실무적

30) 《성종실록》 권11, 성종 2년 9월 갑신.
31) 《성종실록》 권208, 성종 18년 10월 임신.
32) 《성종실록》 권145, 성종 13년 8월 기사.
33) 《성종실록》 권147, 성종 13년 10월 갑오.

인 노력을 상당 부분 기울였다. 이는 자신이 실전에서 부딪쳐본 경험에서 우러나온 것이며, 또 중국에 물품을 올려보내는 과정에서 조선 민중의 노력이 엄청나게 소요됨을 인식한 데서 비롯된 것이었다.

이와 같이 대중국 관계에서 이극배의 입지는 매우 확고했다. 한 예로, 예종이 즉위한 뒤 이극배가 평안도관찰사로 재직할 무렵 이극배의 아버지인 이인손의 분묘를 천장遷葬하게 되었다. 예종은 이때 승정원에 특별히 지시하여 이극배로 하여금 아버지의 천장례에 참여할 수 있게 하였다.[34] 그러나 사흘 뒤 명나라 사신이 당도한다는 보고를 받은 임금은 승정원에 내렸던 명령을 취소했다. 즉 이극배로 하여금 천장례 참석차 상경하지 말고 평안도에 그대로 머무르면서 사신을 맞기 위한 여러 가지 조처를 취하고 지공支供에 힘쓰라는 것이었다.[35] 이극배가 부모의 천장례에 참석하도록 일부러 배려할 정도로 왕실로부터 주목을 받는 신하였으며, 또한 중국과의 교류에 없어서는 안 될 존재였음을 동시에 보여주는 대목이라 하겠다.

2) 군사정책

재임기간 동안 두드러진 공적은 군적의 정비 등 군사부문에서도 많이 나타나고 있다. 이극배는 이조판서로 있던 세조 8년(1462)에 충청·전라·경상도의 군적軍籍 도순찰사都巡察使로 임명받았다.[36] 당시 사목事目에 따르면 그의 임무는 이미 작성된 호적을 토대로 민정民丁을 실제로 조사하여 군정軍丁을 모으는 것이었다.[37] 이극배는 이때

34) 《예종실록》 권2, 예종 즉위년 12월 갑인.
35) 《예종실록》 권3, 예종 1년 정월 병진.
36) 《세조실록》 권28, 세조 8년 5월 을미.
37) 《세조실록》 권28, 세조 8년 5월 계묘.

하삼도에서 군정을 13만여 명이나 모집하였다.[38] 그럼에도 세조는 군적에서 탈루된 사람이 있을 것을 우려하고 지속적으로 이를 보완하도록 지시했다. 그 후 성종 대에 들어와 별시위·갑사·대졸隊卒 등을 계속 축소하자, 이극배는 하삼도에서 군정을 모았던 경험을 바탕으로 왕에게 간언하였다. 즉 군국을 제대로 하려면 군액을 축소하지 말고 《경국대전》에 따라야 한다고 적극 주장한 것이다.[39] 결국 이극배 등의 의견을 받아들여 그 이듬해에 《경국대전》에 정한 군액에 의거하여 군적을 다시 만들게 되었다.[40]

그 뒤에도 국가 방비를 위해 군적의 정비가 필요불가결하다는 그의 생각은 계속되었다. 우의정 시절 그는 군적의 착오가 있는 곳을 문서로 보고받아서는 바로잡기 힘들기 때문에 낭청을 직접 보내어 실상을 조사해야 한다고 국왕에게 건의하여 이를 관철시켰다.[41] 그로부터 1년 후 그는 병조판서로서 경기·충청·경상·전라·황해·강원도의 군적에 착오가 너무 많아 해당 고을 수령을 일일이 징계할 수 없을 지경이라고 보고하였다.[42] 그리고 한 달 동안 군적을 잘못 기록한 지역의 수령 명단과 그들의 죄과를 각각 3등급으로 나누어 보고하였다. 그 결과 죄가 무거운 자를 파면하라는 성종의 명령이 내려졌다.[43] 이러한 일련의 과정은 이극배가 군적의 정비에 얼마나 힘을 썼는지, 그리고 그의 방위관이 어떠했는지를 보여준다 하겠다.

이후에도 이극배는 우의정으로서 병조판서를 겸하면서 군적의 정

38) 《성종실록》 권44, 성종 5년 윤6월 경자.
39) 《성종실록》 권44, 성종 5년 윤6월 경자.
40) 《성종실록》 권51, 성종 6년 정월 경오.
41) 《성종실록》 권205, 성종 18년 7월 신해.
42) 《성종실록》 권215, 성종 19년 4월 을사.
43) 《성종실록》 권216, 성종 19년 5월 경오.

비를 마무리 지었다. 성종 21년(1490)에 그는 병오년(1486) 호적을 국왕에게 바치면서 군액이 15만 3천여 명에서 15만 8천여 명으로 약 4천 8백여 명이 늘었음을 보고하였다. 또한 군적 정비를 마무리 지었으니 겸판서직을 면하게 해 달라고 청하여 윤허를 받았다.[44] 세조와 호흡을 맞춰 군적을 정비하고 군액을 늘렸던 경험을 토대로, 후대 임금들이 감소시켰던 군액을 다시 되돌리고, 군적에도 탈루자 없이 정확하게 작성하기 위해 노력을 기울인 것이다.

이 임무를 마친 뒤에도 그는 군적 및 군역 문제, 군사를 동원한 방위체제 등에 관심을 가지고 끊임없이 의견을 개진하였다. 북방 민족과 왜군의 침입은 물론이고, 적변에 대한 대비책을 다방면으로 쏟아냈다. 그는 북방 민족의 침입에 대비하여 평안도와 황해도의 대비책을 각각 내놓았다.[45] 특히 황해도의 경우 사신이 오가는 길이므로 바다 어귀까지 성을 쌓아 마치 요동의 장성처럼 해야 한다고 주장하였다. 주위의 비판이나 폐단에 대한 경고에도 그는 연연하지 않았다.[46] 결국 성종은 이극배의 주장을 받아들여 황해도 황주에 극성을 쌓도록 병조에 전교傳敎하였다.[47] 이는 이극배의 군사적 안목을 높이 산 것이라 할 수 있다.

왜변에 대비하여 현실적인 방안도 내놓았다. 그는 먼저 성종에게 건의하여 수전水戰 시에 가상 왜선을 만들어 교전하도록 하였다.[48] 전라도순찰사 시절에는 왜군의 침입에 대비하려면 내예포內禮浦에 주진主鎭을 두어 수군절도사를 설치하고 변경의 방비를 견고히 해야

44) 《성종실록》 권239, 성종 21년 4월 정해.
45) 《성종실록》 권57, 성종 6년 7월 무오.
46) 《성종실록》 권67, 성종 7년 5월 갑자.
47) 《성종실록》 권67, 성종 7년 5월 을축.
48) 《성종실록》 권68, 성종 7년 6월 무자.

한다는 내용의 계啓를 올렸다.49) 이 또한 그대로 받아들여졌다. 북방의 침입에 대비한 평안도·황해도 지역의 방비, 왜군의 침입에 대비한 전라도 지방의 방비 등 권역별로 복안을 가지고 대비책을 제시하고 있었던 것이다.

군적의 정비와 군사 정책에 대한 현실적인 방책을 많이 내놓은 그였지만, 병권兵權에 대한 욕심은 없었던 것으로 보인다. 그는 병권을 한 사람이 오래 가지고 있는 것은 좋지 않다며 여러 차례 병조판서직을 사임하고자 하였다.50) 여러 차례 사임 의사를 표한 끝에 결국 그의 뜻이 받아들여져서 병조에서 체임되었다. 그러나 병조에서 물러난 뒤에도 그는 나라를 방비하는 문제라면 언제든지 전문가로서 동원되었다. 상당부원군上黨府院君 한명회가 오랫동안 전쟁을 경험하지 못한 남쪽 지방의 병기를 감독하기 위해 대신을 파견할 것을 건의하자 성종은 당시 판중추부사였던 이극배를 삼도 순찰사로 삼아 내려보내기도 했다.51)

이와 같이 그는 오랜 관직생활 동안 군사 문제에 두각을 나타내면서 현실적인 방위체제 구축 방안을 내놓았다. 그러나 이 또한 병권에 대한 욕망 없이 절제적인 모습으로 표현되었다.

3) 대민정책

〈표 3-2〉에서 보면 이극배는 경기도·경상도·전라도·황해도·평안도의 5도에서 관찰사·도관찰출척사 등의 직임을 수행하였다. 조선

49) 《성종실록》 권100, 성종 10년 1월 계해.
50) 《성종실록》 권61, 성종 6년 11월 무진; 《성종실록》 권77, 성종 8년 2월 임술.
51) 《성종실록》 권85, 성종 8년 10월 경신.

팔도 거의 전역을 돌았다고 해도 지나친 말이 아니다. 병무兵務를 띠고 임시로 파견되었던 지역까지 포함한다면, 조선 방방곡곡을 돌면서 지역 전문가로서 지역민의 실상을 누구보다 정확하게 파악하고 있었다고 할 것이다.

특히 지방에서 그의 임무는 지방민을 무휼撫恤하는 데 맞춰졌다. 실농한 지방민을 돕고, 지방민을 곤경에 빠뜨린 수령에 대해 엄한 형정을 시행하는 것이 그의 역할이었다. 이미 그는 병조정랑 시절에 충청·전라·경상도의 수령·만호 가운데 불법을 행한 자를 가려내어 탄핵하게 하는 임무를 띠고 파견된 적이 있었다.[52] 이러한 경험이 지방직을 수행하는 데 좋은 구실을 하였을 것으로 생각된다.

그가 경상도관찰사로 재임하던 세조 4년(1458) 경상도 지역에 큰 흉년이 들었다. 세조는 어서御書를 내려 실농을 위로하였고,[53] 이극배는 공물貢物을 견감蠲減해줄 것을 요청하였다. 세조는 백성을 무휼하고자 하는 이극배의 태도를 높이 사서 옷 한 벌을 하사하였다.[54]

한편 지방에 있으면서 실농失農의 폐단과 지역민의 시름을 이해한 이극배는 구황의 방안을 다방면으로 고심하고 이를 여러 차례 논의하였다. 그는 구황 또한 지방관의 임무라 여겼다. 그리하여 지방수령으로서 구황을 제대로 하지 못한 이는 그 잘못의 경중을 따져 처벌해야 한다는 강력한 의견을 내놓기도 하였다.[55]

이러한 지방민에 대한 무휼 정책은 기본적으로 백성의 삶과 생활을 먼저 생각하는 사고와, 지역의 생활여건과 방위 구조 등을 함께 고려할 수 있는 그의 안목에서 나왔다. 궁궐 수리의 관리 감독 책임

52) 《단종실록》 권12, 단종 2년 8월 갑신.
53) 《세조실록》 권11, 세조 4년 2월 병신.
54) 《세조실록》 권11, 세조 4년 2월 갑진.
55) 《성종실록》 권135, 성종 12년 11월 경자.

을 맡고 있을 때에도 백성들을 무작위로 동원하는 것에는 반대하였다. 흉년이 들어 백성들의 생계가 어려워지면 우선 이러한 상태가 회복된 뒤에라야 이들을 동원할 수 있다고 믿었다.[56]

같은 취지로, 적변에 대비하기 위한 축성 사업 또한 백성들의 형편을 먼저 고려하였다. 그는 성종조에 평안도에 흉년이 들자 의주성을 쌓는 것을 보류하고 조금 풍년이 든 남쪽 지방의 남원성을 먼저 쌓자고 건의하였다.[57] 성종도 그의 건의를 흔쾌히 받아들여 이극배에게 직접 가서 살펴보고 적절한 조치를 내리도록 명하였다. 병무에 뛰어나 국가방위체제를 항상 염두에 두고 정책을 펼쳐온 그였지만, 그보다는 민생이 우선이었음을 알 수 있다.

5. 맺음말

이상에서 조선 초기 상신 이극배에 대해 생애와 그의 가계, 그리고 관직활동을 중심으로 살펴보았다. 이극배의 가계는 고려 말의 충신인 이색·정몽주·이숭인 등과 교유한 구가세족舊家世族으로 출발하여, 조선 초기 세조 대를 전후하여 훈구세력으로 정계에 입신하였다. 그러나 그들의 입신은 갑작스럽게 이루어진 것이 아니라 여말선초에 3대에 걸쳐 형제 모두가 과거에 합격하는 과정을 통해 장기적이고 안정적으로 이루어졌다. 특히 이극배의 다섯 형제는 전원이 등과했을 뿐 아니라 그 중 4명이 공신에 올라 말 그대로 조선 초기 중앙정계의 중심 인물군으로 부각되었다.

---

56) 《성종실록》 권142, 성종 13년 6월 을사.
57) 《성종실록》 권269, 성종 23년 9월 을해.

그러나 이들의 가계가 그렇게 단순하게 조선 초기 훈구파로만 일컬어질 수 있는 것은 아니다. 그들의 인적 네트워크를 살펴보면 조선 전기 대표적 사림으로 거론되는 김숙자·김종직 부자 등과의 학연 또는 사우·문인관계가 매우 깊게 형성되어 있었음을 발견하게 된다. 그러나 몇 차례에 걸친 사화의 소용돌이에서 사림들과 맺은 관계가 이들 가계에 시련을 주기도 하였다. 특히 이극배의 손자 이수공이나 충주 지역에 정착한 이극감의 후손들은 무오·갑자사화의 피해를 적지 않게 입었다. 이극배는 이렇게 광주이씨 가문이 시련을 겪기 이전, 그리고 정치적 분화를 경험하기 직전에 그러한 분수령이 되는 시기의 중심인물이었다.

이 글에서는 그러한 가문의 역사 속에서 이극배의 위치를 생각하고 그의 생애를 살펴보았다. 하지만 의외로 그의 생애는 큰 소용돌이 없이 탄탄한 관료적 삶의 전형을 보여주었다. 그는 한 해에 사마시와 문과에 모두 합격하고 바로 정8품 직인 승문원 부정자로 관직에 입문하였다. 그로부터 거의 50여 년에 걸쳐 그의 관직생활이 지속되었다. 그의 관직생활은 의정부·육조 등 중앙은 물론이고, 남쪽·북쪽 할 것 없이 여러 지방까지 두루 섭렵하였다. 그러나 화려한 환력에도 그의 관직 경험을 추적해보면 정치력·세력에 연연하는 정치가라기보다는 현실적인 정책으로 조정이나 민생에 이바지하려는 행정관료의 모습을 보게 된다.

그는 사신으로 명나라에 몇 차례 출입했고, 또 명나라에서 조선에 오는 사신을 맞이한 경험이 많았다. 또 조서詔書를 주고받는 과정에서, 칙사를 맞이하는 과정에서 지켜야 할 외교적 의례에 밝았다. 그러한 그의 능력은 대중국 관계에서 충분히 발휘되었다. 뿐만 아니라 그는 군적의 정비를 비롯한 군사정책에도 전문가였다. 자신이 직접 경상도 등지에 내려가서 군정을 파악한 경험을 바탕으로 그는 군액의 확보와 군적 정비에 평생 힘을 기울였다. 이러한 전문가의 안목으로 그는 적변賊變에 대비할 수 있는 실질적 방안을 여러 가지 제안하였다. 그는 북방 민족의 침입이나 남쪽 왜군의 침입, 육로를 이용한 침입이나 해상으로부터의 침입 등 각각의 경우에 구체적으로 정책을 제시할 수 있었다. 그러나 이런 모든 정책은 민생을 고려한 가운데서 시행되어야 한다는 것이 그의 기본적인 생각이었다. 어떤 정책을 수행하건 민생이 안정된 뒤라야, 백성이 회복된 뒤라야 한다는 그의 사고가 기록 곳곳에 남아 있다.

그는 70세가 되면서부터 치사하겠다는 뜻을 여러 차례 드러냈다. 그러나 성종은 궤장을 하사하면서 그의 치사를 만류하였고, 영의정을 제수하기까지 하였다. 이 또한 노병을 이유로 사양하였으나 윤허하지 않았고, 부원군에 봉해지는 영예를 누렸다. 실록에 기록된 그의 졸기에는 관직자로서 위엄이 있었다는 점, 정권을 손아귀에 잡고 있으면서도 물욕이 없고 사사로이 사람을 만나지 않았다는 점, 국사를 논하면서 대체大體를 잃지 않았다는 점 등을 상세하게 싣고 있다.[58] 그의 시호를 '익평翼平'으로 지은 것은 사려 깊고 절제있는 삶을 산 이극배의 생애를, 국왕을 비롯한 당대 위정자들이 모두 의미있게 평가한 결과라고 여겨진다.[59]

58) 《연산군일기》 권6, 연산군 1년 6월 계축.
59) 졸기에 시호의 의미를 '思慮深遠翼 執事有制平'으로 기록하고 있다(《연산군일기》 권6, 연산군 1년 6월 계축 참조).

■ 참고문헌

《廣州李氏大同譜》
《세조실록》《성종실록》《연산군일기》
《신증동국여지승람》《국조문과방목》《연려실기술》

金成俊, 〈東皐 李浚慶과 그 家系 -政治勢力을 중심으로-〉, 《碧史李佑成敎授 定年退職紀念論叢, 民族史의 展開와 그 文化》 上, 1990.

朴洪甲, 〈16세기 전반기 정국 추이와 충주사림의 피화-광주이씨 克堪系를 중심으로-〉, 《史學硏究》 79, 2005.

이태진, 〈15세기 후반기의 '鉅族'과 名族意識〉, 《한국사론》 3, 서울대 국사학과, 1976.

이극감의 생애와 관직활동

류 주 희
국사편찬위원회 연구위원

1. 머리말

15세기 조선사회는 성리학에 의한 유교적인 정치이념을 바탕으로 중앙집권적인 정치체제가 완비되면서 국가의식이 고취되고 있었다. 대내적으로는 단군을 민족의 시조로 숭상하는 관념이 대두하고 한글이 창제되는 등 우리나라의 독자적인 역사와 문화에 대한 관심이 고조되고 있었으며, 대외적으로는 국경선의 확장으로 국토의식이 성장하고 있었다.

그리하여 이 시기의 문화를 이끈 관료와 학자들은 성리학을 지도이념으로 내세우면서도 민생 안정과 부국강병을 위하여 과학 기술과 실용 학문에 힘써 민족 문화의 기반을 넓힘과 동시에 더욱 발전할 수 있는 토대를 마련한 것으로 평가받고 있다.

이극감李克堪(세종 5~세조 11, 1423~1465)은 바로 이 시대를 살다간 관료이자 정치가로서 활발한 활동을 한 인물이다. 그는 어려서부터 영특하여 경사經史를 읽으면 대의에 통달하였다고 한다. 1444년(세종 26)에 식년 문과에서 병과로 급제하여 1463년(세조 9) 병으로 관직에서 물러날 때까지 20여 년 동안 활발한 관직활동을 펼쳤는데, 사관史官으로부터 이치吏治에 달통하고 문장 짓는 일에도 민첩하다는 평을 받았다.[1)]

그는 1460년(세조 6) 북정北征 때에 기무를 관장하면서 탁월한 능력을 발휘하였을 뿐만 아니라 신숙주申叔舟와 함께 《국조보감國朝寶鑑》을 수찬하고, 《치평요람治平要覽》과 《의방유취醫方類聚》 등을 교정하여 간행하였다. 그리고 1461년(세조 7)에는 왕명으로 신숙주와 함께 《북정록北征錄》을 찬진하였다. 그의 시호를 문경文景이라고 한 데서 알 수 있듯이, 이극감은 학문에 부지런히 힘써 편찬 작업에 활발하게 참여하였던 것이다.[2)]

이 글에서는 이극감의 생애와 관직활동을 살펴볼 것이다. 이극감의 관직활동은 문과급제 뒤 관직생활을 시작한 세종~단종 대와, 세조가 즉위한 뒤에 추충좌익공신으로 책봉되어 활동한 시기로 나누어 살펴보고자 한다. 첫 번째 시기는 1444년(세종 26)부터 1453년(단종 1)까지로, 22세에 문과에 합격하여 집현전에 뽑혀 들어갔다가 문과 중시에 합격하여 부수찬에 제수된 뒤 31세까지 약 10년 동안의 관직생활에 해당한다. 이 시기에 그는 주로 학문 연구를 위해 궁중에 설치한 기관인 집현전에 소속되어 정치적 성장을 거듭하고 있었다. 두 번째 시기는 1453년(단종 1)~1463년(세조 9)까지로, 이때 이극감은 세조 즉위에 힘쓴 공로를 인정받아 추충좌익 3등공신에 책봉되

1) 《世祖實錄》 권36, 세조 11년 5월 기사. "克堪爲人倜儻不羈 諳達吏治 凡事人持兩議 克堪一言而定 衆意快之 爲文敏給 人皆稱之."

2) 《世祖實錄》 권36, 세조 11년 7월 계유. "謚文景 勤學好問文 心能制義景."

어 정치적 영향력이 커지면서 이조참의를 시작으로 동부승지 도승지, 이조참판, 형조판서로 승승장구하다가 그만 43세의 젊은 나이로 졸하였다. 이 시기에 이극감은 세자의 서연관書筵官으로 임명되어 세자 교육을 담당하는 한편으로 《국조보감》·《치평요람》·《의방유취》 편찬활동에도 활발하게 참가하였다. 아울러 1460년(세조 6)에 전개된 여진 정벌 때에 모든 기무를 담당하는 등 다방면에서 정치적 역량을 발휘하였다.

이러한 사실로 미루어 볼 때 이극감 연구에 대한 의미는 결코 과소평가할 수 없다. 이에 이 글에서는 조선왕조실록을 중심으로 이극감의 생애와 관직활동을 살펴보고자 한다. 이극감이 비록 개인 문집을 남기지는 않았지만, 조선왕조실록에 나타나는 많은 관직활동은 그의 행적을 살펴볼 수 있는 단서를 제공한다. 이극감의 관직활동에 대한 고찰은 정치가 혹은 관료로서의 개인사를 파악하는 데서 그치는 것이 아니라, 15세기의 정치와 문화를 이해하는 하나의 단서를 제공해줄 것으로 생각한다.

2. 이극감과 광주이씨

이극감은 본관이 광주로, 자는 덕여德輿이고, 호는 이봉二峯이다. 1423년(세종 5) 5월 13일에 한성부 교동에서 태어나 1465년(세조 11) 7월 28일에 43세의 나이로 졸하였다.[3] 시호는 문경文景이다.

3) 이극감의 생몰연대에 대해서 《廣州李氏大同譜》에는 1427년(세종 9)에 태어나 1468년(세조 14)에 향년 42세로 졸한 것으로 되어 있고, 《조선문과방목》에는 1427년에 태어나 1472년에 45세로 졸한 것으로 되어 있어서 《세조실록》의 기록과 차이가 있다.

광주이씨 가계는 둔촌遁村 이집李集 이래 그의 아들 지직之直을 거쳐 손자 인손仁孫 대에 이르러서 정계에 두각을 나타냈다. 이인손은 1417년(태종 17) 문과에 급제한 뒤에 여러 벼슬을 거쳐 1454년(단종 2)에 호조판서가 되고, 1459년(세조 8)에는 우의정으로 승진하였다. 특히 그의 다섯 아들이 모두 문과에 급제하면서 광주이씨 가문은 당대 누구도 따라올 수 없는 최대의 거족을 형성하였다.[4] 그 가운데 장자인 극배는 1493년(성종 24)에 영의정에 오르고, 5자인 극균은 1500년(연산군 9)에 좌의정에 올랐다. 또한 2자인 극감과 3자인 극증은 판서에, 4자인 극돈은 찬성에 올라 중앙의 요직을 지냈다. 아울러 조선 초기의 혼란한 정국 속에서 많은 공신을 배출함으로써 당대 최고의 훈구 가문을 이룰 수 있었다.[5]

성현成俔의 《용재총화慵齋叢話》에는 광주이씨의 가문이 크게 융성한 것에 대해 다음과 같이 기록되어 있다.

> 지금 문벌이 번성하기로는 광주이씨가 으뜸이고, 그 다음으로 우리 성씨만 한 집안도 없다. 광주이씨는 둔촌 이후로 점점 커졌으니 둔촌의 아들 지직은 참의였고, 참의는 아들이 셋인데 장손長孫은 사인舍人이었고, 인손仁孫은 우의정이었고, 예손禮孫은 관찰사였으며, 사인의 아들인 극규克圭는 지금 판결사로 있다. 우의정에게도 다섯 아들이 있는데, 극배는 영의정 광릉부원군廣陵府院君, 극감은 형조판서 광성군廣城君, 극증은 광천군廣川君, 극돈克墩은 이조판서 광원군廣原君, 극균은 지중추이다. 모두 1품에 올랐으니 이 네 아들은 공이 있어 군君으로 봉한 것이다. 광성군은 비록 일찍 죽었으나 그 아

《세조실록》의 이극감 졸기에는 1465년(세조 11) 7월 28일(계유) 43세의 나이로 졸한 것으로 되어 있다. 이 글에서는 《세조실록》의 내용에 따라 작성하였다.

4) 이태진, 〈15세기 후반기의 '鉅族'과 名族意識〉, 《한국사론》 3, 서울대 국사학과, 1976.

5) 박홍갑, 《조선시대 문음제도 연구》, 탐구당, 1994, 114~117쪽.

들 세좌世佐는 지금 광양군廣陽君이다.[6]

위의 기록을 통해서 광주이씨 가문이 정계에서 두각을 드러낸 것은 둔촌 이집 이후였으며, 이인손과 그의 다섯 아들이 과거에 급제하여 중앙의 요직에 등용되면서 크게 융성하였음을 볼 수 있다.

이극증의 부친인 이인손은 벼슬이 우의정에까지 달하는데, 사관은 "성질이 침착하고 굳세며 강하고 과감하여 관가에 있을 때나 집에 있을 때나 한결같이 경계하고 삼갔으며, 담백한 것을 좋아하고 성색과 분잡하고 화려한 것을 좋아하지 않았다. 한가할 때 전고典故를 익히고 일에 임하면 결단력이 있었다"[7]고 하였다. 이인손은 '충희忠僖'라는 시호를 받았는데, 청렴하고 방정하여 공정한 것을 '충忠'이라고 하고, 소심하여 두려워하고 꺼리는 것을 '희僖'라고 하기 때문이었다.[8] 이러한 기록은 그가 관리로서 매우 청백하고 규범에 충실하였음을 말해준다.

이인손의 장남인 이극배 또한 "정병政柄이 손아귀에 들어 있은 지 오래였으나, 문 앞에는 사사로이 드나드는 이가 없었고……일찍이 가무나 관현管絃으로써 오락을 삼지 않았다. 국가의 일을 의논함에는 대체大體를 잃지 않는 데에 힘쓰고, 까다롭고 세세한 것은 캐묻지 않았으며, 평생에 남의 과실을 말하기를 좋아하지 않았다"[9]는 평을 받

6) 《慵齋叢話》 권2, "當今門閥之盛 廣州李氏爲最 其次莫如我成氏 廣李自遁村以後漸大 遁村之子參議之直 參議之子三 曰長孫舍人 曰仁孫右議政 曰禮孫觀察使 舍人之子克圭 今爲判決事 議政有五子 曰克培領議政廣陵府院君 曰克堪刑曹判書廣城君 曰克增廣川君 曰克墩吏曹判書廣原君 曰克均知中樞 皆階一品 四人以功封君 廣城雖早卒 其子世佐今廣陽君."

7) 《世祖實錄》 권31, 세조 9년 윤7월 경오. "性沈毅强果 處官居家 一以戒愼 好淡泊 不喜聲色紛華 閑練典故 臨事有斷."

8) 《世祖實錄》 권31, 세조 9년 윤7월 경오. "謚忠僖 廉方公正忠 小心畏忌僖 性沈毅强果 處官居家 一以戒愼 好淡泊 不喜聲色紛華 閑練典故 臨事有斷."

9) 《燕山君日記》 권6, 연산군 원년 6월 계축. "政柄在手者久 而門無私謁 於物無所好 未嘗以歌舞

았다. 이극감 또한 집에서 술을 빚지도 않고 일찍이 손님 접대에도 술을 내놓지 않았다. 이러한 모습은 광주이씨 가풍이 매우 엄격하였음을 보여준다.

이극감은 우의정을 지낸 부친 이인손의 후광과, 다섯 형제가 모두 문과에 급제하는 학문적인 능력 등을 바탕으로 국왕의 신임과 총애를 받았다. 그리고 이극감의 두 아들인 이세좌와 이세우 또한 과거급제를 통해 관직에 진출한 뒤에 국왕의 신임을 받아 관료로서 승진을 거듭하면서 국정운영에 커다란 영향력을 행사하였다. 그리하여 광주이씨는 세조 대에 대표적인 훈구 가문으로 위상을 확고히 하게 되었다.

광주이씨는 과거급제와 공신 책봉 등을 통해 문벌을 형성하고, 그에 따른 막대한 토지와 노비를 바탕으로 그 밖의 지역에 농장을 이룬 것으로 보인다. 이와 같은 농장 개설은 그 주된 지역기반이 농장 중심으로 뻗어나가도록 하였으며, 14세기 이래 양반 사대부들의 지주적 성격이 짙어지면서 지역 중심으로 자연스럽게 이주할 수 있는 터전이 되었다.[10]

이극감은 당대 문벌인 충주최씨와의 혼인을 기반으로 충주로 이주하였다. 충주최씨인 창수倉守 최덕로崔德露의 딸과 혼인한 것이다. 충주최씨는 충주의 대표적인 토성土姓으로 관료를 꾸준히 배출하면서 충주를 대표하는 문벌을 형성하고 있었다.[11]

《세종실록지리지》에는 충주 토성으로 서徐·석石·최崔·류劉·강康·양梁·주秦·안安·박朴 등 아홉 성씨가 나타나고 있으며, 내성來姓으로는

管絃爲娛 議國家事 務存大體 不擧苛細 平生不喜言人過."

10) 박홍갑, 〈중종조 충주사림의 진출과 활동〉, 《사학연구》 55·56합집, 1998.

11) 이수건, 《한국중세사회사연구》, 일조각, 1984 참조.

견堅·정鄭의 두 성씨가 있고, 외촌성外村姓으로 혜嵇·어魚·지池의 세 성씨가 보이고 있다. 이 밖에 석石·노盧·최崔·안安·지池·어魚·석石·연延 등의 몇몇 부곡성과 속성들이 보인다.[12] 그러나 조선 전기 충주 지방의 사마시 급제자 56명을 대상으로 분석한 결과 충주 토성으로는 최·안·석의 세 성씨만이 보인다. 그 밖의 다양한 성씨들은 토성이 아닌 이주해 온 성씨였던 것이다.[13] 또한 충주 토성 중에서 문과를 배출한 성씨로는 최·안·박·양·지씨로 나타나 최씨를 제외한 대개는 다른 지역으로 이주해간 것으로 추정된다.[14] 충주최씨는 몇 개의 토착 성관과 더불어 새로이 충주에 세거지를 정하고 정착한 단양우씨, 광주이씨·전주이씨, 초계정씨, 경주김씨, 경주이씨, 양천허씨, 임천조씨, 여흥민씨 등과 함께 충주 지역을 대표하는 성관이었다.[15]

이극감은 형조판서로 재직하던 1463년(세조 9)에 연달아 부모상을 당하여 관직에서 물러나면서 충주에 정착하였다. 그러다가 2년 뒤인 1465년(세조 11)에 43세의 일기로 생을 마감하면서 충주(지금의 괴산)에 묻혔다. 이것은 처향인 충주에 일정한 경제적 기반이 마련되어 있었기 때문에 가능한 일이었다.[16] 조선 전기까지는 균분상속이었기에 이극감의 충주 이주는 매우 자연스럽게 이루어질 수 있었던 것

12) 《세종실록지리지》 충청도 충주목.

13) 이정우, 〈17~18세기 충주지방 서원과 사족의 당파적 성향〉, 《한국사연구》 109, 2000.

14) 이해준, 〈대전의 전통마을 4-갑천변의 충주박씨마을 도안동-〉, 《대전문화》 9, 2000.
이정우, 〈조선시대 대전지방 충주박씨의 동향과 재지적 위상-院·祠활동 및 고문서 입록을 중심으로-〉, 《대전문화》 9, 2000.

15) 박홍갑, 〈16세기 전반기 정국 추이와 충주사림의 피화-광주이씨 克堪系를 중심으로-〉, 《사학연구》 79, 2005, 138~139쪽.

16) 《신증동국여지승람》 권14, 충청도 충주목조에 따르면, 이극감의 묘지가 충주에 있는 것으로 나타난다. 이것은 당대에 이미 충주 이주가 있었음을 보여주는 것이고, 이를 계기로 그 후손들이 충주에 세거하게 된 것으로 보인다.

이다. 그의 아들인 이세좌의 손자 이연경이 정계에서 물러나 충주로 내려갈 때, "어머니를 모시고 충주 북촌의 선대로부터 내려오는 농장에 거주를 정하였다"[17]고 밝히고 있듯이, 충주 북촌에는 이미 그 선대의 농장이 마련되어 있었다. 둘째 아들인 이세우의 가계도 선대의 농장이 있던 충주 지역으로 이주하였다. 곧 이극감이 일찍이 충주에 기반을 마련함으로써, 그의 후손들은 충주에 정착하여 생활할 수 있었다.

충주 지역은 기호사림이 활동한 대표적인 지역이다. 곧 중종 대 기호사림파들 가운데는 충주에 지역적 기반을 가지고 활약한 사람들이 많았던 것이다. 광주이씨에서도 이연경과 그의 육촌인 이약빙을 비롯하여 많은 인물들이 배출되었다. 그리하여 충주는 조선 유학계의 선도 노릇을 지원하는 공간으로 자리매김하고, 이와 더불어 기호사림의 사상과 학문을 다음 세대의 사림들에게 연결해주는 교량 역할을 담당하게 된다.[18] 이렇듯 충주 지역을 중심으로 기호사림이 형성되고 활동할 수 있었던 배경에는 이극감과 그 후손들의 충주 이주가 있었다.

3. 관직활동

1) 제1기: 세종 26년~단종 1년(22세~31세)

이극감의 정치 관력은 크게 세종 26년~단종 1년까지와, 단종 1년

17) 《대동야승》 10, 己卯錄補遺 上.
18) 박홍갑, 앞의 글(2005), 160쪽.

연도	나이	주요 관력	주요 행적
세종 26(1444)	22	집현전 저작(정8품)	갑자 식년시에서 을과 5등으로 입격하다
29(1447)	25	집현전 박사(정7품)	문과 중시에서 을과 2등으로 입격하다
30(1448)	26	집현전 수찬(정6품)	
단종 즉위(1452)	30	집현전 부교리(종5품)	
1(1453)	31	집현전 응교(종4품)	

표 4-1. 세종 26년~단종 2년의 정치 관력

10월의 계유정란 이후부터 세조 9년까지 두 시기로 나누어 살펴볼 수 있다. 1기는 그가 22세에 문과에 합격하여 집현전에 뽑혀 들어갔다가 문과 중시에 합격하여 부수찬에 제수된 뒤 31세까지 약 10년의 관직생활에 해당한다. 이 시기에 그는 주로 학문 연구를 위해 궁중에 설치한 기관인 집현전에서 정치적 성장을 거듭하고 있었다. 이때의 관력을 정리하면 〈표 4-1〉과 같다.

이극감은 세종 26년(1444) 치러진 식년시에서 을과乙科 5등으로 입격하였다. 이때 이극감과 같이 입격한 31명은 황효원黃孝源, 주백손朱伯孫, 서거정徐居正, 윤자운尹子雲, 최한경崔漢卿, 박원정朴元貞, 류성원柳誠源, 진유경秦有經, 주숙손周叔孫, 한호생韓虎生, 김명중金命重, 이인전李仁全, 구종직丘從直, 김자흠金子欽, 하순경河淳敬, 윤서尹恕, 홍연洪演, 조효문曺孝門, 정신석鄭臣碩, 서형徐逈, 김률金慄, 안귀행安貴行, 이물민李勿敏, 구신충具信忠, 윤기尹期, 신자승申自繩, 고신교高愼驕, 조변륭曺變隆, 허장許璋, 최준崔濬, 민오閔悟로 나타난다.[19]

19) 《朝鮮文科榜目》 世宗 26년(1444) 甲子式年榜 32人. 식년시에서는 갑과 3인, 을과 7인,

이들 가운데 이극감과 같이 집현전으로 들어가 활동한 사람은 서거정, 유성원, 윤자운 등이다. 서거정은 세종~성종 대에 문병文柄을 장악했던 핵심적인 학자의 한 사람으로서 그의 학풍과 사상은 이른바 15세기 관학의 분위기를 대변하는 것으로 손꼽힌다. 유성원은 단종에 죽음으로 절의를 지킨 사육신의 한 사람으로, 당대에 문장가로 이름을 날렸다. 윤자운도 박문博聞하고 재능이 많은 것으로 당대에 이름을 얻었다. 이렇듯 집현전에서 활동한 인물들은 과거에 급제한 당대의 젊고 유능한 인재들이었던 것이다.

세종 2년(1420)부터 세조 2년(1456)까지 37년 동안 존속한 집현전은 당시의 괄목할 만한 문화 발전의 모체가 되었던 기관이다.[20] 그 설치 목적이 학자의 양성과 문풍의 진작에 있었기 때문에 집현전은 학구적인 성격을 갖고 있었다. 그리하여 과거에 급제한 이들 가운데 젊고 유능한 인재들은 특별히 집현전 학사로서 관직생활을 시작하였다. 그리고 집현전 학사에 임명되면 다른 관직으로 옮기지 않고 그 안에서 차례로 승진해 직제학 또는 부제학에까지 이르렀다가 그 뒤에 육조나 승정원 등으로 진출하는 것이 일반적이었다.[21] 이극감이 정8품인 저작으로 관직생활을 시작하여 다른 기관으로 이동하지 않고 계속 집현전 안에서 박사(정7품), 수찬(정6품), 부교리(종5품), 응교(종4품)까지 차례로 승진한 까닭은 이와 같은 관례에 따른 것으로

병과 23인으로 모두 33인이 선발되는 것이 일반적이다. 그런데 여기에서는 갑과 3인, 을과 7인, 정과 22인이라 하여 32인만 나타나고 있다. 《國朝榜目》에는 정과의 맨 끝에 윤혜를 게재하여 33인으로 수록하였다.

20) 집현전에 대한 연구로는 다음의 논문들이 참고된다.
李光麟, 〈世宗朝의 集賢殿〉, 《최현배선생환갑기념논문집》, 1954.
崔承熙, 〈集賢殿 硏究-置廢 始末과 機能分析-(上·下)〉, 《歷史學報》 32·33, 1966·1967.
李載喆, 〈集賢殿의 機能에 대한 硏究〉, 《人文科學》 30, 연세대 인문과학연구소, 1973.
鄭杜熙, 〈集賢殿 學士 硏究〉, 《全北史學》 4, 1980.

21) 최승희, 앞의 글, 13~14쪽.

보인다. 이렇게 집현전에서 오래 머무르게 한 까닭은 학사들에게 연구의 편의를 제공하기 위해서였다.

그리하여 집현전은 학문 연구 기관으로서 제도적으로는 도서의 수장收藏과 이용의 기능, 학문 활동의 기능, 국왕의 자문에 대비하는 기능 등을 가지고 있었다. 선행 연구 성과에 따르면, 집현전의 기능과 성격은 단계적인 변화를 보인다고 하였다.[22] 그런데 이극감이 집현전에서 활동한 시기는 집현전의 기능이 전환·변질되어 가던 무렵이다. 곧 이때 집현전은 정원이 20명으로 축소되는 한편 정치적 지위가 상승하면서 차츰 정치성을 띠게 되었다. 그러나 집현전은 학문 연구 기관이었기에 정치권력 구조 안에서의 지위는 그다지 높지 않았다.

그런데 1442년(세종 24) 세종의 신병으로 세자(후의 문종)의 정무처결 기관인 첨사원詹事院이 설치되면서 집현전 학사들은 지금껏 맡아 왔던 서연직과 함께 첨사원직까지도 거의 전담하게 되었다. 이와 함께 언론활동이 활발해지면서 집현전 학사들은 언관화되었고, 국가시책의 논의에 참여하는 등 정치활동이 활발해졌다. 더욱이 문종이 즉위한 뒤에 집현전이 대간직으로 이동하는 경우가 많아지면서 집현전의 본질적 성격에 변화가 나타나게 된 것이다.

이극감이 활동한 시기는 이렇듯 집현전이 학문 연구 기능에만 그치지 않고 현실 정치에 적극 참여하여 정치적 영향을 확대하여 가던

22) 최승희는 제1기: 1420년(세종 2)~1427년(세종 9), 제2기: 1428년(세종 10)~1436년(세종 18), 제3기: 1437년(세종 19)~1455년(세조 2)로 나누었다. 그리하여 제1기를 집현전 활동의 초기, 제2기를 집현전 기능이 확대하는 시기, 제3기를 집현전의 기능이 전환·변질되는 시기라고 파악하였다(최승희, 앞의 글). 그런데 정두희는 집현전의 활동시기를 4기로 나누어 제1기: 1420년(세종 2)~1428(세종 10), 제2기: 1429년(세종 11)~1438년(세종 20), 제3기: 1439년(세종 21)~1449년(세종 31), 제4기: 1449년(문종 즉위)~1456년(세조 2)로 구분하였다(정두희, 앞의 글, 98쪽).

때였다. 이극감이 집현전에 근무하면서 펼친 정치활동을 실록을 통해 살펴보면 다음과 같다.

① 집현전 직제학 이계전李季甸……저작 이극감이 "대간은 귀와 눈과 같은 관직인데, 지금 국사를 말한 것이 옳지 아니하다고 이를 처벌한다면, 신하로서 임금에게 말을 올릴 수 있는 길이 막혀질 것이오니, 그 죄를 용서하기를 청합니다" 하였다.23)

② 직제학 김문金汶……박사 유성원柳誠源·이극감이 "한漢·당唐의 새 군주가 제위帝位에 오를 적에는 모두 책명冊命의 예절을 행하면서 군주와 신하들이 길복을 사용하고, 지금 중국에서도 면복冕服을 사용하니, 성주成周와 시왕時王의 제도에 의거하소서" 하였다.24)

③ 집현전 부제학 정창손鄭昌孫……수찬 정창鄭昌·유성원·이극감 등이…… "예禮에는 정正과 변變이 있으니, 만일 일의 난처한 것을 만나면 예가 때를 따라서 변하지 않을 수 없는 것입니다.……국가에서 이미 변례變禮를 만들어서 모두 아내로 이름하여 《육전六典》에 실었으니, 경중이 있을 수 없는 것이 분명합니다. 아비가 이미 아내로 얻었고, 국가에서도 아내로 논한 데다 자식도 생시에 어머니로 섬겼으니, 어찌 죽은 뒤의 그 복服만을 의심하겠습니까" 하였다.25)

④ 집현전 부제학 정창손……수찬 유성원·이극감 등이……"사창社倉의 법을……우선 크고 작고 비옥하고 척박한 것이 같지 않은 두어 고을에

23) 《世宗實錄》 권114, 세종 28년 10월 갑진. "集賢殿直提學李季甸……著作李克堪啓 臺諫耳目之官 今以言事不中而罪之 則言路塞矣 請赦其罪."

24) 《世宗實錄》 권115, 세종 29년 2월 무신. "直提學金汶……博士柳誠源·李克堪曰 漢·唐新主卽位 皆行冊禮 君臣吉服 今中朝亦用冕服 乞依成周及時王之制."

25) 《世宗實錄》 권120, 세종 30년 5월 계사. "集賢殿副提學鄭昌孫……修撰鄭昌·柳誠源·李克堪……禮有正有變 若遇事之難處 則禮不得不隨時而變 國家旣制爲變禮 皆名爲妻 而載諸六典 則其不可有所輕重明矣 父旣以妻畜之 國家亦以妻論之 子亦生時以母事之 獨何死後而疑其服乎."

수년 동안을 시행하여 그 법의 이해와 민정의 편의 여부를 시험해 보아 과연 이익이 있고 해가 없다면 두루 여러 도에 행하는 것이 편할 것입니다" 하였다.26)

⑤ 집현전 부제학 신석조辛碩祖……수찬 유성원·이극감 등이 "과목科目의 정원은 고려에서부터 시작하여 시행된 지가 이미 오래되었으니, 진실로 고칠 만한 폐단은 없겠습니다.……하물며 이 두 법은 모두 《육전》에 기재되어 있으며, 정원을 첨가해야 한다는 일은 또한 세종조에도 헤아려 의논했으나 마침내 시행되지 못했는데, 지금 전하께서 즉위하신 처음에 갑자기 조종의 성헌을 고치시는 것은 더욱 옳지 못합니다" 하였다.27)

⑥ 부제학 최항崔恒……부교리 이극감 등이……"남편이 이미 아내와 더불어 가산을 함께 나누어 자손에게 주었다면 아내는 남편이 죽은 뒤에 변경할 수 없습니다. 또 부모의 명령이 혹 이치에 어긋나더라도 자손은 굽히고 순종하지 않을 수 없는 것입니다.……마땅히 정씨로 하여금 남편의 명령을 함부로 변경하지 못하게 하고, 강순덕을 죄 주어서 불순함을 징계하여야 합니다" 하였다.28)

이극감은 정치적 문제들에 대해 여러 가지 의견을 제시하며 정책 수립을 위한 기초 연구에 깊이 참여하였던 것으로 보인다. 그것은

26) 《世宗實錄》 권120, 세종 30년 5월 기해. "集賢殿副提學鄭昌孫……修撰柳誠源·李克堪……社倉之法……姑於大小膏塉不同數郡 行之數年 驗其法之利害與民情之便否 果有利無害 遍行諸道爲便."

27) 《文宗實錄》 권3, 문종 즉위년 9월 무신. "集賢殿副提學辛碩祖……修撰柳誠源·李克堪……科目之額 始自高麗 行之已久 固無可改之弊……況此二法 皆載六典 加額之事 亦於世宗朝擬議 而竟不行 今當卽位之初 遽改祖宗成憲 尤爲不可."

28) 《端宗實錄》 권4, 단종 즉위년 11월 계해. "副提學崔恒……副校理李克堪……夫旣與其妻 同分家産 以給子孫 則其妻不可於夫死後 有所變更 且父母之命 雖或悖理 子孫不可不曲爲順從……宜禁鄭氏 使不得擅更夫命 罪順德 以懲不順."

대간의 언로 문제나 사창제의 시행과 같은 국가의 정치 현안으로부터 유교적 예의 상정까지 폭넓게 미치고 있었다. 그러나 다른 집현전 관원들과 마찬가지로 아직은 정치적 지위가 미약하였기 때문에 정책의 실현과 수립에까지 영향력을 끼치지는 못하였다.

다른 한편으로 이극감은 세손강서원世孫講書院의 강론도 담당하였다. 세손강서원은 왕세손의 교육을 담당하기 위하여 설치된 관서이다. 1448년(세종 30) 단종이 세손이 되었을 때 처음 설치되었는데, 이때 이극감은 좌익선 박팽년朴彭年·우익선 신숙주·좌찬독 유성원과 함께 우찬독이 되었다. 집현전 학사들 가운데서도 학문과 덕행이 뛰어난 자들로 임명하여 후계자의 덕성을 훈도하는 직임을 맡겼던 것이다.

아울러 이극감은 사서史書 편찬에도 앞장섰다. 그는 《고려사》 편찬에서 열전 부분의 찬술을 담당하였으며, 《문종실록》의 편찬에도 참여하였다. 사서 편찬은 역사를 통해 정치적 교훈을 얻는 것이 중요한 목적이었다. 곧 정치적 실용의 의도에서 사서 편찬이 이루어졌던 것이다. 집현전 학사로서 이극감은 정치적 실용을 강조한 세종의 영향 아래서 자신의 학문을 현실에 적용하고자 노력하였던 듯하다.[29)]

2) 제2기: 단종 1년~세조 9년(31세~41세)

1453년(단종 1) 10월에는 조선 초기의 안정적인 정치운영의 토대

29) 姜文植, 〈集賢殿 출신 官人의 學問觀과 政治觀〉, 《韓國史論》 39, 서울대 국사학과, 1998에 따르면 정치적 실용을 강조한 세종의 통치철학과 학문 경향은 집현전 학사들의 학풍 형성에 커다란 영향을 주었고, 집현전 학사들이 공통의 학풍을 가지게 되는 가장 중요한 요인으로 작용하였다고 한다.

가 무너지면서 계유정란이라는 쿠데타를 통해 수양대군이 정권을 장악하였다. 세조의 즉위는 유교적 명분과 정통성에 어긋나는 것이었기 때문에 세조는 왕권의 강화로 정권 안정을 추구하였다. 곧 세조는 집권기간 내내 왕권을 안정·강화하고 국왕 중심의 정치를 실행하였다.

이 시기는 이극감의 정치 관력 후반기라 할 수 있다. 이때 이극감은 단종 때에 대간직을 거쳐 의정부 관원으로 진출하며 정치활동을 활발하게 펼쳤다. 단종~세조 8년까지의 정치 관력을 정리하면 〈표 3-2〉와 같다.

연도	나이	주요 관력	주요 행적
단종 1(1453)	31	사헌부 지평(정5품)	
2(1454)	32	사헌부 교리(정5품)	
		의정부 검상(정5품)	
세조 1(1455)	33	의정부 사인(정4품)	추충좌익공신 3등에 책봉되다
3(1457)	35	판군기감사	춘추관 편수관을 겸하다
		이조참의(정3품)	
4(1458)	36	승정원 동부승지(정3품)	세자서연관을 겸하다
5(1459)	37	승정원 좌부승지(정3품)	
		승정원 우승지(정3품)	
		승정원 좌승지(정3품)	
6(1460)	38	승정원 도승지(정3품)	
		이조참판(종2품)	
7(1461)	39	호조참판(종2품)	
8(1462)	40	형조판서(정2품)	광성군에 봉해지다

표 3-2. 단종~세조 8년의 정치 관력

단종이 13세의 어린 나이로 즉위하면서, 왕권과 신권의 조화를 바탕으로 안정적인 움직임을 보이던 정치운영이 흔들리기 시작했다. 국왕이 정치운영에 미숙함을 드러내면서 고명대신인 황보인皇甫仁·김종서金宗瑞 등 의정부 대신의 국정 전단이 불가피해진 것이다.

이처럼 정권이 의정부로 집중되자 국가의 행정체계가 문란해지고 나라의 기강이 해이해졌다는 비난의 목소리 또한 높아졌다.30) 심지어는 "군주는 그 손을 요동하지도 못하였고, 백관들은 명을 받을 겨를도 없이 턱으로 가리키고 눈치로 시켜도 감히 누가 무어라 하지 못하였으며 사람들이 정부가 있는 줄은 알아도 군주가 있는 줄은 모른 지가 오래"31)라고 할 정도로 왕권은 미약하기만 하였다.

이 당시 전제왕권을 배격하고 재상 중심의 정치체제가 이상적이라 내세웠던 집현전 출신의 관인들도 의정부의 지나친 권력 증대에는 비판적이었다.32) 집현전 출신들은 문종의 중용책에 힘입어 대간으로 진출하면서 정치적 영향력을 신장시키고 있었다. 이러한 경향은 단종 초에도 계속 이어져 집현전 출신 가운데 이개李塏·하위지河緯地·신숙주申叔舟·유성원柳誠源·성삼문成三問 등이 대거 대간으로 진출하였다. 그러나 의정부 대신들이 인사권마저 장악하면서 집현전 출신들의 대간 진출 기회는 매우 억제되었다. 이에 집현전 출신들은 언론활동을 통해 의정부 대신들을 비판하고 그들의 전횡을 견제하고자 하였다.

---

30) 《端宗實錄》 권6, 단종 1년 5월 정사. "大司憲奇虔等上疏曰……宰相之職 上佐一人 下統百司 於事無所不摠……自政府大臣兼領以後 監役官吏有恃無恐 弊生多端……."

31) 《世祖實錄》 권2, 세조 원년 8월 임자. "史臣李承召曰……當魯山之時 倒持太阿 授諸姦臣 人主不得而搖手 百官不假於承命 頤指氣使 莫敢誰何 知有政府而不知有君之日久矣."

32) 집현전 출신 관인의 정치관에 대해서는 姜文植, 앞의 글 참조.

근래 국가에서 연고가 많아서, 무릇 큰 일이 있으면 으레 은혜를 더하여 주므로 이 때문에 인심이 요행을 바라고 분경奔競이 풍속을 이루는데, 하물며 이러한 명령이 큰 일로 말미암은 것도 아니고 또 성상의 은혜가 아니라 아랫사람이 계청啓請한 데에서 나왔으니, 어찌 비난하는 의논이 없겠습니까?[33)]

집현전 출신인 성삼문이 의정부에서 인사권을 천단하면서 분경의 폐단이 성행하게 되었다고 비판하고 나선 것이다. 그러나 집현전 출신들의 정치적 발언은 당시의 정세를 뒤바꿀 만한 힘을 갖고 있지 못하였다. 이에 하위지河緯地 같은 이는 "늙은 여우(김종서)가 없어지면 내가 돌아오겠다"[34)]고 하며, 병을 핑계로 사직하였다.

이극감의 대간직 진출 또한 꽤 늦은 편이었다. 1453년(단종 1) 10월에 일어난 계유정란으로 수양대군이 정권을 장악한 뒤에야 대간직으로 진출할 수 있었던 것이다. 집현전 출신들이 수양대군의 집권에 동조하거나 중립적인 태도를 취한 것은 이 때문이었다. 수양대군은 의정부의 전횡으로 정치운영에 파행이 초래되는 것에 심각한 위기의식을 느끼고 약화된 왕권을 회복하고자 하였다. 이로써 수양대군은 1453년(단종 1) 10월 계유정란을 일으켜 황보인·김종서 등 수십인을 살해·제거하고 정권을 잡았다. 이때 집현전 출신들이 수양대군의 거사에 직접 가담하였다고 보기는 어렵다. 다만, 의정부의 전횡으로 정치적 어려움에 처해 있던 집현전 출신들이 수양대군과 결탁하여 정치력을 신장시키고자 한 것은 당연한 수순으로 여겨진다. 의정

33) 《端宗實錄》 권6, 단종 1년 4월 신해. "近國家多故 凡有大事 例皆加恩 由是人心僥倖 奔競成風 況今此命 不因大事 又非睿恩 而出自啓請 豈無非議."

34) 《端宗實錄》 권7, 단종 1년 7월 기묘. "老狐去矣 我乃來也 蓋指金宗瑞也."

부를 중심으로 한 정치세력과 정치적 이해관계를 달리하는 수양대군과 집현전 출신들 사이에는 공통된 입장이 있었기 때문이다.

이극감은 사헌부 관원으로 있으면서 활발한 언론활동을 전개하였다. 집현전에 근무하면서 독서와 고제古制 연구 등으로 쌓은 경륜을 현실 정치에 구현하기를 바란 것이다. 사헌부 관원으로 재직하면서 전개한 언론활동을 간단히 살펴보면 다음과 같다.

① 전지하기를 "봉군封君한 것이 옳은데 어찌 고치겠는가?" 하였다.……이극감이 또 아뢰기를 "환시宦寺의 봉군은 그 시비가 명확한데 성상께서 옳다고 하시니, 신 등은 매우 놀랍습니다. 사책史冊에 이를 쓰면 후세에 어떻게 여기겠습니까?" 하였다.[35]

② 대사헌 권준權蹲……지평 이극감이 상서하여 사직하기를 "요사이 시정에 대한 몇 가지 일로써 여러 차례 천총을 어지럽혔으나 하나도 윤허를 입지 못하였으니, 직사를 해임하여 주소서. 신 등은 모두 용렬한 자질로써 경신更新의 처음을 당하여 언책言責을 맡아 정성이 하늘을 감동시키지 못하여 전하의 사람을 알아보시는 총명에 누를 끼치고 뻔뻔스런 낯으로 조정에 서니 진실로 미안합니다. 엎드려 바라건대 어질고 능력 있는 사람을 다시 선택하여 신 등을 대신하게 하소서" 하였다.[36]

③ 지평 이극감이 본부의 의논을 가지고 아뢰었다. "이비李埤와 구문신具文信을 가자加資하고 한종손韓終孫을 초자超資하였는데, 대저 상작賞爵은 인군의 중대한 일이니 가볍게 시행할 수가 없습니다……" 임금이 전지하기를

35) 《端宗實錄》 권9, 단종 1년 11월 정축. "傳曰 封君是矣 何可改乎?……克堪又啓曰 宦寺封君是非顯然 而上數以爲是 臣等甚驚駭 書之史冊 則後世以爲何如."

36) 《端宗實錄》 권9, 단종 1년 11월 임오. "大司憲權蹲·執義李塏·掌令金之慶·柳誠源·持平尹起畎·李克堪上書辭職曰 近以時政數事 累瀆天聰 一未蒙允 乞解職事 臣等俱以庸資 當更化之初 叨任言責 誠未格天 以累殿下知人之明 靦面立朝 實所未安 伏望更選賢能 以代臣等."

"따를 수가 없다" 하니 이극감이 다시 아뢰기를 "모든 일은 모두 국론이 이미 정해진 뒤에야 신들이 알게 되니, 이미 정해진 것이기 때문에 고치지 못하는 것을 신 등은 통절히 가슴 아파합니다" 하였다.[37)]

④ 지평 이극감 등이 아뢰기를 "불당을 헐어버리는 일에 대하여 말씀을 드리기도 하고 상소를 올리고 하였으나, 아직 윤허를 받지 못하였습니다. 신 등이 물러나서 생각하니, 술사術士의 말은 비록 증험이 없으나, 신하의 임금을 위하는 마음으로도 이를 삼가는데, 하물며 그 말에 증험이 있지 않습니까? 이미 지나간 증험이 이미 이와 같았으니, 장래의 일도 또한 알 수가 없습니다" 하였다.[38)]

정치의 시비에 대한 언론활동과 백관에 대한 규찰 등을 담당하던 사헌부는 의정부·육조와 함께 정치의 핵심 기관이었다. 그리하여 왕권이나 신권의 독주를 막고 균형 있는 정치를 하도록 작용할 수 있었던 것이다.

이극감은 사헌부 관원으로 재직하면서 언론활동을 활발하게 펼쳤다. 이는 단종 초에 의정부의 직권이 강해지면서 위축되었던 대간활동을 정상화하려는 노력이었다. 현실적으로 많은 제약이 있었음에도 유교적인 가치관에 입각하여 부단히 간쟁하였던 것이다. 이는 유교적인 이념을 현실 정치에 구현하고자 하는 적극적인 자세였다.

이극감은 세조 즉위 후에는 좌익공신 3등에 책봉되어 세조의 지우

37) 《端宗實錄》 권10, 단종 2년 1월 병진. "持平李克堪將本府議啓曰 李埤·具文信加資 韓終孫超資 夫爵賞人君重事 不可輕施也……傳曰 不可從也 克堪更啓曰 凡事皆國論已定 然後臣等得知 以爲已定而不改 臣等痛憫."

38) 《端宗實錄》 권10, 단종 2년 1월 기미. "執義李塏·掌令柳誠源·持平尹起畎·李克堪等啓 毁佛堂事 或言或疏 皆未蒙允 臣等退而思之 術士之言雖無驗 臣子爲君父之心 尙且愼之 況其言有驗乎 已往之驗旣如是 則將來之事亦未可知也."

知遇를 받았다. 세조는 계유정란 직후에 정난공신 43명을 책록하고, 즉위한 뒤에는 좌익공신 47명을 책봉하여 자신의 세력기반을 공고히 하였다.39) 정난공신과 좌익공신은 세조의 집권 과정에 동참하거나 지지한 사람들이었기 때문에, 세조 집권기에 이들의 정치적 영향력이 높아지는 것은 당연한 일이었다. 이들이 세조 때에 정치적으로 매우 중요한 지위를 차지하면서 정치운영을 주도하게 된 것이다. 좌익공신으로 선정된 인물은 다음과 같다.

1등(7명): 계양군 이증桂陽君李璔·익현군 이곤翼峴君李璭·한확韓確·윤사로尹師路·권람權擥·신숙주申叔舟·한명회韓明澮

2등(12명): 정인지鄭麟趾·이사철李思哲·유암尹巖·이계린李季疄·이계전李季甸·강맹경姜孟卿·윤형尹炯·최항崔恒·전균田畇·홍달손洪達孫·양정楊汀·권반權攀

3등(28명): 권공權恭·이징석李澄石·정창손鄭昌孫·황수신黃守身·박강朴薑·권자신權自愼·박원형朴元亨·구치관具致寬·윤사윤尹士昀·성삼문成三問·조석문曹錫文·이예장李禮長·원효연元孝然·한종손韓終孫·이휘李徽·황효원黃孝源·윤자운尹子雲·이극배李克培·이극감李克堪·권개權愷·최유崔濡·조효문曺孝門·한계미韓繼美·정수충鄭守忠·조득림趙得琳·윤형尹炯·홍윤성洪允成·김질金礩

이렇듯 이극감이 좌익공신 3등에 책봉되었다는 사실은 그가 세조대의 정치운영에 적극 참여하게 되었음을 의미한다. 그리고 한편으

39) 좌익공신은 처음에는 44명만 책봉되었다가 그 후 尹炯, 洪允成, 金礩을 추가로 책봉하여 모두 47명이 책록되었다. 鄭杜熙, 〈朝鮮 世祖-成宗朝의 功臣研究〉, 《震檀學報》 51, 1981 및 崔楨鏞, 《世祖의 執權과 國政運營에 關한 研究》, 영남대 박사논문, 1998 참조.

로 세조가 추구하는 왕권 강화에 동조하는 입장을 취하였음을 말해준다. 이극감은 세종 대 후반기에 집현전 학사로 입사하였다. 이 무렵 세종은 왕권 강화를 위한 여러 시책들을 추진하였는데, 집현전에서 이루어진 학문 연구 성과가 그것을 뒷받침한다. 당시 세종은 왕권을 공고히 하고 국왕이 주도하는 정치를 추구하면서 승정원 중심의 정치운영을 도모하였다. 그리하여 모든 업무의 보고와 지시는 반드시 승정원을 거치도록 하였으며, 국정의 주요 현안을 승지들로 하여금 대신들과 의논하여 결정하도록 한 것이다.[40] 집현전 학사였던 이극감은 세종 대 왕권 강화 정책에 비록 적극적으로 참여하지는 않았지만, 의정부의 비대해진 권력과 왕권의 비정상적인 운영에 따른 폐해를 지켜보면서 세종 대의 정치를 모범으로 삼았음을 말해준다. 이로써 이극감은 재상 중심 체제를 이상적인 정치체제로 내세웠던 하위지 등의 계열과 정치적 입장을 달리하면서 세조정권에 적극 참여하게 된 것으로 여겨진다. 이극감은 세조 대 공신으로 정치에 참여하는 즐거움을 다음과 같이 말하고 있다.

용연龍淵에 반부하여 명량明良을 경하하였고
어수魚水가 서로 즐기니 한 당에 모였네.
사호絲毫도 대조大造에 보답 없음 부끄러운데
스스로 용라庸懶함으로 용광龍光을 입었다네.
황금과 백벽白璧의 은혜는 분수 아니옵고
철권과 단서의 총애는 한량없구나.
훈사訓辭를 배독하니 다시 감읍하옵고

40) 崔承熙, 〈世宗朝의 王權과 國政運營體制〉, 《韓國史研究》 87, 1994, 84~97쪽.

운잉雲仍 서로 경계하여 잊지 말기 바라네.[41]

이극감의 국왕 중심의 정치관은 승정원에서 활발한 관직활동으로 나타났다. 1458년(세조 4) 승정원 동부승지에 임명되면서 이극감은 국왕 중심의 정치운영을 지지한 듯하다. 그리하여 세조 4년 6월에 이극감을 좌익공신 3등에 책봉하는 교지를 반포하는데, 이는 세조와 이극감의 긴밀한 관계를 재확인하는 절차로 이해된다. 이때의 교지 내용을 살펴보면 다음과 같다.

지난번에 내가 정사를 보필할 때 경을 발탁하여 요좌로 삼으니, 고사에 해박한 재주로써 일을 판단하고 처리하는 데 근거가 있었고, 일을 보면 민첩하게 재결하고 머물러 두지 않았으며, 서로 더불어 모의를 도와서 보익한 바가 많았다. 흉도의 여얼이 난을 선동할 즈음과 나라의 위험하고 의심스러운 때에 경이 능히 그 사이에 주선하여 시종일관 변하지 않았고, 충의의 절조를 다하여 천명의 아름다움을 도왔으니, 그대의 공과 노고를 어찌 잊어버리겠는가?[42]

이러한 공신 교서의 반포를 통해 세조는 이극감에 대한 신임을 재천명하면서 국왕 중심의 정치운영 체제를 담당할 측근 관료로 발탁

41) 《世祖實錄》 권11, 세조 4년 2월 신축. "龍淵攀附慶明良 魚水相歡契一堂 愧乏絲毫酬大造 自將庸懶荷龍光 黃金白璧恩非分 鐵劵丹書寵未量 拜讀訓辭還感泣 雲仍相戒願毋忘."

42) 《世祖實錄》 권13, 세조 4년 6월 을유. "敎李克堪曰 天將布雨 澤無高下咸烝雲 王道欲熙 臣無大小皆効績 匪有佐時之傑 曷致濟屯之亨 惟卿詩書名家 簪纓世冑 慷慨有經世之志 磊落有不羈之材 再捷賢科 久侍經幄 文章可以華國 議論足以格君 彬彬儒雅之良 籍籍聲名之著 頃予輔政 擢卿爲僚 博古之才 剖析有據 見事之敏 裁決無留 相與咨謀 多所裨益 曁兇孼煽亂之際 寔國家危疑之時 卿能周旋其間 終始不變 益勵忠義之操 以贊基命之休 爾功爾勞 其敢忘諸 肆策勳爲佐翼三等功臣 爵其父母及妻 宥及永世 仍賜田八十結奴婢八口白銀二十五兩表裏一段內廐馬一匹 至可領也 於戲 心腹敷陳 庶永肩於一德 山河帶礪 期不替於後昆."

하였다.

세조 대에는 국왕이 직접 중신들과 국가의 모든 정무를 상의 처결하는 식으로 정치가 운영되면서 국왕의 좌우에서 왕명을 출납하는 승지의 임무가 매우 중요해졌다.43) 그리하여 세조의 측근이라 불리는 인물들만이 승지로 발탁될 수 있었던 것이다. 이후 이극감은 2년 동안 승정원에서 동부승지, 우부승지, 우승지, 좌승지, 도승지를 역임하면서 국왕의 최측근으로서 왕명을 출납하고 국정의 논의에 참여하는 등 국가 통치에 두루 참여하였다.

이극감이 도승지로 있던 1460년(세조 6)에는 회령 부근의 여진을 축출하고 모린위毛燐衛 여진족의 근거지를 토벌한 경신북정庚辰北征이 이루어졌다. 회령진의 서쪽에 있던 올량합兀良哈의 추장 아비거阿比車가, 아버지 낭액아한浪厄兒罕의 일족이 조선군에게 살해당하자 이를 복수하려고 조선에 침입하였다. 이에 조선이 정벌에 나선 것이다. 이 싸움의 결과 올량합 부족이 조선에 복종하였고, 하삼도 백성 1만 명을 이주시켰다.44) 이때 이극감은 도승지로 여진 정벌과 관련한 모든 기무를 관장하면서 세조로부터 국정운영의 능력을 인정받았던 것으로 보인다.45)

한편 이극감은 세조 대에 활발하게 진행된 편찬 사업에도 주도적으로 참여하였다. 세조 대는 조선왕조의 기본 법전인 《경국대전》을 비롯하여 정치·군사·유교 경서·역사 등 여러 방면의 서적이 편찬되

43) 세조 대 승정원의 기능과 역할에 대해서는 韓忠熙, 〈朝鮮初期 承政院研究-실제기능과 통치기구와의 관계를 중심으로-〉, 《한국사연구》 59, 1987 및 李載浩, 《朝鮮政治制度研究》, 일조각, 1995 참조.

44) 김구진, 〈여진과의 관계〉, 《한국사》 22(조선왕조의 성립과 대외관계), 국사편찬위원회, 1995, 335~341쪽.

45) 《世祖實錄》 권36, 세조 11년 7월 계유. "及庚辰北征 出納機務 寵遇異常."

어 민족문화 발전의 기반이 형성되었다. 《경국대전》은 국왕 중심의 정치운영을 법제적으로 명문화한 것으로, 집현전 출신 관인들이 편찬 과정에서 중요한 역할을 맡고 있는 점이 눈에 띈다.[46] 이극감은 신숙주와 함께 《국조보감國朝寶鑑》을 수찬하였으며, 《치평요람治平要覽》·《의방유취醫方類聚》 등을 교정하여 간행하였고, 1461년(세조 5)에는 왕명으로 신숙주와 함께 《북정록北征錄》을 찬진하였다.

다음으로 세조 대에는 이극감이 세자의 서연관으로 활약하고 있는 점이 주목된다. 세조는 훈사訓辭 10장을 내려주는 등 세자의 교육에 많은 관심을 갖고 심혈을 기울였다. 그것은 왕위 계승권자인 세자의 능력과 자질이 곧바로 국가의 안위와 결부된다는 판단에서 이루어진 것이었다. 그리하여 세자 교육은 국정운영 전반에 걸친 지식과 경륜들을 전수하는 과정으로 이루어졌다. 이때 세조는 "내가 세자를 너에게 부탁하니, 네가 능히 잘 보필하면 나는 걱정이 없겠다"[47] 하며 이극감에게 세자 보도의 책무를 위임하였다. 또한 "경은 세자의 스승이므로 내가 믿고 중히 여기는 바이다"[48]라고 하며 이극감에 대한 절대적인 신임을 드러내 보이기도 하였다. 국정운영의 후계자인 세자를 학문으로 교화시켜 왕도정치를 실현할 현철한 군주로 키우는 것이 세자 교육의 목적이었다. 따라서 세자에게 경서와 사적史籍을 강의하며 도의를 가르치는 임무를 담당한 세자의 서연관은 당대 최고의 엘리트일 수밖에 없었다.

---

46) 최정용, 앞의 글, 95~100쪽.
47) 《世祖實錄》 권20, 세조 6년 5월 병술. "顧謂左承旨李克堪曰 予以世子付汝 汝能篤弼 吾無憂矣."
48) 《世祖實錄》 권25, 세조 7년 7월 신유. "上謂李克堪曰 卿世子之師 予所倚重."

4. 맺음말

이극감은 관료이자 정치가로서 활발하게 활동한 인물이다. 1460년(세조 6) 여진 정벌 때에 기무를 관장하면서 탁월한 능력을 발휘하였을 뿐만 아니라 신숙주와 함께 《국조보감》을 수찬하고, 《치평요람》과 《의방유취》 등을 교정하여 간행하였다. 그리고 1461년(세조 7)에는 왕명으로 신숙주와 함께 《북정록》을 찬진하는 등 민족문화 발전의 기반 형성에 이바지하였다.

이극감은 22세에 문과에 합격하여 집현전에 뽑혀 들어가면서 정치적 성장을 거듭하였다. 이 무렵 집현전은 학문 연구 기능에만 그치지 않고 현실 정치에 적극 참여하여 정치적 영향을 확대해가고 있었다. 이극감 또한 정치 문제들에 대해 여러 가지 의견을 제시하며 정책 수립을 위한 기초 연구에 깊이 참여하였던 것으로 보인다. 이는 정치적 실용을 강조한 세종의 영향 아래서 자신의 학문을 현실에 적용해 가려는 노력으로 보인다.

그러나 이극감은 세조 즉위의 공로를 인정받아 추충좌익 3등공신에 책봉되어 정치적 영향력이 증대되면서 이조참의를 시작으로 동부승지 도승지, 이조참판, 형조판서로 승승장구하였으나, 그만 43세의 젊은 나이로 세상을 떠났다. 이극감은 세조가 추구하는 왕권 강화 정책을 지지하였다. 이는 집현전 학사였던 이극감이 의정부의 비대해진 권력과 왕권의 비정상적인 운영에 따른 폐해를 지켜보면서 국왕 중심의 정치운영을 모범으로 삼았다는 사실을 보여준다. 이에 이극감은 재상 중심 체제를 이상적인 정치체제로 내세웠던 하위지 등의 계열과 정치적 입장을 달리하면서 세조정권에 적극 참여하게 된 것으로 여겨진다.

이극감은 형조판서로 재직하던 1463년(세조 9)에 연달아 부모상을 당하고 관직에서 물러나 충주에 정착하였다. 그러다가 2년 뒤인 1465년(세조 11)에 43세의 일기로 생을 마감하였다. 그러나 그의 후손들이 충주에 정착하여 생활하게 되면서 충주 지역을 중심으로 한 기호사림이 형성되는 계기가 되었다.

■ 참고문헌

《廣州李氏大同譜》
《世宗實錄》《文宗實錄》《端宗實錄》《世祖實錄》《燕山君日記》
《세종실록지리지》《신증동국여지승람》《朝鮮文科榜目》《대동야승》《慵齋叢話》

박홍갑,《조선시대 문음제도 연구》, 탐구당, 1994.
이수건,《한국중세사회사연구》, 일조각, 1984.
李載浩,《朝鮮政治制度硏究》, 일조각, 1995.
崔楨鏞,《世祖의 執權과 國政運營에 關한 硏究》, 영남대 박사논문, 1998.

姜文植,〈集賢殿 출신 官人의 學問觀과 政治觀〉,《韓國史論》39, 서울대 국사학과, 1998.
김구진,〈여진과의 관계〉,《한국사》22(조선왕조의 성립과 대외관계), 국사편찬위원회, 1995, 335~341쪽.
李載喆,〈集賢殿의 機能에 대한 硏究〉,《人文科學》30, 연세대 인문과학연구소, 1973.
박홍갑,〈16세기 전반기 정국 추이와 충주사림의 피화–광주이씨 克堪系를 중심으로–〉,《사학연구》79, 2005, 138~139쪽.

______, 〈중종조 충주사림의 진출과 활동〉, 《사학연구》 55·56합집, 1998.
李光麟, 〈世宗朝의 集賢殿〉, 《최현배선생환갑기념논문집》, 1954.
이정우, 〈17~18세기 충주지방 서원과 사족의 당파적 성향〉, 《한국사연구》 109, 2000.
______, 〈조선시대 대전지방 충주박씨의 동향과 재지적 위상 –院·祠활동 및 고문서 입록을 중심으로–〉, 《대전문화》 9, 2000.
이태진, 〈15세기 후반기의 '鉅族'과 名族意識〉, 《한국사론》 3, 서울대 국사학과, 1976.
이해준, 〈대전의 전통마을 4–갑천변의 충주박씨마을 도안동–〉, 《대전문화》 9, 2000.
鄭杜熙, 〈朝鮮 世祖–成宗朝의 功臣研究〉, 《震檀學報》 51, 1981.
______, 〈集賢殿 學士 研究〉, 《全北史學》 4, 1980.
崔承熙, 〈世宗朝의 王權과 國政運營體制〉, 《韓國史研究》 87, 1994.
______, 〈集賢殿 研究–置廢 始末과 機能分析–(上·下)〉, 《歷史學報》 32·33, 1966·1967.
韓忠熙, 〈朝鮮初期 承政院研究–실제기능과 통치기구와의 관계를 중심으로–〉, 《한국사연구》 59, 1987.

이극증의 생애와 정치활동

류 주 희
국사편찬위원회 연구위원

1. 머리말

15세기는 우리나라 역사에서 괄목한 만한 문화의 창달이 이루어진 시기이다. 훈민정음의 창제로 민족문화가 발전할 수 있는 토대가 마련되었으며, 조선사회의 정치이념으로 등장한 성리학이 전 사회에 커다란 영향을 미치고 있었다. 이 시기의 문화를 주도한 관료와 학자들은 성리학을 지도이념으로 내세우면서도 민생 안정과 부국강병을 위하여 과학 기술과 실용 학문을 발달시켰다.

이극증李克增(세종 13~성종 25, 1431~1494)은 15세기에 정치가와 관료로서 많은 활동을 한 인물이다. 그는 40여 년에 걸친 관직생활을 통해 정치·행정·교육 등의 분야에 커다란 공적을 남겼을 뿐만 아니라 경륜가經綸家로서 뛰어난 면모를 발휘하기도 하였다. 그에 대한 사관史官의 평가 또한 "품성이 곧고 진실하여 번화한 것을 좋아하지 않고, 공무 받들기를 부지런히 하고 조심스럽게 하였으며, 관청의 일 처리를 집안일처럼 하였다"고 하여 검소하면서도 부지런한 관료로서 그의 면모를 볼 수 있다.

이극증에 대한 연구는 거의 이루어지지 않았다. 이는 이극증의 정치활동이 활발하지 않은 탓이 아니라 그의 개인 문집이 남아있지 않은 데서 연유한 것으로 보인다. 그러나 다행히 조선왕조실록에 세조~성종 대 관원으로 재직하면서 펼친 이극증의 정치활동이 남아있어 그의 행적을 살펴볼 수 있는 단서를 제공하고 있다. 이극증의 정치활동은 세조 대(2년~14년)와 예종~성종 14년, 성종 대(15~25년)의 세 단계로 나누어 살펴보고자 한다. 세조 2년~14년은 25세에 문과에 합격하여 군기시직장軍器寺直長(종7품)으로 관직생활을 시작한 뒤부터 38세까지에 해당한다. 이때 그는 세자시강원世子侍講院에서 서연을 담당하면서 왕세자(뒤의 예종)와 인연을 맺었으며, 승정원 승지로 활약하면서 정치적 성장을 거듭하였다. 정치 관력 중반기라 할 수 있는 예종~성종 14년은 대략 13년의 관직생활에 해당하는데, 익대·좌리공신에 책봉되어 정치적 영향력이 커지면서 이조·호조·병조·형조판서를 역임하는 등 정치적 활동을 활발하게 전개하였다. 이극증의 정치활동 후반기라 할 수 있는 성종 15년~25년은, 성균관 동지사로 재임하면서 유생 교육의 장려 등 인재 양성에 힘쓰는 한편 《대전속록大典續錄》의 편찬을 주관하는 등 성종 대 문풍文風 진작에 크게 일조한 시기이다.

이러한 사실로 미루어 이극증 연구에 대한 의미는 결코 과소평가할 수 없다. 이에 이 글에서는 조선왕조실록을 중심으로 이극증의 생애와 정치활동을 살펴보고자 한다. 또한 단편적이나마 교육 방면에서 보인 활동상도 살펴보고자 한다. 이극증은 성균관成均館 동지사同知事로 있으면서, 성균관 유생들의 출석 평가와 학력 평가에 남달리 심혈을 기울였다. 이러한 조처는 당대 유생들에게 많은 불만과 비판을 받기도 하였으나, 경학經學의 중요성을 인식시켰으며, 성균관의 위상 확립에 크게 이바지하였다. 이극증의 정치활동에 대한 고찰은 15세기의 역사상을 파악하는 데 조금이나마 도움을 줄 것으로 생각한다.

2. 이극증의 생애와 광주이씨

이극증은 본관이 광주廣州로, 자는 경위景撝이고 호는 삼봉三峯이다. 세종 13년(1431)에 한성부 연화방蓮花房에서 태어나 성종 25년(1494) 3월 25일에 64세의 나이로 졸하였으며, 시호는 공장恭長이다.

광주이씨 가계는 고려 말 조선 초 한양의 외곽지역에서 성장한 당대 최고의 문벌이었다. 특히 둔촌 이집 이래 손자 이인손이 우의정을 거치고, 또 이인손의 다섯 아들이 모두 문과에 급제하면서 최대의 거족을 형성하였다.1) 고려시대 과거제가 도입된 이후로 한 집안에서 다섯 형제가 연달아 과거에 급제한 사례는 극히 드물다. 더욱이 《경국대전經國大典》에 "다섯 아들이 과거에 급제한 자의 부모에게는 왕에게 보고하여 세사미歲賜米를 내려주고 죽었으면 추증追贈하고 치제致祭한다"2)는 조항까지 특별히 만들어질 정도로 다섯 아들이 같이 과거에 급제한다는 것은 매우 어려운 일이었다. 그런데 이인손의 다섯 아들 극배克培·극감克堪·극증克增·극돈克墩·극균克均이 모두 문과에 급제하여 중앙의 요직을 지낸 것이다. 더욱이 장자 극배는 좌익左

1) 이태진, 〈15세기 후반기의 '鉅族'과 名族意識〉, 《한국사론》 3, 서울대 국사학과, 1976.
2) 《經國大典》 권3, 禮典, 獎勸. "五子登科者之親 啓聞歲賜米 歿則追贈致祭."

翼·좌리공신佐理功臣, 2자 극감은 좌익공신, 3자 극증은 좌리공신에 각각 책봉되고, 4자 극돈 또한 좌리공신에 책봉되어 세조 집권기를 전후한 당대 최고의 훈구 가문을 이루었다.3) 이는 광주이씨가 거족을 형성한 데에는 문과급제라는 개인적인 능력과 아울러 당시의 정국 속에서 공신에 책봉되는 영예가 크게 작용하였음을 말해준다.

이렇듯 조선 전기 최고의 문벌을 형성한 광주이씨가 본격적으로 정계에 등장한 계기는 이집李集이 과거에 합격하여 중앙정계에 진출하면서부터이다. 이집은 과거를 통해 중앙정계로 진출하여 자신과 가문의 지위를 상승시켰다. 고려 후기에는 유교적 소양을 바탕으로 과거를 통해 정계에 등장한 관인官人들의 정치활동이 활발히 이루어지고 있었다.4) 그런데 이집은 성품이 강직하여 당시의 실권자였던 신돈에게 붙좇지 않다가 신변에 위험이 닥치자 영천永川으로 도망하였다가 3년 뒤에 신돈이 복주伏誅된 뒤 개경에 돌아왔다고 한다.5) 이때 이름을 집集으로, 호를 둔촌遁村으로 고치고 관직에서 은퇴하여 몸소 밭 갈며 독서로 일생을 마치고 있다. 이와 같은 사실은 이집이 유교적 정치사상을 바탕으로 고려가 처한 정신적, 사회경제적 모순의 해결을 위해 노력한 청백淸白한 관리였음을 말해준다고 하겠다.

광주이씨는 이집의 세 아들 지직之直, 지강之剛, 지유之柔가 과거에

3) 박홍갑, 《조선시대 문음제도 연구》, 탐구당, 1994, 114~117쪽.

4) 고려 후기에 새로이 등장하는 신흥 세력을 신흥사대부로 명명한 이래 그들의 사상적·사회 경제적인 특징이 성리학의 수용, 향리 출신, 중소지주적 기반이라는 사실이 확인되었으나, 실체에 대해서는 다양한 이견이 제시되고 있다. 여기에 대해서는 이우성, 〈고려조의 吏에 대하여〉, 《역사학보》 23, 1964; 金潤坤, 〈新興士大夫의 擡頭〉, 《한국사》 8, 국사편찬위원회 1974; 金泰永, 〈高麗後期 士類層의 現實認識〉, 《創作과 批評》 44, 1977; 李泰鎭, 14·5세기 農業技術의 발달과 新興士族〉, 《東洋學》 9, 1979; 朴龍雲, 〈權門勢族·新進士類의 성립과 개혁운동〉, 《高麗時代史》(下), 일지사, 1987; 高惠玲, 〈고려후기 士大夫의 개념과 성격〉, 《擇窩許善道先生停年記念 韓國史學論叢》, 일조각, 1992 등 참조.

5) 《新增東國輿地勝覽》 권6, 廣州 人物條. "李集 本州吏也 高麗恭愍王朝登第 性剛直不附辛旽 旽欲害之 負其父逃竄永州 旽伏誅還京師."

급제함으로써 가문이 더욱 번성할 수 있는 기반을 갖추게 된다. 그러나 이극증의 조부인 지직之直은 크게 현달하지는 못하였다. 조선왕조실록에 따르면 이지직은 내서사인內書舍人(정4품), 사헌집의司憲執義(정3품), 형조참의刑曹參議(정3품) 등을 지낸 것으로 나타난다. 그는 간관으로 있으면서 국사國事를 극론極論하는 데 거리낌이 없었으므로 탄핵을 받고 파면되는 등의 고초를 겪기도 하였으나, 태종조의 청백리로 뽑힐 정도로 맡은 책무에 충실하였던 인물이었다.[6)]

이극증의 부친 이인손은 우의정을 역임하였는데, 관리로서 매우 청백하고 규범에 충실하였던 인물이었다. 이집 이래 이지직, 이인손으로 이어지는 청백한 전통은 그의 아들 대에까지 이어지고 있었다. 이인손의 장남인 이극배는 정병政柄을 장악하고서도 사사로운 청탁을 받아들이지 않았으며, 자제들에게 가문이 번성하다고 하여 자만하지 말라고 경계하였다. 이러한 모습은 증조부 이래의 청백사상이 일가一家의 전통으로 면면히 이어지고 있었음을 보여준다.

이극증이 과거에 급제한 뒤 정치활동을 하는 데 커다란 영향을 끼친 것은 이와 같은 청백사상이었을 것이다. 이극증은 이러한 영향 속에 올곧게 관직생활을 하고자 노력하였다. 청렴을 중시한 그의 태도는 "청렴한 자의 승진을 높게 하는 것은 임금의 권세를 높이는 소이所以"[7)]라는 주장에서나, 사람을 등용할 때 "온 나라 사람이 다 어질다고 하여도 따를 수 없으며, 여러 대부大夫가 모두 어질다고 하여도 따를 수가 없고 직접 어진 것을 확인한 다음에 쓴다"[8)]는 원칙을

---

6) 《增補文獻備考》 권198, 薦用 1. "太宗元年 以慶儀·李之直·金若恒·李伯持·朴瑞生·李原·崔有慶·崔士儀選淸白吏."

7) 《成宗實錄》 권140, 성종 13년 4월 정사. "高其兼陞 所以尊主勢也."

8) 《成宗實錄》 권268, 성종 23년 8월 정묘. "古人云 國人皆曰賢 未可也 諸大夫皆曰賢 未可也 見賢焉然後用之 蓋重於用人如此."

따를 것을 주장한 데서도 나타난다.

이극증은 어려서부터 총민聰敏하고 재기才氣가 비범하였으며 문장을 일찍 이루고 성품 또한 단아하였다고 한다. 그의 나이 21세 되던 1451년(문종 1)에 생원시에 합격하여 문음門蔭으로 정9품의 종묘서녹사宗廟署錄事에 보직되었다.

3. 정치활동

1) 제1기: 세조 2년~세조 14년(26세~38세)

이극증의 정치 관력은 세조 대와 예종~성종 14년, 성종 15년~성종 25년까지 세 단계로 나누어 살펴볼 수 있다. 제1기인 세조 대는 25세에 문과에 합격하여 군기시직장軍器寺直長(종7품)으로 관직생활을 시작한 뒤 38세까지의 10여 년에 걸친 관직생활에 해당한다. 이 시기에는 군기시·세자시강원·이조·성균관·의정부 등에서 관직생활을 했던 것으로 나타난다. 이때의 관력을 정리하면 〈표 5-1〉과 같다.

이 시기 이극증의 정치 관력에서 주목할 만한 점은 서연書筵에서 활동한 점과 세조의 지우知遇를 받아 승정원 승지로 발탁되어 활동한 사실이다. 또한 성균관 직강을 지내면서 보여준 학행學行으로 공조판서 구종직丘從直에 의해 다른 이의 스승이 될 만한 인물로 추천되었다.

1456년(세조 2)에 문과에 합격하여 종7품의 군기시 직장에 제수되니, 그의 나이 25세였다. 이때 문과 전시의 시험은 책문策問으로서 그 내용을 보면 "위정爲政의 큰 요체는 하나는 어진 이를 널리 구하여

연도	나이	주요 관직	주요 행적
세조 2(1456)	26	군기시 직장(종7품)	문과에 제7등으로 합격하다
		세자 우정자(정7품)	
		이조좌랑(정6품)	왕세자의 서연書筵을 겸대하다
7(1461)	31	이조정랑(정5품)	
		성균관 직강(정5품) 겸 의정부 검상	
		의정부 사인(정4품)	
12(1466)	36		공조판서 구종직丘從直에 의해 남의 스승이 될 만한 인물로 추천되다
13(1467)	37	정략장군 부호군(종4품)	겸 선전관兼宣傳官으로 제수되어 날마다 번갈아 입시하다
		승정원 동부승지(정3품) 우부승지, 우승지	서경書經의 구결口訣을 교정하다
		개성부 선위사	
14(1468)	38	우승지	

표 5-1. 세조 대의 정치 관력

두루 쓰는 것이며, 또 하나는 관원은 그 숫자가 중요한 것이 아니라 자질을 갖춘 사람을 확보하고 필요치 않은 용관冗官을 도태하는 일이며, 또 하나는 나라 안의 요해처에 성곽을 설치하는 일인데 어떻게 하면 이 세 가지를 달성할 수 있겠는가?"[9] 하는 것이었다. 이때 문과급제자는 총 33명으로 그와 동년同年으로 급제한 이는 장원한 임원준任元濬 외에 31명이 있다.[10] 이극증은 이때 제7등이라는 우수한 성적으로 합격하였는데, 다섯째 아우인 이극균이 함께 합격하였

9) 《文科榜目》, 世祖二年 丙子式年榜.

10) 세조 2년의 문과급제자 이름을 열거하면 다음과 같다. 任元濬, 朴時衡, 表永中, 朴大年, 魚世謙, 崔灝, 李克增, 金漬, 金順命, 黃淑, 柳睠, 金升卿, 兪希益, 金首孫, 朴處東, 李永垠, 催鎭, 鄭蘭宗, 金瑞張, 朴允儉, 金宗蓮, 李繼禎, 催漢良, 尹承安, 金淀, 金潤善, 朴瑞男, 鄭忻, 許諆, 魚世恭, 金宗碩, 朴崇質, 李克均.

다. 그 뒤 넷째인 이극돈도 1457년(세조 3)에 합격함으로써 다섯 아들이 모두 과거에 합격하는 영광을 누리게 되었다.[11] 이에 그들의 부친인 이인손에게는 세사미歲賜米 20석이 포상으로 내려졌다.[12]

그 후 이극증은 정7품의 세자우정자世子右正字로 옮겼다가 승진을 거듭하여 정6품의 이조좌랑吏曹佐郞에 이르렀는데, 항상 왕세자의 서연을 겸대兼帶하였다. 이때의 왕세자는 후의 예종睿宗으로, 1457년(세조 3)에 왕세자로 책봉되었다. 조선시대 서연은 차기 국왕이 될 왕세자에게 경사經史를 강론해 유교 소양을 쌓게 하는 교육의 장이었다. 그리하여 강학에서 세자의 학문은 의리를 깨달아 본원을 함양하는 것을 가장 중요하게 여겼기 때문에 효제孝悌와 충신忠信의 도리가 강조되었다. 그리하여 서연관은 문과급제자 가운데서 학문과 덕망이 뛰어난 사람들을 선발하여 임명하였다. 곧 학문이 뛰어나고 단정한 사람이어야 하였으며, 비록 서연관이 되었다 하더라도 적임자가 아니라고 판단되면 직위의 고하를 막론하고 파직되었다. 더욱이 서연관은 세자를 곁에서 보필함으로써 왕이나 세자의 지우를 얻을 기회가 많았기 때문에 특별한 대우를 받는 경우가 많았으며, 뒤에 세자가 왕위에 오르면 정치적 영향력도 그만큼 증대될 가능성이 높았다. 예종이 즉위한 그 해 10월에 겸 경연참찬관兼經筵參贊官(정3품)으로 임명되고 익대공신翊戴功臣에 책봉된 것은 예종의 왕세자 시절에 서연관으로서 맺은 인연 때문으로 보인다.[13]

1466년(세조 12)에는 중추부동지사中樞府同知事 어효첨魚孝瞻·이예李芮·정자영鄭自英과 공조판서 구종직·첨지사僉知事 정침鄭沈 등에게 "제

11) 맏형인 이극배는 1443년(세종 25)에 합격하고, 둘째인 이극감은 1444년(세종 26)에 합격하였다. 《文科榜目》 참조.

12) 《世祖實錄》 권17, 세조 5년 7월 을미.

13) 《睿宗實錄》 권1, 예종 즉위년 10월 임진·갑인.

왕帝王의 도리는 학문을 일으키는 것보다 큰 것이 없는데, 경 등은 학술로써 이름이 나타났으니, 각자 학문을 일으키는 조건을 상소하라"[14]고 명하였다. 이에 구종직이 학문을 진작시킬 만한 8개의 조목을 올리면서 학술이 정밀하고 심오하여 남의 스승이 될 만한 8명을 추천하였는데, 여기에 이극증도 포함되었다. 이때 추천된 인물들은 전 사성司成 주백손朱伯孫·전 사예司藝 임수겸林守謙·전 직강直講 이극증李克增·검상檢詳 이극기李克基·경력經歷 구치동丘致峒·군수郡守 김영벽金映璧·현감縣監 김석통金石通·방강方綱 등이었다. 구종직은 이들에게 성균관이나 종학宗學 또는 사학四學의 책임을 맡긴다면 흥학興學할 것이라고 하였다.[15]

1467년(세조 13) 함길도에서 이시애李施愛의 반란이 발생하자, 이극증은 정략장군定略將軍 부호군에 임명되었다. 그때 세조는 조신朝臣 가운데 선전관을 겸하게 하여 날마다 번갈아 입시하게 하였는데 이극증도 참여하였다. 이시애의 반란은 세조의 왕권이 강력할 때에는 표면화되지 못하였던 세조의 중앙 집권책에 대한 반발이었다. 세조의 신병으로 왕세자가 대리청정하고 한명회韓明澮 등이 원상院相이 되어 정치를 주도하면서 나타난 왕권의 동요와 함께 중앙 정부에 대한 불만이 표출된 사건이었다.[16] 세조는 이시애의 난을 정벌하면서 종친들을 중용하였으며, 문신들 가운데에는 세조 즉위 이후에 과거

14) 《世祖實錄》 권39, 세조 12년 6월 병진. "上謂從直曰 帝王之道 莫大於興學 卿輩以學 術著名 其名疏興學條件以進."

15) 《世祖實錄》 권39, 세조 12년 7월 병자. "其八 孔子曰 學爾所知 前 司成臣朱伯孫 前 司藝臣林守謙 前 直講臣李克增 檢詳臣李克基 經歷臣丘致峒 郡守臣金映璧 縣監臣金石通 臣方綱等八人 學術精深 皆可爲人師也, 隨其爵次 俾任成均·宗學·四學之責 則學徒必皆樂爲子弟 而父兄之願屬子弟者 宣亦衆矣此亦興學之一端也."

16) 이시애의 난에 대해서는 金相五, 〈李施愛의 亂에 대하여(上·下)〉, 《全北史學》 2·3, 1978·79; 崔鍾鐸, 〈朝鮮初 平安·咸吉道 地方 勢力〉, 《東方學志》 99, 1998 참조.

급제한 인사들의 참여가 눈에 띈다. 곧 세조는 이시애의 난을 통하여 새로운 인사들을 중용하여 세조의 집권 초부터 측근에서 정치권력을 독점하여 왔던 소수의 문신과 훈신들을 견제하고자 한 것이다.[17] 이극증은 이시애의 난을 거치면서 세조의 지우를 받아 승정원 동부승지(정3품)에 제수되어 병조에 대한 업무를 관장하였다. 이후 이극증은 세조가 승하할 때까지 우부승지, 우·좌승지로 승정원에 계속 근무하며 왕명의 출납을 관장하였다.

승정원은 왕명의 출납을 관장하였기 때문에 임금의 후설喉舌에 해당한다고 할 만큼 책임이 막중하였다. 이에 사람들은 승지에 임명된 자를 신선처럼 우러러보았고, 은대학사銀臺學士라고도 불렀다. 승정원은 국왕의 비서기관이었기 때문에, 그 정치적 영향력 또한 남달랐다. 이극증은 30대 중반의 나이에 승정원에 복무하면서 자신의 정치적 영향력을 크게 신장시킬 수 있었을 터였다.

2) 제2기: 예종 즉위년~성종 14년(38세~52세)

예종 즉위년~성종 14년까지 대략 13년 동안은 이극증의 정치 관력 중반기에 해당한다. 예종의 재위 기간은 1년 2개월에 지나지 않았기 때문에 예종 대는 세조 대에서 성종 대로 넘어가는 과도기라 할 수 있다. 성종이 13세로 왕위에 오르자 세조비 정희왕후貞熹王后가 수렴청정하고 한명회 등 원상이 정국을 주도하였지만, 성종 7년부터 정치적인 분위기가 크게 변하였다.

성종은 왕권의 안정과 강화를 당면 과제로 삼았으며, 훈구대신에

17) 이에 대해서는 鄭杜熙, 〈朝鮮 世祖-成宗朝의 功臣硏究〉, 《震檀學報》 51, 1981; 《朝鮮初期政治支配勢力硏究》, 일조각, 1983 참조.

게 지나치게 집중되어 있는 정치력의 약화를 꾀하였다. 이러한 성종의 의도는 훈구와 사림 두 세력의 견제와 대립을 가져왔다. 이 무렵 이극증은 익대·좌리공신에 책봉되어 영향력이 증대되면서 이조·호조·병조·형조판서를 역임하는 등 정치활동을 활발하게 전개하였다. 예종~성종 14년까지의 정치 관력을 정리하면 〈표 5-2〉와 같다.

1468년(예종 즉위) 10월 이극증은 익대공신翊戴功臣 2등에 책록되었는데, 이때 모두 37명의 공신이 봉해졌다. 예종은 1466년(세조 12) 이

연도	나이	주요 관력	주요 행적
예종 즉위(1468)	38	겸경연참찬관(정3품) 춘추관 수찬관(정3품)	익대공신2등 광천군에 책록되다
성종 즉위(1469)	39	가선대부(종2품) 행 승정원도승지(정3품)	
1(1470)	40	겸 사옹원 부제조 자헌대부 이조판서(정2품)	
2(1471)	41		좌리공신 3등에 책록되다
4(1473)	43	호조판서	정헌대부(정2품) 광천군에 책봉되다 《식례횡간》을 찬정하다
6(1475)	45	겸 전제상정소제조	
7(1476)	46	강원도 양전순찰사	
8(1477)	47	전라도관찰사	
9(1478)	48	의정부 우참찬(정2품)	
10(1479)	49	병조판서 겸 지경연사	
11(1480)	50	형조판서	
13(1482)	52	의정부 좌참찬	
14(1482)	52	병조판서	

표 5-2. 예종~성종 14년의 정치 관력

후로 대리청정하면서 쌓은 정치적 경험을 바탕으로 왕권 중심의 국정운영을 도모하였다. 이에 세조 초 이래의 훈신들을 견제하면서 새로운 인물을 등용하여 왕권을 강화하고자 하였다. 그러나 남이南怡의 옥사가 발생하면서 예종의 왕권 강화책은 실현될 수 없었고, 오히려 예종이 견제하던 한명회 등 원로대신들은 거의 익대공신에 책록되어 그 지위와 영향력이 커졌다. 이때 이극증 또한 좌승지로 남아 옥사를 처리한 공로를 인정받아 익대공신의 호를 하사받고, 가선대부嘉善大夫로 광천군廣川君에 봉해졌다. 이때 그에게 내려진 교서의 내용을 대략 살펴보면 다음과 같다.

> 예로부터 화란을 감정戡定하는 것이 모두 무부武夫만이 아니었다. 경은 문벌이 청류淸流하며, 국사國士의 열풍烈風이 있었으니, 형제 다섯 사람이 모두 학문을 닦아서 문장을 이루어 과거에 급제하여 벼슬자리가 선익蟬翼처럼 잇달았도다. 형 두 사람은 우리 황고皇考(세조)를 도와서 우뚝이 훈신이 되었고, 경도 또한 황고의 지우를 받아 은대銀臺에 들어가서 후설喉舌이 되어, 밝은 명을 출납하기를 진실하게 하였도다. 하늘이 불행을 내리게 되자, 우리 집안에 어려움이 많음을 견디지 못하였는데, 문득 그 사이에 얼아孼牙가 있었다.……경이 그때 금내禁內에서 숙직하다가 그대의 동료들과 더불어 마음과 힘을 함께 하여, 나의 좌우를 막아서 호위하고 처치하기를 마땅하게 하였다.……적을 감정한 공적을 생각하니 홀로 능히 어려움을 막아서 호위하였고, 위태할 때 부호扶護하고 엎어질 때 부지扶持하여 실로 머리와 눈에 손과 발과 같았고, 지혜로워서 현혹되지 않고 용맹스러워 두려워하지 않았다.[18]

18) 《睿宗實錄》 권5, 예종 1년 계묘. "敎輸忠保社定難翊戴功臣嘉善大夫行承政院左承旨兼經筵參贊官 春秋館修撰官廣川君李克增曰 自古戡定禍亂 未必皆武夫……卿門地淸流 國士風烈 兄弟五人 皆

그리하여 입각도형立閣圖形과 입비기공立碑紀功의 포상과 아울러 부모와 처자를 2등 올려 봉증封贈하고, 적장자가 세습하여 그 봉록을 잃지 않게 하며, 자손은 정안政案에 '익대2등공신 이극증의 후손'이라고 써서 죄를 범하였더라도 영원토록 사면할 것을 약속하였다. 그 밖에도 반인伴人 8명, 노비 10구, 구사丘史 5명과 아울러 전지田地 1백결과 은銀 25냥 등이 하사되었다.

1471년(성종 2)의 좌리공신 책봉은 특별한 명분으로 이루어진 것은 아니었다. 더욱이 성종 즉위 초에는 공신 책봉을 할 만큼의 정치적 사건이 있었던 것도 아니나, 75명이라는 많은 수의 공신 책봉이 이루어졌다. 이극증도 이때 좌리공신으로 책봉되었다. 따라서 좌리공신 책봉은 훈구대신들이 그들의 정치 경제적인 특권을 더욱 확대하고자 마련한 조치라고 보는 견해도 있다.[19] 결국 이극증은 익대·좌리공신으로 책봉되면서 정치적 지위가 더욱 강화될 수 있는 기회를 만난 셈이었으며, 성종 대 정치를 주도할 수 있는 입지를 다지게 되었다.

성종 초에는 훈구 재상들이 의정부와 6조당상을 차지하면서 정치를 주도하였으나, 1476년(성종 7)에 한명회의 해직을 전후하여 최항·신숙주·홍윤성·조석문·정인지 등이 사망함으로써 원로대신들은 퇴조하였다. 그리고 새로이 의정부와 6조당상에 진출한 윤필상尹弼商·이극배李克培·노사신盧思愼·이극증李克增·허종許琮·윤흠尹欽·신승선愼承善·정괄鄭佸·어세겸魚世謙·한치형韓致亨·이극돈李克墩·정문형鄭文炯 등이 훈구대신으로 정치를 주도하였다.

業學爲 文章取科第 珪組蟬聯 克二人 左翼我皇考 蔚爲勳臣 卿又知遇皇考 入銀臺爲喉舌 出納明命惟允 迨天降割 我家未堪多難 俄有孽牙其間……卿時直宿禁內 暨乃僚同心力 捍衛我左右 處置得宜……念玆戡定之績獨能捍衛干艱 危而扶顚而持 實手足於頭目 智不惑勇不惧."

19) 鄭杜熙, 앞의 책, 253쪽 참조.

한편 성종은 사림 출신 관료들을 홍문관과 대간에 등용하고 언론 활동을 장려함으로써 훈구대신들을 견제하였다. 사림 출신 관료들의 등용은 1484년(성종 15) 이후 본격적으로 이루어지는데, 성종은 의정부와 육조를 주도한 훈구재상들과 삼사三司를 주도한 사림 출신 관료들이 균형을 이루는 가운데 왕권 안정과 강화를 꾀한 것이다. 이때 이극증은 이조·호조·병조·형조의 판서 등을 거치면서 국가의 실질적인 정무政務를 총괄하였다.

그렇다면 이극증은 훈구와 사림이라는 두 정치세력 사이에서 어떠한 정치적 입장을 취하고 있었을까? 이극증은 정치적 지위로는 분명히 훈구계열에 속하는 인물로 보인다. 사림의 중앙 진출이 본격화하기 이전에 이미 정책을 입안하고 실행하는 정조政曹를 주관할 정도의 위치에 있었기 때문이다.[20] 여기에서 1478년(성종 9)과 1479년(성종 10)에 발생한 두 사건을 통해 이극증의 정치적 성향의 일단을 살펴보고자 한다.

성종 9년 홍문관·예문관이 상서하여 도승지 임사홍任士洪의 간상奸狀을 탄핵하면서 유자광柳子光·박효원朴孝元·김언신金彦辛 등에 대한 처벌 논의가 이루어졌다.[21] 이 사건은 전 해에 도승지 현석규玄碩圭와 동부승지 홍귀달洪貴達이 승정원에서 서로 다툰 일로 대간이 탄핵했던 데서 시작되었다.[22] 임사홍이 대간 박효원 등을 사주하여 현석규를 탄핵하도록 획책하였다는 것이다. 그리하여 전직 승지·육조 참판 이상과 대간이 모인 자리에서 관련 인물들을 대질신문하여 임사홍 등의 죄상이 밝혀졌다. 이 사건은 사림이 아직 하나의 정치세력

20) 이에 대해서는 李秉烋, 《朝鮮前期 畿湖士林派研究》, 일조각, 1984, 37~42쪽 참조.
21) 《成宗實錄》 권91, 성종 9년 4월 무오.
22) 《成宗實錄》 권87, 성종 8년 7월 정축·기묘·임오.

으로 성립되기 이전이지만, 언론을 통해 훈구를 탄핵한 최초의 견제 활동이었다.[23]

이 사건으로 말미암아 사림의 입장을 대변하던 이심원李深源도 조부에게 불경했다는 죄목으로 그의 조부에 의해 고발되어 직첩을 환수당하고 외방에 부처되었다.[24] 이 사건을 처리하는 과정에서 이극증은 비교적 온건한 태도를 보이면서도 이심원에 대해서는 용납하기 어렵다는 견해를 밝히고 있어 그의 정치적 입장을 엿보게 한다.[25]

한편 성종 10년에는 대사간 성현成俔이 신정申瀞과 양성지梁誠之를 탄핵하였다. 신정의 탐욕은 끝이 없어서, 전에 이조참판이 되었을 때 대간이 그 탐욕스러움을 탄핵한 바 있고, 양성지는 청렴하지 않을 뿐만 아니라 어리석어 한 가지 재능도 없으면서 일찍이 대사헌이 되어 그 자격 없음으로 탄핵받았다고 하면서, 두 사람이 공조와 판서와 참판으로 재임하는 것은 옳지 않다고 하여 파직시킬 것을 요구하였다.[26] 이때 이극증은 대간의 말이 비록 옳다고 하더라도 감추어진 일을 애써 들추어 내는 것은 진실로 아름답지 못한 일이니, 그러한

23) 李秉烋, 〈훈구세력의 진출과 사화〉, 《한국사》 28(조선 중기 사림세력의 등장과 활동), 국사편찬위원회, 1996, 185~186쪽. 사림파의 훈구파 탄핵은 우선 척리로서 권력을 장악하고 있거나 정치적 비중이 큰 인물(한명회·임원준·임사홍·윤호·임광재)에 집중되었으며, 그 탄핵대상으로는 相位 또는 척리임을 기화로 많은 부를 축척한 인물(윤필상·윤은노), 인척관계를 기화로 관직에 남승된 인물(민영견·박원종), 공신으로서 불법·비리를 저질렀거나 청렴치 못한 인물(신정·양성지·이철견·김국광), 상위에 있으면서 왕의 뜻을 봉영한 경우(이극배·노사신·홍응), 비사족·비문신 당상관(류자광·암용선·송흠·권찬·어유소·이계동) 등으로 분류된다.

24) 《成宗實錄》 권96, 성종 9년 9월 계해·갑자.

25) 《成宗實錄》 권96, 성종 9년 9월 갑자; 권202, 성종 18년 4월 병자.

26) 《成宗實錄》 권103, 성종 10년 4월 임자. "大司諫成俔啓曰……今之六曹 工曹雖非淸要之任 多有營辦之事 非貪婪者 所宜居 申瀞貪慾無厭 前爲吏曹參判 臺諫劾其貪墨 梁誠之 非徒不廉 倥倥然無一才能 嘗爲大司憲 被劾遞授工曹判書 已踰二載 工曹百工所聚 二人之貪何所不爲 願罷之."

버릇을 조장할 수는 없다고 하면서 양성지 등이 만일 스스로 면하기를 청한다면 할 수 있지만 갑자기 바꾸는 것은 옳지 못하다고 하여 논핵의 부당성을 주장하였다.[27] 이것은 정창손鄭昌孫·한명회韓明澮·심회沈澮·김국광金國光·윤필상尹弼商·한계희韓繼禧·권감權瑊 등 훈구대신들의 주장이기도 하였다.

이극증의 정치적 지위와 견해를 살펴보면 이극증이 훈구계열에 속하는 인사였다는 사실은 명확해 보인다. 그러나 이극증은 상당한 정치적 지위에 있었음에도 대다수 훈구세력들이 저지르는 정치·경제적 비리와는 거리가 멀었다. 이것은 그가 증조부 이집 이래 가학家學으로 내려오는 성리학적 가치인 효孝와 충忠을 이어받아 관직에 나아가서는 공평하고 청렴 근면한 자세로 이를 실천하고자 했기 때문으로 보인다.

한편 이극증은 1473년(성종 4) 호조판서로 있으면서 식례횡간式例橫看을 찬정하였다. 조선 전기 국가의 재정은 공안貢案과 횡간橫看에 따라 운용되었다. 그런데 공안은 조선 건국 초에 제정되었지만, 횡간은 세조 대에 이르러서야 비로소 제정되었다. 횡간이 제정되기 이전에는 재정 지출에 대해 일정한 규정이 없었으므로 각사의 경비는 지출 용도와 비용을 일시에 짐작하여 마련하는 것이 관행이었다. 세조는 국가재정의 운용을 통일함으로써 중앙 각사의 세입·세출을 호조로 일원화하고자 하였다. 그리하여 횡간에 따른 예산 제도가 제정되면서 종전에 세입을 보아 세출을 정해왔던 것을 지양하고, 세출을 계산하여 세입을 정하게 된 것이다. 이렇듯 세조 때의 횡간 제정은

27) 《成宗實錄》 권104, 성종 10년 5월 병진, "命議粱誠之·申瀞事·鄭昌孫·韓明澮·沈澮·金國光·尹弼商·韓繼禧·李克增·權瑊議·臺諫之言·雖是 然攻發隱伏 固爲不美 漸不可長 祖宗朝如此事 亦不聽納 誠之等 若目請免 則可矣 不可遽遞."

획기적인 제도 개혁이었으며, 횡간과 공안 제도는 구속력이 있는 기준으로서 운용되었다.[28]

그런데 이때 완성된 식례횡간은 너무 서두른 탓으로 많은 문제점을 가지고 있었다. 이를 해결하는 개정 작업이 성종 대에 들어와 이극증에 의해 이루어진 것이다. 성종 4년 12월, 세조조의 횡간을 바탕으로 개정 작업에 착수하여 5년 윤6월에 식례횡간이 완성되었다.[29]

그리하여 국가의 경비가 횡간에 따라 출납하게 된 것은 성종 5년부터라고 할 수 있다. 그리고 이러한 원칙은 《경국대전》에, "모든 경비는 횡간과 공안에 따라 지용支用한다"[30]고 하여, 세출 예산표인 횡간과 세입 예산표인 공안 제도가 규정되었다. 호조판서 이극증은 이러한 개정작업을 주관하면서 국가 경비를 절약하는 방향으로 추진하였다. 사관은 "국가 경비에 대한 규제가 없었으므로 이극증이 명을 받고는 식례를 찬정하였다. 횡간이나 소소한 사항도 반드시 그의 손을 거쳐서 작정酌定되었으니, 비록 까다롭고 세세한 데서 손상되기는 하였으나 조도調度는 그것을 힘입어 어긋나지 않았다"[31]고 평하였다.

28) 李載龒, 〈중앙재정〉, 《한국사》 24(조선초기의 경제구조), 국사편찬위원회, 1994, 428~430쪽; 朴道植, 〈朝鮮初期 國家財政의 정비와 貢納制 운영〉, 《關東史學》 7, 1996 참조

29) 《成宗實錄》 권37, 성종 4년 12월 계유; 권44, 성종 5년 윤6월 기유.

30) 《經國大典》 권2, 戶典. "經費 凡經費用 橫看及貢案."

31) 《成宗實錄》 권288, 성종 25년 3월 갑인. "庚寅拜資憲吏曹判書 國家經費無制 克增受命 撰定式例橫看 瑣屑之物 必手閱酌定 雖傷苛細 調度賴以不差." 이 내용에 따르면 식례횡간의 찬정이 이조판서로 재임할 때의 일로 되어 있으나 이는 착오로 여겨진다. 이극증은 성종 4년 8월에 호조판서에 임명되었다.

3) 제3기: 성종 15년~성종 25년(53세~64세)

1483년(성종 15)~1494년(성종 25)은 이극증의 정치활동 후반기라 할 수 있다. 이 시기에는 훈구세력과 사림세력의 대립이 전개되는 가운데 훈신과 사림 사이에 세력 균형이 이루어져 왕권이 안정되었으며 조선 중기 이후 사림정치의 기반이 조성되었다.[32] 한편 태조 이후 닦아온 정치·경제·사회·문화적 기반과 체제가 완성되니, 곧 조선왕조의 유교적 통치 질서와 문물제도가 완료된 것이다.

이극증은 동지성균관사同知成均館事로 유생 교육의 장려 등 인재 양성에 힘쓰는 한편 《대전속록大典續錄》의 편찬을 주관하는 등 성종 대 문풍文風의 진작에 크게 일조하였다. 이 시기 이극증이 역임한 정치 관력을 정리하면 〈표 5-3〉과 같다.

연도	나이	주요 관력	주요 행적
성종 14(1483)	53	겸 동지성균관사(종2품)	
15(1484)	54		숭정대부(종1품)에 책봉되다
16(1485)	55		세자궁 조성 제조가 되다 황해도진휼사가 되다
19(1488)	58	한성부 판윤	영안도 양전순찰사가 되다
21(1490)	60		문묘를 수축하고 동·서무를 넓히다
23(1492)	62		《대전속록》을 찬정하다
25(1494)	64		졸

표 5-3. 성종 14년~성종 25년의 정치 관력

32) 성종 대의 정치상황과 관련해서는 韓忠熙, 〈왕권의 재확립과 제도의 완성〉, 《한국사》 22(조선왕조의 성립과 대외관계), 1995; 崔異敦, 〈成宗代 士林의 勳舊政治 비판과 새정치 모색〉, 《韓國文化》 17, 1996; 《朝鮮中期 士林政治構造硏究》, 일조각, 1994 등 참조.

이극증은 이미 세조 대에 성균관 직강을 지내면서 보여준 학행으로 다른 사람의 스승이 될 만한 인물로 추천된 적이 있었다. 1483년(성종 14)에는 동지성균관사를 겸하면서 학풍을 진작시키고자 노력하였다. 이극증이 성균관 동지사로 있으면서 유생들의 학업 진흥을 위해 취한 조처는 크게 두 가지로 살펴볼 수 있다. 하나는 성균관 유생들의 출석 평가인 거관居館과 원점圓點이며, 또 다른 하나는 학력 평가인 강경講經이다.33)

성균관은 조선 최고의 교육기관으로서 국가의 인재를 기르고 배출하는 관료 양성소의 기능을 갖고 있었다. 성균관에 입학한 유생들은 동재東齋와 서재西齋에 나누어 기숙하면서 공부하였는데, 이들은 아침과 저녁 식사 때마다 식당에 마련된 관생들의 명부[到記]에 서명하게 되어 있었다. 이것은 원점圓點을 계산하는 근거가 되는 것으로서, 아침·저녁 두 차례 식당에 들어가 서명해야 원점 1점을 얻을 수 있었다. 원점은 오늘날의 출석 점수와 같은 것으로서, 성균관 유생들의 근만勤慢을 점수로 평가하여 평소 관생들이 동·서재에 기숙하면서 학업에 열중하도록 설치된 제도였다.

원칙적으로 원점 300점을 취득한 자만이 성균관 유생에게만 주어지던 관시館試에 응시할 수 있었으니, 관생들은 성균관에서 통산 300일 이상 기숙해야 했다. 한편 성균관 유생들은 재학하면서 학령學令의 적용을 받았는데, 학령은 성균관 학칙인 동시에 관학官學 일반의 학칙으로서 주자학 정신이 철저히 반영되어 있었다.

그러나 생원과 진사들은 성균관에 머무르는 것을 좋아하지 않아서 거관하는 자가 많지 않을 뿐만 아니라 대리 서명하는 자까지 나

33) 《成宗實錄》 권198, 성종 17년 12월 임신.

타났다. 이에 이극증은 거관하지 않는 자는 모두 가동家僮을 가두고, 원점의 법을 더욱 엄하게 하여, 모여서 밥 먹을 때 직접 스스로 점검하기까지 하였다. 이러한 조치는 많은 반발을 초래하여 "춘궁春宮을 지을 때에 군졸을 부리던 법으로 유생을 대우한다"[34]는 비난까지 받기도 하였으나, 이극증은 유생으로서 학교에 나아가는 자가 겨우 10여 명에 지나지 않는데도 학부學簿에 다른 사람의 이름을 거짓으로 서명하여 그 수를 헛되이 늘리기 때문에 어쩔 수 없이 이처럼 할 수밖에 없다고 주장하며 철회하지 않았다.[35] 성종은 유생들에 대한 대우를 너그럽게 대해야 한다는 입장을 취하면서도 관생들의 출석 평가에 대해서는 이극증의 견해에 동조하였다. 이극증이 이토록 원점을 중시한 것은 성균관 유생들의 근면성을 장려하고자 함이었으니, 이는 지식이나 기능도 중요하지만 무엇보다도 국가나 사회에서 필요로 하는 관리의 자질을 갖추도록 요구한 것으로 보인다.

그리하여 원점 제도가 더욱 강화되었다. 그 내용은 첫째, 생원·진사가 아침저녁으로 식사할 때마다 성균관과 양현고養賢庫의 관원이 함께 점검하여 도기到記에 써서 봉인하고 월말에 계산해서 증거로 삼고, 둘째, 거짓 진성陳省을 막고자 유생의 거주지 관리에게 사실 여부를 자세히 조사토록 하며, 셋째, 원점을 대리 서명케 한 자와 대신 서명한 자 및 거짓으로 진성을 받은 자는 모두 한 번의 식년을 정거停擧시키고 그 관리는 파출한다는 것이었다.[36] 이러한 원점제도는

---

34) 《成宗實錄》 권209, 성종 18년 11월 기미. "李克增待儒生不以寬一日不來 輒因家僮魚世謙語人曰 以春宮役軍之法待儒生加乎 克增時爲春宮造成提調 故及之."

35) 《成宗實錄》 권210, 성종 18년 12월 경진. "同知事李克增啓曰 儒生赴學者纔十餘人而於學簿僞署他人名 虛張其數 故不得已如此立法也, 上曰 幼而行詐 雖達而爲公卿大夫 何所用乎 舜孝曰 待儒之道 莫如在寬言頗懇至 克增執拗 自是啓曰 舜孝之言非也, 上曰然 雖曰在寬 不可任其所爲也."

36) 《成宗實錄》 권210, 성종 18년 12월 신미. "承政院承敎議生員進士圓點之法以啓."

《경국대전》에 "생원·진사로서 거관한 지 300일이 찬 자에게 응시를 허락한다"는 조항으로 반영되었다.[37]

그러나 이와 같은 원점 제도의 강화에도 유생들이 성균관 거관을 잘 하지 않은 듯하다. 이에 이극증은 학력 평가 강화를 요구하기에 이르렀다. 그 내용은 살펴보면 다음과 같다.

> 학문하는 사람은 모름지기 스승에게 질문을 하고 벗들과 절차切磋해야 능히 성취하게 되는 법입니다. 신이 나서 젊어 거관하였을 때에는 유생들이 더러는 경학經學을 업으로 삼는 사람도 있고 더러는 사학史學을 업으로 삼는 사람도 있고 더러는 제술製述을 업으로 삼는 사람도 있었습니다. 지금은 거관하는 생원·진사가 겨우 30여 명인데 이 세 가지 것에는 모두 힘을 쓰지 않고, 다행히 스승에게 학업을 받는 사람이 있다 하더라도 책을 끼고 다니는 사람을 보지 못하며, 재齋 안에서도 글 읽는 소리를 들어보지 못합니다. 유생들의 태만함이 이때보다 심한 적이 없으니, 청컨대 초시에도 강경講經하도록 하여 이런 풍습을 고치도록 하소서.[38]

여기에서 이극증은 거관 유생들이 30여 명에 지나지 않으며, 이들마저도 경학·사학·제술에 전념하지 않는 등 성균관의 교육 상태가 심각하다는 점을 지적하였다. 이를 계기로 성종과 대신들 사이에 격론이 벌어졌다. 이때 광릉부원군 이극배李克培는 문과초시 초장에서 강경하는 법을 설행할 것을 주장하였다.[39]

---

37) 《經國大典》 권3, 禮典 文科初試. "館試 成均館錄名試取 生員進士居館滿三百日者許赴."
38) 《成宗實錄》 권206, 성종 18년 8월 갑술. "知事李克增啓曰 學者須當質問於師切磋於友及能成就 臣年少居館時 爲儒生者 惑有業經學者 或有業史學者 或有業製述者 今居館生員進士纔三十餘人 而於斯三者皆不著力 幸而有受業於師者 未見有挾冊而行者 齋中亦未聞讀書聲 儒生之怠惰 莫甚於此時 請於初試亦令講經 以革此習."

이극증 또한 강경론자講經論者였다. 그는 유생들이 독서를 좋아한다고 함을 듣지 못하고 한갓 취식聚食만 일삼으면서 모두 날마다 강하는 것을 꺼려 궁경窮經하는 자가 적은 현실을 한탄하고, 문과초시 초장에서 강경을 설행하는 것만이 이러한 폐단을 없앨 수 있다고 주장하였다.[40] 그리하여 성종이 성균관 교육의 활성화와 거관 유생을 늘리는 방법으로 이를 받아들이면서 성균관 유생들에 대한 출석과 학력 평가가 강화되는 조처가 잇따르게 되었다.

그 뒤에 유생들의 제술 실력 저하와 아울러 성리性理의 근원은 연구하지도 않고 오로지 구두句讀만 익힌다는 이유로 제술을 통한 고시를 주장하는 견해도 제기되었으나,[41] 이극증은 단호히 강경으로 시취試取할 것을 고집하였다. 성종조에 별시別試를 보이려 할 적에 어떤 사람이 제술로 인재를 등용해야 한다고 하자, 이극증이 듣고는 곧 예궐하여 강경으로 시취하기를 청하였다. 이 때문에 그때는 별시라도 모두 강경으로 시취하였다는 기록[42]과, 강경으로 시험을 치러 인재를 뽑지 않으면 이극증이 반드시 달려와 옳지 않음을 계달했다는 데서[43] 그가 강경을 매우 중시했음을 살필 수 있다. 곧 이극증은 성균관의 기능을 양관養官보다는 교학敎學이라는 측면에 주안점을 두었던 듯하다.[44] 그리하여 성균관 유생들에게 국가의 관인으로서 기

39) 《成宗實錄》 권210, 성종 18년 12월 신미.
40) 《成宗實錄》 권213, 성종 19년 2월 기유.
41) 《成宗實錄》 권233, 성종 20년 10월 계묘.
42) 《中宗實錄》 권34, 중종 13년 7월 무오.
43) 《中宗實錄》 권88, 중종 33년 10월 계묘.
44) 성균관의 문과초시 초장의 고시방법에 대한 논란은 강경講經과 제술製述 두 가지 가운데 어느 것으로 할 것인가 하는 문제였다. 여기에 대해서는 丁洛贊, 〈朝鮮初期 成均館의 敎育評價制度〉, 《民族文化論叢》 11, 1990, 143~147쪽; 한춘순, 〈세조~성종대 과거에 관한 일 고찰〉, 《조선시대의 과거와 벼슬(조선시대 양반사회와 문화1) – 성고 이성무교수 정년기념논총》, 집문당, 2003 등 참조.

본적인 소양 이외에 성리학을 연구, 보급하는 학자적 관료가 될 것을 요구하였던 것이다.

성균관 유생들에 대한 출석 평가와 학력 평가는 당대에 많은 논란과 비판을 불러일으키기도 하였으나, 이극증이 성균관에 재임할 당시 관생館生이었던 이들에게는 매우 효과적으로 반영되었던 듯하다. 중종 대에 우의정 권균權鈞은 이극증에 대해 다음과 같이 평가했다.

> 성종조에 신(권균)이 생원으로 성균관에 있었습니다. 그때 이극증이 동지同知로 있었고, 반우형潘佑亨·이문형李文亨 등이 성균관 관원으로 있으면서 저마다 나누어 유생들을 훈도했으므로 교회하는 방법에 매우 근밀謹密했습니다. 때문에 나라에서 시취할 때도 반드시 강경할 것을 청했고, 구두句讀와 음석音釋에 모두 정해 놓은 규칙이 있었으며, 반드시 성균관 관원이 시관試官이 되어 시취했습니다. 그리하여 유생들이 반드시 성균관에서 강습하게 되었고 남에게 뒤질세라 노력했습니다.……또 당시 사람들이 《주역》을 배우지 않자, 극증이 《주역》에 통한 사람은 점수를 배로 주자고 청했습니다. 이로부터 《주역》을 해득한 사람이 많아졌습니다. 대저 인재를 배양하는 데는 반드시 사장師長이 마음을 다한 뒤에야 효과를 거둘 수 있는 것입니다.[45]

이극증이 성균관과 그 교육을 활성화시키고자 노력했음을 매우 긍정적으로 진술하고 교육의 활성화와 인재 배양은 사장師長의 노력 여부에 달려 있다고 평가하고 있다. 영의정 김근사金謹思 또한 "신이

45) 《中宗實錄》 권57, 종중 21년 5월 갑오. "權鈞曰 成廟朝 臣以生員居館 其時李克增爲同知 潘佑亨·李文亨等爲館官 名分授訓下 敎誨之方甚爲勤密 國家試取 必請講經 句讀·音釋 皆有定規 館官必爲試官而取舍之 故儒者講習 必於學宮 猶恐不及……且其時人不學易傳 克增啓請通易傳者倍畫 而自此多有解易者 大抵作成人才 必師長盡心然後 方可收效."

홍문관에 있을 때에는 이극증·홍귀달洪貴達·성현成俔·권건權健 등을 사장師長으로 삼아 유생들을 권면 장려하였기 때문에 그때에는 유생들이 구름같이 많이 모였으니, 유생들의 추향은 사장의 노력 여하에 달려있다"46)고 한 주장에서도 이극증의 교육정책에 대한 긍정적인 평가를 볼 수 있다.

더욱이 좌의정 홍언필은 "성종 때에 이극증이 19년 동안 성균관 동지사로 있으면서 과거로써 사람을 뽑을 적에 아무리 대과 별시라도 반드시 고강考講할 것을 계청했던 까닭에 유생들 가운데는 그를 비난하는 자가 많았지만 이때부터 실학實學의 중요성이 인식되었다"47)고 하여 성리학의 연구·보급에 대한 이극증의 역할을 높이 평가하였다. 실제로 중종 대는 성리학이 심화 확대되는 과정이었으며, 성리학 이념이 내면화된 '군자君子'를 이상적인 인간형으로 삼고 있었다. 이에 따라 성균관의 기능을 양관養官보다는 교학敎學에 치중하고자 하였던 이극증에 대한 평가가 높아졌던 것으로 여겨진다.

4. 맺음말

이극증은 정치가와 관료로서 많은 활동을 한 인물이다. 그는 40여 년에 걸친 관직생활을 통해 정치 분야에서 커다란 공적을 남겼을 뿐만 아니라 성균관의 위상 확립에도 크게 이바지하였다.

이극증의 정치활동은 세조 대(2년~14년)와 예종~성종 14년, 성종

46) 《中宗實錄》 권82, 중종 31년 7월 경진. "謹思曰 臣居泮之時 李克增·洪貴達·成俔·權健爲師長 勸勵儒生 故其時諸儒雲集 諸生之趨向 在師長之力不力如何耳."

47) 《中宗實錄》 권89, 중종 34년 1월 무자. "在成廟朝 李克增十九年爲成均館同知 凡科擧取人時 雖大學別試 必啓請考講 故儒生等 多有誚之者 然自此實學始重矣."

대(15년~25년)의 세 단계로 나누어 살펴보았다. 제1기는 25세에 문과에 합격하여 군기시직장으로 관직생활을 시작한 뒤 38세까지 10여 년의 관직생활에 해당한다. 이 시기에 그는 세자시강원에서 서연을 맡아 왕세자(후의 예종)와 인연을 맺었으며, 세조의 지우를 받아 승정원 승지로 활약하면서 정치적으로 성장하고 있었다.

정치 관력 중반기라 할 수 있는 예종~성종 14년 사이에는 익대·좌리공신에 책봉되고 이조·호조·병조·형조판서를 역임하는 등 정치적 활동을 활발하게 전개하였다. 이극증의 익대공신 책봉은 좌승지로 남이南怡 옥사를 처리한 공로로 이루어졌고, 좌리공신 책봉은 특별한 명분으로 이루어진 것이 아니었다. 그러나 익대·좌리공신 책봉을 통해 이극증은 정치적 지위가 더욱 강화될 수 있는 기회를 만났으며, 성종 대의 정치를 주도할 수 있는 입지를 다질 수 있었다. 그러나 훈구계열에 속하는 인사였고, 상당한 정치적 지위를 가졌음에도 대다수 훈구세력들이 저지르는 정치·경제적 비리와는 거리가 멀었다. 이 시기 그의 대표적인 정치 행적 가운데 하나는 1473년(성종 4) 호조판서로 있으면서 식례횡간式例橫看을 찬정한 것이다.

이극증의 정치활동 후반기라 할 수 있는 성종 15년~25년은 이극증이 성균관 동지사로 재임하면서 유생 교육의 장려 등 인재 양성에 힘쓰는 한편 《대전속록大典續錄》의 편찬을 주관하는 등 성종 대 문풍文風 진작에 크게 이바지한 시기이다. 그가 성균관 유생들의 학업 진흥을 위해 취한 조처는 크게 두 가지로 살펴볼 수 있다. 하나는 성균관 유생들의 출석 평가인 거관居館과 원점圓點이며, 또 다른 하나는 학력 평가인 강경講經이다.

이극증이 거관과 원점을 중시한 것은 성균관 유생들의 근면성을 장려하기 위함이었으니, 이는 지식이나 기능도 중요하지만 무엇보다도 국가나 사회에서 필요로 하는 관리로서의 자질을 갖추도록 요구한 것으로 보인다. 또한 성균관 교육의 활성화와 거관 유생을 증가시키기 위한 방법으로 강경을 주장하였는데, 이는 성균관의 기증을 양관養官보다는 교학敎學이라는 측면에 주안점을 두었기 때문이었다. 다시 말해 그는 성균관 유생들에게 국가의 관인으로서 기본적인 소양 이외에 성리학을 연구, 보급하는 학자적 관료가 될 것을 요구하였던 것이다.

■ 참고문헌

《世祖實錄》《睿宗實錄》《成宗實錄》《中宗實錄》
《經國大典》《文科榜目》《新增東國輿地勝覽》《增補文獻備考》

박홍갑, 《조선시대 문음제도 연구》, 탐구당, 1994.
李秉烋, 《朝鮮前期 畿湖士林派研究》, 일조각, 1984.
鄭杜熙, 《朝鮮初期 政治支配勢力研究》, 일조각, 1983.
崔異敦, 《朝鮮中期 士林政治構造研究》, 일조각, 1994.

高惠玲, 〈고려후기 士大夫의 개념과 성격〉, 《擇窩許善道先生停年記念, 韓國史學論叢》, 일조각, 1992.
金相五, 〈李施愛의 亂에 대하여(上·下)〉, 《全北史學》 2·3, 1978·79.
金潤坤, 〈新興士大夫의 擡頭〉, 《한국사》 8, 국사편찬위원회, 1974.
金泰永, 〈高麗後期 士類層의 現實認識〉, 《創作과 批評》 44, 1977.
朴道植, 〈朝鮮初期 國家財政의 정비와 貢納制 운영〉, 《關東史學》 7, 1996.
朴龍雲, 〈權門勢族·新進士類의 성립과 개혁운동〉, 《高麗時代史》(下), 일지사, 1987.

李秉烋, 〈사림세력의 진출과 사화〉, 《한국사》 28(조선 중기 사림세력의 등장과 활동), 국사편찬위원회, 1996.
이우성, 〈고려조의 吏에 대하여〉, 《역사학보》 23, 1964.
李載龒, 〈중앙재정〉, 《한국사》 24(조선초기의 경제구조), 국사편찬위원회, 1994.
이태진, 〈15세기 후반기의 '鉅族'과 名族意識〉, 《한국사론》 3, 서울대 국사학과, 1976.
_____, 〈14·5세기 農業技術의 발달과 新興士族〉, 《東洋學》 9, 1979.
鄭杜熙, 〈朝鮮 世祖-成宗朝의 功臣硏究〉, 《震檀學報》 51, 1981.
丁淳贊, 〈朝鮮初期 成均館의 敎育評價制度〉, 《民族文化論叢》 11, 1990.
崔異敦, 〈成宗代 士林의 勳舊政治 비판과 새정치 모색〉, 《韓國文化》 17, 1996.
崔鍾鐸, 〈朝鮮初 平安·咸吉道 地方 勢力〉, 《東方學志》 99, 1998.
한춘순, 〈세조~성종대 과거에 관한 일 고찰〉, 《조선시대의 과거와 벼슬(조선시대 양반사회와 문화 1) - 성고 이성무교수 정년기념논총》, 집문당, 2003.
韓忠熙, 〈왕권의 재확립과 제도의 완성〉, 《한국사》 22(조선왕조의 성립과 대외관계), 1995.

이극돈의 생애와 역사적 평가

박 홍 갑
국사편찬위원회 편사부장

1. 조선 전기 정국과 광주이씨 가문

이극돈이 속한 광주이씨 가계는 고려 말 조선 초기 한양 외곽 지역에서 성장한 당대 최대의 문벌이었다. 특히 고려 말 둔촌 이집을 기점으로 그의 아들 이지직과 손자 이인손 대에 이르면 정승을 배출할 정도의 명문으로 성장하였다. 또한 우의정을 지낸 이인손의 다섯 아들(극배, 극감, 극증, 극돈, 극균)이 모두 문과에 급제함으로써 당대 누구도 따라올 수 없는 최대의 거족을 형성하였다.[1] 이인손이 우의정을 역임한 것을 필두로 장자 극배가 영의정, 차자 극감이 형조판서, 3자 극증이 병조판서, 4자 극돈이 좌찬성, 5자 극균이 우의정을 각각 지냈던 것에서 알 수 있듯이, 세조 이후 성종과 연산군 치세 동안에는 이들 다섯 형제가 정국을 좌지우지할 정도였다.

1) 이태진, 〈15세기 후반기의 '鉅族'과 名族意識〉, 《한국사론》 3, 서울대 국사학과, 1976.

이후에도 문과급제자는 계속 나왔다. 이극배의 아들 세광世匡과 손자 수공守恭, 극감의 아들 삼형제 세좌世佐·세우世佑·세걸世傑과 손자 수형守亨·수의守義·수정守貞·자滋, 극증의 아들 세홍世弘, 극돈의 아들 세전世銓·세경世卿·세정世貞 등이 나란히 문과에 급제하여 요직을 두루 역임하였다. 이렇듯 조선 초기 광주이씨는 많은 문과급제자를 배출함으로써 가세를 이어 갔고, 아울러 조선 초기 혼란한 정국 속에서 많은 공신들을 배출함으로써 가문의 광영을 더욱 높여 나갔다. 이인손의 장자 극배가 좌익공신·좌리공신으로, 차자 극감이 좌익공신으로, 3자 극증이 좌리공신으로, 4자 극돈이 좌리공신으로 각각 책봉되었던 것이다.

이를 바탕으로 조선 중기에 이르면 권세가 후손들은 가자加資나 대가代加 등을 통해 더 쉽게 관직에 나아갈 수 있는 여건이 마련되었다.[2)] 이들은 과거 합격하기 전에 이미 출사하여 관직생활을 하고 있었고, 이를 바탕으로 과거에 합격하여 더 높은 관직으로 승진하였던 것이다. 가자나 대가를 통한 진출은 이극돈 형제에게도 예외는 아니었다.

《국조문과방목》에 의거하여 이들의 합격 당시 상황을 살펴보자. 장자 극배는 세종 29년(1447)에 생원시에 합격한 뒤 신방생원으로 그해 식년시에 합격하였고, 차자 극감은 세종 26년(1444) 유학 신분으

2) 박홍갑, 《조선시대 문음제도 연구》, 탐구당, 1994, 114~117쪽. 조선 초기 중앙정치 무대에서 크게 두각을 나타낸 이인손(영의정)과 그의 다섯 아들이 모두 문과에 급제하여 영의정(장자 극배), 우의정(5자 극균)을 비롯하여 찬성(4자 극돈), 판서(2자 극감, 3자 극증)를 배출하였다. 여기에는 문과급제라는 개인적인 능력과 아울러 당시의 정국에서 훈구세력이 입을 수 있는 공신책봉이라는 프리미엄이 크게 작용한 것 또한 사실이다. 장자 극배가 좌익·좌리공신, 2자 극감이 좌익공신, 3자 극증이 좌리공신에 각각 책봉되었고, 4자 극돈 또한 좌리공신에 책봉되어 세조 집권기를 전후한 당대 최고의 훈구 가문을 이루었는데, 이것이 급제 전에 이미 출사하여 다양한 행정 경험을 쌓을 수 있던 원동력이었다.

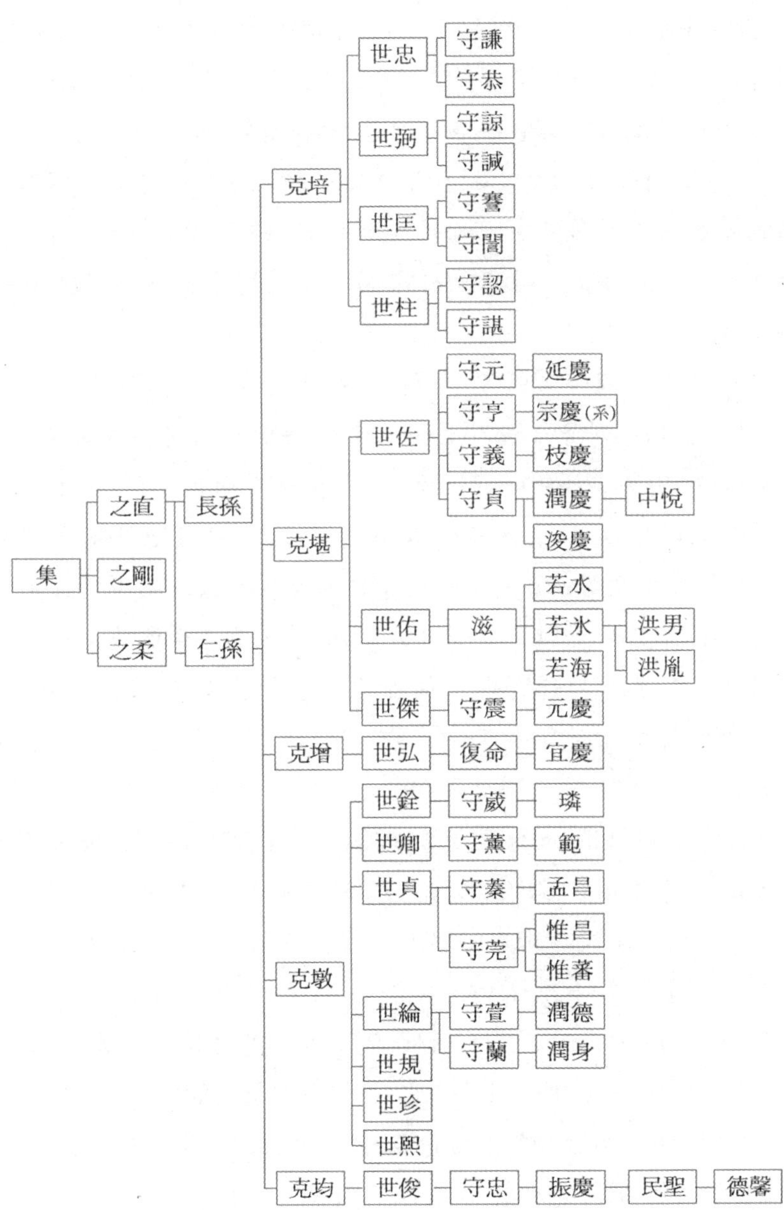

그림 6-1. 광주이씨 가계도

로 식년시에, 5자 극균 또한 세조 2년(1457)에 유학으로 식년시에 합격하였다. 그러나 3자 극증은 녹사로 근무하던 세조 2년(1457)에 실시된 식년시에, 4자 극돈은 세조 3년(1458) 종5품의 서령署令으로 친시 문과에 각각 합격하였다. 이들 다섯 형제 가운데 장자 극배만이 생원 신분으로 합격했고, 극감과 극균은 소과를 거치지 않고 유학으로, 나머지 두 아들은 각각 녹사와 서령의 관직에 있던 상황에서 문과에 합격하였다.

과거 합격 전에 관직이 있었다는 것은 문음을 통한 입사였음을 보여주는 것이다. 이극증 졸기에, 문음으로 종묘 녹사에 진출하였다고 한 내용이 바로 그것이다. 이극돈은 과거 합격 이전 관력에 대한 기록이 나타나지 않으나, 그 또한 문음 출신이었음이 분명하다. 급제하기 전에 이미 참상관인 종5품 관직에 재임하고 있었기 때문이다.

이렇듯 조상의 음덕을 바탕으로 먼저 관직에 진출했다가 문과에 합격하는 사례는 이인손 손자 대에 오게 되면 훨씬 더 불어난다. 성종 3년(1472) 춘장시에서 세필이 통례원 소속 종6품 인의引儀로 합격하였던 것을 비롯하여, 세광은 성종 6년(1475) 친시에서 오위 소속의 정7품 사정司正으로, 세좌는 성종 8년(1477) 춘장시에서 종4품 첨정僉正으로, 세우는 성종 6년(1475) 친시에서 오위 소속의 정7품 사정司正으로, 세걸은 성종 23년(1492) 식년시에서 오위 소속의 정9품 사용司勇으로, 세홍은 중종 2년(1507) 증광시에서 정5품의 형조정랑으로, 세전은 성종 14년(1483) 춘장시에서 오위 소속의 정8품 사맹司猛으로, 세경은 성종 11년(1480) 식년시에서 정8품계 통사랑으로, 세정은 연산군 7년(1501) 식년시에서 종4품의 경력經歷으로 저마다 관직을 지닌 채 문과에 합격하였다.

이들이 실제 갖고 있던 산계散階는 현직보다도 높은 품계를 유지하고 있었기 때문에 문과에 합격한 뒤에는 산계를 기준으로 초수超授되어 갔던 경우가 많다. 예컨대 세홍의 경우 5품의 형조정랑으로 재직하고 있을 때 합격하였지만, 실제 그 당시 산계는 정3품 당하관 반열에 있었다. 이에 따라 급제하자마자 바로 정3품 벼슬인 정正으로 초수되었던 것이다.[3] 이러한 사례는 기록에 모두 나타나지는 않지만 일반적이었을 것이고, 무과에 합격한 세륜世倫이나 세준世俊의 경우도 예외는 아니라고 본다. 그 다음 세대에 가면 출사 과정에서 문·무과 비중은 낮아지고, 문음 비중이 더욱 높아져갔다.

이인손 후손들 가운데서 당대에 활동한 면면을 보면, 과거 급제와 공신책봉 등을 통해 문벌을 형성한 뒤 그에 따른 막대한 토지와 노비를 바탕으로 다른 지역에 농장을 형성하였던 것으로 보인다. 특히 이 시기는 훈구세력들의 농장 개설이 근기 지역을 벗어나 충청 지역까지 확대되어 가던 추세였다.[4] 또한 14세기 이래 양반 사대부들의 지주적 성격이 짙어져 기존의 임내 지역이나 읍치의 외곽지대를 중심으로 사족들의 새 농장이 개설되고 있었고, 이는 중앙 정치무대에서 벌어지는 잦은 정변으로 소외된 세력들이 자연스럽게 이주할 수 있는 터전을 마련해 주기도 했다.[5]

그러나 동시에 무오사화를 비롯한 여러 사화를 거치면서, 화를 입는 사림이나 사림 동조세력으로 변화된 모습을 보이는 경우도 많았다. 이러한 사정은 곧 지방으로 낙향하려는 의도와 맞물릴 수 있는 여건이었다. 특히 연산군 대 무오사화를 주도한 이극돈 형제와 조카 세좌 등은 김종직의 부관참시를 극론할 만큼 훈구세력으로서 사림

3) 《중종실록》 권2, 중종 2년 4월 갑술조.
4) 周藤吉之, 〈麗末鮮初に於ける農場に就いて〉, 《青丘學叢》 17, 1934.
5) 박홍갑, 〈중종조 충주사림의 진출과 활동〉, 《사학연구》 55·56 합집, 1998.

세력에 대한 강한 적대의식을 나타내기도 했으나,[6] 그로부터 6년 뒤인 갑자사화 때에는 이극균 부자를 비롯하여 이세좌와 그의 세 아들 수원·수의·수정, 그리고 세홍·수공 등이 화를 입을 정도로 사림세력과의 연관성 또한 적지 않았다.[7]

이렇듯 광주이씨 후손들이 곳곳으로 흩어져 자리를 잡게 된 것은 먼저 혼인관계와 상속제도에서 찾을 수 있다. 당시는 남귀여가男歸女家 혼속과 균분상속이 이루어지고 있어, 처향이나 외가 쪽으로 이주하여 정착하는 사례가 많았기 때문이다. 아울러 농장을 확대하는 것이 한양 인근 지역보다는 호서 지역이 비교적 손쉬웠다는 점도 고려된 듯하다. 또 한편으로는 중앙정계의 혼란 속에서 밀려나 낙향하려는 분위기도 한몫했을 것으로 보인다.[8]

예컨대, 이극감이 당대 문벌인 충주최씨와 혼인하여 충주로 낙향한 것이 단적인 예다. 충주최씨는 이 지역의 대표적인 토성이었는데, 《고려사》 열전에 보이는 최홍사崔弘嗣와 최우청崔遇淸이 충주최씨이듯이, 고려 전 시기에 걸쳐 사족과 이족을 두루 갖추고 있었다.[9] 이리하여 이극감이 은퇴한 뒤 충주로 이주해 왔는데,[10] 이세좌의 손자 연경이 조광조 일파와 함께 뜻을 같이하다 화를 당한 뒤 중앙정계에 대한 미련을 버리고 충주로 내려갈 때, 이미 충주 북촌에는 이연경 선대의 농서農墅가 오래 전부터 마련되어 있었다.[11]

6) 《연산군일기》 권30, 연산군 4년 7월 신해조.
7) 이병휴, 《조선전기 기호 사림파 연구》, 일조각, 1984.
8) 박홍갑, 〈16세기 전반기 정국 추이와 충주사림의 피화-광주이씨 克堪系를 중심으로-〉, 《史學硏究》 79, 한국사학회, 2005.
9) 이수건, 《한국중세사회사 연구》, 일조각, 1984.
10) 《신증동국여지승람》 충청도 충주목조에 따르면, 이극감의 묘지가 충주에 있는 것으로 나타난다. 이것은 그 당대에 이미 충주 이주가 있었음을 보여주는 것이고, 이를 계기로 그 후손들은 충주에 정착하여 우거한 것으로 보인다.
11) 《대동야승》 10, 己卯錄補遺 上. "奉母定居于忠州北村先世農墅."

이세좌를 비롯한 많은 광주이씨 인물들이 갑자사화에 연루되면서 화를 입었고, 이연경의 경우에는 중종반정으로 방환放還되어서는 충주에서 이미 돌아가신 조부와 부친의 상을 치르기도 했다. 또한 이연경은 기묘사림들이 매우 관심을 보인 향약 보급과 실천운동에 적극적이어서, 당시 충주는 향약이 가장 모범적으로 시행되는 지역으로 꼽힐 정도였다.12) 또한 세우-자滋-약빙으로 이어지는 가계 또한 선대의 농장이 있던 충주 지역을 발판으로 중앙정계 진출을 꾸준히 모색하면서 사림세력과 폭넓게 교류하게 되었다.

한편 이인손의 장남이자 영의정을 지낸 극배의 손자인 이수공은 충청도 황간 지역을 기반으로 이미 영남사림세력과 교류하고 있었다. 훈구계열을 대표하던 광주이씨 가문에서 사림세력이 성장하던 초창기에 영남사림과 교류하고 있었다는 점이 눈에 띈다.

광주이씨 가문과 사림세력의 교류는 주로 연산군 집권 후반기에 비롯되었다. 특히 이인손의 손자와 증손 아래로 내려오면, 갑자사화나 기묘사화에서 신진사림세력과 비슷한 수준의 화를 입었다. 연산군의 생모 폐출사건이 계기가 된 갑자사화에서는 이세좌는 물론 그의 아들 수원 사형제와 동생 세걸도 죽음을 당하였고, 중종 시기 조광조 일파의 개혁정치를 기화로 비롯된 기묘사화에서 세좌의 손자 연경과 세우의 손자 약수·약빙이 화를 입게 되었다.13)

더욱이 기묘사화 때는 충주에 정착한 후손들이 사림의 한 축을 이루고 있어 더 큰 화를 당하였다. 이연경은 반정 이후 음보로 선릉 참

12) 이연경이 기회 닿는 대로 중종에게 향약 보급을 건의하였고(《중종실록》 권36, 중종 14년 7월 정사조), 또 청주 출신 사림파였던 한충 또한 이연경이 충주에서 향약을 실시한 파급효과 때문에 충청도가 타읍에 견주어 그 실적이 두드러졌다는 것을 강조한 적이 있다(《중종실록》 권36, 중종 14년 9월 갑인조).

13) 박홍갑, 앞의 글(1998).

봉이 된 뒤, 공조·형조좌랑 등을 거쳐 현량과에 급제할 정도로 기묘명현들과 뜻을 같이하였다. 이약수는 조광조 신원 상소 때문에 의금부에 하옥되었다가, 2년 뒤 신사무옥에 연루되어 창성에 유배되어 죽었다. 이약빙 또한 조광조와 그의 형 약수의 사면을 주청하다 삭직되었듯이, 기호사림이 활동하던 시기에 광주이씨는 이미 훈구에서 사림으로 전화한 뒤였다. 그리고 중종 후반기이긴 하나, 이준경도 기묘인들의 죄가 없음을 밝히다가 김안로를 자극하여 파직된 적이 있었다.

명종이 즉위한 뒤에도 광주이씨 가문에서 화를 당한 자가 잇따랐다. 을사사화 때 직제학으로 있던 약해가 경원에 유배되었다가 유관과 가깝다는 이유로 사사되었고, 양재역 벽서사건이 일어나자 윤임과 사돈관계였던 약빙이 사사되었으며, 그의 아들 홍남은 영월로 귀양 가게 되었다.[14] 또한 이윤경은 을사사화 당시 대사간 직분으로 위사공신 3등에 책봉되기도 했으나, 그의 아들 중열이 대윤으로 몰려 사사되자 이로 말미암아 그 역시 삭탈관작되었다. 이준경도 을사사화 당시에는 외직으로 나가 있어 화를 모면했으나, 결국 대윤으로 몰려 보은에 유배되었다.

이처럼 조선 초기 최대 문벌을 자랑하던 훈구 가문에서도 여러 차례 사화를 겪으면서 화를 당한 이가 너무나 많았다. 광주이씨와 같이 훈구세력에서 사림으로 전화하게 된 까닭은 여러 측면이 있겠지만, 주로 그들의 현실 대응의식 변화에서 온 것이었다. 즉, 처음 일어난 무오사화는 이인손의 넷째 아들인 극돈이 주도하였고, 당시에는 사림의 영수 김종직의 부관참시를 극론할 만큼 사림파에 대한 적대

14) 한춘순, 〈명종대 을사사화 연구〉, 《인문학연구》 2, 경희대 인문학연구소, 1998.

의식을 내보였다.15) 그러나 이극배의 손자인 이수공은 영남사림들과 교류하였기에 불고지죄不辜之罪로 창성에 유배될 정도로 현실 대응의식의 변화를 보이기 시작했고, 결국 그 뒤 연이은 사화에서 충주에 정착했던 후손들이 많은 화를 입었다.

특히 대윤과 소윤이 갈등을 보였을 때 대개의 사림들이 대윤을 지지한 것과 마찬가지로, 광주이씨 후손들 또한 대윤과 밀착되어 있어 피해가 컸다. 이연경은 기묘사화로 충주로 퇴거한 다음에는 비교적 심적으로 안정된 생활을 누렸다. 기묘사림으로 같이 활약하던 박상·이자·김세필·유정 등이 대거 충주 지역으로 몰려들었기 때문이기도 했지만, 자체가 중앙정계에 미련을 버린 채 퇴거 후의 은거생활에 자족하고 있었던 것이다.16)

이와 달리 이약빙은 항상 중앙정계로 진출하려는 노력을 버리지 않았다.17) 그는 중종 8년 사마시에 장원한 뒤 문과에 급제하여 호당에 뽑힐 정도로 출중하였다. 그러나 중종 14년 기묘사화로 파직당했다가 복직한 적이 있고, 중종 34년에는 한산군수로 있으면서 연산군과 노산군의 후사를 세우기를 청하다가 삭직당하였으며, 그 뒤 사복시정司僕寺正으로 있다가 귀양 가는 우여곡절도 겪었다. 그러다가 을사의 화가 일어난 이듬해 양재역 벽서사건으로 결국 사사되고 만 것

15) 이병휴, 《조선전기 기호사림파 연구》, 일조각, 1984.
16) 《해동명신록》 권2, 이연경 항목 및 박홍갑의 앞의 글(1998) 참조. 이연경은 아들이 없는 대신 그의 사위들이 충주 지역을 영도하는 사림으로 활동하였는데, 을사사화를 기화로 귀양간 노수신과 이홍윤 옥사에 연루되어 죽음을 당한 강유선 등이 그들이며, 대를 이어 사림으로 화를 당했다.
17) 《중종실록》 권105, 중종 39년 11월 임술조 사론에 따르면, 이약빙은 김안로·윤임 등 중종 후반기의 실세들에 대해 강한 집념을 보인 것으로 나타난다. 특히 아들 홍윤의 정혼을 파기하고 윤임의 딸을 자부로 맞아들일 정도로 권력에 대한 강한 집착을 보였다. 그는 기묘사화 당시에 사림으로서 매우 비중 있는 활동을 하였지만, 그 뒤 권신과 척신의 주위를 맴돌며 권력 지향적인 삶으로 일관한 듯하다.

이다.[18] 이는 대윤을 이끌던 윤임의 딸을 며느리로 맺은 인연이 작용했던 것이긴 하지만, 그의 꾸준한 중앙정계 지향성이 빚어낸 참극이었다. 이약빙이 사사된 뒤 큰아들인 홍남이 양재역 벽서사건에 연루되어 영월로 귀양길에 올랐고, 차자인 홍윤을 역모로 고변하는 사건까지 이어지자, 광주이씨 가문은 더 큰 화를 당할 수밖에 없었다.[19]

2. 이극돈의 출사와 관력

이극돈의 자는 사고士高, 호는 사봉四峯이며, 1435년에 태어나 1503년 향년 68세를 일기로 숨졌다. 아버지 이인손李仁孫, 할아버지 이지직李之直, 증조가 둔촌 이집李集이다. 어머니는 노신盧信의 딸 교하노씨이며, 부인은 권지權至의 딸 안동권씨이다. 영중추 찬성 좌리공신 광원군廣原君으로 추대되었으며, 시호는 익평翼平이다. 생각함이 심원한 것〔思慮深遠〕이 익翼이요, 일을 하는 데 법도가 있음〔執務有制〕이 평平이다.

당시 광주이씨 가문은 누구도 따라올 수 없을 정도의 명문거족이었는데, 이극돈의 다섯 형제가 모두 문과에 합격함으로써 가문의 위세는 더욱 높아진 것이다. 이극돈은 세조 3년(1457) 정축알성시丁丑謁聖試에 급제하였다. 이들 가문 출신 가운데는 과거에 합격하기 전에 이미 문음으로 출사하여 여러 관직을 거친 자들이 많았는데, 이극돈

18) 《연려실기술》 10권, 명종조 고사본말.
19) 박홍갑, 〈조선 명종조 忠州獄의 전개와 충주사림〉, 《조선시대사학보》 17, 조선시대사학회, 2001.

도 예외가 아니어서 급제하기 전에 이미 참상관인 종5품 서령署令에 재임하고 있었다. 이런 경우 기존 벼슬을 기준으로 현직에 진출할 수 있는 특권을 주던 것이 당시의 관례였다.[20] 따라서 이극돈은 삼관 권지로 분관된 뒤 최소 5~6년에 걸친 차차천전次次遷轉을 거쳐 참상관으로 진출하던 일반적인 급제자보다 출셋길이 빨리 보장되었던 셈이다.[21] 문음으로 진출하여 문과에 급제한 이극돈도 그 이듬해에는 관직은 종6품의 전농주부에 재임하고 있었던 것으로 확인된다.[22]

세조 5년, 이극돈은 형조좌랑으로 승진하게 되었다. 육조의 좌랑(정6품)과 정랑(정5품)을 합쳐 흔히 육조 낭관이라 부르기도 하는데, 이들은 행정 실무부서의 청요직이었다. 조선조 관직 운영에서 청요직은 매우 중요한 구실을 하게 된다. 청요직을 거쳐야만 대신으로 쉽게 승진할 수 있기 때문이다. 이는 개인적 능력에다 혈통이라는 가문적 배경이 더해져야만 얻을 수 있는 자리였다.

형조좌랑의 임기를 마친 그는 통례문 판관을 거쳐 세조 7년 겨울에는 정5품 성균관 직강 자리 물망에 올랐으나, 그의 형 이극증이 인사권을 가진 이조정랑이었기에 사헌부에서는 거부권을 행사하기도 했다.[23] 그러나 세조는 결국 이듬해 이극돈을 성균관 직강에 임명하여 그의 높은 식견을 성균관 진흥에 쏟아붓도록 하였다.

---

20) 시간이 좀더 흐른 중종 대에 가면 참상직을 지낸 급제자라 할지라도 삼관으로 분관해야 한다는 의견이 개진되기 시작했다. 이에 대해서는 박홍갑, 《조선시대 문음제도 연구》, 탐구당, 1994 참조.

21) 최근 발간한 《광주이씨대동보》에 따르면, 1984년에 새긴 "廣原君諡翼平公墓碑文"을 소개하고 있다, 비문에는 이극돈이 급제 후 승문원정자(9품)로 초입사하여 박사(6품)를 거쳐 사헌부 감찰과 사간원 정언을 역임했다고 했으나, 그럴 가능성은 희박하다.

22) 《세조실록》 권12, 세조 4년 5월 22일 무신조.

23) 《세조실록》 권26, 세조 7년 11월 20일 병진조.

세조 13년에 유구국 사신들이 부산포에 이르자, 호군護軍 이극돈으로 하여금 부산포에 가서 선위하게 하였고,[24] 이어 종3품 사헌부 집의로 임명되어 풍도 있는 대간의 임무를 다하였으며, 아울러 무자중시방戊子重試榜에서 을과로 합격하여 그의 재주를 또 한 번 널리 알리게 되었다.

세조 말년에 의례와 국가 전례에 밝다는 이유로 예조참의에 제수되어서는 세조의 국장을 치르는 데 한 치의 어긋남도 없었고, 예종이 즉위하자 그는 한성부 우윤에 제수되었다. 이때 예종은 이극균에게 특별히 재집사祭執事를 내려 주는 동시에 1계급을 올려 주는 포상의 은전을 베풀었다.[25] 한번은 예종이 경회루에 나가 정사를 보다가 《강목綱目》과 《한기漢紀》를 내어 보이며 책제를 내어, 문시와 유생들은 물론이고 모든 여러 장수들까지 동원하여 시구로 답하게 한 적이 있었다. 이때 당상관 가운데서는 이극돈이 최고의 성적으로 뽑힐 정도로 문재를 겸비하고 있었다.[26] 이리하여 부시賦試에 1등한 이극돈에게는 모마장毛馬粧 1부를 내려주고, 그 나머지도 차등을 두어 상을 내렸다.[27] 그런 가운데 예종은 이극돈을 사헌부 대사헌으로 임명하게 되는데, 이때 관직보다 자급이 낮아 수대사헌守大司憲으로 지낼 정도였으니, 예종의 그에 대한 신임 정도를 짐작할 수 있겠다.

예종이 죽고 성종이 즉위한 뒤에도 이극돈은 사헌부 대사헌 직무를 계속하고 있었다. 이때 그의 형 이극배가 병조판서로 있게 되고, 이극증이 도승지로 승진하여 이방吏房의 일을 보게 되자, 대사헌의 직무를 사임하겠다는 뜻을 아뢰었다. 인사권 행사에 대한 잘못을 사

24) 《세조실록》 권42, 세조 13년 5월 14일 무인조.
25) 《예종실록》 권5, 예종 1년 4월 30일 계미조.
26) 《예종실록》 권6, 예종 1년 6월 5일 정사조.
27) 《예종실록》 권6, 예종 1년 6월 6일 무오조.

헌부에서 규찰하고 탄핵해야 하나, 한 집안의 형제 셋이 모두 연관된 자리에 앉아 있다는 것이 이유였다. 이에 성종은 원상들에게 자문을 구하였지만, 세 사람의 재주가 저마다 그 직책에 알맞다 하여 사직을 받아들이지 않았다.[28] 그러나 그는 곧 서반직으로 옮긴 것으로 보이며, 성종은 다시 종2품으로 승진시켜 참판에 제수하라는 명을 내렸다.[29] 이에 그날로 이극돈은 가선대부 형조참판으로 서용되었는데, 곧이어 성종은 형조판서 함우치와 참판 이극돈에게 형옥 관리를 잘했다는 이유로 모마장을 1부씩 내리기도 했다.[30]

성종이 즉위한 뒤 즉위에 공이 있던 자들을 대상으로 한 좌리공신 책봉에서 이극돈은 4등공신으로 녹훈되었고, 이듬해 3월 강원도관찰사로 부임하였다. 참상관으로 진출하려면 외직을 거치는 것이 당시의 관례였는데, 이극돈이 참상관으로 진출하기 전에 외직을 거쳤는지에 대해서는 확실하지가 않다. 아무튼 강원도관찰사로 부임하여 처리한 업무 중에 우선 눈에 띄는 것은, 삼봉도三峯島 탐사와 귀속을 위해 출정하였다가 표류한 군사들이 무릉도를 관찰하고 온 내용을 중앙 정부에 보고한 것이다.[31]

성종 초부터 제기된 환상의 섬 삼봉도를 탐사하고자 중앙 정부가 경차관을 파견했으나, 이들은 결국 임무를 완수하지 못하고 표류하고 말았다. 경차관 박종원朴宗元이 거느린 4척의 배가 풍랑을 만났고, 사직 곽영강郭永江 등이 탄 배 3척이 무릉도에 도착하여 3일 동안 머물러 수색하였으나, 옛 집터만 확인할 수 있었다는 것이다. 중앙 정부의 공도空島 정책에 따른 울릉도의 상황을 잘 나타내 준다 하겠다.

28) 《성종실록》 권1, 성종 즉위년 12월 30일 기묘조.
29) 《성종실록》 권4, 성종 1년 4월 6일 갑인조.
30) 《성종실록》 권6, 성종 1년 6월 19일 병인조.
31) 《성종실록》 권19, 성종 3년 6월 12일 정축조.

이극돈은 강원도관찰사로 임무를 수행하는 도중에 광원군으로 책봉되었고, 이어 성종 4년에 호조참판으로 복귀하게 되었으나, 바로 중국 북경 사신으로 가게 되었다.[32] 성절聖節을 축하하는 사신 파견이었다. 이극돈은 성종 5년 1월에 중국에서 돌아와 복명한 뒤 다시 예조참판의 임무를 부여받았고, 흥천사에서 지내는 기우제의 행향사行香使 임무를 완수하여 성종으로부터 아마兒馬 한 필을 하사받았다.[33]

이어 다시 주문사奏聞使의 임무 수행차 중국에 다녀왔는데, 이는 성종비 공혜왕후 한씨의 죽음으로 계비 정현왕후 윤씨를 새로 맞아들였다는 내용을 명나라에 주청하는 임무였다.[34] 이리하여 성종 8년 2월에 사신의 임무를 무사히 마치고 돌아와 노비 3구와 진지 25결을 하사받았다.

이극돈은 성종 9년 4월 가선대부 병조참판으로, 10년 2월에는 예조참판으로 각각 제수받았다가, 10년 10월에는 다시 외직인 영안도관찰사 겸 영흥부윤으로 파견되었다. 이때는 여진족이 건주위를 중심으로 세력을 키울 기미를 보였고, 이에 명나라와 협공으로 토벌에 힘썼으나 큰 성과를 거두지 못하던 시기였다. 이런 시점에서 성종은 미리 준비하고 대비하는 뜻에서 이극돈을 파견하였던 것이다. 성종 12년 10월, 이극돈은 이조참판으로 복귀하였다가 11월에 다시 사헌부 대사헌으로 임명되었다. 성종 13년 8월에는 전라도관찰사로 파견되었는데, 성질이 사나운 토호들이 담과 울타리를 넓게 두르고 인정人丁을 점유하는 폐단을 바로 잡으라는 임무를 부여받았다.[35]

32) 《성종실록》 권33, 성종 4년 8월 26일 을유조.
33) 《성종실록》 권44, 성종 5년 윤6월 28일 신해조.
34) 《성종실록》 권70, 성종 7년 8월 4일 갑술조.
35) 《성종실록》 권148, 성종 13년 11월 3일 정유조.

성종 15년에는 정조사正朝使 임무를 띠고 세 번째 사행길에 올랐다. 표表·전箋을 받들고 하정 임무를 끝낸 이극돈은 성종 16년 2월에 돌아올 수 있었다.[36] 그리고 곧이어 전라도진휼사로 파견되어 여러 차례 흉년으로 말미암은 백성들의 어려운 상황을 잘 돌보았다는 공적이 인정되어 모마장 1부와 유석油席, 궁전모弓箭帽 등을 하사받았다.[37] 성종 18년 6월에 자헌대부로 승진하여 한성부 판윤으로 자리를 옮겼고, 성종 19년 3월에는 평안도관찰사로 나갔다. 이곳에서 그는 평양에서 군수품에 대해 창고에 남아 있는 수와 민간에 흩어져 있는 것이나, 명부에 현재 실려 있는 것과 환수해야 할 수량 등을 잘 파악하여 처리하는 행정적 수완을 보여 후한 점수를 얻었다.

성종 21년 4월에는 병조판서로 복귀하였다가 다시 의정부 좌참찬으로 옮겼고, 성종 22년 6월에는 호조판서로 승진하였으며, 성종 23년 1월에는 경상도관찰사로 파견되었다가 성종 말년에 문관의 인사권을 장악하는 이조판서 자리에 올랐다.[38] 성종이 죽자 국장을 맡아 의례에 심혈을 기울였고, 연산군 1년 10월에 우찬성에 제수되었으며, 그로부터 1년 후에는 좌찬성에까지 올랐다. 그가 판서로 재직하면서 대신의 반열에 있었기에, 이때는 젊은 대간들이 그에 대한 비판과 탄핵 사건을 늘려가는 시점이기도 했다. 그럼에도 의금부 당상을 겸하는 등 그의 영향력은 대내적인 정치·사회 문제만이 아니라 외교와 국방에 이르기까지 국정 전반에 걸쳤으며, 국왕의 신임은 더욱 높아만 갔다.

연산군 4년(1498)에 《성종실록》을 편찬할 때, 이극돈은 실록청 당

36) 《성종실록》 권171, 성종 15년 10월 19일 계유조.
37) 《성종실록》 권186, 성종 16년 12월 6일 계미조.
38) 《성종실록》 권283, 성종 24년 10월 8일 기사조.

상관으로서 사초를 정리하다가 김일손의 사초에서 김종직의 〈조의제문〉과 훈구파의 비위사실非違事實 기록을 발견하였다. 이에 유자광과 함께 〈조의제문〉이 세조의 찬탈을 비난한 것이라고 문제 삼아 무오사화의 빌미를 제공하였다. 이때 그는 어세겸魚世謙·유순柳順·윤효손尹孝孫·김전金詮 등과 함께 사관으로서 김일손의 사초를 보고도 곧바로 보고하지 않았다는 죄목으로 파직되었다가 다시 광원군에 봉해졌다. 이후 다시 병조판서 등을 거친 뒤 연산군 9년(1503)에 졸하였다.

3. 이극돈의 활동영역 및 치적

이극돈은 앞에서도 살펴보았듯이 매우 다채롭고 화려한 경력의 소유자였다. 이런 관력들을 두루 거칠 수 있었던 까닭은 우선 개인 역량이 바탕이 되었고, 이에 더하여 당시 광주이씨 이인손 후손이라는 가문의 배경이 크게 작용한 것도 사실이다.

세조가 이극돈을 불러 활 만드는 법을 다른 관료에게 논하게 한 것이 여러 차례일 정도로,[39] 그는 여러 방면에 걸쳐 산지식을 익히고 있었던 것으로 보인다. 특히 이극돈은 한훈漢訓과 이문吏文에 뛰어난 자질이 있었는데, 이것이 그의 정치적 성장에 큰 밑거름이 되었음은 물론이다. 당시에는 대중국 외교가 무엇보다 중요한 현안이었고, 그러려면 외국어가 필수였기 때문이다. 중국 사신이 오게 되면 대개 조서를 한훈과 향훈으로 읽게 되지만,[40] 우리 사신들이 중국으

39) 《세조실록》 권44, 세조 13년 12월 13일 을사조.
40) 《세종실록》 권127, 세종 32년 1월 29일 을사조.

로 갈 때는 한훈만으로 대화하였으니, 그 중요성은 매우 클 수밖에 없었다.

이극돈은 관직으로 진출한 초기부터 세조에게 외국어 능력을 인정받았던 것으로 보인다. 문과급제 뒤 얼마 지나지 않은 전농주부로 근무할 때, 그는 문학 이영은李永垠·형조좌랑 김성원金性源·성균 주부 이근李覲·종부 주부 이형원李亨元·승문원 정자 어세겸魚世謙·권지 승문원 부정자 이길보李吉甫 등과 함께 한훈과 이문 습독에 정진하라는 세조의 명을 받았다.41)

조선 초기에는 대명 외교를 고려하여 지속적으로 통역 인재 양성을 시도하였지만, 만족할 만한 상황은 아니었던 듯하다. 문과급제자들을 승문원에서 우선적으로 분관하여 한훈과 이문을 맡겼고, 또 강이생도講肄生徒들을 양성해 왔지만, 《박통사》, 《노걸대》 같은 기본 교재조차 보급이 잘 되지 않았기 때문이다.42) 이런 문제점을 해소하고자 승문원 관원의 가자 규정을 정하거나,43) 이문·한훈을 익힌 자는 외직을 거치지 않았더라도 승진시켜 주던 관례까지 만들려는 노력도 기울이던 상황이었다.44)

이러한 시점에서 이극돈이 한훈·이문에 뛰어난 자질을 보여주고 아울러 외교적 수완까지 곁들여지자 전후 세 차례에 걸쳐 명나라 사신으로 다녀온 것은 물론이고, 일본국 통신사로 임명되기도 했던 것이다. 험난한 해로로 장기간 이동해야 하는 일본은 모두가 꺼렸던 곳이다. 그런데도 이극돈이 가야만 했던 까닭은 상당군 한명회의 적극적인 추천 때문이었다.45) 또한 세조 때 유구국 사자가 부산포에

41) 《세조실록》 권12, 세조 4년 5월 22일 무신조.
42) 《세조실록》 권11, 세조 4년 1월 19일 무인조.
43) 《성종실록》 권12, 성종 2년 10월 28일 병신조.
44) 《성종실록》 권15, 성종 3년 2월 2일 기사조.

이르자, 호군으로 있던 이극돈에게 명하여 선위宣慰하게 한[46] 사실로 미루어도 그의 외교적 수완을 짐작할 수 있겠다.

아울러 이극돈은 국가 의례와 전례에 매우 밝아 국왕의 신임을 얻고 있었다. 세조는 중국 사신이 오면 주로 사헌부 집의 이극돈에게 접대를 맡겼다. 다른 이들은 예도에 어긋나고 실수할까 염려하였기 때문이다.[47] 한편 성종은 자신의 아버지 의경세자를 왕으로 추존하는 시호를 올리는 의식을 치를 때에는 예의사禮儀使 임무를 훌륭하게 소화한 이극돈에게 아마兒馬 1필을 하사하였다.[48]

이극돈이 예조참판으로 재직할 때에는 친잠의親蠶儀를 손수 지어 바치기도 했는데,[49] 친잠이란 조선시대 왕비가 직접 누에를 치고 고치를 거두던 일련의 의식을 말한다. 백성에게 양잠의 중요성을 인식시키고 이를 널리 장려하고자 하는 뜻이 포함되어 있다. 친잠에 관한 기록은 조선 태종 11년(1411)부터 보이기는 하나, 친잠례를 정식으로 갖춘 것은 성종 7년(1476) 왕궁 후원에 채상단採桑壇을 설치하여 의식을 실시하면서부터였고, 이를 위해 몇 차례 친잠응행절목親蠶應行節目이 제정되어 이를 바탕으로 실시되었다.

이 시기는 이극돈이 예조참판으로 근무하던 시점이었기에 절목 마련에 실질적으로 참여한 것은 물론이고 승지 임사홍과 함께 친잠의를 직접 제정하였다. 채상에 동원되는 집사는 1품 내명부가 둘, 2품 내명부가 하나, 3품 내명부가 하나인데, 성종 당시 최초의 친잠의식에서 예조참판 이극돈의 부인 권씨 또한 2품 외명부로 친잠의식에

45) 《세조실록》 권45, 세조 14년 3월 24일 갑신조.
46) 《세조실록》 권42, 세조 13년 5월 14일 무인조.
47) 《세조실록》 권45, 세조 14년 3월 27일 정해조.
48) 《성종실록》 권52, 성종 6년 2월 28일 정미조.
49) 《성종실록》 권77, 성종 8년 윤2월 27일 을축조.

참여하는 영광을 누렸다.[50)]

세조가 왕권 강화를 위해 노력했음은 여러 군데에서 그 흔적을 발견할 수 있다. 치국의 근본이 되는《경국대전》편찬에 심혈을 기울인 것도 그러한 노력의 일환이었음은 물론이다. 이에 따라 국가 통치의 기틀을 마련하는 형전과 호전이 다른 것보다 일찍 편찬될 수 있었던 것이다. 대전 편찬 과정에서 세조가 집의 이극돈을 비롯하여 김순명金順命 등을 우편으로 삼고, 성균 직강 김유·헌납 조간 등을 좌편으로 삼아 새로 반포할 형전과 호전의 오류를 잡아내도록 경쟁시킨 적이 있었는데, 이때 이극돈이 가장 많은 오류를 찾아내 표피를 하사받았다.[51)] 이후《경국대전》편찬은 성종 대까지 계속 이어졌다. 이때에도 성종은 원상들에게 교정을 직접 보게 독려하는 한편 그래도 미덥지 못하여 이극돈을 비롯하여 최호원과 김유 등에게 다시 교정하게끔 지시를 내리기도 했다.[52)]

세조가 죽자 예종은 재위 1년 4월부터 춘추관에 명을 내려《세조실록》을 찬술하기 시작하였는데, 이극돈은 실록 편수관으로 참여하여 성종 2년 12월에 대역사를 끝낼 수 있었다. 이리하여 성종은《세조실록》수찬관들에게 상을 내렸는데, 형조참판 이극돈은 예승석 등과 함께 어린 말 1필씩을 하사받았을 뿐만 아니라, 대왕대비에게도 녹피 1장을 추가로 하사받았다. 대왕대비는 당시의 명령과 정교政敎가 실리지 않은 것이 없어, 갑자기 세조를 뵙는 것 같다고 칭찬하였다. 뿐만 아니라 이극돈은《성종실록》편찬 때에도 지관사知館事로 참여하여, 양대에 걸쳐 실록 편수관을 역임했다.

50)《성종실록》권77, 성종 8년 3월 14일 신사조.
51)《세조실록》권44, 세조 13년 12월 21일 계축조.
52)《성종실록》권4, 성종 1년 4월 6일 갑인조.

이 밖에도 이극돈은 다양한 편찬 사업에 참여하여 많은 문화사업의 치적을 남기기도 했다. 예종 초 한성부 우윤으로 있을 당시 《무정보감武定寶鑑》 편찬에 참여한 공으로 말 1필과 단자段子 1필을 하사받았던 것을 필두로[53] 노사신, 이경동 등과 함께 성종의 명을 받아 《강목신증綱目新增》을 편찬하였고,[54] 서거정이 지은 《동국통감》 서문도 이극돈이 찬했다. 이때 이극돈을 비롯하여 편찬 작업에 참여한 당상들에게는 단자 각 1필씩 하사되었다.[55] 《무정보감》은 조선 건국 초부터 예종 당대까지 일어났던 국내의 정변과 전쟁, 외침 사건의 전말을 기록한 책인데, 예종 1년에 완성되었으나 현재 전하지는 않는다.

한편 목민관으로서 이극돈의 관력은 찾을 수 없으나, 강원도관찰사를 비롯하여 전라도·함경도(영안도)·경상도·평안도 등의 도백을 두루 역임하는 동안 각 지역 사정을 누구보다 소상하게 체험하였다. 특히 이극돈을 영안도와 평안도관찰사로 파견한 것을 눈여겨봐야 한다. 이곳은 새로운 개척지가 많은데다 중국 사신이 오가는 곳이기에 중앙 정부 입장에서는 매우 중요한 지역이었다. 또한 이 지역의 풍속과 백성들의 기질 또한 삼남과는 다르다는 인식을 중앙 정부는 갖고 있었다. 이리하여 당시 이 지역 백성을 위무하는 일이 시급했고, 또 여진족과의 크고 작은 마찰들은 중앙 정부를 곤혹스럽게 만들었다. 따라서 이 지역에는 국왕의 신임을 얻은 인물을 파견해야만 했다.

또한 이 당시 영안도 지역에는 원채와 따로 떨어져 살림을 하는

53) 《예종실록》 권6, 예종 1년 7월 7일 무자조; 《예종실록》 권7, 예종 1년 8월 27일 무인조.
54) 《국조보감》 권16, 성종조 2, 13년(임인, 1482) 7월조.
55) 《성종실록》 권181, 성종 16년 7월 26일 갑술조.

협호挾戶 색출이 무엇보다 급했다. 협호는 호적에서 누락되어 군액과 부역 등을 좀먹는 것이기에 그 폐단이 생겨나고 있었다. 특히 영흥부는 군정은 200명인데 협호가 갑절이나 되는 지역이기도 했다. 이런 점들을 쇄신하고자 성종은 특별히 이극돈을 이 지역 관찰사로 보냈고,[56] 성종의 뜻을 잘 헤아려 이극돈이 성과를 올리자 임금 또한 큰 만족감을 표시하기도 했다.[57]

아울러 국경 지역의 여진족 건주위 문제는 조선 초기 군사와 외교 문제에서 매우 큰 골칫거리였다. 조선 초기 여진족들은 자주 조선의 국경을 침범하고 있었다. 태종 대에 8회, 세종 대 30회, 세조 대 19회, 성종 대 22회, 연산군 대 17회 등의[58] 집계에서 보듯, 당시 군사외교적인 면에서 매우 골치 아픈 일이 아닐 수 없었다.

이에 따라 조선은 대규모 군사를 동원하여 여진족을 정벌하기도 하였는데, 조선 전기에만 모두 13차례나 되었다. 성종 대에도 전후 2차례에 걸쳐 여진족을 정벌하였다. 성종 10년(1479) 명나라의 요청으로 우찬성 어유소에게 군사 1만 명을 주어 파견하였으나 물이 얼지 않아 출병이 연기되었고, 그 뒤 다시 윤필상을 도원수로 삼아 여진 정벌에 큰 성과를 거두고 돌아왔다. 이극돈이 영안도 관찰사로 파견된 때는 출병이 연기된 시점이었다. 이에 성종은 이극돈을 국경 지역 관찰사로 파견하면서 특별히 서북 지역 여진족에 대한 사전 대비와 향후 처리 방향을 당부하였다.[59]

또한 성종 22년 영안도관찰사 허종을 도원수로 삼아 여진 정벌을 시도하였는데, 이극돈은 그 직전까지 병조판서로 있었기 때문에 성

56) 《성종실록》 권115, 성종 11년 3월 9일 기축조.
57) 《성종실록》 권121, 성종 11년 9월 1일 무인조.
58) 유봉영, 〈왕조실록에 나타난 이조전기의 야인〉, 《백산학보》 14, 1973.
59) 《성종실록》 권110, 성종 10년 윤10월 정사조.

보 수축에서부터 남쪽 군사를 북쪽으로 배치하는 것은 물론 변방 경계에 대한 대책을 여러 차례 건의하였다.[60] 이는 대對여진정책의 사전 대비책인 동시에 강경책을 예고하는 것이었다. 그런 가운데 이극돈은 병조판서에서 좌참찬으로 자리를 옮겼고, 조정에서는 여진 정벌에 대한 찬반론이 뜨겁게 진행되고 있었다. 대체로 신진 대간들이 여진 정벌에 적극적으로 반대 의견을 개진하였던 것과 달리, 원로대신들은 대여진 강경책인 군사 정벌을 주장하고 있었다. 특히 영의정 윤필상과 좌참찬 이극돈이 대표적인 정벌론자였다.[61] 그것은 이극돈의 변방에 대한 사전 지식과 대여진 정벌의 자신감에서 온 것이기도 하다.

아울러 이극돈이 영안도관찰사로 파견될 때 주어진 임무 가운데 큰 부분을 차지한 것이 삼봉도三峰島 수색이었다. 세종 때 적극적인 공도 정책으로 무릉도(지금의 울릉도) 주민들까지 육지로 소환하였다. 그런데 이 시기 역을 피하려는 무리들이 섬으로 도망갔다는 소문과 함께 등장한 곳이 요도蓼島였는데, 위치가 무릉도 인근이었다는 점 외에는 끝내 그 섬의 실체를 확인하지 못하고 말았다. 그러다가 성종이 즉위한 뒤 새로 등장한 것이 동해안 삼봉도였다. 성종은 삼봉도를 찾기 위해 병조에 명을 내려 절목을 만들고, 군사를 동원하여 수색하기 시작했다. 이는 단순한 수색이 아니라 대규모 해상 작전이었으며, 국법을 어긴 삼봉도 주민을 토벌하기 위한 것이었다.

삼봉도 탐색은 당초 강원도에서 주관하였으나 영안도로 이관되었다. 강원도에서 주도하였던 탐색 활동이 실패로 끝났을 뿐만 아니라 삼봉도를 직접 목격했다는 자들이 영안도민들이었기 때문이다. 이극

60) 《성종실록》 권250, 성종 22년 2월 경신조; 《성종실록》 권252, 성종 22년 4월 병오조.
61) 《성종실록》 권253, 성종 22년 5월 7일 임오조.

돈이 강원도관찰사로 재직할 때 이미 성종으로부터 삼봉도를 찾으라는 명을 받았으나 실패했고, 재차 영안도관찰사로 부임하여 다시 수색 임무를 부여받았다. 이리하여 이극돈은 최종적으로 다음과 같은 계책을 올렸다.62)

1. 동북해역은 풍랑이 험악한데 삼봉도가 확실하게 있다는 것을 모르면서 차출하여 보내는 것은 어렵다. 본도에서 자원하는 사람 30여 명에게 유서諭書를 가지고 들여보내 삼봉도가 있는 곳을 탐지하게 하여, 형편을 봐 가며 토벌하자.
1. 지난번 왕래했다는 자의 진실 여부는 분변할 수 없다. 지금 사람을 보내어 끝내 섬이 없다면, 처음에 이 말을 한 김한경金漢京 무리들을 극형에 처해야 백성들도 삼봉도가 없다는 것을 알아 선동하는 일을 막을 수 있다.
1. 내년 봄철에 들여보낸다면 정월 그믐께라야 모든 준비가 갖추어지니, 2월 초에 포浦에 도착하여 순풍을 기다리는 것이 좋다. 순풍을 기다리는 것은 수십 일 걸리니, 장마를 만나게 되면 끝내 배를 출발시킬 도리가 없을 것이다.

이에 성종은 정창손·심회·윤사흔·윤필상·홍응·노사신·이극배·윤호 등과 의논하여, 이극돈의 의견대로 자원자 30여 명에게 유서를 가지고 들여보내 탐사케 하고, 섬의 위치를 알게 되면 사자를 보내어 불러들이거나 토벌하자는 쪽으로 결론을 내렸다. 이후 유서를 내려 토벌대가 출발한 기록만 보일 뿐 더 이상의 기록은 없다. 아무튼

62) 《성종실록》 권125, 성종 12년 1월 9일 갑신조.

삼봉도가 독도였는가 하는 점에는 지금까지 논란이 되고 있고,[63] 때로는 상상의 도피처로 인식되기도 한다.[64]

4. 이극돈의 정치·사회적 현실인식

잘 알려진 바와 같이, 이극돈이 살아갔던 시기는 우리 역사상 훈구세력과 사림세력이 첨예하게 대립하며 정국을 이어가던 때였다. 아울러 정치적으로 홍문관·사헌부·사간원으로 대표되는 삼사의 역할과 위상이 매우 높아져 의정부·육조와 어깨를 나란히 할 정도로 국정운영의 3대 축으로 떠올랐던 시기였으며, 조선 건국의 경제적 배경이 되었던 과전법이 붕괴되어 가는 시점이기도 했다. 이렇듯 혼란한 정국 속에서 훈구세력을 대표하는 인물이 다름 아닌 이극돈이었다.

세조 3년에 문과에 급제한 이극돈은 여러 관직을 거쳐 세조 13년 10월에 종3품의 사헌부 집의로 임명되었다. 집의는 사헌부의 수장 대사헌 바로 아래 직위이니, 실질적으로 사헌부를 이끌어가는 핵심이나 다름없는 관직이었다. 그리고 그는 이후 대사헌을 두 번씩이나 역임하였던 인물이기도 하다. 이렇듯 훈구대신이던 이극돈 역시 사헌부와 떼려야 뗄 수 없는 관계로 자리 잡고 있었음을 알 수 있다.

---

63) 장학근, 〈세종·성종 연간의 新島 搜探政策〉, 《해사논문집》, 1988; 김근수, 〈獨島問題三官記〉, 《한국학》 32, 영신아카데미 한국학연구소, 1985; 임영정, 〈조선시대 遠海島嶼에 대한 인식; 蓼島·三蜂島·可支島說을 중심으로〉, 《소헌남도영박사고희기념 역사학논총》, 1993.

64) Milan Hejtmanek, 〈미지로의 항해: 15세기 한국의 삼봉도로의 항해〉, 《대동문화연구》 56, 2006.

이 당시 정국에 대해 지금까지는, 대체로 신진사림들이 언론기관인 삼사에 대거 진출하여 훈구세력과 대립하였던 것으로 이해하고 있다. 그 바탕에는 신진사림들이 주로 삼사의 하위직인 낭관직에 진출하여 언론활동을 하였다는 요소가 깔려 있다. 그러나 삼사의 수장이라고 해서 언론활동을 도외시한 것도 아니었다. 이런 점들을 염두에 두고 이극돈의 언론활동에 대해 살펴보는 것도 의미 있는 작업이 될 것이다.

이러한 인식은 당시 정국을 훈구와 사림의 대립으로 파악하기보다는 대신과 삼사의 갈등 구조로 분석한 와그너의 논고에서 비롯된 것이고,[65] 그것은 대신과 삼사라는 본원적인 직능 차이와 상하 관직 체계의 연속성을 고려한 시각에서 출발하고 있다. 즉, 조선의 정치는 국왕과 신하라는 양대 정치세력에 의해 운영되었는데, 신하들은 부여받은 품계와 직무에 따라 대신과 삼사로 대별되며, 국왕과 대신 및 삼사라는 세 정치세력이 시기와 국면에 따라 협력과 대립 관계를 바꾸어가며 운영되었던 것이 이 시기의 정치 행태였다.[66] 따라서 우리는 훈구와 사림을 도덕적 선악 구도로 파악하는 이분법 평가에서 벗어날 필요가 있다.

이극돈이 과거 급제 뒤 본격적으로 관직활동을 시작한 세조 집권기의 정국 상황은 국왕 중심의 국정운영체제였다. 대간 언론이 억제되고, 공신을 비롯한 소수 대신들에게 의존하는 경향이 후반으로 갈수록 커졌는데, 원상제도라는 변칙적 기구 설치가 이를 대변한다. 이런 상황은 예종을 지나 성종 초기까지도 이어졌다. 그 뒤 홍문관이

65) 와그너, 〈정치사적 입장에서 본 이조 사화의 성격〉, 《역사학보》 85, 1980; 와그너, 〈이조 사림 문제에 관한 재검토〉, 《전북사학》 4, 1980.
66) 김범, 《조선전기의 왕권과 정국운영》, 고려대 박사논문, 2005.

설치되어 언관화되고, 대간과 함께 삼사를 이루면서 국왕과 대신들 사이에 마찰이 증폭되어 균형이 깨지기 시작했다.

이런 시기에 이극돈은 사헌부 집의로 활동하고 있었다.[67] 세조 13년 10월부터 14년 6월까지 사헌 집의로 활동하면서 두드러졌던 점은 홍윤성洪允成에 대한 탄핵이었다. 홍윤성의 비부婢夫 김돌산金乭山이 홍산에서 주인을 믿고 향곡을 짓밟으며 주민을 살해하는 등의 문제가 불거졌기 때문이다.[68] 세조 집권기에 1등 공신으로 재상의 반열에 올랐던 홍윤성은 세조가 무척 아끼는 신하 가운데 한 사람이었다. 그런데도 이극돈은 사헌부 지평으로서 직무를 다하기 위해 연일 상소를 올려 홍윤성 탄핵에 앞장서고 있었다.

이때는 주로 사간원 헌납 조간曹幹과 함께 탄핵을 주도하였으니, 이는 언론 양사가 대간 임무를 충실히 했다는 반증이기도 하다. 홍윤성에 대한 탄핵소를 비롯하여 전후 4~5차례 연속하여 이 사건을 해결하고자 강력한 언론활동을 벌이고 있었으며, 결국 관련자들을 직접 국문하는 일에 참여하기도 했다. 이리하여 김돌산은 능지처사되었고 관련자들도 모두 처벌받았는데, 홍산 현감까지 홍윤성을 두둔하고 그에게 아부했다는 이유로 죄를 입었다. 그러나 홍윤성만은 세조의 비호 아래 불문에 부쳐지고 말았다. 당시 이극돈의 홍윤성 탄핵이 너무나도 준엄하여 세조 자신도 두려워했다고 실토할 정도였으니,[69] 이극돈이 얼마나 대간 직무에 충실했었는지 알 수 있겠다. 당시 이극돈의 논리는 훈구대신이라 하여 국왕이 마음대로 면죄부를 줄 수 없다는 것이었는데,[70] 대간으로서는 당연한 주장이기도

67) 1984년에 새긴 廣原君諡翼平公墓碑文에는 이극돈이 사헌부 감찰과 사간원 정언을 역임했다고 했으나, 실록에서는 확인되지 않는다.

68) 《세조실록》 권45, 세조 14년 3월 3일 계해조.

69) 《세조실록》 권46, 세조 14년 4월 25일 갑인조.

했다.

성종이 즉위한 지 얼마 지나지 않아 이극돈은 사헌부 대사헌 신분으로 시국 전반에 관한 내용을 담은 장문의 상소를 올렸다.[71] 성종은 예종의 급작스런 죽음으로 12세의 어린 나이에 즉위한 군왕이었다. 한동안 수렴청정으로 국정운영이 이루어질 수밖에 없던 상황에서, 조정 신료로서 그리고 사헌부 대사헌으로서의 직임을 다하고자 올린 상소문이었다. 이 상소는 원문으로만 따져도 200자 원고지로 환산하면 약 30매에 이르는 분량이며, 이를 번역하면 약 80매 정도에 해당하는 매우 방대한 분량이다. 그 내용의 대강을 정리해서 살펴보면, 당시의 정치와 사회 및 경제 등에 관한 이극돈의 시국관을 이해하는 데 크게 도움이 될 수 있을 것으로 보인다.

1. 경연을 게을리 하지 않아야 성군으로 이를 수 있음. 특히 간쟁을 받아들이고 정당한 의논을 즐거이 받아들일 것.
1. 학교의 기본적인 기능을 되살리기 위해 참다운 선비를 잘 골라 교수 훈도로 파견해야 하며, 파견된 교수 요원을 잘 평가하고 관리할 것.
1. 작상爵賞은 인주人主의 큰 권한이니 예사로 행하지 말고, 요행의 문을 틀어막아 공평 정대하게 시행할 것.
1. 예禮·의義·염廉·치恥가 잘 베풀어질 수 있는 정책을 펴야 하며, 그러려면 충현忠賢을 포숭하고 후손을 써서 녹이 끊어지지 않게 할 것(정몽주·길재의 후손 녹용 등).
1. 수령을 신중히 가려 뽑아 백성들의 생활을 안정시켜야 하며, 외임을 거치지 않으면 승진을 하지 못하게 하는 등의 조치로 외임을 가볍게 여기

70) 《세조실록》 권42, 세조 13년 5월 14일 무인조.
71) 《성종실록》 권3, 성종 1년 2월 22일 신미조.

지 말 것.

1. 외방 군사를 다루는 문제, 특히 절도사와 처치사에 견주어 직급이 낮은 만호 선발에 신중을 기해 변방을 견고하게 대비할 것.
1. 관사 설치와 직분을 나누는 것을 엄정히 할 것. 특히 녹만 축내는 불요불급한 관직을 정비할 것.
1. 백성들을 허덕이게 하는 부역을 고르게 하고, 망전 망후 진상과 수시로 하는 별진상 외에는 일체 정파停罷할 것.
1. 국가 조운이 중하긴 하나 선군船軍이 동원되면 영진 군사력이 허소해지는 까닭에 사선私船으로 대체하여 백성들도 안정시킬 것.
1. 사명使命을 전달하는 우역郵驛의 쇠퇴를 막기 위해 긴절하지 않은 일로 역마를 타는 것을 엄금하고, 찰방 선택에 신중을 기하여 국가 대동맥의 활로를 뚫을 것.
1. 공금貢金(채취된 금을 공물로 납부)의 병폐가 심하여 백성을 병들게 하니, 무역으로 대치하여 항시 공물로 바치던 것을 영구히 없애 민생을 돌볼 것.
1. 옥송獄訟을 엄정히 하여 간위奸僞한 무리가 승소할 수 없도록 하여 백성들의 생활을 편안히 할 것.

성종은 이극돈이 올린 12항목의 상소를 접하자 조목조목 뽑은 사안에 대해 붓으로 동그라미를 쳐서 원상들에게 의논하고 그 결과를 아뢰게 하였다. 예의염치禮義廉恥에 대한 조목은 신숙주·최항·김국광이, 정몽주·길재의 자손 녹용에 대한 조목은 한명회·구치관·홍윤성·김질·윤자운·김국광이, 만호 선발에 관한 조목은 신숙주·한명회·구치관·최항이 의논하는 식으로 진행되었다. 국가 원로들이 모두 동원되어 상소문에 대한 처리 방향을 적극적으로 검토하였던 것이다.

대사헌 이극돈이 올린 시무 12개 조항과 함께 부수적인 또 다른 개혁 요구 사항들도 있었는데, "교관과 사장師長으로서 효과를 거둔 자는 차례에 구애되지 말고 발탁하여 쓸 것이며, 향학의 훈도와 교수는, 큰 고을의 경우는 급제와 출신을, 작은 고을의 경우는 나이 40이 된 생원·진사 가운데서 경經에 통하고 행실이 단정한 사람을 쓰되, 능력 여부를 살펴 관직을 제수하도록 하소서"라고 하였다.[72]

이상에서 본 바와 같이, 이극돈이 올린 시무책은 당시 국정 전반에 걸친 폭넓은 사안이었다. 게다가 조선조 건국 이후 관학파 집권세력들이 정력적으로 추진해 왔던 문물제도들이 조금씩 허물어져 가고 폐단이 일어나는 시점에서 지적된 것들이었다. 따라서 국가 원로들이 총동원되어 사안별로 검토하였으며, 향후 국정운영에 적극적으로 반영되었음은 물론이다. 이를 통해 이극돈이 대간의 수장으로서 임무를 다한 것으로 평가할 수 있겠다.

5. 이극돈에 대한 역사의 평가

개인에 대한 역사적 평가는 보는 시각에 따라 달라질 수 있다. 이미 알다시피 이극돈은 조선 초기 훈구와 사림세력의 갈등 구조에서 훈구세력을 대표하는 인물로 자리매김하였는데, 그가 죽은 뒤에는 사림세력이 집권하여 정권을 유지해 갔기에, 그에 대해서는 부정적인 면들이 부각될 수밖에 없었던 것도 사실이다.[73]

72) 《국조보감》 권15, 성종조 1, 1년(경인, 1470) 2월조.

73) 이극돈의 신도비나 묘비 같은 금석문들이 별로 남아 있지 않은 것도 이 같은 사실을 반영한 것으로 보인다.

우선 여기에서는 조선왕조실록에 등장하는 사론을 통하여 이극돈이란 인물에 대한 평가가 어떠했는지 살펴보고자 한다. 사론은 통상 '사신왈史臣曰'로 시작하여 특정 사안이나 인물에 대한 논평을 곁들인 것이다. 이러한 사평史評은 실록 본문이나 세주細註에서도 가끔 보이기도 하지만, 대체로 별행으로 처리하여 독립적인 문단 형태로 편집되어 있다. 이는 사관이나 실록 편찬자들의 주관적인 인식과 견해가 담긴 것이기 때문에, 실록 내용에서 핵심이라 할 수 있다.

초기 실록에서 사론이 별로 보이지 않다가 《세조실록》 이후 증가하는 추세는 사림정치의 발전과 관련을 맺는 것이기도 한데, 이는 사관들이 현실 의식을 차츰 과감하게 표현한 것이라는 점에서 주목되기도 한다. 실록을 편찬할 때 여러 자료들이 동원되지만, 그 가운데서도 가장 기본이 되는 자료는 시정기와 사초이다. 실록 구성요소의 하나인 사론은 주로 사관들이 작성한 사초를 중심으로 기록된다. 이때 사초라 함은 가장사초家藏史草를 말한다.

공적인 기록에 해당하는 시정기는 춘추관에 보관하였지만, 사관들의 사적인 가장사초는 본인이 보관하였다. 따라서 시정기보다는 특정 인물이나 사건에 대한 논평이 잘 드러날 수 있는데, 긍정적인 평을 한 것을 포론褒論, 부정적인 평을 한 것을 폄론貶論이라 한다. 사림이 중앙으로 진출하는 성종 9년 이후 사론의 수적 증가도 두드러지기 시작하였는데,[74] 이극돈이 사론에 등장하는 것은 《성종실록》에 5회 정도이다. 실제 이극돈의 정치적 비중이 연산군 대에 절정에 달했음에도 《연산군일기》에 그에 관한 사론이 거의 등장하지 않은 것은 무오사화 이후 작성된 사초들이 매우 부실했기 때문이다. 연산군

74) 차장섭, 〈조선전기의 史官; 職制 및 政治的 役割〉, 《경북사학》 6, 경북대학교 사학과, 1983; 차장섭, 〈조선전기 實錄의 史論〉, 《국사관논총》 32, 국사편찬위원회, 1992.

재임 시절 사관들이 날씨 기록만 적을 뿐 예민한 사항들을 모두 빼버렸던 상황이 이러한 사실을 잘 보여준다 하겠다.75)

우선 《성종실록》에 나타난 이극돈 인물평을 보면, 긍정적인 평가를 한 포론이 2회, 부정적 평가를 한 폄론이 3회 정도로 나타난다. 예컨대, 성종 23년 1월 이극돈이 숭정대부로 승진하여 경상도관찰사로 파견되었던 기사 아래에는 다음과 같은 사론이 실려 있다.

> 사신이 논평하기를, "이극돈의 사람됨은 상세詳細하고 분명하며 정밀함이 그 형제보다 월등하여 비록 이극배라 할지라도 무릇 난처한 일을 만나면 반드시 이극돈에게 물었다. 아우 이극균이 정헌대부가 되고 조카 이세좌가 가정대부가 되었어도 이극돈이 오랫동안 가선대부에 침체되어 있었는데, 성상께서 그 재능을 다 아시고 자헌대부 한성부 판윤에 발탁해 제수하셨고, 이에 이르러 다시 숭정대부로 품계를 뛰어넘어 제배하여 이극균의 윗자리에 나아가도록 하니, 모든 사람의 기대에 만족되어 이를 헐뜯는 말이 없었다" 하였다.76)

이처럼 이극돈에 대해 매우 긍적적인 논평이 있는 반면, 부정적인 폄론도 있어 대조를 이룬다. 예컨대, 영안도관찰사 시절 이극돈은 "삼수군에서 잡힌 흰 노루가 있어 매우 상서로운 일이었으나, 성상께서 듣기를 싫어하시는 바이므로 감히 올리지 아니하였다"는 보고를 올린 적이 있다. 이때 사신은, "이극돈이 본시 교활하고 사특한 데에 노력한 자이므로, 그 치계馳啓하는 말이 이와 같았다"라고 한

---

75) 중종 시기 척신 김안로가 사론에 등장하는 횟수는 60회 정도이고, 이기 또한 55회에 달한다는 점을 감안하면, 연산군 시절 사관들의 활동을 짐작할 수 있을 것이다.
76) 《성종실록》 권261, 성종 23년 1월 22일 계사조.

것이 그것이다.[77]

그리고 이극돈이 전라도진휼사로 파견되어 현황을 보고한 내용 아래에는 "이극돈은 비록 임금이 명령하는 일에 근실하기는 하였으나, 항상 변명을 하여 자신의 과실을 힘써 숨기려 하였다. 지금 이처럼 치계한 것도 말을 쉽게 한 것이다. 이때에 기근을 당하여 뭇사람이 고개를 쳐들고 모두 관아를 바라보았는데, 한정된 곡식을 가지고 기근이 든 백성을 두루 구제하여야 하였으니, 이는 능히 하기 어려웠다. 관리가 된 자는 사자使者의 행차를 살피고 있다가 먼저 마을을 순시하여, 여위고 곤궁한 자를 보게 되면 구차스럽게 무양撫養하여 명예를 바랐으며, 거의 죽게 된 자를 만나면 궁벽한 골짜기에 내다버려 형적을 없애 그 책임을 회피하였다. 이극돈이 비록 이질다 한들, 어찌 능히 그 늙어서 몸이 쇠약해진 사람을 다 살릴 수 있었겠는가?"라는 사론을 싣고 있다.[78] 구황과 진휼에 큰 문제가 없음을 보고한 내용에 대한 폄론이었다.

또한 성종이 중국어 공부에 몰두하자, 이극돈은 대사헌 책무를 다하기 위해 "한어는 기예이기 때문에 정사를 펼침에는 도움이 되지 않습니다"라고 간한 적이 있었다. 이에 성종이 여러 대간을 모아 시비를 가린 적이 있었는데, 대간들이 정사에 지장이 없음을 아뢰었다. 이로 말미암아 이극돈은 사직을 청하였으나, 모름지기 대간은 마음에 품고 있는 말을 다 해야 한다 하여 사직은 받아들여지지 않았다. 그 내용 아래에 실린 이극돈 인물 논평은 다음과 같다.

사신이 논평하기를, "대간은 한어漢語가 정사에 무익함을 모르지 않을 텐

77) 《성종실록》 권132, 성종 12년 8월 26일 무진조.
78) 《성종실록》 권188, 성종 17년 2월 19일 을미조.

데도 정사에 손해될 것이 없다고 말한 것은 앞서 그 잘못을 간하지 않았기 때문에 이같이 대답한 것이다. 이극돈이 '너무 전념하면 본래의 뜻을 잃는다' 한 것도 옳은 말인데, 돌이켜서 스스로 위축되고 망언이라 하여 굽힌 것은 또 어째서인가? 그 마음의 확고하지 못함을 알 수 있다" 하였다.[79)]

이토록 실록에 실린 한 개인의 평론에 대한 사론은 엄정하면서도 무서운 것이다. 《성종실록》은 영의정 신승선과 우의정 성준이 총재관이 되고, 지관사知館事 이극돈과 동지관사 안침 등 15명이 실록청 당상 임무를 다하여 편찬된 것이다. 이런 과정에서도 이극돈에 대한 부정적인 폄론이 우세하게 들어갔다는 것은 당시 실록의 공정성을 보증하는 것이기도 하다.

그리고 성종 25년에 대마도경차관 권주가 이극돈의 아들 이세륜을 그의 군관으로 삼은 적이 있는데,

사신은 논한다. 이세륜은 이극돈의 아들이다. 이극돈이 앞서 병조판서로 있을 때 성준을 영안도절도사로 천거하였는데, 성준은 이극돈의 아들 이세경을 막객으로 삼은 바 있더니, 지금은 이조판서가 되어 권주를 천거하여 대마도경차관이 되었으므로, 권주는 그 아들 이세륜을 군관으로 삼은 것인데, 이극돈이 남에게 말하기를, '내가 재차 남의 중상 입는 바가 되겠다' 하였다.[80)]

라는 식으로 긍정적인 면을 은근히 부각한 포론도 함께 실려 있기도 하다. 그런데 《연산군일기》에 실려 있는 그의 졸기 기사의 인물평을

79) 《성종실록》 권132, 성종 12년 8월 26일 무진조.
80) 《성종실록》 권287, 성종 25년 2월 14일 계유조.

보면, 무오사화를 일으킨 장본인으로 지목하는 등 폄론으로 나타나 있다.

……사물을 처리하는 재간이 있었고, 관리의 행정을 환하게 습득했으며, 옛일을 익숙하게 알고 모든 일을 자세히 생각하여, 이르는 곳마다 업적이 있어서 한때의 추앙한 바가 되었지만, 도량이 협소하고 성격이 또한 너무 까다로워 털끝만 한 일도 파고 들었다. 일찍이 《성종실록》을 수찬하면서 김일손이 자기의 악행을 쓴 것을 보고 깊이 원망을 품고 있다가 선왕의 일에 결부해서 유자광을 사주하여 이를 고발하게 했다. 이로 인하여 사류를 죽이고 귀양 보내기를 매우 혹독하게 했다. 그리하여 그때 사람들이 무오사화는 이극돈이 수악首惡이라고 말했다.[81]

이 줄기에 나타난 인물평은 무오사화와 이극돈에 대한 중종 치세 초반기의 인식 수준을 잘 반영한 것이다. 이에 견주어 훗날 선비들이 가진 무오사화에 대한 인식은 좀더 폭이 넓어지는 것 같다. 기묘년의 옥사가 모두들 남곤·심정이 일으킨 것으로 알지만, 실상은 김전金銓에게서 이루어진 것이며, 무오사화 또한 이극돈·유자광에게서 나온 것으로 알지만, 그보다는 윤필상이 일으켰다는 것이다. 즉, 윤필상의 사소한 감정으로 이목李穆을 죽이려고 무오년의 옥사를 크게 일으켜 당시의 선비들이 모두 죽음을 당했다는 것이다.[82]

결국 무오사화는 유자광의 그칠 줄 모르는 출세욕과[83] 윤필상과

81) 《연산군일기》 권48, 연산군 9년 2월 갑자조.
82) 金時讓 撰, 《涪溪記聞》; 《연려실기술》 권6, 成宗朝故事本末 성종조 상신 윤필상 편.
83) 남곤, 〈유자광전〉, 《동각잡기》에 따르면, 유자광이 의도적으로 이극돈에게 접근했던 것으로 평가하고 있다. 따라서 이때 이극돈의 조정에서의 위치는 곧 유자광의 출세욕을 채워줄 대상자였던 것으로 묘사되기도 한다(《중종실록》 권2, 중종 2년 4월

이극돈 등 원로대신들의 구습과 악폐 등이 원인이었지만, 신진 세력의 급진적 요구사항들이 한꺼번에 분출하여 이를 받아들일 토대조차 마련되지 못한 데 있었다. 중종반정 후《연산군일기》편찬을 위해 일기청이 설치되자, 무오사화 발단에 대한 문제가 새롭게 제기되었다. 당시 사정을 알 만한 대신들과 관련자들은 이미 죽고 없었기에 유자광 진술에 의존할 수밖에 없었다. 여러 차례 유자광을 문초하는 과정에서 사초에 대한 최초 누설자가 허침이 아니라 이극돈이었음이 밝혀졌다.[84)]

이어 사림들이 정계를 이어가면서 훈구세력들은 지속적인 개혁 대상으로 지탄받게 되었고, 이와 더불어 이극돈도 사화의 주모자로 낙인찍혀 사림의 배척을 받았다. 이는 선과 악이라는 단순한 이분법적 도덕률로 당시 상황을 재단한 측면도 없지는 않았지만, 시간이 흐름에 따라 훈구세력에 대한 부정적인 시각은 점차 고착되어 갔다.[85)] 그 결과 무오사화를 훈구와 사림의 단순한 이분법적 구도로 이해하려는 분위기는 지금까지 지속되었다.

그러나 그보다는 당시 대신과 삼사라는 본원적인 직능과 기능 차이 때문에 사화가 야기되었다는 측면도 결코 무시할 수 없으며, 그것은 곧 보수성과 급진성으로 연결되기도 한다. 다시 말해 현실적인 입장에 서기 쉬운 대신과 원칙론을 고수하려는 삼사 기능의 본원적 차이로 발생된 것이 무오사화였으며, 이극돈의 생애를 놓고 볼 때도

병신조).

84)《중종실록》권4, 중종 2년 9월 신유조.

85)《연려실기술》권6, 燕山朝故事本末, 戊午黨籍, 金宗直 篇에서 "李承健이 한림으로 있으면서 사초에 쓰기를, "남인(영남인)들이 서로 추어올려 선생은 제자들을 칭찬하고 제자들은 선생을 칭송하여 일당을 지었다"고 하였는데, 그 뒤에 이극돈이 승건의 사초를 보고 매양 직필이라고 일컬었다"고 한 바와 같이, 사림세력에 대한 이극돈의 반감을 자주 언급한 것도 그러한 사례의 하나이다.

삼사 관원으로서의 역할과 대신으로서의 역할을 구분지어 볼 필요도 있다.

■ 참고문헌

《대동야승》《신증동국여지승람》《해동명신록》《국조보감》《涪溪記聞》《동각잡기》《연려실기술》《국조문과방목》《조선왕조실록》

김 범,《조선전기의 왕권과 정국운영》, 고려대 박사논문, 2005.
박홍갑,《조선시대 문음제도 연구》, 탐구당, 1994.
이병휴,《조선전기 기호 사림파 연구》, 일조각, 1984.
이수건,《한국중세사회사 연구》, 일조각, 1984.

김근수,〈獨島問題 三官記〉,《한국학》32, 영신아카데미 한국학연구소, 1985.
박홍갑,〈중종조 충주사림의 진출과 활동〉,《사학연구》55·56합집, 1998.
_____,〈조선 명종조 忠州獄의 전개와 충주사림〉,《조선시대사학보》17, 조선시대사학회, 2001.
_____,〈16세기 전반기 정국 추이와 충주사림의 피화–광주이씨 克堪系를 중심으로–〉,《사학연구》79, 한국사학회, 2005.
유봉영,〈왕조실록에 나타난 이조전기의 야인〉,《백산학보》14, 1973.
이태진,〈15세기 후반기의 '鉅族'과 名族意識〉,《한국사론》3, 서울대 국사학과, 1976.
임영정,〈조선시대 遠海島嶼에 대한 인식; 蓼島·三峰島·可支島說을 중심으로〉,《소헌남도영박사고희기념 역사학논총》, 1993.
장학근,〈세종·성종 연간의 新島 搜探政策〉,《해사논문집》, 1988.
차장섭,〈조선전기의 史官; 직제 및 정치적 역할〉,《경북사학》6, 경북대학교 사학과, 1983.
_____,〈조선전기 실록의 史論〉,《국사관논총》32, 국사편찬위원회, 1992.
한춘순,〈명종대 을사사화 연구〉,《인문학연구》2, 경희대인문학연구소, 1998.

와그너, 〈정치사적 입장에서 본 이조 사화의 성격〉, 《역사학보》 85, 1980.
______, 〈이조 사림 문제에 관한 재검토〉, 《전북사학》 4, 1980.
Milan Hejtmanek, 〈미지로의 항해: 15세기 한국의 삼봉도로의 항해〉, 《대동문화연구》 56, 2006.
周藤吉之, 〈麗末鮮初に於ける農場に就いて〉, 《青丘學叢》 17, 1934.

조선 전기 사림-훈구 갈등과 사림 이데올로기의 정치적 정당화

-광원군 이극돈의 사례를 중심으로-

박 병 련
한국학중앙연구원 한국학대학원 교수

1. 사림 이데올로기의 대두

이극돈李克墩은 우리 역사에서 '사림 참살'의 계기를 제공한 인물로 평가되어, 지금까지 그에 관한 학계의 외면은 당연한 것으로 여겨져 왔다. 따라서 굳이 비난의 위험을 무릅쓰고 여러 사람들이 공유하고 있는 '역사적 증오'의 '틀'에 도전할 필요성을 느끼지 않기 때문에 '이극돈'에 관한 객관적 연구는 무의식적으로 거부되어 온 것이 현실이다.

더구나 사림세력이 조선의 정국을 장악한 뒤로 이데올로기화한 '사림의 정치노선'은 법적 죄인은 아니었던 이극돈을 도덕적 죄인으로 낙인찍어 '역사의 감옥'에 수감시켰고, 아직도 그 '복권'은 요원한 것으로 보이기도 한다. 따라서 이극돈은 지금까지 '역사의 감옥'에 수감된 '수인囚人'으로 남아 있으며 고발하는 쪽의 '자료와 증거'만이 널리 인정되어 왔고 재생산되었다.

좋은 의미이든 나쁜 의미이든 역사적으로 중요한 인물에 대해서는 기존의 평가나 구실에 대해 '반례反例'나 '반론反論'을 구성해 보는 것이 해당 인물과 해당 시대의 역사를 더 깊이 인식하는 데 도움을 주는 것은 당연하다. 그러나 그렇다고 하여 신빙성 있는 자료에 근거하지 않고서 역사적 상상력에 지나치게 의존하는 것은 문제의 본질을 호도하거나 왜곡하게 된다.

이극돈에 관한 선행연구는 찾기 어려우며, 그의 일상의 정신세계를 가늠할 수 있는 시문 등도 거의 남아 있지 않기 때문에 그에 관해 종합적으로 연구하기는 매우 어려운 상황이다. 다만 조선조 성종-연산 시대의 최고 정책결정 과정에서 가감없이 나타나는 그의 언론과 타인의 평가와 언급 등은 조선왕조실록에 생생한 육성으로 남아 있기 때문에, 과거를 더듬어 살펴보는 기초자료로는 그나마 풍부한 편이다.

'영웅'과 '역적'은 역사적 평가의 결과이기도 하고, 시대 상황의 산물이기도 하다. 그럼에도, 다양한 역사 소비의 방식에서 '사림士林'만큼 적극적으로 소비되고 '정의'의 위치에서 강조된 것은 없다. 그들은 조선의 역사 과정에서 '선善'을 담보하는 세력이며, 그들의 정치적 의도가 성공하지 못한 것을 애통해 하는 '공분'의 관념이 조선 시기를 관통하고 있다.

반대로, 세조정권을 탄생시키는 데 이바지한 이른바 '훈구勳舊'는 부패와 탐욕으로 물든 '척결'의 대상이었고 '부도덕'의 상징으로 자리매김하였다. 이런 사림과 훈구의 갈등 과정에서 수많은 '역적'과 '간신', '군자'와 '소인'이 만들어졌고, 그 가운데서도 '역적'으로 몰아 살육하는 것은 훈구의 전유물이었고, 명교名教를 위반한 '소인'이나 '간신'으로 '낙인찍기'는 사림의 전유물이었다.

"대저 자신이 요순이 아니면 과실이 없을 수 없고, 제왕이 사람을 기용하면서 사람에게 모든 능력이 구비되어 있기를 구하지 말아야 합니다"1)라고 한 노성한 대신들의 견해는 '경전'에서 제시되는 엄격한 잣대에 의해 공격되었다.

노 대신들의 이러한 견해는 조선 전기의 정치적 분위기를 반영하는 것으로, 이 시기에는 작은 단점이나 허물을 들추어내어 더 큰 유용한 재능을 묻어버리는 일은 '잘못된 인사'라는 정서가 자리 잡고 있었다. 이것은 태조 이래로 세조에 이르기까지의 인사법이었다.

이극돈이 사헌부 집의가 되어, 유양춘柳陽春이란 인물의 도덕적 흠을 들어 시험에 나가는 자격을 박탈하자고 건의하자 세조는 다음과 같은 이유로 거절하고 있다.

> 옛날에 진평陳平은 어떤 도적이 형수에게 금 누만累萬을 준 것이 있었는데도 고제高帝가 버리지 않았으니, 인주人主가 사람을 쓰는데 어찌 단점 때문에 장점을 버리겠느냐?2)

즉, 세조는 정치나 행정의 영역에 도덕의 잣대를 무제한적으로 적용하는 것에 대한 반대 입장을 보이면서, 유능한 인재가 도덕적 명분론에 치우쳐 국사를 재단해서는 안 된다고 교육하고 있다. 이와 함께 세조는 문관이라 할지라도 국가의 행정적 실무에 능통할 것을 요구하였고, 문관들에게 이문吏文에 능숙할 것을 요구하고 활 만드는 법을 논하게 하는 것 등에서 그 뜻을 엿볼 수 있다.

공자와 맹자는 정치의 궁극적 목표를 '백성의 인간다운 삶'의 보

1) 《成宗實錄》 권252, 성종 22년 4월 29일 갑술.
2) 《世祖實錄》 권45, 세조 14년 2월 28일 기미.

장에 두고, 인간적 삶을 위한 '경제적 토대〔恒産〕'를 강조하였다. 조선 전기의 훈구들은 백성의 삶의 현장과 직결되는 실무에 밝은 것이 한 가지 특징이었다. 이것은 정도전 이래의 학풍으로, 고려조의 정치적·행정적 폐해에 대한 깊은 반성이 녹아나 있었던 것이다.

그러나 고려조의 폐해를 피부로 느끼지 않은 신진의 선비들은 백성이 살아가는 현장의 문제와는 거리가 있는 '명분' 중심으로 정치행정적인 '이슈'의 전환을 시도하였는데,[3] 이것이 권력투쟁과 연계되면서 정국의 소용돌이를 초래하게 되었던 것이다.

뒷날 이극돈이 '악명'을 얻게 된 김일손의 '사초史草' 사건은 대간과 대신 사이의 정치관의 차이를 극적으로 드러내는 것이었다. 영응대군 부인이 승려 학조와 간통했다는 풍문을 사초에 싣는다든가, 김종직의 '조의제문弔義帝文'이나 '술주시述酒詩'는 그 나름의 유교적 보편가치를 담고 있는 내용임에도 세조의 정치적 행위라는 맥락으로 옮겨놓는 김일손의 판단은 당시 신진사림의 역사관과 정치관을 대표하였던 것으로 보아도 무리가 없다.

이러한 행위가 정당화될 수 있었던 것은 포은 정몽주를 '충신'으로 높이는 '절의론'이 사림의 정신가치를 지배했기 때문이며, 포은의 행위가 정당했다는 사고방식을 세대를 거듭하면서 확대재생산한 조선 사림의 특이한 멘탈리티의 귀결이었다. 그러나 이것은 정치적 시각에서 볼 때, 조선 개국의 정당화 논리의 핵심이라 할 수 있는 '백성을 고통스럽게 하는 고려 말의 권문세족 중심의 정치가 목숨으로써 지켜야만 할 가치가 있었는가?' 하는 반론을 부정하는 것이며, 조

3) 토지사유화의 진행과 관인지배층의 토지겸병, 공신전의 남발 등으로 신진사류의 경제적 기반까지 위협당했다고 보아, 그것을 훈구-사림 대립의 주요한 원인으로 보는 견해도 있지만, 영남사림파에 한정해서 볼 때 그들의 토지점유도 상당한 수준에 있었음이 이수건 교수 등의 연구에서 밝혀지고 있다.

선 개국의 정당성을 부정하는 논리가 암암리에 깔려 있는 것이다.

김일손 또한, 세조가 어린 단종의 정치적 무능을 대신하여 고통받는 백성에게 어떤 선정을 베풀었느냐에 입각한 평가적 관점을 결여한 역사관을 갖고 있었는데, 이것은 이후의 사림정치의 기본정신인 '정치영역에 대한 도덕(유교)의 지배'라는 사고방식의 원형을 드러내어 보이는 것이었다.

즉, 조선 사림의 역사관은 현실 정치의 영역에 도덕을 지나치게 개입시켜 바라봄으로써, '민생을 위한 사공事功'을 기초로 하는 조선왕조 자체의 정당화 논리와 충돌할 수밖에 없었고, 왕조 개국의 정당화 논리에 따라 국방·외교·예법 등의 영역에서 '시의時宜에 따른 권도權道'의 사용도 마다 않는 대신 집단과, '유교적 원칙에 입각한 경도經道'를 따를 것을 주장하는 소위 신진사림들 사이에는 사상적 갈등이 유발될 수밖에 없었다.

성종-연산조는 바로 이러한 사상적 갈등이 촉발되는 시점에 있었고, 이러한 갈등을 융화하며 잘 관리해 내었던 성종과 달리, 연산군은 그러한 갈등구조에 스스로 뛰어들어 갈등을 증폭시켰던 것이다.

2. 성종-연산 시대의 정국: '대신'과 '대간'의 갈등

성종 시대는 창업과 수성 초기의 정치적 긴장과 갈등이 어느 정도 해소되고, 왕권과 민심이 상당히 안정된 시기라고 할 수 있다. 그러나 명철한 성종은 자기를 옹립한 기성 세력을 견제할 필요를 느꼈고, 조정에 새로운 인재들을 수혈하고자 하여, 신진 기예한 젊은 관료들을 대거 대간직에 포진시켰다. 그들은 성리학적 도덕률을 잣대로 기성 세력을 비판하기 시작했는데, 이것은 조선 정치에 새바람을 불러일으킴과 동시에 급진적 정치개혁을 요구하는 토양을 제공했다. 이러한 시기에 대표적 훈구 가문에 속하면서도 상당한 학문적 소양과 행정 능력을 갖추었던 이극돈이 훈구-사림 대립구도의 최전선에 서게 되는 것은 불가피한 일이었다.

이극돈은 국방, 외교 및 예법 등에서 타의 추종을 불허할 정도의 전문지식을 갖고 있었는데, 그가 내놓은 방책은 추상적이지 않으며, 실제의 정황과 자료에 근거하여 나름의 해결책을 제시하는 것이었으므로, 성종의 정책 결정에 중요한 영향을 미쳤다. 그는 조선 전기의 학문경향을 계승하여, 성리학은 물론 역사서와 시문집 등 사람의 일상과 관련된 학문에 대해서도 열린 태도를 취했다. 여기서 그가 '명교名教를 중시하는' 사림세력과 세상과 정치를 보는 '눈'의 차이를 일정 부분 나타내고 있었음을 알 수 있다.

> 삼가 듣건대, 지난 번 이극돈이 경상감사가 되고, 이종준이 도사가 되었을 때 《유양잡조酉陽雜俎》·《당송시화唐宋詩話》·《유산악부遺山樂府》·《파한집破閑集》·《보한집補閑集》·《태평통재太平通載》 등의 책을 간행하여 바치니, 내부에 간직하도록 명하셨습니다. 그리고 다시 《파한집》·《보한집》 등의 책을 내려 신 등으로 하여금 역대의 연호와 인물의 출처를 대략 주해하여 바치게 하셨습니다. 그러나 신 등은 제왕의 학문은 마땅히 경사經史에 마음을 두어 수신제가하고 치국평천하하는 요점과 치란과 득실의 자취를 강구할 뿐이고, 이외에는 모두 치도하는 데 무익하고 성학에 방해됨이 있다고 생각합니다. 그런데 이극돈 등이 어찌 《유양잡조》와 《당송시화》 등의 책이 괴탄하고 불경한 말과 부화하고 희롱하는 말로 되었음을 알지 못하고 진상하는 것입니까? 이는 전하께서 시학에 유의하심을 알고 그 의중을 맞춘 것

입니다. 인주가 숭상하는 바는 이를 따르는 자들이 많으니 이극돈이 오히려 그러한데……청컨대 위의 여러 책을 외방에 내보내게 하여, 성상께서 심성을 기르는 공력에 보탬이 되게 하시고, 인신들이 아첨하는 길을 막게 하소서.[4]

이에 대해 이극돈은 다음과 같이 지적하였다.

유향劉向의 《설원신서雪苑新序》는 문예에 관계되는 바가 있을 뿐 아니라 제왕의 치도治道에도 관계되며, 《유양잡조》가 비록 불경한 말이 섞여 있다 해도 널리 보는 사람들은 마땅히 섭렵하는 바이므로 신이 간행하게 하였습니다.……어떤 책이 시학에 관계되기에 신을 지적하여 '전하의 의중'을 맞힌 것이라 하는 것입니까? 그리고 신은 이미 성상의 은혜를 극진히 입었는데 무슨 다른 것을 바라서 감히 아첨하여 바쳤겠습니까?……[5]

이러한 논란에 대하여 성종은 "인군이 이런 책들을 보는 것이 마땅치 않다고 한다면, 단지 (인군은) **경서만 읽어야 마땅하다는 것인가? 이극돈은 이치를 아는 대신**인데, 어떻게 그 불가함을 알면서도 그렇게 하였겠는가?", "오늘날의 풍속은 옛날과 크게 달라 **허물이 없는 데에서 허물을 찾고, 말이 없는 데에서 말을 만드니**, 이는 모두 내가 밝지 못하고, 신의가 없는 소치이다"라는 말로 홍문관 관원들에 대해 불만을 나타내었다.

이 시기의 젊은 대간들은 성리학적 논리를 앞세워 대신들을 공격하는 것이 점점 심화되고, 그 언사도 '심각한 명예훼손'에 해당될 정

4) 《成宗實錄》 권285, 성종 24년 12월 28일 무자.
5) 《成宗實錄》 권285, 성종 24년 12월 29일 기축.

도로 극렬해져 갔다. 결정적인 충돌은 성종이 주도한 여진 정벌 문제에서 일어났다. 윤필상, 이극배, 허종, 이극돈, 이계동 등의 대신들이 찬성한 반면, 신종호, 권경우, 민사건, 박한주, 이예견, 최관, 권인손, 이자건, 강삼, 장순손 등 대간직에 있던 인물들은 한사코 반대했다. 당시 유학의 종장으로 명망이 높았던 어세겸은 이러한 대간들의 언론활동이 '국가를 위태롭게 하는 습관'[6)]이 될 것을 우려하였다.

대간들은 '온 나라 사람들이 모두 알고 있으니',[7)] '그는 물망物望이 없는 사람이니'와 같은 주관적 언어로, 자기들과 견해가 다른 인물들에게 자신들의 '믿음'의 입장에서 인격적 공격을 주저하지 않았다.

성종은 대간들에게 "과실을 명확히 지적하여 말한다면 옳겠지만, 범연히 물망이 없다고 말한다면 잘못이다"[8)]라고 하면서, 구체적 증거에 바탕을 둔 탄핵을 주문할 정도였다.

이극돈은 이러한 논쟁 풍토에 대해서 아쉬움을 토로하였다.

> 국가의 일은 갑이 옳다고 하면 을은 그러하지 않다고 하여 서로가 바로잡아 이루게 되는 것이니, 혹은 말하기도 하고 잠잠히 있기도 하는 것은 또한 각기 그 소견에 따라 할 뿐으로, 각기 자기 의견을 고집하여 서로가 시비를 할 필요는 없다.[9)]

성종은 대간들의 대신 공격을 적절히 조정해가면서 대신들을 견제하고 잘 활용했다. 그러나 연산군이 즉위하자 대간들의 대신 공격 수위는 차츰 높아져 갔다. 심지어는 겨울에 우레가 울리는 일이 있

6) 《成宗實錄》 권254, 성종 22년 6월 3일 무신.
7) 《成宗實錄》 권252, 성종 22년 4월 29일 갑술.
8) 《成宗實錄》 권286, 성종 25년 1월 11일 신축.
9) 《成宗實錄》 권254, 성종 22년 6월 3일 무신.

자 대간들이 **'삼공三公이 사람 같지 않아서[不人]'**[10] 그런 천변이 있는 것이라는 극단적인 공격도 서슴지 않았다. 이러한 공격에 대하여 좌의정 어세겸, 우의정 한치형은 물론 좌찬성 이극돈, 우찬성 성준도 사면을 요청하고, 연산군은 "인군을 가볍게 보고 대간을 두려워하는 것이니 대신의 체모가 아니다"[11]라며 반려하고 있다.

이처럼 신진의 대간이 대신들을 두고 '사람 같지 않다[不人]' 또는 '죽반승粥飯僧과 같다', '성은을 탐내서 상례를 따라 자리를 훔친 야비한 자'라는 극단적 용어를 동원하면서 공격하는 지경에 이르러서는 대신 집단(한치형, 어세겸, 이극돈, 성준, 유지, 윤효손, 정문형 등)과 대간 집단의 갈등이 이미 조화될 수 있는 국면을 벗어나 있었던 것이다.

3. 당대 평가의 이중성: '양신良臣' 이극돈과 '간신奸臣' 이극돈

이극돈은 후대에 씌어진 역사기록에서는 대부분 희대의 '악인'으로 기술되어 있다. 그가 간신이었다는 기록은 사실 '사사누설史事漏泄' 혐의가 집중된 뒤에도 나타나지만, 그가 시관이 되었을 때 장원으로 판정된 김일손을 '정식'에 맞지 않는 문장을 사용했다는 이유로 2등으로 한 것과, 또 김일손이 이조와 병조의 요직에 천거될 때 그대로 따르지 않았던 것 등에서 신진 관료들과 반목하였다는 사실이 집중적으로 나타난다.

그러나 그가 당대에 찾아보기 어려운 뛰어난 인재였음은 조선왕

10) 《燕山君日記》 권21, 연산군 3년 1월 25일 정묘.
11) 《燕山君日記》 권21, 연산군 3년 1월 27일 기사.

조실록 곳곳에서 그대로 드러난다. 그는 국방, 외교, 내치內治에서 능력을 발휘했을 뿐 아니라, 백성의 편에 서서 행정을 생각하는 사람이었고, 형벌에도 관대한 입장을 취하는 사람이었다. 무엇보다도 그는 조선조의 문관들에게서는 보기 드문 '행정의 달인'이었다. 그 부분만은 정치적 반대편에 있는 사람들도 인정하는 바였다.

> ……**사물을 처리하는 재간이 있었고, 관리의 행정을 환하게 습득했으며, 옛일을 익숙하게 알고 모든 일을 자세히 생각하여, 이르는 곳마다 업적이 있어서 한때의 추앙한 바가 되었지만**, 도량이 협소하고 성격이 또한 너무 까다로워 털끝만 한 일도 파고들었다. 일찍이 《성종실록》을 수찬하면서 김일손이 자기의 악행을 쓴 것을 보고 깊이 원망을 품고 있다가 선왕의 일에 결부해서 유자광을 사주하여 이를 고발하게 했다. 이로 말미암아 사류를 죽이고 귀양 보내기를 매우 혹독하게 했다.[12] 그리하여 그때 사람들이 무오사화에는 이극돈이 수악首惡이라고 말했다.[13]

중종반정의 원훈인 박원종은 '사사누설'의 혐의로 이극돈이 집중공격을 받고 있을 때도 "성종께서는 관작을 중히 여기시고 아껴서 일찍이 헛되게 베풀지 않으셨으니, 박건朴楗, 이극돈은 모두 쓸 만한 사람이었으되, 당시 사람들이 철가선鐵嘉善이라 한 것은 그 진급이 오래된 것을 말한 것이었습니다"[14] 할 정도로 그는 실무에 밝았으며, 보기 드물게 '근거'를 가지고 헌책獻策을 하는 경우가 많아서, 성

12) 이 부분은 사실과 위배된다. 사류를 귀양보내고 죽이는 일은 유자광이 주도했고, 무오사화의 과정에서 이극돈은 연산군의 의심을 받아 탈권상태에 있었고 결국 파직되고 있다.

13) 《燕山君日記》 권48, 연산군 9년 2월 27일, 광원군 이극돈 졸기.

14) 《中宗實錄》 권8, 중종 4년 6월 17일 정축.

종은 그의 의견을 많이 참작하였다.

또한 이극돈은 '문학이 있는 자'15)로 널리 알려져 있었으며, 심하게는 초기 사림파의 중진으로 알려져 있는 홍귀달洪貴達도 **"이극돈, 어세겸은 큰 일을 맡길 만한"**16) 인물로 평가하고 있었고, 정성근鄭誠謹은 "지금 허종許琮을 이조판서로, 이극돈을 판윤으로, 최응현을 참의로 임용하니……사람들이 모두 인재의 임용이 합당함에 감복"17)하고 있다고 하였다.

사신은 이와 같은 이극돈에 대한 평가를 다음과 같이 요약하여 기록하고 있다.

> 이극돈의 사람됨은 상세하고 분명하며, 정밀함이 그 형제들보다 월등하여 비록 이극배라 할지라도 무릇 난처한 일을 만나면 반드시 이극돈에게 물었다. 아우 이극균이 정헌대부가 되고 조카 이세좌가 가정대부가 되었어도, 이극돈이 오랫동안 가선대부에 침체되어 있었는데 성상께서 그 재능을 다 아시고 자헌대부 한성부 판윤에 발탁해 제수하셨고, 이에 이르러 다시 숭정대부로 품계를 뛰어넘어 제수하여 이극균의 윗자리에 나가도록 하니 모든 사람의 기대에 만족되어 이를 헐뜯는 말이 없었다.18)

이극돈은 이미 세조의 눈에 띄어 한훈漢訓과 이문吏文을 익히는 그룹에 선정19)되기도 하고, 여러 동료들과 함께 세조 앞에서 경서를 강20)하기도 하였으며, '학술이 있는 자'21)로 이파, 이영은, 김수녕,

---

15) 《成宗實錄》 권88, 성종 9년 1월 20일 계미.
16) 《成宗實錄》 권101, 성종 10년 2월 10일 정유.
17) 《成宗實錄》 권206, 성종 18년 8월 6일 계유.
18) 《成宗實錄》 권261, 성종 23년 1월 22일 계사.
19) 《世祖實錄》 권12, 세조 4년 5월 22일 무신.

박건, 어세겸, 김종직, 허종, 이맹현, 유문통 등과 함께 선발되기도 하였다. 세조는 이극돈에 대해 큰 기대를 걸었다. 왕세자와 내종친, 좌의정 권람, 우의정 한명회, 운성부원군 박종우, 형조판서 박원형, 병조판서 윤자운, 공조판서 심결, 중추원사 최항, 윤사흔, 행상호군 김말, 밀산군 박중손, 중추원부사 어효첨, 한계희, 광성군 이극감 등이 입시한 자리에 호군 윤필상과 직강 이극돈을 불러서 입시하게 한 것[22]뿐 아니라 사적인 술자리에 부르는 경우[23]가 있었던 것에서도 충분히 짐작할 수 있다. 그는 그러한 기대에 부응하여, 사헌부 집의에 임명된 뒤 새로 만든 형전刑典, 호전戶典의 교정 작업에 투입되어 잘못된 곳을 많이 찾아냄으로써 유능함을 보여 은상으로 표피를 받기도 하고,[24] 당대의 권신인 홍윤성의 비리를 탄핵하는 데도 활약하여 관계와 학계의 촉망을 받았다.

그는 보기 드문 균형감각을 갖추고 있었는데, 정책의 목표를 '안민安民'에 두고 구체적 시책으로 백성의 삶을 보살피려 한 유능한 관리였다. "수세收稅는 백성을 편안하게 하는 것이 제일이며, 그 옳은 방법을 얻으면 백성을 편안하게 할 수 있다",[25] "백성들에게 한 푼을 너그럽게 하면 백성들이 한푼의 혜택을 받게 된다"[26]는 입장을 견지하였으며, 강직한 선비로 소문난 조지서趙之瑞가 이극돈이 사신으로 가면서 관에서 지급한 관미 80두만으로 노비가 풍족하였다[27]는 것

20) 《世祖實錄》 권18, 세조 5년 11월 20일 무술.
21) 《世祖實錄》 권38, 세조 8년 5월 17일 신해.
22) 《世祖實錄》 권38, 세조 8년 6월 7일 경오.
23) 《世祖實錄》 권46, 세조 14년 5월 28일 정해.
24) 《世祖實錄》 권44, 세조 13년 12월 21일 계축.
25) 《成宗實錄》 권54, 성종 6년 4월 23일 신축.
26) 《成宗實錄》 권61, 성종 6년 11월 4일 기유.
27) 《成宗實錄》 권187, 성종 17년 1월 3일 경술.

을 모범으로 들 정도로 청렴한 관료의 면모를 나타내기도 했다.

이러한 그의 재능과 학문은 일찍부터 선배들에게도 인정을 받아, 고령부원군 신숙주는 그가 주관한 문과 중시에 2등으로 선발[28]하였으며, 한명회는 그를 일본통신사에 의망하기도 하였다. 결론적으로 그는 '무오사화'가 일어나기 이전까지 '양신良臣'이라는 평판을 듣는데 모자람이 없었던 것이다.

4. 실록으로 본 이극돈 '사사누설'의 재검토

무오사화의 경과에 대해서는 이미 많은 연구가 있다. 그러나 김일손의 사초에 '세조조의 일'을 기록한 것을 보고 유자광에게 '누설'한 사람을 '이극돈'으로 추정하는 데는 충분히 분명하지 않은 것 또한 사실이다.

> 김종직은 유자광이 남이를 무고로 죽인 자라 하여 멸시하였다. 그리고 함양군수로 부임해서는 그의 시가 현판된 것을 철거해 소각한 일이 있어 유자광은 김종직에 대해 원한을 품고 있었다. 또 김종직의 문하생 김일손도 춘추관의 사관으로서 이극돈의 비행을 직필해 서로 틈이 벌어져 있었다. 이극돈과 유자광은 서로 손을 잡고 보복을 꾀하려 했으나 성종 때는 김종직이 신임을 받고 있어 일을 꾸미지 못하였다. 그러나 성종이 죽은 뒤 실록청이 개설되고, **이극돈이 당상관으로 임명되었다. 이극돈은 이때 김일손이 기초한 사초 속에 실려있는 김종직의 〈조의제문〉을 세조가 단종으로부터**

28) 《世祖實錄》 권45, 세조 14년 2월 14일 을사.

> **왕위를 빼앗은 일을 비방한 글이라 문제 삼고 그 사실을 유자광에게 알렸다.** 유자광은 세조의 신임을 받았던 노사신, 윤필상 등과 모의해 김종직이 세조를 비방한 것은 대역부도한 행위라고 연산군에게 보고하였다.[29)]

그런데 서슬 퍼런 연산군의 시대에 그러한 일이 문제가 있다고 보고 유자광에게 알려주었다면, 그 알려준 사람은 당시의 상황에서는 엄청난 부담이 되기보다는 오히려 임금이 '공신'으로 상을 줄 수 있는 것이 아니었을까?

문제의 발단은 윤필상, 노사신, 한치형, 유자광이 연산군에게 비사를 아뢰기를 청하면서 도승지 신수근으로 하여금 출납을 관장하게 하고, 사관의 참여를 막아서[30)] 유자광 등이 어떤 경로를 통해 '세조조의 일'이 김일손의 사초에 기록되어 있는 것을 알았는가가 명확히 드러나지 않았다는 데 있었다. 즉, 임금에게 보고하면서 '언제 어떻게 어떤 경로를 통해 알게 되었는가?'라는 문제는 마땅히 보고될 수밖에 없었고, 임금이 그러한 정보를 취득하게 된 경로를 묻는 것은 당연한 것이기 때문이다. 그런데 여기에서 생기는 의문은, 만약 유자광이 사초의 일을 이극돈에게서 들었다는 사실을 연산군에게 말했다면, 연산군이 이극돈을 '의심'하거나 '늦게 보고한 것'을 이유로 삭탈관직까지 했을까 하는 것이다.

중종반정 뒤에 정리한 것으로 보이는 이 과정에 대한 공식적인 설명은 다음과 같다.

> 김일손이 일찍이 종직에게 수업하였는데, 헌납이 되자 말하기를 좋아하

29) 韓國精神文化硏究院 編, 《韓國民族文化大百科事典》, 戊午史禍.
30) 《燕山君日記》 권30, 연산군 4년 7월 1일 을미.

여 권귀權貴를 기피하지 아니하고, 또 상소하여 '극돈과 성준이 서로 경알하여 장차 우이牛李의 당을 이루려 한다'고 논하니, 극돈은 크게 노하였다. 급기야 사국을 열어 극돈이 당상이 되었는데, 일손의 사초를 보니 자기의 악한 것을 매우 자상히 썼고 또 세조조의 일을 썼기에, 이로 말미암아 자기 원망을 갚으려 하였다. 하루는 사람을 물리치고 총제관 어세겸에게 말하기를, '일손이 선왕을 무훼하였는데, 신하가 이러한 일을 보고 상께 주달하지 않으면 되겠는가. 나는 사초를 봉하여 아뢰어서 상의 처분을 듣는 것이 우리에게 후환이 없을 것으로 생각한다' 하니, 세겸이 깜짝 놀라서 대답도 하지 못하였다. 오래 있다가 유자광에게 상의하니, 자광은 팔을 내두르며 말하기를, '이 어찌 머뭇거릴 일입니까' 하고, 즉시 노사신, 윤필상, 한치형을 가서 보고 먼저 세조께 은혜를 받았으니 잊어서는 안 된다는 뜻을 말하여, 그 마음을 감동시킨 뒤에 그 일을 말하였으니, 대개 사신, 필상은 세조의 총신이요, 치형은 궁액과 연줄이 닿으므로 반드시 자기(유자광)를 따를 것으로 요량하여 말한 것인데, 과연 세 사람이 모두 따랐다.31)

연산군 4년 7월 1일, 유자광 등으로부터 '사초 문제'를 보고 받은 연산군은 7월 11일 실록청에 대해 김일손의 사초를 모두 대전 안으로 들여오라는 명령을 내렸고, **실록청 당상들인 이극돈, 유순, 윤효손, 안침은 "예로부터 사초는 임금이 스스로 보지 않습니다. 임금이 만약 사초를 보면 후세에 직필이 없기 때문입니다"**라고 하며 거절하자 다시 "즉시 빠짐없이 대내로 들이라"는 명령이 떨어졌다. 이에 대해 이극돈을 비롯한 실록청 당상들은 "일손의 사초가 과연 조종조의 일을 범하여 잘못된 점이 있다는 것은 신들도 들어 아는 바이므로,

31) 《燕山君日記》 권30, 연산군 4년 7월 29일 계해.

신들이 망령되게 여겨 감히 실록에 싣지 않았는데, 지금 들이라 명령하시니 무슨 일을 상고하려는 것인지 알지 못하겠습니다" 하면서 타협안으로 중요 내용을 절취하여 올리는 안을 내어 6조목을 올렸으나, 뒤이어 '종실 등에 관해서 쓴 것'도 들이라는 전교가 내려졌다. '종실 등에 관해 쓴 것'은 영응대군 부인이 승려 학조와 간통했다는 내용이 핵심이었다.

그런데 7월 12일, 김일손의 집을 수색해서 나온 이목李穆의 편지 내용을 보면, 김일손의 사초 내용은 이미 '널리 알려진 비밀'이었을 수도 있었음을 알 수 있다.

> 목이 실록청에 출사한 것이 이제 수십 일이 되었습니다. 형의 사초가 마침 동방同房 성중엄의 손에 있었는데, 당상이 날마다 쓰지 않았다는 것을 이유로 삼아 모두 책에 쓰려고 하지 않는다 하기에, **내가 아침저녁으로 중엄을 책責하니**, 중엄도 사람이 군자이기 때문에, 마음에 감동되어 오히려 이운李雲의 사초가 한자라도 기록되지 못할까 걱정하고 있습니다. 그리고 **그 방의 당상은 곧 윤효손인데**, 윤은 매양 나에게 묻기를, '김 아무는 어떤 사람이냐?'고 했습니다. 윤이 형의 사초를 모두 보고 나서 하는 말이 '나는 김 아무가 이렇게까지 인걸인 줄을 몰랐다'고 했습니다. 그러나 **이상二相 이극돈이 윤으로 하여금 숨기게 하였으니, 섶을 안고 불을 끄려고 하는 어리석음**과 비슷한 것입니다.32)

이 편지는 당시의 분위기를 생생하게 전하고 있는 것으로 매우 중요한 것이다. 우선 이 편지의 내용을 미루어 볼 때 이목, 김일손의

32) 《燕山君日記》 권30, 연산군 4년 7월 12일 병오.

벗들 사이에는 이미 김일손의 사초 내용이 잘 알려져 있었다는 것을 짐작할 수 있고, 그 세조조의 일들이 성종조의 일자와 맞지 않아서 어디에 기록할지를 고민하고 있었음도 알 수 있다. 더욱이 이목, 김일손 등은 그 사초가 갖는 정치적 의미를 알고 널리 공감하고 있었음을 알 수 있으며, 이목은 그것이 그렇게 참혹한 사화로 비화되리라고 짐작도 못했음을 알 수 있다. 다만 권오복은 사초에 한정한 것은 아니지만, 당시의 정세가 심각함을 느꼈던 것 같으며 "일찍이 그대들을 위하여 위태롭게 여기지 않은 적이 없다"는 경고를 하고 있었음도 알 수 있다.

문제는 김일손의 사초가 속한 방의 당상은 윤효손이었음에도 이극돈인 것처럼 알려져 있다는 점과, 윤효손이 김일손을 칭찬하는 듯하면서도 그 문제를 이극돈과 상의한 것으로 보인다는 점, 이극돈이 그 **사초를 숨기게 한 일**이다. 그리고 이목이 그러한 이극돈의 행위를 **"섶을 안고 불을 끄려는 어리석음"**이라 지적한 것의 맥락이 무엇인가이다.

이극돈이 이 사초를 '함봉하고 남에게 보이지 말라'고 한 행위는 두 가지의 해석이 가능하다. 하나는 그 내용이 갖는 정치적 폭발력을 알고, 정치이슈화하려는 의도에서 그랬다는 것이고, 다른 하나는 말 그대로 그러한 내용이 널리 알려지는 것을 두려워해서 막고자 한 것으로 볼 수 있다. 지금까지는 첫 번째 의도였다는 것으로 견해가 일치되어 있다고 할 수 있다. 그런데 이목이 그러한 이극돈의 행위를 왜 '섶을 안고 불을 끄려는 어리석은' 행위로 이해했을까? 그것은 그의 말대로 '사초란 끝내 숨길 수 없는 것인데'[33] 이미 숨긴다고 숨

33) 《燕山君日記》 권30, 연산군 4년 7월 24일 무오.

겨질 일이 아니라는 것을 말하는 것은 아니었을까? 최소한 이목은 이극돈이 사초의 내용을 소문 내서 정치이슈화 하려는 것은 아니라고 생각했던 것 같다. 즉 그는 이극돈이 숨긴다고 해서 없어질 일이 아니라고 보았던 것이다.

연산군 또한 이극돈이 그 사초를 숨기려 했다는 의심을 한 것으로 보인다. 연산군은 이극돈에 대하여 "9일에 처음으로 사초를 보고 장차 패로敗露가 있을 것을 알았다"고 하기도 하고 "겉으로는 충신 같으나 안으로는 실로 다른 생각이 있다"고 하며 이극돈을 의심하는 태도를 나타냈다. 여기서 '다른 생각'이란 것은 함부로 짐작하기 어려우나 김일손의 사초 내용에 공감하였다는 것이거나 문제의 소지를 없애려 했다는 것일 가능성이 큰 것으로 보인다.

이에 대한 이극돈의 상소에서 나온 변명은 '자기도 보고하려 했다'는 것과 '실록청의 공의가 이루어진 뒤에 하려다 보니 늦었다'는 것이었다.

그의 변명 상소[34]는 '나는 사사史事를 누설하지 않았다'는 변명의 맥락이 아니라 '아뢰려고 했다'는 것을 증명하려는 맥락에서 나온 글이기 때문에, 오히려 그가 말하는 내용은 신빙성이 높을 수도 있다. 그의 진술에 따르면 김일손이 '세조조의 일'[35]을 사초에 기록했다는 말을 한치형에게서 들었는데,[36] 처음엔 김일손이 건의했던 소릉복구의 일인 것으로 오해했으며, 그 뒤 신종호가 이극돈의 집에 와서 그 사실을 언급한 다음에야 알았다는 것이다. 그리고 문맥상으로는 **이때까지 이극돈이 인식한 세조조의 일이란 '근밀近密한 곳에 있었던**

34) 《燕山君日記》 권30, 연산군 4년 7월 19일 계축.
35) 이때 '세조조의 일'이란 '조의제문'이 아니고, 세조가 덕종의 후궁인 권귀인을 범하려 했다는 내용이다.
36) 이 말은 한치형의 진술에서도 확인된다. 《燕山君日記》 권30, 연산군 4년 7월 19일 계축.

신들도 듣지 못한 일'로서 '권귀인의 일'이었으며 '조의제문' 문제는 인식하지 못했던 것으로 나타난다. 그리고 그 사실을 계달해야 한다는 한치형 등의 의견에 공감했지만 '공의'를 한 후에 계달해야 한다고 노사신과 합의했으므로 늦어졌다고 변명하고 있다. 또한 충훈부에서 계달한다는 사실도 알고 있었고 같이 계달하자는 권고도 있었지만 실록청 당상들과 공의한 뒤에 하기로 했는데, 홀로 아뢴다면 실록청에서 반복한다 할 것이므로 참여하지 않았다고 변명한다.

그리고 의금부의 낭청이 외방으로 나갔다는 말을 듣고는 실록청 당상들의 '공의'를 주선하고 '무릇 국가의 일에 관계된 것은 모두 부표하여 봉해 두었다가 16일에 입계하였다'고 변명하고 있다.

또한 자기는 '사초에 본청의 당상(이극돈 등)이나 낭청에 대한 잘못을 쓴 것이라면 비록 문자가 졸렬할지라도 한 자라도 고쳐서는 안 된다'고 하였는데 이를 도청과 낭청이 다 들었을 것이라고 하였다. "이목은 **신이 일손의 사초를 봉하니, 장차 일이 발로할 것이라 여겨** 신을 무함하고자 하여 두 번이나 임희재와 서한을 통하였고"라고 하면서, 아울러 김일손이 자기를 원망하는 이유 세 가지를 들면서 "지금 또 그 **사초를 봉하고 일이 발로되게 하였으니**, 이것이 제3의 원망을 맺은 곳입니다"라고 하면서 김일손 등이 자기를 원망하는 이유를 밝히고 있다. 그러면서 그는 '나이 70에 이르도록 사람들과 더불어 원수진 일이 없는데, 유독 일손, 이목, 희재에게만 사사로운 원한이 있겠는가'라는 진술로 끝을 맺는다.

문제는 이극돈이 김일손의 사초를 '남들에게 보이지 말라' 하고 숨긴 행위와 이미 충훈부의 보고가 이루어진 뒤에 7월 9일자로 실록청의 공의 끝에 '봉해 둔 것'이 혼동되고 있다는 것이다. 이극돈이 '남에게 보이지 말라' 하고 숨긴 행위는 이목의 평가대로 '섶을 안고 불을 끄려는', 곧 문제를 덮으려는 행위로 읽힐 여지가 있으나, 이극돈이 자기의 공로로 은연중 내세워서 변명하는 '사초를 봉한 일'은 이미 유자광의 보고가 이루어지고, 의금부에서 김일손을 나포하러 청도로 떠난 이후의 일이었던 것이다. 이것은 이극돈이 '남에게 보이지 말라'고 했던 것의 의도와 그 뒤 공의 끝에 '사초를 봉한 의도'가 같은 것임을 얼버무려 진술하면서 본인을 변명하고 있는 것으로도 보인다. 어떻든 그가 실록청의 '공의'를 지연시켰던 것은 사실이고, 그로 인해 연산군의 의심을 받고 있었던 것도 사실이다.

그러나 김일손, 이목 등의 이극돈에 대한 불신과 의심은 매우 컸고, 그이극돈의 부인에 대해서도 감정의 골이 매우 깊었다. 김일손은 체포되자마자 이극돈이 "내가 상上에 관계되는 일을 많이 기록해서라고 핑계대고 비어飛語를 날조하여 상께 아뢰었기 때문에 이렇게 된 것"37)이라고 했을 정도였다. 이로써 미루어 보면, 김일손도 당시 정황이 어떻게 돌아가고 있었는가에 대해 정확히 파악할 수 없었던 것이다.

중종반정 후에 '사국史局의 일을 누설한 사람'을 상고하여 보고하라는 명령에 대하여, 일기청 낭관 권홍이 당상의 의견으로 다음과 같이 보고하고 있다.

> 무오년 사국의 일을 누설한 사람을 본청으로 하여금 상고하여 아뢰도록 하셨기에, **신 등이 추단한 일기와 이극돈의 상소를 가져다 상고해 보니, 별로 누설한 사람이 없었습니다.** 그러나 **이극돈은 방상당房堂上으로** 사국의 일을 근밀히 하지 않아서 누설하였으니 죄가 이보다 더 클 수 없습니다. 그

37) 《燕山君日記》 권30, 연산군 4년 7월 12일 병오.

때 계달한 사람 가운데 노사신, 윤필상, 한치형은 모두 죽고 오직 유자광만 남아 있으니, 본청의 낭청을 보내어 자광에게 물으면 알 수 있을 것입니다. 다만 자광은 속임수가 헤아릴 수 없어, 이제 미리 안다면 신 등은 그가 이랬다 저랬다 할까 두려우니 명일 안으로 보내는 것이 어떠하겠습니까?

그런데 당시 실록청에 있었던 이목이 김일손에게 보낸 편지에 따르면, 방당상은 이극돈이 아니라 윤효손이었는데, 여기서는 이극돈이 방당상으로 바뀌어 언급되고 있다. 어떻든 김세필이 평해에 귀양가 있던 유자광을 심문한 결과 **'정사년 정월에 허침이 와서 말했다'** 고 하였으나 허침이 그랬을 리 없고, **"신 등의 생각에는 이극돈이 처음 김일손의 사초를 보았을 때는 이미 봉하여 간직하였을 것이며, 극돈은 평소에 일손과 틈이 있었으니 어찌 자신이 논계하고 싶지 않았겠습니까마는, 자취가 혐의스러울 듯하여 하지 못하고 남에게 전하여 부탁해서 계달하게 한 것이니 마땅히 극돈을 죄주는 것이 옳습니다"**[38] 하고 다시 유자광을 추문하여 "이극돈의 말이다"[39] 하는 답변을 얻었다. 그 뒤 대간에서 이극돈의 관작을 추탈하고 자손을 금고시킬 것을 여러 차례 건의하였으나, 중종은 "이미 죽은 사람을 어찌 차마 추죄하겠는가"라는 논리를 앞세워 반대하다가, 대간이 합사하여 상차하자 "이극돈의 고신 3등을 삭탈"하는 조치를 하였다(중종 3년 8월 21일). 그 뒤 병조참의였던 이극돈의 아들 이세정이 "유자광의 말이 일정치 못한데, **허침에 대해서는 '결코 그럴 이치가 없다' 하고 선신先臣에 대해서는 유독 의심을 두니 무슨 증거가 있어 그런 것입니까?**……선신은 조금은 학식이 있으며, 또한 사체를 알지 못한다

38) 《中宗實錄》 권3, 중종 2년 7월 18일 기미.
39) 《中宗實錄》 권5, 중종 3년 1월 15일 계축.

고 할 수도 없습니다.……하물며 사국의 비밀한 일을 남에게 누설하는 일을 하였겠습니까. 그리고 누설한 자가 허침도 선신도 아닌 다른 사람인지 누가 또 알겠습니까?"라는 내용의 상소를 올리자 다시 이극돈의 직첩을 돌려주기도 했다.

5. 사림 정치이데올로기의 정당성 획득과 명교名敎의 죄인

무오사화를 처음부터 끝까지 주도적으로 이끌어간 인물은 유자광柳子光이었다. 이극돈은 무오사화로 말미암아 파직당했음에도 유자광과 더불어 무오년의 '사림 참화'를 기획하고 연출한 중심인물로 널리 알려져 있다. 이극돈은 세조·성종 시대에는 유능한 정치가이자 행정관으로 '중망'을 받았고, 국방·외교·내치에 볼만한 헌책獻策을 많이 했으며, 백성들의 입장에서 구체적 행정을 생각하는 '이치'의 달인이었다. 그뿐만 아니라 당시의 조정에서 몇 손가락 안에 드는 학문의 소지자였으며, 성리학에 대해서도 상당한 수준의 이해를 하고 있었던 것으로 보인다.

그러나 '절의론'적 정치관을 가진 신진사류들의 진출은 '정치영역에 대한 도덕의 우위'를 강조하는 사조를 이루기 시작했고, 세조공신들에 대한 적대감이 공유되어 있었으며, 김일손이 세조의 정치적 행위를 비판적으로 바라보는 사료들을 구성하여 《성종실록》에 실으려는 시도도 이러한 사조를 반영한 것이었다.

그러나 이극돈을 비롯한 당시의 대신 그룹은 이러한 사조를 경계하였으며, 도덕으로부터 독립된 국가정치의 영역을 인정하고, 현실정치와 타협하는 입장을 견지하였다. 이 양자의 갈등 과정에서 발생한 것이 무오사화였던 것이다.

이극돈이 신진사림들과 반목하게 되는 것은 전반적인 정국구도와도 관련이 있지만, 구체적으로는 김일손의 출사 과정에서 그 정식을 뛰어넘는 김일손의 사고방식을 견제한 것이 두 사람 사이의 간격을 만들게 되었고, 동료집단의 영향을 받은 신진사류들은 훈구의 실력자인 이극돈을 비판하는 입장을 견지하게 되었으며, 이극돈은 줄곧 사림세력의 주 공격목표가 되었던 것이다.

이극돈에 대한 사림집단의 감정적 앙금은 매우 깊어서, 이극돈이 마치 온갖 간지奸智를 농하는 '악의 화신'쯤으로 생각하게 된 것으로 보이며, 김일손은 체포되자마자 바로 이극돈에게 혐의를 두었을 정도였다. 실록에 드러난 사실에 비추어, 만약 이극돈이 무오사화의 모든 과정을 주도한 것이라면 그는 희대의 책략가요, '간지'를 농하는 사람으로 평가받아 마땅하지만, 무오사화 이전의 그의 행적을 보면 이러한 관점에 약간의 의심이 가는 것은 어쩔 수 없다. 특히, 당시의 관련자들이 지금처럼 실록의 모든 기록을 일목요연하게 볼 수 없었다는 점도 간과할 수 없는 점이다. 오히려 '교활함'을 널리 인정받은 유자광이 떠도는 소문을 확인하고 사화의 전 과정을 주도한 것으로 보는 것이 더욱 정확하지 않을까?

따라서 실록을 중심으로 검토해 본 결과 '사사누설'의 문제나, 그와 연관된 무오사화를 이극돈이 주도하였다는 입장에는 무엇인가 석연치 않은 점들이 있는 것은 분명하다. 물론 아직은 실록을 중심으로 한 검토에 지나지 않고, 실록에 날짜별로 기록되어 있지 않은 '초사招辭'들이 언급되고 있는 점 등으로 미루어, 더욱 분명한 결론에 도달하려면 아직 충분한 자료검토가 필요하다.

우리는 역사에서 다양한 권력관계에 기초한 '낙인찍기'가 일정 부분 통용되고 있다는 것을 알고 있다. 역사적 사실이 선택적 '기억'과 '망각' 속에서 재구성되거나 해체될 수도 있으며, 어떤 경우에는 '영웅'과 '역적'이 '만들어지는' 경우도 허다함을 안다.

이극돈에 관한 '역사적 사실'은 과연 진실인가? 실록의 기록을 근거로 몇 가지 의문을 제기하여 '반례'를 구성해 보려고 하였다. 이극돈에 관한 기존의 역사적 인식이 깊이 뿌리내리고 있어서 섣부른 의문을 제기해 보는 것이 아닌가 하는 생각도 들지만, 정치적 사건의 기록에는 반드시 '정치성'이 개재되기 때문에 이러한 측면에서 의문을 제기해 보았다. 이러한 '의문'이 이미 확실하게 밝혀져 있다면 이 연구는 의미가 없을 것이다.

다만 이 사건은, 조선 전기 사림의 와해라는 정치사적 변동과 함께 세조정권의 정당성을 부정하는 사림의 논리가 공인되는 계기가 되고 있다는 점에서 정치사상사적 의의가 매우 크다.

즉, 중종반정 뒤의 논의가 '사사누설'이라는 절차적 문제로 초점이 이동하고, 김일손이 기록한 '세조조의 (부도덕한) 일'이 사실인가, 세조정권의 정당성을 비판하는 것이 과연 옳은 관점인가에 대해서는 암묵적 타협을 통해 왕실과 공신, 사림들이 더 이상의 논란을 회피하였던 데서도 이를 알 수 있다. 결론적으로 중종반정 후에 김일손이 복권되고 그의 세조 비판이 더 이상 정치적 문제가 되지 않았던 것은 사림정치 이데올로기의 '공인'에 한걸음 다가간 것으로 사림의 정치적 승리였다고 할 수 있으며, 기성 훈구의 몰락을 예비하는 것이기도 했다. 이러한 맥락에서 이극돈은 법적으로는 증거불충분으로 재제에 대한 논란이 많았지만, 도덕적으로는 '명교의 죄인'으로 낙인찍혀 '역사의 감옥에 수감된 수인'이 될 수밖에 없었던 것이다.

■ 참고문헌

《成宗實錄》《世祖實錄》《燕山君日記》《中宗實錄》

韓國精神文化硏究院 編,《韓國民族文化大百科事典》

조선 전기 이극균의 정치활동과 갑자사화

한 춘 순
경희대학교 후마니타스 객원교수

1. 머리말

이극균李克均(1437~1504)은 우의정으로 잉령치사仍令致仕한 이인손李仁孫의 5남이다. 그는 세조 2년(1456)에 시행된 병자 식년시 정과丁科 23위로 합격하였다.[1)] 나이 20세 때였다. 잘 알려져 있다시피 광주廣州가 본관인 그의 가문은 그를 비롯한 다섯 형제가 모두 문과에 급제하여 특별한 명문의 반열에 있었다.[2)] 더 나아가 그의 형 이극배李克培·이극감李克堪이 좌익佐翼3등공신(세조 원년)에 책록되고, 이극증李克增이 익대翊戴2등공신(예종 즉위년), 이극배·이극증, 이극돈李克墩이 각각 좌리佐理3·4등공신(성종 2)에 책훈策勳되기도 하였다. 이들의 공

1) 《國朝文科榜目》.
2) 《세조실록》 권17, 세조 5년 7월 을미. 차례로 장형 이극배는 26세 때 세종 29년(1447) 정묘 식년시 정과 5위, 이극감은 18세 때 세종 26년(1444) 갑자 식년시 병과 5위, 이극증은 26세 때 세조 2년(1456) 병자 식년시 병과 4위, 이극돈은 세조 14년(1468) 무자 중시 을과 1위에 각각 입격하였다(《국조문과방목》).

신 책훈은 이인손이 세조 5년 7월 우의정에 제수된 것과 무관하지 않겠지만, 그들이 모두 과거에 합격한 뒤의 일인 만큼, 몇 차례 공신에 중첩적으로 책훈된 이른바 '훈구勳舊'나 척신戚臣으로서 세조 대부터 본격적으로 특대받기 시작하여 위세를 과시한 척신가문[3]과는 구별되는 당시 가장 성한 문벌 가문이었다.[4]

특히 이극균은 세조 대에 문신으로 초입사初入仕하였지만 무재武才가 뛰어난 유장儒將이기도 했다. 그러다 보니 자연 야인·왜구의 움직임이나 침구 등에 따라 그의 관력이나 정치활동은 상당히 영향을 받았다. 갑자사화甲子士禍(연산군 10, 1504)로 생을 마감하기 전까지 군사나 양계兩界의 국방 업무를 지휘 감독하는 절도사 같은 무관직武官職 또는 관찰사로서 많은 시간을 보냈으며, 조선국가에서 이상적 관료상으로 추구한 문무를 두루 갖춘 특별한 이력履歷을 갖게 되었다.

이 글에서는, 처음 관료생활을 시작한 세조 대부터 국정에 큰 영향력을 발휘한 연산군 대에 이르기까지 약 48년 동안 세조·예종·성종·연산군 등 4명의 국왕을 보필한 이극균의 생애를, 편의상 사환초기라 할 수 있는 세조 대, 전성기라 할 수 있는 예조·성종 대, 절정 및 몰락기인 연산군 대로 크게 구분하겠다. 그리고 다시 예종·성종 대를 예종 즉위년부터 평안도절도사를 마치는 성종 14년 6월까지와 그 후 병조판서로 내직內職에 복귀한 뒤부터 성종 말까지로 나누고, 연산군 대는 우의정에 제수되어 국정의 중심적 구실을 하게 된 연산군 6년 4월을 기준으로 이전과 이후로 나누어, 각 시기의 중요 관력과 의미 있는 사건이나 정치활동을 중심으로 그의 학문과 사상 및 신료로서 정책 능력, 상급자로서의 면모, 갑자사화와의 관계뿐 아니

3) 金泰永, 〈朝鮮초기 世祖王權의 專制性에 대한 一考察〉, 《한국사연구》 87, 1994, 138~144쪽.
4) 李泰鎭, 〈15世紀 後半期의 '鉅族'과 名族意識〉, 《韓國史論》 3, 1976, 268~271쪽.

라 인간적 측면 등을 살펴볼 것이다.

2. 세조 대 내직 및 서정西征에서의 활약

사환을 시작한 이극균의 공식적인 관직으로 처음 나타난 것은 세조 5년(1459) 3월의 사선주부司膳注簿(종6품)이다. 그는 세조의 명으로 모인 참하관 가운데 하나로 셋째 형인 병조좌랑 이극증과 함께 참석하여 《역학계몽易學啓蒙》·《맹자孟子》를 강하였다.[5] 조선 초기 문과급제자의 진출로를 살펴보면, 문과급제자 가운데 3인 외에는 모두 3관三館(성균관·예문관·교서관)에 권지權知로 분속되어 6, 7년을 지낸 다음에야 9품을 제수받았고, 성균관은 8년, 예문관·교서관은 4년을 지낸 다음에 6품에 승진되었다. 세종 대에 이르러서는 궐원이 나는 대로 서용하는 것으로 바뀌었으며, 세조 대에는 신급제들이 승문원에도 분속되었는데 해마다 10인을 거관去官시켜 재주에 따라 관직을 제수하는 것으로 변경되었다.[6] 이는 급제자들의 승직이 좀더 빨라지는 방향으로 바뀌고 있었음을 보여준다. 이극균이 처음 분속된 관서는 알 수 없지만, 출사한 지 3년 만에 종6품에 이른 것으로 볼 때, 적어도 더디게 승진한 것은 아니었다.

이극균은 세조가 독서하도록 뽑은 참하관 급 신료 가운데 하나로 선발되어 성균주부로 《중용혹문中庸或問》을 받았다. 《중용》을 친강하는 자리에 참여하였고, 허종許琮 등과 함께 《손자주해孫子註解》 교

5) 《세조실록》 권15, 세조 5년 3월 정해.
6) 《태종실록》 권20, 태종 10년 10월 임술; 《세종실록》 권42, 세종 10년 11월 기유; 《세조실록》 권16, 세조 5년 6월 경신.

정에도 참여하였다.[7] 책 교정에 참여하였던 것으로 볼 때, 짧은 관직생활이지만 역량과 능력을 인정받았다고 짐작된다.

이극균은 세조 6년(1460)에 이르러 이제까지의 관료생활에 전환기를 맞게 된다. 그것은 세조 4년(1458)에 함길도절제사 양정楊汀의 무례함을 질책한 세조에게 앙심을 품은 낭발아한浪孛兒罕(세조 원년 兀良哈 中樞)이 그 아들 낭이승거浪伊升巨/哥(동지중추원사)와 더불어 모반을 꾀한 데서 시작하였다. 직책에서 드러나듯 세조는 그들을 상당히 우대하고 있었지만, 모반죄를 범하였으므로 낭발아한 부자 및 그 외 7명을 참형에 처하였다.[8] 몇 달 뒤에 낭발아한의 아들 아비거阿比車가 회령·부령에 입구入寇하였고, 그것을 계기로 세조가 좌의정 신숙주申叔舟를 함길도도체찰사로 삼고 북정을 결정하게 되었기 때문이다.[9] 그해 5월에도 각각 갑산의 영파보寧波堡, 단천 지경에 침입하여 백성들을 살해하고, 20명의 포로 및 가축을 노략질해 갔다.[10] 그런데 문제는 추격전을 벌였지만 두 번 다 성과가 전혀 없었다는 점이었다.

세조가 신숙주를 다시 강원·함길도도체찰사로 제수하고 북정을 단행한 데에는[11] 그 같은 급박한 상황이 반영된 것이었다. 이극균은 두 번째 북정이 결행되기 전 함길도 도사都事(종5품)로서 서울과 변경을 오가고 있었다.[12] 도사도 내직에 속하였지만 활동 반경에는 큰 변화가 온 것이다. 세조 6년 9월에 북정을 단행한 신숙주 등은 여진의 근거지를 다 없애고, 430여 급을 참획하였다. 9백여 채의 가옥을

7) 《세조실록》 권16, 세조 5년 6월 기묘; 《세조실록》 권17, 세조 5년 7월 신묘; 《세조실록》 권19, 세조 6년 3월 병오.
8) 《세조실록》 권14, 세조 4년 12월 병인; 《세조실록》 권17, 세조 5년 8월 정축.
9) 《세조실록》 권19, 세조 6년 정월 정미; 《세조실록》 권19, 세조 6년 3월 기해.
10) 《세조실록》 권20, 세조 6년 5월 경자; 《세조실록》 권20, 세조 6년 6월 정미.
11) 《세조실록》 권21, 세조 6년 7월 신축.
12) 《세조실록》 권21, 세조 6년 7월 계사.

전부 불태웠고 1천여 마리의 우마를 획득하는 등 대대적인 전과를 올렸다. 북정에 대한 논공행상에서 이극균은 1등의 예에 따라 자급資級이 올랐다.13)

여기에서 중국과 외교 마찰의 원인이 되기도 하였고, 조선의 국방 문제에 큰 비중을 차지하였으며, 이극균의 관력에도 영향을 끼친 여진에 대해 살펴보겠다. 태조 대에는 여진이 조선에 복속되어 있는 상태였다. 그러나 태종 2년(1402) 6월 수립된 명 성조聖祖의 영락정권이 대외 팽창 정책을 추진하면서, 명과 조선 사이에 끼어 있던 오도리吾都里, 올량합兀良哈(오랑캐족)과 내지에 살던 올적합兀狄哈(우디캐족) 등을 둘러싸고 긴장감이 고조되기 시작하였다. 태종 3년 오랑캐의 어허출於虛出(李滿住 조부)이 내조하자 성조는 건주위建州衛를 설치하고, 그를 지휘사에 임명하였다. 12월 홀라온忽刺溫의 서양합西陽合이 내조하였을 때에는 올자위兀者衛를 설치하였다. 그 뒤 명은 태종 4년부터 노아간도사奴兒干都司가 설립되는 태종 9년까지 모두 115개의 위소를 설립하였다.

태종은 조선에 내조해 온 오도리[吾音會(會寧)]의 퉁명거티무르에게 상호군의 관직을 내려주고, 다른 한편으로 공험진公嶮鎭부터 철령 이북의 10처에 살고 있는 여진의 관할권을 명으로부터 받아내었다. 그러나 태종 5년 8월 이미 퉁명거티무르 및 그가 이끄는 만호 20여 명이 명나라에 입조한 상태였으나, 건주위도지휘사의 직책을 받은 그는 세종 5년(1423) 4월에 정군 1천 명, 1천여 호를 이끌고 오음회로 되돌아왔다. 세종은 그들에게 관직을 내리는 등 후대하였다. 조선과 여진의 관계는 일정하지 않았다. 오도리족의 건주좌위는 조선에 우

13) 《세조실록》 권21, 세조 6년 9월 갑신; 《세조실록》 권22, 세조 6년 윤11월 정사.

호적이었으나, 건주본위인 오랑캐족과는 사이가 좋지 않았다. 조선에 침입한 여진은 대부분 오랑캐족이었다. 특히 세종 대 이후 세조 대까지의 여진족 침입에는 당시 강력한 세력권을 이루고 있던 건주본위 이만주가 직간접적으로 간여하고 있었다. 또한 두만강 중류 모련毛憐(간도 해란하 일대)에 거주하고 있던 건주본위 오랑캐족의 별종은 건주좌위 오도리족과 항상 대립하였다. 세종 15년(1433) 윤8월에 퉁멍거티무르 부자가 양목답올楊木答兀과 혐진嫌眞 우디캐의 습격을 받아 피살되고 그 세력이 분산되면서, 세종은 김종서 등을 보내어 두만강 하류에 6진을 설치하였다. 세력이 분산될 때 아우 동범찰童凡察(건주우위 開祖), 손자 동창童倉(건주좌위 계승) 등의 주류 세력은 오랑캐 족의 본거지에 합류하였으나, 또 다른 아우 동어허리童於虛里 등은 그대로 남아서 6진의 번호藩胡로서 조선에 충실히 복속하였다. 조선에서는 모련의 오랑캐를 쳐서 건주위 세력을 견제하고 있었다.14) 신숙주의 북정은 바로 별종 오랑캐 모련을 정벌한 것이었다.

함길도 도사로서 직무를 수행하던 이극균은 세조 7년(1461) 5월 지평持平(정5품)에 제수되었다. 그러나 며칠 뒤 신숙주를 대신하여 강원도·함길도 도체찰사가 된 한명회韓明澮의 종사관(종6품)으로 발탁되었다.15) 그는 종사관으로서 조선에 복종한 야인들을 통해, 북정을 단행한 이후 낭발아한 친척들의 움직임, 포주蒲州의 알타리斡朶里(오도리)의 평안도 재침입설, 건주본위 올량합의 길주·갑산 입구설 등 야인들의 심상치 않은 움직임을 중앙에 알렸다.16) 성공적으로 북정을 마쳤지만, 갈래가 많고 성향이 다른 야인을 진압한 것은 아니었

14) 박원호, 《한국사》 22, 국사편찬위원회, 1995, 316~337쪽.
15) 《세조실록》 권24, 세조 7년 6월 임신.
16) 《세조실록》 권27, 세조 8년 정월 신유.

기 때문이다. 그러다가 세조 9년 윤7월에 부친상을 당하면서 종사관에서 물러났다.17) 이극균에게는 복상 기간이 애도하는 기간이었을 뿐 아니라 변방생활에서 쌓인 긴장을 푸는 재충전의 시간이었을 것이다.

복상이 끝난 뒤에도 상당 기간 동안 중앙관직에 복귀하지 않았던 이극균은 세조 13년(1467) 3월에 부호군副護軍(도총부 종4품)으로서 겸선전관에 제수되었다. 그때 세조가 행한 군사 훈련에서 그는 장수 가운데 가장 정묘하게 군사를 부려 상을 받았다.18) 장수로서 뛰어난 기량을 유감없이 발휘한 것이었다.

나흘 뒤 기병을 거느리고 적강狄江을 건너가다가 적병을 만난 의주목사가 겨우 목숨을 건져 돌아왔다는 평안도절도사 김겸광金謙光의 치계馳啓를 접한 세조가 대응책을 하문하자, 종친·재상과 여러 장수 중 도총관 강순康純이 마지못해 가을 출병을 주장하였다. 그러자 세조는 어찰을 보였다.

> 지금 야인이 이미 중국을 능멸하고 또 우리나라를 모욕하였으니, 이것은 큰 계획과 원대한 계략이 아니라 오로지 난을 일으키기를 좋아하는 것밖에 알지 못함 때문이다. 이로움을 보면 탐내고 체통이 없으며 기강도 없다. 그래서 조금만 패하면 도망하여 흩어지고 조금만 이기면 장물贓物을 나누니, 이것이 적의 실정이다. 가까운 야인이 우리에게 붙좇아 따르는 까닭에 중국이 꺼렸으나, 우리나라에서 매사를 칙지에 따르는 까닭에 믿게 되었으니, 오늘날에 이르러서 이 같은 연고로 공격하려는 것이다. 공격의 이로움은 중국에 효험이 있을 것이고, 변경이 영원히 그칠 것이며, 비어備禦가 더욱

17) 《세조실록》 권31, 세조 9년 윤7월 경오.
18) 《세조실록》 권41, 세조 13년 3월 경인; 《세조실록》 권42, 세조 13년 5월 을축.

공고하게 되고, 저들로 하여금 농사를 지을 수 없게 하는 것이며, 해로움은 빗물을 아직 알 수 없는 것이고, 군량을 허비하는 것이며, 남을 대신하여 적을 받는 것이고, 분주하게 명령을 받는 데 피로함이다.19)

어찰의 내용을 보건대, 세조는 나름대로 침입에 대한 대응을 숙고하고 있었으며, 그래서 야인들의 행태와 공격 이유, 그리고 네 가지 이로운 점과 해로운 점을 적시해 놓았던 것이다. 세조의 의중을 파악한 고령군高靈君 신숙주와 상당군上黨君 한명회 등이 승리에 도취된 틈을 타서 공격할 것을 제안하였다. 세조는 즉각 능성군綾城君 구치관具致寬을 도체찰사로, 강순·오자경吳子慶·어유소魚有沼·최적崔適·이극균 등을 비장裨將으로 하는 진용을 꾸렸고, 정병精兵 1만 5천 명을 거느리고 5도로 나누어 공격해 들어가도록 하였다. 구체적 책략을 하문받은 이극균은 지형상 군사를 쓰기 어렵고, 풀과 나무가 우거지고 빗물이 창일하다는 이유를 들어 반대 입장을 밝혔다. 그러자 세조는 다음과 같이 전교하였다.

국가의 일이 오직 인주와 장상의 모책에 달려 있을 뿐이므로, 네가 현량이 되어서 너를 불러 주책籌策을 묻는 바인데, 너는 어찌하여 인주의 뜻과 조정의 계책을 알지 못하고 동쪽을 묻는데 서쪽을 대답하느냐? 고금 천하에 이와 같은 욕을 받고도 보복하지 않은 자는 없었다.……너는 지금 정역征役을 꺼려서 적에 대한 의분의 뜻은 없고, 나의 모책을 저상沮喪함이 어찌 이와 같으냐? 신자의 의리는 물불을 가리지 않는 것인데, 지금 너를 어렵고 위험한 데에 보내는데, 나아가기를 즐겨하지 않느냐?20)

19) 《세조실록》 권42, 세조 13년 5월 기사.
20) 《세조실록》 권42, 세조 13년 5월 기사.

즉 임금의 뜻을 밝히 알면서 할 수 없다고 한 이극균을 의분이 없고, 일신의 안일을 위해 위험을 피하려 한다고 힐책한 것이다. 특별한 계책을 기대했는데 도리어 반대하자 더욱 분노하였던 것 같다.

압록강 유역에 설치된 여연·자성·우예·무창 4군 가운데, 지리적 여건, 국방 부담, 압록강 때문에 여진이 입거하지 못할 것이라는 등의 이유로 여연·우예·무창이 단종 3년(1455) 4월에, 세조 5년(1423)에 자성군마저 각각 철폐되었다.[21] 그 뒤 전렵을 칭탁하고 내왕하는 것을 막기 위해 절도사로 하여금 봄가을마다 군사를 거느리고 순행하게 한 것을 그들이 한 번도 시행하지 않으면서, 야인들이 들어와 사냥을 하는 등 여러 문제가 불거지고 있었다.[22] 이극균은 선전관으로 재선발되었고, 이틀 뒤 부호군에서 특별히 가자받고 만포절제사(정3품)에 제수되었다.[23] 부임한 이극균은 야인으로부터 얼마 전 변경을 침범한 것은 바로 화라온火剌溫(=홀랄온)이었다는 사실 등을 들었고, 그들에게 포로 쇄환을 독촉하는 한편 중앙의 지침을 들었다. 그 무렵 변경을 침범한 건주삼위建州三衛의 동산童山 등을 토벌하려는 중국이 조선에 청병하자, 세조는 군사 이동 일정과 공격 계획을 알리고 요동백호 백옹白顒과 여러 사항을 조율하였다.[24]

계획대로 서정은 단행되었다. 주장 강순은 군사를 거느리고 9월 26일에 우상대장友廂大將 남이南怡와 만포에서부터 파저강婆猪江으로

21) 방동인, 《한국사》 22, 국사편찬위원회, 1995, 149~153쪽.
22) 《성종실록》 권141, 세조 13년 5월 병신.
23) 《세조실록》 권42, 세조 13년 5월 무인. 이 글의 이해를 돕기 위해 평안도의 방어상태를 살펴보면, 평안도의 방어처소는 楸坡의 上土, 滿浦의 高沙里, 渭原의 理山·阿耳, 碧潼의 碧團, 昌洲의 昌城, 小朔州의 仇寧方山 의주의 麟山이고, 내지의 堡를 설치한 곳은 만포의 外怪·고사리·安贊理山·古理山, 벽단 남쪽 昌洲의 牛仇里, 方山의 青水洞, 의주의 小串之이다(《성종실록》 권253, 성종 22년 5월 갑진).
24) 《세조실록》 권43, 세조 13년 9월 갑자, 병자.

들어가 공격하여 이만주李滿住와 이고납함李古納哈·이두리李豆里의 아들 등 24명을 참하고, 24명을 사로잡았다. 또 175명을 사살하고, 진을 불태우는 전과를 거두었다. 좌상대장 어유소도 21급級을 참하는 등의 전과를 올렸다. 그러나 아무도 요동 군사를 만나지 못한 채 10월 초2일에 군사를 돌이켰고, 초3일에 강을 건너왔다.25) 이때 건주위의 길을 알고 있는 만포 절제사 이극균은 남이와 더불어 선봉장으로 이만주를 공격하여 2, 3일 동안에 크게 승리하였다.26) 실질적으로 정벌에서 핵심 역할을 하고 있었던 것이다. 군공을 논상할 때 이극균·이극배는 각각 3·4등으로 노비 6·4구를 내려받고, 한 자급씩 가자되었다.27) 세운 공에 비해서는 낮은 평가를 받은 것 같다. 후임자의 신변 때문에 수개월 동안 더 복임復任하다가28) 물러났다.

이극균이 혼인한 시기는 잘 알 수 없다. 그러나 과거 급제할 당시 20세였던 것을 감안하면 그 무렵이 아니었을까 짐작된다. 성주를 본관으로 하는 이극균의 처부妻父 이철근李鐵根은 성종 15년(1484) 10월에 처음 수리도감 관원들에게 상사賞賜할 때 포천현감으로서 다른 관원들과 함께 한 자급 가자받았다.29) 그는 문무과나 생진과 출신은 아니었다. 그렇다면 음보蔭補였을 가능성이 높다. 그는 상을 당하여 충주판관의 임기를 다 채우지 못했음에도 진산군수로 제수되어 대간의 개차改差 대상이 되었다. 그러나 일찍이 대호군을 지냈고 그 재

25) 《세조실록》 권44, 세조 13년 10월 임인.

26) "領事李克培 啓曰 平安邊事,臣嘗粗知 丁亥之西征也 康純爲主將 南怡爲大將 以滿浦節制使李克均備諳建州衛之路 與南怡爲先鋒 直擣李滿住家 大捷而來 此直二三日之事耳."(《성종실록》 권110, 성종 10년 윤10월 병인)

27) 《세조실록》 권44, 세조 13년 12월 신축.

28) "平安道 滿浦節制使李克均 考滿當遞 御札諭克均 曰 卿久戍絶塞 離家隔歲 勞費心力 每念莫慰 及北方無事 以 孫孝胤代卿 而孝胤又病 得人實難 無如卿焉 故不得已令卿復任 卿體予懷 勉留數月."(《세조실록》 권46, 세조 14년 5월 신사)

29) 《廣州李氏大同譜》 卷1, 21쪽; 《성종실록》 권171, 성종 15년 10월 무오.

기가 임무를 감당할 만하다는 이조의 해명으로 진산군수에 제배되었다.[30] 그런데 그 뒤로는 다시 등장하지 않는다. 성주이씨가 15세기 후반에 성세를 떨친 일급거족이었음에 비추어 볼 때, 처가가 화족華族이 아니었던 것 같다.

3. 예종·성종 대 정치활동의 확대

1) 절도사·관찰사 및 중앙 정치활동(예종 즉위년~성종 14년 6월)

만포절제사에서 물러난 이극균은 예종 1년 정월 행호군行護軍(정4품)으로 있다가 경상우도 병마절도사(종2품)가 되었다. 대마주태수의 변환을 염려한 예종이 경상도·전라도의 두 절도사를 친히 선발한 것이었다.[31] 말하자면 이극균은 비상 상황을 대비하여 남방의 중임을 맡은 셈이었다.

경상우도 절도사인 이극균은 재임지에서 도적들 때문에 골치를 앓았다. 도적들이 지리산을 무대로 활동하면서 군사·백성들을 살해하는 만행을 저지르고 있었기 때문이다. 그들은 무안 출신으로 휘하에 100여 명을 거느리고 대낮에도 활동하면서 관군의 추격을 피하고 살상하는 등 대담한 행각을 벌인 장영기張永奇 일당이었다.[32] 군사들을 거느린 이극균은 불시에 도적들을 습격하였다. 그러나 오히려 핍공逼攻당하였고, 마침내 퇴각하였다. 한밤중에 재습격을 당하여 사기

30) 《성종실록》 권292, 성종 25년 7월 경자.
31) 《예종실록》 권3, 예종 1년 정월 기미; 《예종실록》 권5, 예종 1년 5월 임자.
32) 《예종실록》 권8, 예종 1년 10월 계유.

가 꺾인 관군은 두려움에 움직이지도 못할 정도였다.[33] 일방적으로 패배한 것이었다. 이극균은 그들을 다시 추격하였지만 성과는 없었다. 마침내 성종 1년(1470) 정월 장흥에서 전라도 병마절도사 허종許琮과 부사 김순신金舜臣에게 사로잡혔지만, 도적들은 김순신을 화살로 쏘고, 군사 24명을 사살하는 등 격렬하게 저항하였다.[34] 성종 2년 3월에는 상주에서도 도적떼가 민가를 약탈하였고, 화살로 목사를 쏘기도 하였다. 왜적으로 말미암은 근심은 없었지만 오히려 날뛰는 도적들에게 이극균은 참패를 면치 못하고 있었던 것이다.

그렇다면 조선 전기(15세기)의 도적은 누구인가. 조선시대 농민들은 전세·군역·요역·공납 등 국가에 대해 여러 의무를 부담하고 있었는데, 운영하는 과정에서 수령이나 이서들이 규정 이상을 자의적으로 부과하고, 지주층은 규정 외에 과도한 지대 수취를 일삼자 농민층은 서서히 몰락해갔다. 간헐적으로 나타난 큰 재해와 빈발한 소규모의 자연재해 또한 농민들의 유랑을 촉발하는 요인이 되었다. 그래서 15세기 후반 토지에서 유리되어 떠도는 유랑민은 더욱 많아졌고, 그들 가운데 약탈로 생계를 유지하였던 부류가 도적이었다. 그들은 병농일치제兵農一致制의 군역체계 아래에서 무기를 스스로 갖추어 훈련을 받았기 때문에 쉽게 무장할 수 있었고, 전국에서 활동하고 있었는데, 시기가 지나면서 차츰 집단으로 활동하는 특징을 보였다.[35] 그중 중앙을 가장 긴장시켰던 집단이 바로 장영기 무리였다.

성종 2년(1471) 7월을 전후로 병마절도사에서 물러난 이극균은[36]

33) 《예종실록》 권8, 예종 원년 11월 신사.
34) 《성종실록》 권3, 성종 원년 2월 경술; 《성종실록》 권5, 성종 원년 5월 계묘.
35) 韓嬉淑, 〈15세기 도적 활동의 사회적 조명〉, 《역사와 현실》 제5호, 한국역사연구회, 1991, 137~149쪽.
36) 《성종실록》 권11, 성종 2년 7월 무인.

몇 달의 공백기를 거쳐 성종 3년 2월 가선대부(종2품 하계) 동지중추부사(종2품)에 제수되었다. 동지중추부사는 다음 관직을 대기하는 직이었지만, 관계로는 2품까지 이른 것이다. 성종의 즉위와 함께 시작된 정희왕후貞熹王后의 수렴청정이 성종 7년까지 계속되고 있었는데, 인사권은 훈척勳戚이 장악하고 있었다.37) 이극균과 그의 가문은 사회 성분으로 볼 때 훈척과 동질성을 가졌다. 인사에 불이익을 받을 특별한 상황은 아니었지만, 절도사 때의 평가가 반영된 것으로 보인다. 이때 그는 천추절을 하례하는 사신으로 파견되었고, 그 후 형조참판 겸 경기관찰사를 거쳐 성종 4년 8월 겸 전라도관찰사를 제수받았다.38) 한 도를 전제할 수 있는 권한을 가지게 된 것이었다.

전라도관찰사 때에는 특별한 계청啓請이 없었던 경기관찰사 때와는 달랐다. 당시 순천부에는 사람을 약탈하고 죽이는 해적이 준동하고 있었다. 장영기가 처벌된 뒤 기세가 약해졌던 도적이 다시 살인·방화·약탈을 일삼고 수적까지 횡행하자, 이극균은 성종에게 무능력하다고 질책받았다.39) 대민 업무를 하는 수령 등이 병마·수군절도사 등과 긴밀하게 연결되어 수행해야 할 일이었지만, 상급자인 관찰사 이극균 또한 그 책임에서 자유로울 수 없었기 때문이다. 그러나 그는 조운 문제의 해결방안으로 사선私船을 쓸 것과 공상貢上을 도내 고을에 분배하는 방안을 제기하여 민폐 및 태인현에 설치된 잠실蠶室로 말미암은 근방 백성들의 피해를 줄이려 하였다.40)

이극균이 순천부를 순력巡歷할 때 공납 부조리로 인한 사건이 발

---

37) 韓春順, 〈成宗 초기 貞熹王后(세조비)의 政治 聽斷과 勳戚政治〉, 《朝鮮時代史學報》 22, 2002, 51~65쪽.
38) 《성종실록》 권15, 성종 3년 2월 을해; 《성종실록》 권33, 성종 4년 8월 임술.
39) 《성종실록》 권35, 성종 4년 10월 신사; 《성종실록》 권42, 성종 5년 5월 갑진.
40) 《성종실록》 권45, 성종 5년 7월 임오.

생하였다. 즉 영리營吏에게 협박당한 군리郡吏가 면포 5필을 바치고서야 순천부의 공물인 호피를 감사영에 바치게 되었다는 사실을 알게 된 낙안군수樂安郡守 하숙산河叔山이, 그 영리를 매질한 것이었다. 비록 영리가 잘못하였다 하더라도 함부로 감사의 아전을 고문한 만큼 수령을 국문해야 한다는 도사의 재촉에도, 이극균은 오히려 하숙산의 강맹함을 용인하고 아랫사람을 검찰하지 못한 것을 자신의 잘못으로 돌리면서 사람을 시켜 하숙산에게 사과하였다.41) 직속상관으로서 그를 처벌하지 않고, 오히려 상대방을 인정하고 자신의 불찰로 돌린 것은 관료 또는 상급자로서 이극균의 선비다운 품성을 보여주는 사건이라 생각된다.

전라도관찰사에서 물러난 이극균은 가자받고 기정대부(종2품 상계)로 형조참판에 제수되었다.42) 이때의 인사로 이극균 가문으로서는 대단히 영광스러운 상황이 벌어졌다. 이극배가 병조판서, 이극증은 호조판서, 이극돈이 예조참판으로 제수되어, 4형제가 육조에 서게 되었기 때문이다. 장형인 이극배가 과도한 광영이라 사임을 청한 것은 단순한 겸손의 말이 아니었겠지만, 성종은 허락하지 않았다. 이때 이극균의 관직이 조정된 것은 사은사 한명회의 부사로서 떠날 때 동지중추부사인 것에서 알 수 있다.43)

성종 6년(1475) 10월에 이극균은 영안도관찰사에 제수되었다. 그런데 별 탈이 없던 변방에 성종 8년 윤2월에 구원讐怨이 있는 온성 올량합을 포위한 올적합에게 진장이 대응하면서 익사자가 발생하였고, 그해 4월에는 회령 장성長城에서 올량합 5명을 진장이 사로잡아 가

41) 《성종실록》 권81, 성종 8년 6월 갑자.
42) 《성종실록》 권47, 성종 5년 9월 계유.
43) 《성종실록》 권49, 성종 5년 11월 임자; 《성종실록》 권52, 성종 6년 2월 정해.

두면서[44] 긴장감이 높아지고 있었다. 그는 변진에서 요해처에 잠복하는 복병의 사기를 진작시키고자 하루에 별사別仕 둘을 줄 것을 청하여 허락받는[45] 등 경계를 늦추지 않았다. 그러나 우려하였던 큰 변란 없이 약 2년 만에 영안도관찰사에서 물러났다.

형조참판이 된 성종 8년(1477) 10월 이후 이극균이 정치적 영향을 끼친 사안을 살펴보겠다. 성종 9년 4월, 조정에 한 차례 큰 분란이 있었다. 이는 대간의 '흙비 재이론'을 부정하고 간언의 조건적 수용 및 언사言辭에 따른 견책 필요성을 제기한 도승지 임사홍任士洪(아들 임광재任光載는 예종의 부마)의 발언에 홍문관이 크게 반발하면서 일어난 것이었다. 외형상 이 사건은 임사홍과 언론 삼사의 충돌이었다. 성종은 임사홍에게는 언로 방해죄를, 양사에는 임사홍의 위세를 두려워하여 도승지 제수 때 논계하지 않은 죄를 각각 적용하여 관련자를 처벌하였다. 그러자 주계부정朱溪副正 이심원李深源이 상소하여, 임사홍이 요하僚下일 때 대간들을 사주하여 도승지인 현석규玄碩圭를 제거하려 한 성종 8년 7월의 사건의 실상을 밝히면서, 조정은 큰 충격에 휩싸이게 되었다. 그 과정에서 임사홍이 유자광柳子光 등을 끌어들여 당시 죄악시되던 붕당朋黨을 결성한 사실이 드러났다. 그들의 처벌 문제가 현안으로 떠올랐을 때 이극균은 윤계겸尹繼謙과 함께 다음과 같이 아뢰었다.

《율학해이律學解頤》의 간당조姦黨條에, '간姦이란 것은 간사한 무리이고, 당黨이란 것은 붕당의 사람이다. 만약에 사람이 본래 죄가 없거나 혹은 죄가 있어도 사형에 이르지 아니하였는데, 모두 이들 간사한 붕당의 사람이 망

44) 《성종실록》 권77, 성종 8년 윤2월 정미; 《성종실록》 권79, 성종 8년 4월 을축.
45) 《성종실록》 권79, 성종 8년 4월 기해.

령되게 올린 참소譏訴의 말을 입어서, 사람을 잘못 죽이게 한 자는 참한다'고 하였습니다. 임사홍과 유자광·박효원朴孝元·김언신金彦辛은 단지 현석규를 소인이라고 모함하였을 뿐이고, 사람을 죽이는 데에는 이르지 아니하였으니, 성상께서 재결하시어 시행하고, 김괴金塊와 김맹성金孟性·표연말表沿沫·손비장孫比長의 죄상은 계달한 바에 따라 시행하소서.46)

신료 대부분은 율에 따라 엄벌을 주장하였다. 그런데 이극균은 임사홍의 붕당 결성을 인정하면서도, 그 결과가 사람을 죽인 것은 아닌 만큼 참형에 해당되지 않는다는 점을 강조한 것이었다. 성종은 그 논리에 수긍하였다.

성종 7년(1476) 정월부터 친정을 시작한 성종은 자신에게 대부분의 공사를 집중시키는 방식으로 육조직계제를 운용하면서, 수많은 공사를 친결하였다. 논의가 필요한 많은 공사를 영돈령領敦寧 이상에게 자문을 구하였지만, 수용 범위를 최소화함으로써 국가 정책을 좌우하였다. 그러므로 성종이 강력한 왕권으로 임사홍 등의 감형을 결정하였을 가능성도 있었겠지만, 이극균이 법조문을 거론하여 감형에 결정적 역할을 한 것은 사실이었다. 표연말 등은 율에 따라 처벌받았다. 임사홍과 대항하는 과정에서 김종직金宗直 일문의 정치세력화가 이루어지고 있었고, 훈척 대 사림의 초기 대결구도라는 정치적 의미가 있는 이 사건에서, 이극균은 성종이 훈척의 손을 들어주는 데 일조하였던 것이다.47)

임사홍에 대한 이극균의 우호적 발언은 또 있었다. 이 사건으로

46) 《성종실록》 권92, 성종 9년 5월 정묘.
47) 한춘순, 〈朝鮮 成宗의 六曹直啓制 運用과 承政院〉, 《한국사연구》 122, 2003, 104~112쪽 및 117~120쪽.

오랫동안 정치 일선에서 퇴진하였던 임사홍을 성종이 21년(1490) 8월 중국에 관압사管押使로 파견하려 하자, 삼사는 극렬하게 반대하였다. 이때 좌참찬인 이극균은 압마押馬만을 할 뿐이므로 파견해도 별 문제 없다고 답하여, 사신으로서 부적격한 자를 왕실과 연혼(임사홍의 아들 임숭재는 성종의 부마)한 그의 기염氣焰을 두려워하여 아첨하였다고 홍문관으로부터 맹비난을 받았다.[48] 결국 임사홍은 관압사로 파견되었다. 다른 재상들이 묵묵부답인 가운데 이극균의 한마디는 성종의 결정에 영향을 미쳤다. 결과적으로 연산군 대 무오·갑자사화의 주역이라 할 수 있는 유자광·임사홍의 정치 생명 연장에 이극균이 깊숙이 개입한 셈이 된 것이다.

이극균이 형조참판에서 물러나 동지중추부사가 된 다음 날, 천추사의 통사를 통해 9월에 건주위를 토벌하려는 중국의 청병설이 알려졌다.[49] 이틀 뒤 성종은 여러 정승·변무를 맡았던 이들과 정벌에 관해 논의하였다. 이극균은 평안도의 열악한 형편을 들어 원병은 불가능하며, 전례 때문에 부득이하다면 평안도 군사만으로 해결하자고 주장하였다. 중국과 함께 건주위를 재정벌하는 것에 부정적이었던 것이다. 다만 정벌에 반대하였다가 세조에게 호된 질책을 받았던 탓인지, 반대 의견과 나름의 실전實戰을 바탕으로 한 정벌 방안을 제시한 점이 눈에 띈다. 이극배도 강력히 출병을 반대하였다.[50] 그러나 성종은 이틀 뒤 출병을 결정하였다.

몇 달 후 가정대부로 영안북도 병마절도사(종2품)에 제수되었지만, 이극균은 명망이 없어 본도를 진정시키기 어렵다고 사양하였다.[51]

48) 《성종실록》 권243, 성종 21년 8월 갑오.
49) 《성종실록》 권95, 성종 9년 8월 기유; 《성종실록》 권95, 성종 9년 8월 경술.
50) 《성종실록》 권95, 성종 9년 8월 임자.
51) 《성종실록》 권102, 성종 10년 3월 무인.

영안북도의 특성상 활 잘 쏘는 자를 절도사로 삼아서 야인들의 마음을 복종시켜야 하는데, 그렇지 못한 이극균을 김교金嶠와 교체하자는 영사 한명회의 말이 받아들여지면서,[52] 그는 다음 날 호조참판에 제수되었다. 그래서 그는 우찬성 어유소魚有沼(삼도 체찰사)가 총지휘를 하고, 절도사 김교가 후원하는 서정 대열에서 빠질 수 있었다.[53] 당시 서정은 출병한 지 얼마 후 파진罷陣하여 문제가 되었다. 성종은 군사 3천 명에 좌의정 윤필상尹弼商을 도원수로 삼고, 절도사 김교를 부원수로 삼아 재출병을 명하였다.[54] 중국에서도 조선이 야인을 공격하지 않은 사실을 알고 있었기 때문이다. 우여곡절 끝에 출병한 윤필상 등은 적 15급을 참획하고 12명을 사로잡고 돌아왔다. 성종은 흡족해 하였다.[55] 중국과의 의리를 지키고 성과까지 올렸기 때문이었다. 그러나 실제로 그 전과는 미미한 것이었다.

그렇다면 이극균이 서정을 반대한 까닭은 무엇일까. 그는 정해년 서정에서 선봉에 섰고 공도 세웠다. 그러나 처음에 적의 소굴이 가까운 줄 알고 산을 오르다가 길을 잃었고, 가까스로 살아 나온 적이 있었기 때문이다.[56] 적들의 지형을 정확하게 파악하지 못한 상태에서 출병하는 것을 무리라고 판단했던 것 같다.

성종 12년(1481) 4월 평안도절도사로 제수된 이극균은 중요한 상황 변화를 마주하고 있었다. 서정 이후 통교가 단절된 건주위 야인 이거우李巨右 등이 성종 13년 5월 추장 도독 이달한李達罕(이만주의 아들) 등을 칭탁하여 귀순을 청하고 있었기 때문이다. 이극균의 보고

52) 《성종실록》 권103, 성종 10년 4월 신해.
53) 《성종실록》 권110, 성종 10년 윤10월 병인.
54) 《성종실록》 권111, 성종 10년 11월 임진, 기해.
55) 《성종실록》 권112, 성종 10년 12월 갑인, 신미.
56) 《연산군일기》 권25, 연산군 3년 7월 병오.

를 접한 성종은, 귀순의 진의를 판단하기 쉽지 않은 상황에서 일단 이거우 등이 귀순할 경우를 대비시키는 한편, 선물 준비, 기해년(성종 10) 정벌에 대한 해명, 향후 태도 여하에 따른 대우 방침, 그리고 영안도 후문을 통한 상경 등의 지침을 내렸다.[57] 이틀 뒤 강계의 체탐인體探人 이완李完 등이 압록강가에서 야인 3명을 사상시킨 돌발 사태가 발생하였지만, 이달한의 지휘는 여전히 입조入朝와 호시互市를 청하였다. 이에 성종은 이달한의 직접 숙배肅拜만 허락하는 한편 호시 내용을 엄격하게 제한하고, 이완 등에 의해 아들 심아시합沈阿時哈이 피살당한 심아지응가沈阿之應可 등에게 사냥하던 강계부 백성들의 우발적인 행동이었음을 강조하도록 유시하여[58] 자극을 최소화하려 하였다.

조선은 변방 안정, 야인은 정치·경제적 이익 추구라는 각자의 이해관계에 따라 야인의 입조가 이루어지고 있었다. 성종은 야인 간흑능幹黑能 등 4인을 인견하였고, 이거우·심여롱가 등을 접대할 일도 의논하였다.[59] 조선은 두 달 전에 국휼國恤(정희왕후의 국상)을 내세워 다음에 오도록 한 좌위·우위도독의 사송使送과, 기해년에 토벌당하였음에도 투화投化하겠다는 조이시합趙伊時哈, 도독의 자식으로 조이시합을 따라온 동거우동童巨右同 등, 이달한의 아들과 그의 수종, 권세가 왕자자라黃者者羅, 이만주의 조카 이소을고李所乙古, 이소을고가 데려올 조도을적趙都乙赤 등의 입조도 허락하는 등 대대적인 포용 정책을 폈다.[60] 그렇다고 모든 야인의 입조를 허락한 것은 아니었

57) 《성종실록》 권141, 성종 13년 5월 갑오.
58) 《성종실록》 권142, 성종 13년 6월 계해; 《성종실록》 권144, 성종 13년 8월 갑자. 그들이 한 달 뒤 다시 같은 요구를 해 왔을 때에도 성종은 일족이 피살된 이달한과 근일에 틈이 생긴 심여롱가의 내조와 그들을 회유하는 데 각별히 신경을 썼다.
59) 《성종실록》 권151, 성종 14년 2월 갑자; 《성종실록》 권152, 성종 14년 3월 갑진.

다. 요동의 애양보와 가깝고 사람이 살지 않은 지 이미 오래된 황성皇城에 옮겨 살면서 조선에 정성을 바치겠다는 야인 김유리개金劉里介의 요구는 중국 견책을 이유로 물리쳤다.61) 이 같은 야인 정책은 이극균이 중앙과 긴밀하게 연락을 취하면서 진행되고 있었다.

그렇다면 당시 야인들에 대한 성종의 인식과 대응 방식은 어떠하였을까.

> 대저 야인들은 얼굴은 사람이지마는 마음은 짐승과 다름이 없으니, 진실로 은혜로써 회유하고 위세로써 두렵게 하지 않으면 장구한 평안을 이루기가 어렵다. 예로부터 오랑캐를 대우하는 것은 그 요청에 힘써 따라서 기미羈縻할 뿐이다. 지금 이망가李亡可 등이 나와서 소금·장·쌀·베를 청구할 때에 변장邊將이 의리에 따라 답한다면 사체事體에 거의 합당할 것인데도 갑자기 속이는 말을 듣고서 뒤따라 넉넉하게 주었으니, 사체에 어긋남이 있게 되었다. 그러나 편견을 고집하여 변방의 흔단을 일으킬 수 없다. 지금부터 이후로 줄 만한 것이 있으면 구실을 내세워 이를 주도록 하고, 명분이 없는데도 이를 주어서 한정이 없는 욕심을 내도록 함이 없게 하라.62)

야인들은 신뢰할 수 없는 종족들인 만큼, 바라는 바를 잘 파악해서 분쟁거리를 만들지 않는 것을 최상의 방책으로 삼고 있었다. 이는 성종에만 국한된 인식은 아니었다. 변장의 올바른 상황 판단을 강조한 점도 눈에 띈다. 기해년 정벌 이후 다양한 성향을 보이는 야인에 대한 일원적·일률적 대응은 불가능하였으므로, 상황과 요구 내

60) 《성종실록》 권155, 성종 14년 6월 기묘; 《성종실록》 권157, 성종 14년 8월 갑술; 《성종실록》 권156, 성종 14년 7월 무술.
61) 《성종실록》 권154, 성종 14년 5월 신축.
62) 《성종실록》 권152, 성종 14년 3월 병오.

용을 판별하여 그때마다 논의를 거쳐 대응하고 있었던 것이다. 이극균은 변무를 잘 감당하고, 성종 13년 이후 변화하는 야인 관계에 시의적절하게 대처하는 최상의 적임자로 인정받아 가자되었다.[63] 이에 그의 관계는 자헌대부(정2품 하계)에 이르렀다. 병조판서가 되었지만, 형제가 안팎의 병권을 잡는다는 대간의 비판으로 교체되어 한성부 판윤을 맡게 되었다.[64] 약 2년 2개월 만에 절도사 직에서 물러난 것이다.

2) 국정 참여 및 도원수·관찰사로서 치적(성종 14년 6월~24년 12월)

한성 판윤으로 내직에 복귀한 이극균은 성종 15년(1484) 3월 지중추부사를 거쳐 6월 대사헌에 제수되었다.[65] 언론기관의 수장이 된 것이다. 잘 알려져 있다시피 성종 대 대간의 활동은 대단히 활발하였다.[66] 대사헌인 그도 활발하게 활동하였는데, 그 몇 가지를 살펴본다. 예컨대, 전토 3분의 2를 줄인 각림사覺林寺·대자암大慈菴·장의사藏義寺 외 나머지 사사전寺社田의 반을 임시로 줄이도록 하였고, 어전 통사通事를 스스로 청하여 북경에 데려가는 성절사 청성군淸城君 한치형韓致亨의 추국을 청하였다. 그러나 모두 받아들여지지 않았다.[67]

63) "下書 平安道節度使 李克均 曰 卿於邊鎭形勢 備諳利害 凡所措置 動得機宜 予甚嘉悅 特加卿一資 以賞之 自 建州衛 入征之後 邊釁重構 彼人報復之計 囂然未已 北門重寄 非卿不可 雖瓜期已滿 亦不可遞遷 閫外之務 將以久委 卿其知悉 防戍諸事 更須殫慮 以副予委任之意."(《성종실록》 권145, 성종 13년 윤8월 무자)

64) 《성종실록》 권155, 성종 14년 6월 무인, 기축.

65) 《성종실록》 권167, 성종 15년 6월 무인.

66) 鄭杜熙, 《朝鮮時代의 臺諫硏究》, 1994, 50~166쪽; 南智大, 〈朝鮮 成宗代의 臺諫 言論〉, 《한국사론》 12, 1985.

67) 《성종실록》 권169, 성종 15년 8월 정사, 정묘.

한편 비리 의혹이 있는 강동현감을 논핵하여 다른 고을로 교체하였고, 대사간과 합사하여 창경궁을 지은 수리도감의 과다한 논상으로 관직을 제수받은 7명을 개정하였다.[68] 그러나 한명회의 법첩法帖을 잘못 살펴 죽석본竹石本까지 내어서 새겨 준 교서관이 사간원에 국문을 당하면서, 제조인 이극균도 탄핵받고 사직하게 된다.[69] 이유야 어쨌든 불명예 퇴진이었다.

이극균이 병조판서가 된 성종 16년(1485) 7월에는, 또 다시 그의 가문에 영광스러운 상황이 벌어졌다. 그의 조카인 이세좌李世佐가 대사헌에, 사촌 이극규李克圭가 지평에 있는 상태에서 이극균이 병조판서가 된 것이었다. 이세좌·이극규가 친인척임을 들어 교체를 청하였고, 비록 성종이 모두 교체하도록 하였지만,[70] 이 사건은 요직과 청직에 이극균 가문의 인물들이 배치되고 있었음을 보여주기 때문이다. 이때 이극균은 그대로 병조판서 직을 유지하였다. 이 시기에 그는, 재령군 전탄箭灘의 물을 끌어들여 관개하면 백성에게 큰 이로움이 있다는 월산대군 가月山大君家의 말을 듣고 대 사업을 추진하려는 성종의 의도에 신료 대부분이 찬성으로 돌아선 것과는 달리, 이숭원李崇元과 처음부터 끝까지 반대하였다. 실제 황해도 온 장정을 징발하여 시작된 사업은, 쌓고 뚫는 작업을 반복하면서 수많은 사망자가 생겼지만 끝내 성취되지 못하였다.[71] 처음부터 사업의 타당성에 의문을 갖고 반대하였고, 온 조정이 찬성하는 분위기 속에서 반대를 고수하였다는 점에서 크게 평가할 만한 일이다.

황주축성사黃州築城使도 겸한 그는 방어 상황의 완급緩急을 기준으

68) 《성종실록》 권169, 성종 15년 8월 계미; 《성종실록》 권171, 성종 15년 10월 신유.
69) 《성종실록》 권172, 성종 15년 11월 을미.
70) 《성종실록》 권181, 성종 16년 7월 을묘.
71) 《성종실록》 권183, 성종 16년 9월 경오.

로 축성의 우선순위를 정하였고, 오래된 군안軍案의 호적이 군액 차이의 원인임을 지적하여 군적 개정을 주장하여 긍정적인 답변을 얻었다.72) 또한 육진에서의 세 가지 민폐, 즉 갈려 돌아가는 변장이 군민의 마필을 뽑아 가서 기병에게 말이 없게 만드는 우종牛從, 죄인을 처벌하지 않고 대부분 신시神布·구피狗皮·솥·농기구 등으로 징수하는 속전贖錢, 만호와 첨절제사에게 부역賦役을 당하고 본진에서도 부역하는 속진의 차역불균差役不均 등의 폐단을 제거하는 것이 소복책이라는 것 등을 주장하였다.73) 지역 폐단을 정확하게 파악하고 현실적인 정책을 제안하였던 것이다.

성종 18년(1487) 4월에 다시 영안북도 병마절도사에 제수되었지만, 풍병으로 건강이 악화되어 몇 달 뒤 물러났다.74) 그 후 2년여 동안 지중추부사, 의금부 당상으로 있으면서 병을 치료하고 건강을 회복하는 시간을 가졌다. 그러다가 성종 21년 4월 정헌대부(정2품 상계) 좌참찬에 제수되었다.75) 처음으로 의정부에 진입한 것이었다. 이때에는 영안도에 활의 재료·장인이 없는 문제점 지적과 군기시의 각궁角弓을 나누어 주고 활쏘기를 익히게 할 것, 장인을 구타한 청천군淸川君 한환韓懽의 처벌, 관료 이동, 수인囚人 처벌76) 등 여러 공사에 참여하였다.

성종 22년(1491) 4월에는 정치권력의 핵심인 인사를 좌우하는 이조판서에 제수되었다. 그러나 장령 두 사람이 대간의 논핵으로 파면

72) 《성종실록》 권184, 성종 16년 10월 계사, 병신.
73) 《성종실록》 권185, 성종 16년 11월 정묘.
74) 《성종실록》 권202, 성종 18년 4월 신사; 《성종실록》 권211, 성종 19년 정월 경술.
75) 《성종실록》 권239, 성종 21년 4년 병술.
76) 《성종실록》 권240, 성종 21년 5월 무진; 《성종실록》 권241, 성종 21년 6월 임오; 《성종실록》 권242, 성종 21년 7월 정사; 《성종실록》 권244, 성종 21년 9월 을해.

되면서 곤욕을 치렀다. 그 후 대관臺官을 의망擬望할 적에는 반드시 홍문관의 관원으로 충원하였다.[77] 이는 훗날 홍문관과 대간의 인적 구성이 동질성을 띠게 되는 시발점으로서 중요한 의미가 있다. 또한 병조판서 이숭원과 더불어 도사인 이숭원의 아들을 이극균이 호조정랑에 제수하고, 참봉인 그의 얼서孼壻를 이숭원이 선전관으로 제수하였다는 것 때문에 대간의 논핵으로 추문당할 처지에 놓였고, 결국 얼서의 관직이 개정되는 수모도 겪었다.[78] 명분으로 무장한 대간의 논박을 누구라도 비껴가기 어려운 당시 분위기였지만, 인사권을 행사한 이극균도 이때 많은 공박을 받았다.

다른 한편으로 당시 현안인 올적합 정벌에는 계속 반대하였다. 정벌 문제는 성종 22년 정월 조산보造山堡를 함락시키고, 경흥부사 나사종羅嗣宗이 전사한 올적합의 변을 영안북도절도사 윤말손尹末孫이 치계하면서 대두된 것이었다. 조산의 변이 충격이었던 까닭은, 영안도에서 야인에게 성이 함락되고 장수가 전사한 일은 일찍이 없었기 때문이었다.[79] 그렇다면 지속적으로 내조를 원하고 통교하던 야인들이 갑자기 침구한 까닭은 무엇일까. 그것은 성종 21년 9월에 압록강을 건너 야숙하려던 야인을, 공을 바라고 몰래 7명을 참한 만포 첨절제사 허혼許混에 대해 복수하기 위해서였다. 성종의 분노처럼 바로 허혼이 만든 흔단 때문이었다.[80] 곧 정벌을 단행하고자 하는 성종과는 달리 이극균을 비롯한 신료 대부분은 올적합의 수적 강세, 용감

77) 《성종실록》 권252, 성종 22년 4월 정사; 《성종실록》 권254, 성종 22년 6월 임술.
78) 《성종실록》 권255, 성종 22년 7월 신축; 《성종실록》 권256, 성종 22년 8월 신미.
79) 《성종실록》 권249, 성종 22년 정월 정유.
80) 《성종실록》 권244, 성종 21년 9월 을해. "傳曰 許混如有生道 固當活也 天道 春夏發生長養 秋冬肅殺斂藏 許混有武才 稍解文理 故在祖宗朝已嘗選用 予亦以爲有才 任爲邊將 混 乃先爲要功之計 潛殺無辜野人 詐報節度使 稱爲獻捷 其欺罔莫甚 且賂遺唐人 欲掩其迹 若使上國聞之 其謂我國有人乎 虜再犯境 使國家多事 由 混構釁之故也."(《성종실록》 권255, 성종 22년 7월 신사).

함, 그들의 지형을 알지 못하는 점 등을 들어 정벌에 반대하였다.[81] 그는 특히 조선 1만 군대의 나약성을 문제 삼았다. 그러나 성종은 이미 도원수 허종·부원수 이계동李季仝을 내정해 놓고 있었다.[82]

여러 도의 군사 2만 명으로 공격진용을 갖추고 계획대로 북정에 나선 도원수 허종을 비롯한 장수들은 야인 9명을 참획하고, 1명을 포획하였으며, 수많은 부상자를 만들었다. 그리고 야인의 집을 불태웠다. 그러나 그 전과는 매우 부실한 것이었다. 이들은 양식 부족을 이유로 정벌에 나선 지 17일 만에 귀환을 결정하였다.[83] 2만 대군을 거느리고 두만강을 건너가 한갓 군사들만 괴롭게 하고 돌아온 셈이었다. 전과가 없었던 까닭은, 북정 소식을 이미 들은 야인들이 모두 도망하였기 때문이었다.[84]

조산보에 야인이 침구할 무렵, 서쪽 변방인 정탄과 창주진昌洲鎭에서의 전황을 알리는 평안도절도사 이조양李朝陽의 치계와, 얼마 뒤에는 무이보撫夷堡 강 밖 전투 상황을 알리는 윤말손의 보고가 잇달았다.[85] 성종이 이조판서 이극균을 서북면 도원수, 평안도절도사 오순吳純을 부원수로 삼은 것은,[86] 그 같은 긴박한 상황 때문이었다. 도원수 이극균은 내금위·겸사복兼司僕·서반西班·한량인 등을 충원하였고, 간첩 활용 방안과 뛰어난 간첩 활동을 벌인 김주성가金主成可에게 상 줄 것을 청하였다.[87] 한 자급을 가자받고 좌참찬에 다시 제수된 이극균은 9월 초순에 서울에 돌아올 예정이었다.[88]

81) 《성종실록》 권250, 성종 22년 2월 임자.
82) 《성종실록》 권252, 성종 22년 4월 경오.
83) 《성종실록》 권259, 성종 22년 11월 임오; 《성종실록》 권258, 성종 22년 10월 병인.
84) 《연산군일기》 권33, 연산군 5년 5월 무진.
85) 《성종실록》 권249, 성종 22년 정월 병신; 《성종실록》 권250, 성종 22년 2월 기유.
86) 《성종실록》 권253, 성종 22년 5월 기해.
87) 《성종실록》 권254, 성종 22년 6월 병오, 기유.

북정 계획이 알려진 탓인지, 야인의 침구는 평안도에 집중되고 있었다. 도원수 이극균이 부임하기 전에, 야인이 이산理山·아이보阿耳堡, 벽동碧潼, 허린포許麟浦에 침입하였다. 특히 아이에서는 농민 남녀 7명과 우마를 노략질해 갔다.[89] 또 고사리와 위원渭原 지역에 들어와서 각각 복병을 죽이고 5명을 사로잡아 갔으며, 여자 2명을 살해하는 한편 남녀 6명 및 우마를 사로잡아 갔다. 부상자도 생겼다.[90] 잇단 침구에 일방적으로 당한 이극균은 성종에게 심한 질책을 받았다.

게다가 8월 초2일 밤에 벽동진에 자피선者皮船 12척을 타고 적들이 도강하였을 때, 복병과 연대煙臺를 지키던 자들이 크게 소리 질러 그들을 도망치게 하였다. 절도사 오순의 치계를 받은 성종은 다음과 같이 전교하였다.

> 지금 물이 불은 때를 당하여 적이 진실로 크게 군사를 일으켜 침범할 수는 없을 것이나, 좀도둑 등의 무리로 자피선을 타고서 몰래 강을 건너서 일어나는 놈은 마땅히 끌어들여서 복병을 설치하여 무찔러 죽여야 할 것이다. 경도 또한 이 일을 내 면전에서 대답하고 떠나갔는데, 지금 오순이 아뢴 바를 보니, 적이 몰래 강을 건너서 벽동 땅의 경계를 들어왔을 때, 우리 군사가 경솔히 행동하지 않고 적이 깊이 들어오기를 기다렸다가 그들이 돌아가는 길을 끊어서 좌·우 두 쪽에서 들이쳤다면 적을 다 사로잡을 수가 있었을 것인데도, 바야흐로 적이 육지에 내리자 큰 소리로 부르짖어 소리가 천지를 진동시켰으며, 본진의 장수도 또한 대각大角과 소각小角을 함께 불면서 군사를 거느리고 빨리 달려 도착하여 적으로 하여금 물러나 도망가도록 했

88) 《성종실록》 권254, 성종 22년 6월 계유; 《성종실록》 권255, 성종 22년 7월 임오.
89) 《성종실록》 권255, 성종 22년 7월 갑신; 《성종실록》 권254, 성종 22년 6월 갑자, 임신.
90) 《성종실록》 권256, 성종 22년 8월 정미, 기유.

으니, 이것은 처음부터 복병을 설치하여 무찔러 죽이려고 한 것이 아니고 적이 놀라서 달아나는 것만으로써 이롭게 여겼기 때문이다. 그 10리마다 복병을 설치하면서 다만 4인만 배치한 것은 군사가 모자라기 때문에 그렇게 한 것인가, 다만 4인만 쓰더라도 적을 제어할 수가 있기 때문인가? 그것을 치계하라.91)

서북면 도원수 이극균에게 성종은 무전략으로 대응했을 뿐만 아니라 애초에 침입한 적을 섬멸하려는 각오가 전혀 없이, 오로지 침구하는 적을 도망치게 하는 데 주안점을 둔 안이함과 나태함을 통박한 것이다. 8월 5일에 적이 이산의 적동에 들어와서 척후인 갑사 조산趙山을 사로잡아 갔다는 사실까지 보고받자, 승전보는 고사하고 수모를 당한 상황을 계속 보고하는 이극균에 대한 성종의 불신·불만이 폭발 직전까지 이르렀다.92)

벽동 패전에 대한 하문에 상세히 답을 올린 지 사흘 뒤, 이극균은 승전보를 전하였다. 즉 8월 21일에 고산리성 전투에서 적 39급을 베었고, 익사자 또한 매우 많았다는 것이다. 또한 우리 군사의 손실은 6명 부상에 사망자는 없었다는 것과 침입한 적세賊勢 및 만포에 침구한 적세의 자세한 전황을 알렸다. 성종은 흡족해 하였다. 이 전투에서 일찍이 사로잡혀 갔다가 탈출한 고산리의 전효안田孝安은 침구 계획을 알려 주어 승리에 큰 몫을 하였다.93)

고산리 승전 이후에 들린 12월의 야인의 만포 입구설과는 달리, 적은 성종 23년 정월 25일 밤에 벽동군에 돌입하여 성을 포위하였다.

91) 《성종실록》 권256, 성종 22년 8월 계축.
92) 《성종실록》 권256, 성종 22년 8월 병진, 을축.
93) 《성종실록》 권256, 성종 22년 8월 계유. 닷새 뒤에 갑사 서자명徐自明을 보내어 적의 머리 39급을 바쳤고, 이때 보고된 사망자는 모두 약 80여 명이었다.

큰 전투가 벌어지지 않은 채 그들이 물러가자, 성종은 무예에 재주가 있는 이줄李茁·양기손梁麒孫·정은부鄭殷富·구전具詮·허함許誠을 충원하고, 화차 사용을 명하였다.94) 그러나 벽동과 벽단碧團의 접전에서 3명이 사망하고, 18명이 부상을 입었으며, 군사 3명이 포로가 되는 큰 손실을 입었다.95)

중앙으로 돌아온 이극균은, 벽동·벽단·아이·이산·고산리·강계 등의 각 전투, 특히 패전에 대한 상세한 상황과 원인을 아뢰어 성종의 오해를 풀었다.96) 야인들의 동태는 변화무쌍하였다. 피살된 형 조이리합趙伊里哈의 복수 때문에 지난겨울 창성(정탄, 창주진)에 침입한 건주위 야인 조다랑합趙多郞哈과 고산리에서 전사한 처족妻族의 복수를 위해 벽동에 침구한 건주위 도독 이달한이 모두 귀순을 원하고, 영안도 후문(우리나라에서 여진과 공적으로 통래하던 궐문. 시대에 따라 그 위치가 변하였음. 북문)으로 입조하기를 원하고 있었다. 이 내용은 온하위 호군 김주성가 등이 만포첨사 김윤제金允濟에게 말한 것으로, 성종 23년(1492) 7월 평안도절도사 조극치曹克治의 보고로 중앙에 알려졌다. 김주성가의 말을 믿지 않았던 성종은, 그들이 비록 납관納款하러 온다고 하더라도 반드시 진심을 확인할 것과 영안도로 오게 할 것 등을 유시하였다.97) 이미 귀순한 상태에서 허혼의 일을 핑계 삼아 벽동에 침구한 이달한 등을 의심하는 것은 당연하였다. 이 무렵 이극균은 적을 막기 위한 궁노弓弩와 기계를 만들었고, 활촉이 길고

94) 《성종실록》 권259, 성종 22년 11월 기해; 《성종실록》 권261, 성종 23년 정월 경자. 같은 날 이극균은 휘하의 우후와 화포감역관火砲監役官 등을 모두 병이 있다는 이유로 취품하지 않고 마음대로 올려 보낸 뒤 치계하여 비판을 받았다.
95) 《성종실록》 권262, 성종 23년 2월 임인.
96) 《성종실록》 권265, 성종 23년 5월 갑오.
97) 《성종실록》 권267, 성종 23년 7월 신묘.

끝이 예리한 편전片箭을 제시하여 군기에 정통한 사람으로 인정받아 군기시제조를 겸하게 되었다.[98] 군기 전문가로서 그 발전에 공헌하고 있었던 것이다.

성종 24년 3월에 성종의 상을 받은 김주성가·박고리朴古里와 추장 김유리합의 아들 지휘 무등거無澄巨 등이 말한, 조달랑합趙達郞哈의 요구나 귀순한 삼위 사람의 입조를 허락하지 않는 것에 대한 고라합古羅哈의 불평 등을 적은 평안도절도사 조극치의 보고 내용을 놓고, 그들을 믿지 않는 성종과 신임하는 이극균의 견해가 충돌하고 있었다. 결국 귀순하였다는 이유로 조달랑합에게 면포를 주는 것만 허락하였다.[99] 그러나 삼위의 야인은 이미 정성을 보냈고, 적의 추장 조달랑합도 귀순한 상태였다. 다만 별도로 한 부락을 이룬 배산裵山의 적이 가장 큰 문제였다.[100] 그렇게 변방이 안정되는 즈음에 도원수 이극균은 교체되었다.[101] 3년 만의 일이었다. 여러 전투와 접전을 지휘하면서 변방 안정에 기여한 뒤였다.

이극균은 성종 24년 8월 숭정대부(종1품 하계) 경상도 관찰사에 제수되었다. 그는 염근廉謹하게 봉공奉公하는 도내 수령 강백진康伯珍·이집李緝·김준손金駿孫·박한주朴漢柱·김수문金秀文을 발탁하여 올린 한편, 밤낮으로 처가에 관물을 실어나른 탐오한 청도군수 정이교鄭以僑를 하고下考에 두었다. 지방 행정과 백성들의 휴척休戚에 직접 관계되는 수령의 고과를 엄정하게 평가한 것이다. 또한 열녀와 효부를 발굴하여 정문旌門·복호復戶의 은전을 받게 하였다. 특히 천거한 유일遺逸 가운데 성리학에만 힘쓰고 태도와 행실이 방정한 생원 김굉필金宏

98) 《성종실록》 권263, 성종 23년 3월 신묘; 《성종실록》 권266, 성종 23년 6월 갑진.
99) 《성종실록》 권275, 성종 24년 3월 병술.
100) 《성종실록》 권279, 성종 24년 6월 정축.
101) 《성종실록》 권279, 성종 24년 6월 신미.

弼의 천거는,102) 사림으로서 조선 성리학의 도통에 자리하는 인물의 천거라는 점에서뿐만 아니라 조광조趙光祖라는 걸출한 학자까지 연결된다는 점에서 그 의미가 대단히 크다.

이극균은 특히 왜에 대해 세밀하게 관찰하고 그 문제점을 지적하였다. 처음 웅천현과 7리 거리에 있는 수도水島의 밭을 개간하여 살고 있는 항거왜인의 경작의 문제점을 공론화시켰다. 비록 시행되지 않았지만 대마도주와 제추諸酋의 사선使船 숫자를 대선·중선·소선으로 적당하게 약정하여 큰 배의 양식을 지급하는 폐단을 막으려 하였다. 또 그 왜의 수장에게 이후 범법자를 모조리 죽이겠다는 것을 휘하에 알리도록 하는 선에서 그쳤지만, 영등포와 어을아포吾乙兒浦에서 사람을 죽이고, 전라도에서 추자도의 변을 일으키는 등 이익을 위해 방자하게 날뛰는 왜인을 대마도 경차관으로 하여금 도주에게 금지시키도록 강력하게 계청하기도 하였다.103)

이제 조선과 일본의 통교에 대해 살펴보자. 일본 국왕의 자격으로 태종 4년(1404) 아시카가 요시미쓰足利義滿가 조선 국왕에게 국서를 보내고, 조선이 이를 접수하는 것으로 양국 중앙 정부 사이에 정식으로 국교가 체결되었다. 이로써 550년에 걸친 국교 단절 상태를 끝내고 국교가 재개된 것이다. 조선 전기 대일관계는, 국교를 체결하고 왜구 진압정책에 진력하여 왜구가 평화적 통교자로 전환된 태조 1년(1392)에서 세종 1년(1419)까지의 제1기, 대마도 정벌 이후 문인文引제도 약정, 계해癸亥약조 체결 이래 각 통교자와의 세견선歲遣船 약정, 조빙응접규정朝聘應接規定의 완비 등이 이루어진 세종 2년에서 성종 2

102) 《성종실록》 권285, 성종 24년 12월 을해, 갑신; 《성종실록》 권288, 성종 25년 3월 병진; 《성종실록》 권290, 성종 25년 5월 정미.

103) 《성종실록》 권284, 성종 24년 11월 병신; 《성종실록》 권289, 성종 25년 4월 기미; 《성종실록》 권290, 성종 25년 5월 정유.

년(1471)까지의 제2기, 성종 대 확립된 통교체제의 모순이 드러나기 시작하여 삼포왜란, 사량진왜변, 을묘왜변 등이 일어나고, 16세기 중반 이후 중앙 정부 사이의 통교가 사실상 단절되고 대마도와의 무역만이 유지되었을 뿐인 성종 3년부터 선조 25년(1592)까지의 제3기로 나눌 수 있다.[104)]

이극균이 관찰사로 활동한 시기는 통교체제의 모순이 드러나던 때였고, 그래서 자신이 파악한 왜의 문제점을 중앙에 소상하게 보고하여 그들의 준동과 세력 확대를 막으려 한 것이었다. 왜에 대한 경계는, 중신을 파견하여 유명무실한 유방정병留防正兵과 사관射官의 상태에 대한 계책을 마련하자는 주장으로 이어졌지만, 병조의 반대로 무산되었다.[105)] 현장에서 목도하고 관찰한 이극균의 입장과 보고를 듣는 신료나 성종의 입장에 차이가 있기 마련이었겠지만, 개선방안은 거의 받아들여지지 않았다. 이미 내지에 들어와 소식을 자세히 알고 있는 왜인들인 만큼, 문제를 제기하여 자극하기보다는 드러나지 않게 경계하는 것을 최선의 방책으로 여기는 분위기였기 때문이다. 1년 2개월 만에 체대遞代되어 돌아왔을 때에 부산포 왜·염포 왜·제포 왜의 호·남녀·사원·승려의 원래 수와 증가한 수를 파악하여 서계하였는데,[106)] 공통적 특징은 각 포마다 각 항목이 전부 상당수 증가하였다는 것이다. 연산군 대를 거쳐 중종 5년(1510)에 삼포왜란이 발생한 것을 보면, 이때 이극균의 주장대로 왜와의 관계를 바로잡지 않은 것이 조선으로서는 좋은 기회를 놓친 것이었음을 알 수 있다. 뼈아픈 대목이 아닐 수 없다.

---

104) 河宇鳳, 《한국사》 22, 국사편찬위원회, 1995, 373쪽.
105) 《성종실록》 권290, 성종 25년 5월 무술.
106) 《성종실록》 권295, 성종 25년 10월 경진.

4. 연산군 대 여진정책 주도와 갑자사화

1) 평안도관찰사·경변사警邊使로서 여진정책 실패(즉위년~6년 3월)

성종의 뒤를 이어 즉위한 연산군은 1년(1495) 10월까지는 원상제院相制를 두고 국정을 운영하였다.[107] 관심을 갖는 사안은 혼자 결정하는 경우도 있었지만, 그 외에는 육조직계제에 의해 올려진 사안을 원상들과 논의하였고 그들의 견해를 선택하여 수용하고 있었다. 원상제가 혁파된 뒤에도 국방, 외교, 폐비윤씨 문제, 내수사內需司 등 비중 있는 문제에 대해서는 정승(원상) 재상들의 의논을 수렴하는 방식을 취하였다.

연산군이 즉위한 직후, 지중부추사로 국장도감제조를 맡았던 이극균은[108] 1년 3월 평안도관찰사가 되었다. 그는 원상들의 반대로 무산되었지만, 주민들의 미상환이나 관리 부실로 생기게 된 모흠곡耗欠穀을 면제하려 하였다.[109] 이때도 야인 문제는 당면한 현안이었다. 건주위 야인이 위원에 침입하여 사람들을 사로잡아 갔기 때문이었다.[110] 흔히 침구를 전후하여서 대개 진위를 확인하기 어려운 귀순한 야인의 정보 제공이 있었던 것처럼, 위원 침구 후에도 건주위 지휘 김우당가金亐唐可 등이, 지난달 그믐께 (위원에서) 80명을 사로잡아 왔다고 한 김산적하金山赤下 집에 갔다가 대국을 범한 것은 광망狂妄

107) "盧思愼 (尹)弼商等 請免院相 從之."(《연산군일기》 권10, 연산군 1년 11월 경진)
108) 《연산군일기》 권25, 연산군 3년 7월 경자; 《연산군일기》 권1, 연산군 즉위년, 12월 경진.
109) 《연산군일기》 권4, 연산군 1년 3월 계묘; 《연산군일기》 권14, 연산군 2년 4월 경진, 기묘.
110) 《연산군일기》 권16, 연산군 2년 7월 정미.

한 소년들이고, 그로 말미암은 병란을 두려워하는 늙은이들의 탄식을 들었다는 동생·사위 등의 말을 만포첨사 최집성崔集成에게 와서 전하였다. 또 그들이 80여 호의 기주위岐州衛 소속으로, 1년 한 번씩 중국에 조공하고 납치한 포로와 말을 팔아넘기는 것을 생업으로 삼고 있고, 위원·고산리·이산 등으로부터 모두 4일 길 정도 떨어진 곳에 있으니 삼을 캐려고 부락이 출동하여 야숙할 때에 급습하거나, 강을 건널 때에 무장한 사람들이 공격하는 방법을 주장하였다. 이극균은 전자를 택할 것을 조정에 알렸다.111)

그러나 성준 등 정벌에 참여한 적이 있었던 신료들은 그 계책에 반대하였다. 그러면서도 신해년(성종 22) 이래로 해마다 침략을 그치지 않고, 위원에서 적지 않은 치욕을 당했던 만큼 정벌을 당연시하였다. 이극균은 정벌의 가장 큰 걸림돌인 부락의 강약과 도리道里의 멀고 가까움을, 마침 동청례童淸禮(向化部將)와 이산옥李山玉(兼司僕)을 들여보내 위원의 포로들을 쇄환하자는 김주성가의 말을 따라, 함께 보낸 귀화인 통사 한두 명으로 하여금 파악하게 하자는 방안을 내놓았다.112)

야인에 대한 응징 방법의 하나는 사냥하려고 나온 그들을 급습 또는 야습하는 것이었는데, 병조판서 성준 등과 영의정 노사신盧思愼 등의 반대에 막혔다.113) 대국이 소국을 급습·야습해서는 안 된다는 명분 때문이었다. 다른 하나는 동청례를 사신으로 파견하는 문제였다. 부정적인 기류도 있었지만, 파견론이 우세하여 이산옥 대신 낭호시개浪好時介·고숭례高崇禮를 보내기로 하였고, 실제 삼위 경차관인

111) 《연산군일기》 권16, 연산군 2년 7월 병인.
112) 《연산군일기》 권16, 연산군 2년 7월 정묘.
113) 《연산군일기》 권16, 연산군 2년 7월 임신; 《연산군일기》 권17, 연산군 2년 8월 기해.

동청례는 파견되었다가 돌아왔다.114)

동청례와 더불어 이극균은 그 형 동망아개童阿亡介 문제를 거론하였다. 우리의 허실을 알아서 변경을 소란하게 할 것이라는 이유로 만포 건너편 강가에 옮겨 살게 해달라는 동망아개의 청을 이미 모두 반대한 상태였다. 그러나 이극균은 그 어미가 본조의 인물이고, 아우 청례·청지淸智 등도 조정에 와서 벼슬하였으며, 평안도의 만포 등은 성이 견고하며 군사와 백성이 적지 않다는 세 가지 이유를 들어, 저들을 옮겨 살게 한 다음 위무한다면 오히려 변방이 편안해질 것임을 주장하였다.115) 반면 중신들은 아망개 사후 그 자손으로 말미암아 생길 수 있는 불의의 변을 우려하여 반대하였던 것이다.116)

동아망개와 동청례를 묶어 변방 문제를 해결하려는 이극균은, 봄에 동청례와 날랜 군사를 보내어 건주위 추장만이 아닌, 좌·우위추장에게도 동일하게 하사품을 내려 혐극嫌隙을 없애고, 지난번 잘 파악하지 못한 도로의 상태나 거처를 자세히 알도록 하자고 주장였던 것이다. 여기서 동청례가 지난번 파견되었을 때 임무를 제대로 이행하지 못하였음을 알 수 있다.

야인 관계에서 중요한 변화를 가져온 성종 10년, 14년, 21년의 상황을 살펴 본 다음, 21년 허혼이 만든 흔단 때문에 자행된 야인의 침구를 막기 위한 군사 동원과 동청례를 통해 그들을 설득할 것을 병조가 찬성하여 동청례의 재파견이 결정되었다.117) 그러나 파견은 지연되었다. 좌위추장이 동청례 보기를 청한 것을 계기로 병조판서 노

114) 《연산군일기》 권17, 연산군 2년 8월 계사, 갑신; 《연산군일기》 권18, 연산군 2년 10월 정유.

115) 《연산군일기》 권18, 연산군 2년 10월 정유.

116) 《연산군일기》 권19, 연산군 2년 11월 을사.

117) 《연산군일기》 권20, 연산군 2년 12월 경진.

공필盧公弼 등은 삼위도독 모두가 서계를 보낸 이유를, 첫째 우리나라의 모계謀計 여부를 알기 위한 것, 둘째 경술년(성종 21, 1490) 이후 아직도 조선의 정벌을 두려워해서 동청례로 하여금 자기들의 성심을 주달하여 화호和好를 이루려는 것, 셋째 하사품을 기대하는 것 등으로 판단하고 있었기 때문이다. 그러면서 노공필 등은 여러 번 변경을 침범하는 그들을 정벌하지도 못하고 귀순하겠다고 하는데도 불러들이지도 않으면서, 그저 앉아서 오랑캐로 하여금 무서워서 항복하여 도적질하는 마음이 없어지기를 기다린다고 정부의 무대책을 꼬집었다.118)

결국 이전에 한 명도 쇄환해 오지 못했다는 정승들의 반대에도, 야인들의 지형을 알아야 한다는 당위성과 만일 동청례가 다시 올 경우 적극 협조하겠다는 삼위의 입장, 그리고 그의 자제를 볼모로 잡고 들여보내자는 것 등을 내세운 이극균의 동청례 파견론이 다시 받아들여졌다.119) 병조와 함께 이극균은 삼위 추장·기주위 추장·온하위 추장·동아망개 등에게 내릴 사목을 마련해 놓았다. 그 내용 가운데 특히 조선에서 공을 인정받고 오랫동안 우호적인 관계를 맺고 있는 김주성가의 아들 분화分和 등이 삼수에 침입해 사람을 잡아가고 노략질을 하였다는 사실을 문책한 점과 동아망개의 이주 요청을 거절한 점이 주목된다.120) 조선의 전략 부재나 무능, 군사력의 문제도 있었다. 그러나 여러 종족들이 철저한 계산에 따라 귀순과 침구를

118) 《연산군일기》 권23, 연산군 3년 5월 경신.
119) 《연산군일기》 권23, 연산군 3년 5월 병인. 한치형·성준·이극균이 선왕 때에 무과의 초시·중시에 합격했으며, 그 외조가 종성인이어서 전일에 위장 등 관직을 제수할 만하다고 의계하여 동청례를 적극 기용한 것 또한 이극균의 주장으로 보인다(《연산군일기》 권38, 연산군 6년 7월 임술).
120) 《연산군일기》 권23, 연산군 3년 5월 기사.

번갈아 하는 데다가, 그 지형을 파악하지 못한 한계 때문에 야인을 적극 공략하기에는 상당한 어려움이 있었던 것이다.

야인과의 방향 설정에 큰 구실을 한 이극균은 관찰사에서 물러나 판중추부사로 있으면서 지역 백성의 어려움을 덜기 위한 방안을 내놓았다. 즉 관이나 서리들이 공과公課를 납부하지 않은 것처럼 허위로 만든 빚을 독촉받는 영안도 온성 백성의 유리를 막고자 미납량을 탕감해 줄 것과 평안도의 공채에서 탕감받지 못한 나머지를 전부 탕감해 주도록 청한 것이다. 그러나 호조와 재상들의 반대로 무산되었다.[121] 또한 그는 성종 대에 좌도의 지도를 그려 올린 것에 이어, 경상우도의 지도를 그려서 올렸다. 어사를 보내 물화를 싸서 북진을 다니면서 철물과 우마를 사들여 오랑캐들의 피물皮物과 바꾸는 변장에 대한 사찰 강화를 주장하기도 하였다.[122] 현직 여부에 상관없이 기회가 있을 때마다 백성의 폐단이나 국정에 중요한 사안을 제기하는, 관료로서의 본분을 망각하지 않고 있었던 것이다.

연산군 4년(1498) 7월에는 김일손의 사초 문제로 불거져 확대된 최초의 사화인 무오사화가 발생하였다. 김종직의 죄상을 의논할 때, 이극균은 정문형鄭文炯·한치례韓致禮·이세좌·노공필 등과 함께 조의제문弔義帝文을 지은 김종직의 심리를 사육신과 같다고 논단하여 부관참시剖棺斬屍할 것을 주장하였는데, 그대로 되었다.[123] 이때 이극균은 판중추부사로 있으면서 특진관으로 활동하고 있었고, 그 또한 훈척 계열과 가까웠으므로 그 같은 논의에 찬성한 것으로 이해된다.

무오사화에 대한 치죄가 계속되던 연산군 4년 7월 좌찬성이 되어

121) 《연산군일기》 권25, 연산군 3년 7월 기사; 《연산군일기》 권26, 연산군 3년 8월 계미.
122) 《연산군일기》 권28, 연산군 3년 11월 임자; 《연산군일기》 권29, 연산군 4년 4월 병술.
123) 《연산군일기》 권30, 연산군 4년 7월 신해, 신유.

서는, 성준과 더불어 인혜왕대비仁惠王大妃의 상기喪期를 단축하자고 발의하는가 하면, 장사지낸 다음부터 날로써 달을 바꾸는 역일제易日制를 주장하였다.[124] 왕실이나 국가의 사정에 따라 단상短喪을 하는 경우도 없지는 않았지만, 특별한 사정이 없는 상태에서 기년期年인 상례의 단상을 주장한 것은 타당하지 않다. 그러나 다른 한편 연산군 1년에 수륙재水陸齋 설행에 반대 상소를 올린 유생 이목李穆 등 20여 명이 의금부에 구속당했을 때 판부사로서 평반平反에 힘써 유생들 사이에서 '평상平常한 재상이다'라는 호평을 받았다. 형 이극돈이 이극균에도 미치지 못한다고 비하·비난받은 것과는 대조적인 평가였다.[125]

이극균이 좌찬성으로 있는 동안에도 야인의 침구가 있었다. 변장의 방비 소홀로 삼수군에 침범한 야인 20여 기에게 7명이나 살해당하고, 남녀 33명과 우마 10여 마리를 노략질 당하였으며, 삼수군 감파리를 침범한 50기의 적에게 남녀 4명과 소 2마리를 약탈당하였다. 침구한 적수에 견주어 엄청난 피해를 입은 것이다. 함경남도절도사 유빈柳濱의 치계를 접한 연산군 및 신료들은 즉각 정벌을 결정하였고 성준을 주장, 이극균을 부장으로 삼았다.[126] 그리고 본래 풍질이 있는 성준·이극균의 불의의 상황을 대비하여 이계동李季仝을 장수로 보충하고 종사관을 지명했으며, 병정 2만 명과 서울의 정예군인 내금위·겸사복의 영솔 계획을 세우는 등 만반의 준비를 갖추었다.[127]

124) 《연산군일기》 권30, 연산군 4년 7월 임술; 《연산군일기》 권31, 연산군 4년 12월 기미, 경신.

125) "任熙載供 臣書指克墩爲小人者 去乙卯年 臣與李穆等二十餘人上疏 論設齋事 被囚禁府時 李克均爲判府事 務於平反 臣與穆相語云 克均乃平常宰相也 其兄克墩所行 不及克均 有似章惇 故臣書云云."(《연산군일기》 권30, 연산군 4년 7월 기미).

126) 《연산군일기》 권33, 연산군 5년 4년 임진, 무진.

127) 《연산군일기》 권33, 연산군 5년 5월 신미.

그러나 청수보靑水堡 체탐군이 사로잡혔다. 이극균은, 체탐하도록 보낸 강효복姜孝福 등이 체탐하여 찾은 배산의 적에 대한 상세한 상황을 알고 있는 전 창성부사 이영산李英山의 말을 전하면서, 그 두 사람의 말을 듣도록 권하였다. 그러나 창성부에 당도하여 강효복에게 들은 배산의 적에 관한 종사관 유순정柳順汀의 치계 내용이 이영산의 내용과 상당한 차이를 보이자, 조의朝議가 다음 해에 크게 군사를 움직이게 하자는 쪽으로 바뀌었다.128) 정벌이 연기된 상태에서, 연산군 5년 9월 초4일에 산양회친라올山羊會親羅兀 1백여 명이 도적에게 잡혀가고 양세영楊世英(내금위)이 사망하였을 뿐 아니라, 아이에 침입한 적에게 김득광金得光(갑사) 등 9명과 말 12필이 잡혀갔다. 경변사(정벌 부장) 이극균이 이 사실을 알리자 연산군은 정벌할 뜻을 다시 밝혔다. 파평부원군 윤필상을 비롯한 좌의정 한치형·우의정 성준·병조판서 이계동 등은 다음 해에 정토征討할 것을 거듭 주장하였다. 이에 연산군은 다음과 같이 전교하였다.

> 지금 6~7천 명의 외로운 군사로 멀리 도적의 지경에 들어가는 것이 불가하다 하여, 무고한 백성이 많이 살해되고 잡혀가는데도 앉아서 보기만 하고 구원하지 않는 것이 어찌 군사를 일으켜 정토하여 한 번 전의 수치를 씻는 것만 하랴. 불행하여 공을 이루지 못한다 하더라도 전일 산양회의 변에 견주면 만 번이나 나을 것이다.129)

비록 공을 세우지 못하더라도 당장이라도 거병해야 한다는 연산군의 절박한 심정이 나타나 있다. 그러나 이미 정벌하기에는 시기가

128) 《연산군일기》 권33, 연산군 5년 6월 임자; 《연산군일기》 권34, 연산군 5년 7월 임오.
129) 《연산군일기》 권35, 연산군 5년 9월 정묘.

너무 늦었다.[130]

이극균이 다시금 적변을 보고한 것에 대해 정승들은 정벌보다는 문책론을 주장하였다. 성 밖에 나가 방비하지 않은 변장, 유사시에 대비한 서울의 정예군 4백 명 가운데 산양회의 적변이나 지금 잡혀간 이들 중에 한 명도 없는 까닭, 그리고 많은 적변에도 한 번도 연대煙臺를 올리지 않은 일 등을 문책하려는 것이었다. 두 적변에 제대로 조치하지 못한 이극균도 문책 대상이 되었다.[131] 잇달아 변환을 일으키고 있으면서도, 건주우위의 마아을두馬阿乙豆 등처럼 사로잡은 산양회 권관 김언겸金彦謙 등을 쇄환한다는 명분으로 평안도를 경유하여 서울에 조회하기를 청하는 등의 대가를 요구하는[132] 야인들의 이중적 행태는 조선 정부를 혼란과 곤경에 빠뜨리고 있었던 것이다.

당시 야인들의 끈질긴 요구는 평안도로 입조하는 것이었다. 그러나 조종조에서 그 폐해를 시험한 결과 다시 닫은 만큼, 정승들은 불가론을 주장하였다. 그 이유로 서로西路는 명나라 사신이 왕래하는 곳이라는 점, 명나라·서울로 가는 사신과 변경의 중요한 곳을 지키는 장졸의 왕래로 말미암아 심각한 황해·평안도의 피폐함, 그리고 길이 가깝고 평탄하여 폭주하는 조회신청자 가운데 금지 당한 자가 가질 깊은 원한 등을 들었다. 더구나 오랑캐가 변방 백성을 심하게 약탈하는 이때에 관문을 열어 주는 것은 국가의 약함을 보이는 것이자 막심한 수모라는 것이었다. 변방 경계가 없어지고 평안도가 소생

---

130) 모든 공전攻戰의 기구를 반드시 미처 마련하지 못할 것이기 때문이었다(《연산군일기》 권35, 연산군 5년 9월 정묘). 친라올은 양계 변성邊城에 농사철을 당하면 먼저 군사를 내보내서 적변이 있고 없음을 살핀 다음, 백성들로 하여금 나가 밭 갈고 김을 매게 한 군사이다.

131) 《연산군일기》 권35, 연산군 5년 9월 기묘.

132) 《연산군일기》 권35, 연산군 5년 12월 임진.

할 것이라는 기대로 전일 동청례를 파견하였지만, 결과는 그 반대로 도적질이 전보다 몇 배나 된다는 불평도 쏟아졌다.[133] 동청례 파견이 실패하였고, 따라서 그 정책을 강력하게 주장한 이극균의 판단 오류를 힐책하는 것에 다름 아니었다.

기묘한 계책을 쓰자는 것이나, 김언겸을 쇄환하려는 야인들의 서로 입조를 거절할 경우 원한은 더욱 심하게 되고, 허락하면 도적질이 좀 그치고 다음 해 여름 방비도 수월할 것이라는 이극균의 주장은 계속되는 정승들의 반대에 묻혔다.[134] 좌의정 한치형·우의정 성준은 성 밑의 야인들이 이미 서정의 소문을 들었다는 이유로, 정벌 무용론, 병력 시위 무용론, 군수 부족 등을 내세워 금년 서정을 사실상 반대하였다.[135] 서정은 중지되었다. 그 후에 추파동楸坡洞과 강계 이평에 적이 출몰하였고 일진일퇴 하였지만, 강계의 적에게 이극균의 군관이 살해당하였다.[136] 그러나 이미 서정이 중지되었으므로 노쇠한 64세 경변사 이극균은 중앙으로 복귀하게 된다.[137]

133) "……尹弼商鄭文炯李克墩李世佐呂自新尹孝孫議 今見政府所啓 欲開西路 以弭邊患 又欲乘其懈怠利用侵伐 臣等意以爲 凡措置大事 固當慮始圖終 無隙可投 然後乃可施行 西關開閉 祖宗朝已試之 其始開也 必有謀臣獻議 試其利害 其復閉也 列聖詳試其弊 知其終不可開 故復閉之 其不可開者有三 先王朝中國屢勑我國 不許野人交接 而西路乃是天使往來之地 其不可一也 黃海平安驛路凋弊 朝京使臣防 戍將卒絡繹往來 暫無休息 近又年險 疲弊益甚 其不可二也 西路於平安 路近且便 故欲朝者輻輳朝廷不得已擇其可接者許之 則其不得朝者 怨恨必深 寧閉關 以絶其望 不可使一人喜 而百人怒也 其不可三也 又有大不可者 彼虜曾不犯邊 誠心歸順 猶當度我利害而處之 今虜方侵掠邊民 肆毒已甚 而乃許開關 則非徒示弱於彼 我之受侮莫甚……前日童淸禮之行 議者皆曰 如是則可無邊警 南道戍卒可除 平安一道賴以蘇息 淸禮往還之後 彼之作耗 倍蓰於前 求利未得 而禍反生焉 後門之開 臣等恐亦類此."(《연산군일기》 권36, 연산군 6년 정월 갑자)
134) 《연산군일기》 권36, 연산군 6년 정월 정묘.
135) 《연산군일기》 권36, 연산군 6년 정월 신미.
136) 《연산군일기》 권37, 연산군 6년 3월 기묘, 신사.
137) 《연산군일기》 권36, 연산군 6년 2월 임진.

2) 정승으로서의 폐정개혁과 갑자사화로 말미암은 몰락(연산군 6년 4월~10년 윤4월)

중앙으로 돌아온 지 며칠 뒤 이극균은 우상에 임명되었다.138) 그 후 그는 단독으로 활동하는 경우도 있었지만, 대체로 좌의정 성준成俊과 함께 국정을 운용하는 특징을 보인다. 대간의 반대에도 좌의정 성준과 함께 장성을 쌓는 것의 이로움을 강력히 주장하여 허락받는다거나, 성준과 《서북제번기西北濟蕃記》 및 《서북지도西北地圖》를 찬술하여 진상한 것 등이다.139)

축성 과정에 많은 인력이 동원되고 사망자도 속출할 뿐 아니라 남쪽 지방에서 역사에 참여하고자 도성에 올라오는 등 민간에 폐해가 되는 일도 많았지만, 성을 쌓는 것이 야인의 침입을 막는 데 반드시 필요하다는 경험 때문에 강력하게 주장한 것이었다. 그 과정에서 삼사와 충돌이 일어났다. 대부분이 남도 출신인 조정 신료들이 '자기 종들의 부역을 꺼려하여 축성을 반대한다'고 한 성준을 한마디의 말로써 나라를 망치는 자로, '진시황의 장성을 그르다고 할 수 없다'고 한 이극균을 '면대하여 연산군을 속였다'고 홍문관이 맹비난하였기 때문이다. 사헌부와 사간원도 가세하였다. 그러나 이극균은 변방의 일을 자세히 아는 자신과는 달리 경험이 없어 가부를 알지 못하는 홍문관이 분을 내어 강변한다고 공격하였고, 연산군은 홍문관원을 국문하였다.140) 그들은 홍문관원을 국문하지 말 것을 청하면서도,

138) 《연산군일기》 권37, 연산군 6년 4월 갑신, 계사.
139) 《연산군일기》 권38, 연산군 6년 7월 경오; 《연산군일기》 권40, 연산군 7년 윤7월 갑신. 일본에 대한 정보가 망라된 신숙주의 《海東諸國記》를 본받아 서북에 대한 정보를 집약한 책이 《서북제번기》이다.
140) 《연산군일기》 권40, 연산군 7년 6월 병오.

자신들을 권신權臣으로 지목하는 오늘처럼 홍문관이 삼공을 논박한 적이 없다고 맹비난하였다.[141]

그렇다면 그 이전 대간에 대한 이극균의 인식은 어떠하였는가. 성종 20년(1489) 사헌부의 탄핵을 받자 자신의 결백을 발명하고 나선 지중추부사 이봉李封에 대한 조정 의견을 수렴할 때, 의논을 보고자 하는 지평 최호崔浩에게 눈을 부릅뜨고 면박을 주는 이극배에게 이극균은 '대간을 그렇게 대우하지 말라'고 말렸다.[142] 물론 최호가 지식이 없고 사림에게 인정받지도 못하였지만, 그래도 대간이라는 직책을 생각해 대우해줄 것을 청한 것이었다. 그런데 연산군 6년(1500)에는 의논이 자기들과 다르면 무조건 공격하는 대간의 폐습을 금지시킬 것을 주장하는 가운데, 이제부터 뒤에 논의가 비록 다르더라도 각각 자기 뜻으로 논계하되 서로 공격할 경우 치죄할 것을 주장하였고, 윤허를 받았다.[143] 이는 성종 대 이후 활발해진 대간의 활동이 갈수록 강도를 더해갔고, 대론臺論이 통일되지 않았을 때 서로가 비난하여 개차 또는 체직되는 혼란스러움을 막기 위한 것이라 하더라도, '치죄한다'고 하여 언로를 봉쇄하거나 대간에 대한 처벌을 공식화하는 등 대간에 대한 이극균의 인식 변화를 보여준다는 점에서 특히 주목된다.

이극균은 연산군의 비정秕政을 바로잡고자 영의정 한치형, 좌의정 성준과 함께 폐정개혁에 나섰다. 몇 가지 사례를 들자면, 사치와 낭비가 매우 심한 연산군에게 소비를 절제하도록 간청하였고, 경차관을 욕보인 내수사의 종 영기永奇를 처벌받게 하였다.[144] 즉위 초부터

141) 《연산군일기》 권41, 연산군 7년 11월 신묘.
142) 《성종실록》 권235, 성종 20년 12월 을미.
143) 《연산군일기》 권38, 연산군 6년 6월 경자.
144) 《연산군일기》 권42, 연산군 8년 정월 신축.

연산군은 내수사와 밀착되어 있었다. 그래서 왕자들에게 하사하여 거의 없어진 각 사·내수사 노비, 자녀가 없는 왕자의 하사 노비를 찾아 모두 본사本司로 환원하도록 하였다. 또한 내수사 소속 함경도 양민의 원액과 군보軍保를 합친 1천 명 외에 나머지를 모두 군대에 충당하는 조치도 이끌어내었다.[145] 시폐 10조목을 써서 올리고 특히 나뭇갓 폐해를 거듭 강조하여 왕자들에게 주지 않겠다는 확답을 받았다.[146] 그 같은 삼정승의 국정 비판은, 친근한 사람들에게 절도없이 물품을 내려주고 유흥에 젖어있는 왕을 바로잡고 깨우치고자 인수왕비仁粹王妃가 비밀스럽게 한치형에게 사직의 중신으로서 사력을 다하라는 유지諭旨를 내린 때문이었다.[147]

다른 한편 연산군이 봉상시奉常寺에서 의논하여 올린 신승선愼承善(연산군의 장인)의 시호 '장성章成'의 '장章'을 '충忠' 자로 고치려는 것에 대해, 이극균은 옛날에도 시호를 개정한 사례가 있고 공로가 맹부盟府에 기재되어 있으니 '충' 자가 적당하다고 하였다.[148] 연산군에게 영합한 것이다. 시호는 봉상시에서 평가하여 제시하는 만큼, 아주 특별한 경우가 아니고는 개정할 수 없었기 때문이다.

그러나 조직적으로 자신을 압박한다고 느낀 좌의정 성준, 우의정 이극균, 병조판서 이극돈 등에 대한 연산군의 반격도 만만치 않았다. 연산군은 지금 수령들의 불법은 양계의 감사 때에 이극균 등이 노비를 한결같이 법 규정대로 하지 않았기 때문이라고 그 책임을 그들에

145) 《연산군일기》 권43, 연산군 8년 3월 계미; 《연산군일기》 권44, 연산군 8년 6월 임자.
146) 《연산군일기》 권43, 연산군 8년 3월 정유.
147) "時 王崇寵私昵 賜與太濫 宴嬉無度 仁粹王妃 知不救止 密諭韓致亨 曰 王之所爲 如是不悛 卿爲社稷重臣 不能出死力匡救 何顔見祖宗之靈於地下 自後(韓)致亨與(成)俊(李)克均 多所規警."(《연산군일기》 권44, 연산군 8년 6월 무진)
148) 《연산군일기》 권46, 연산군 8년 10월 임술.

게 돌렸다.149) 진고陳告를 칭탁하여 많은 각사 노비나 사천私賤·공천公賤을 내수사 노비화한 종들을 삼정승이 주장하여 전원 변방으로 유형〔全家徙邊〕시키자, 이극균 등의 강력한 반대에도 큰 경사를 내세워 온 가족을 사면하려고 하였다. 또한 이전과는 달리 임금이 너무 일찍 나오기 때문에 경연관들이 토론할 여가가 없다고 불만한 이극균에게, 한 시대의 선량選良들로서 꼭 그때에 임하여 토론한다는 것을 비웃으며, 자신이 만일 늦게 일어나면 재상도 또한 반드시 늦게 온다고 공박하였다.150) 이런 일련의 마찰은 정상적 통치에서 벗어나 전제적 왕권을 행사하려는 연산군을 제지하려는 정승들과 그들의 비리를 들추어 공격을 무력화시키려는 연산군의 치열한 투쟁이었다.

이극균은 연산군 9년(1503) 정월에 좌의정이 되었다. 그의 아들 남양부사 이세준李世俊은 가자되었다.151) 비단 그에 한정된 것은 아니지만, 연산군의 신뢰와 총애가 극에 달한 것 같았다. 죽은 아내의 호상護喪을 위해 고성현령 성수재成秀才를 올라오게 해 줄 것도 허락받았다.152) 그러나 처상을 당한 이극균에게 큰 위험이 다가오고 있었다. 그것은 엉뚱하게도 경기관찰사 홍귀달洪貴達의 아룀에서 시작되었고, 갑자사화153)로 확대되고 있었다.

> 신의 자식 참봉 홍언국洪彦國의 딸이 신의 집에서 자랍니다. 처녀이므로 예궐하여야 하는데, 마침 병이 있어 신이 언국을 시켜 사유를 갖추어 고하

149) 《연산군일기》 권44, 연산군 8년 6월 임술.
150) 《연산군일기》 권45, 연산군 8년 7월 을해; 《연산군일기》 권46, 연산군 8년 9월 갑신; 《연산군일기》 권48, 연산군 9년 정월 임오.
151) 《연산군일기》 권48, 연산군 9년 정월 임신, 2월 임술.
152) 《연산군일기》 권52, 연산군 10년 정월 신사.
153) 갑자사화에 대해서는 宋洙煥, 〈甲子士禍의 새 해석〉, 《史學研究》 57, 1999 및 한희숙, 〈朝鮮前期 李世佐의 생애와 甲子士禍〉, 《조선시대사학보》 50, 2009 참조.

게 하였는데, 관계 관사에서 예궐하기를 꺼린다 하여 언국을 국문하게 하였습니다. 진정 병이 있지 않다면 신이 어찌 감히 꺼리겠습니까? 지금 비록 곧 들게 하더라도 역시 들 수 없습니다. 언국의 딸이기는 하지만 신이 실은 가장이기로 대죄待罪합니다.154)

연산군이 후궁 간택을 위해 양녀 및 재상·조관朝官·사족의 양첩녀良妾女를 예조에 서계하도록 하였는데,155) 홍귀달의 아들 홍언국이 딸의 입궐을 거부하면서 국문당하는 상황에서 일어난 일이었다. 연산군은 홍귀달의 말이 임금을 업신여긴 이세좌(이극감의 아들)와 같다고 보았고, 직첩을 거두었으며, 불공한 말을 입계한 도승지를 국문하도록 하였다. 연산군은 홍귀달의 상소를, 전일 하사주下賜酒를 쏟아 옷을 적신의 이세좌의 일을 들추어, 군신의 분의分義가 엄하지 않아 상하가 문란한 폐습 때문에 그의 불경죄를 대간이 탄핵하지 않았고, 재상도 말하지 않았다고 보고 있었다. 대간·재상들이 서로 붕당이 되어 인군을 고립시키고 있다는 것이었다. 연산군은 홍귀달이 불공한 말을 한 이유가 바로 불경죄를 범한 이세좌를 중죄로 다스리지 않았기 때문이라고 힐책하였다.

그렇다면 문제가 된 이세좌의 일은 무엇인가. 경로연에서 잔을 올린 재상들에게 회배回盃를 내릴 때, 연산군이 잔대를 잡았는데도 반이 넘게 엎질러 옷까지 적신 예조판서 이세좌가 국문당한 일이었다. 그런데 문제는 처음 대간이나 조정에서 그 일에 대한 논핵이 전혀 없었다는 점이다. 연산군이 자신의 사소한 것까지 비판하던 대간의 행태와는 전혀 다르다고 판단한 근거였다. 그래서 분노하였고, 정승

154) 《연산군일기》 권52, 연산군 10년 3월 임신.
155) 《연산군일기》 권52, 연산군 10년 2월 계축.

들에게 양로연에서 고의로 이세좌가 술을 엎질렀다는 전교를 새삼스럽게 내린 것이다. 연산군은 이세좌가 왕의 위엄 때문에 실수한 것이라고 옹호한 정승의 말과 신체가 비둔肥鈍하여 공경하고 너무 조심하다가 술잔을 엎지르는 줄도 몰랐다는 이세좌의 말을 모두 믿지 않았다. 연산군은 이세좌를 제조에서 체임시켰다.156)

이렇게까지 하였는데도 전혀 반응이 없었다. 이를 이세좌의 위세 때문이라고 판단한 연산군은 정승·재상들로부터 이세좌 및 논집하지 않은 대간의 죄를 끌어낸 후, 그 아들 이수형李守亨과 이수정李守貞, 이수의李守義를 체차하였고, 대간을 서반西班(무반)으로 돌렸다.157) 전라도 무안으로 유배한 이세좌를 이틀 뒤 온성으로 옮겨 정배하였다가, 얼마 후 늙고 이미 스스로 징계하였을 것이라 하여 특별히 석방하였다.158) 그러다 성준·이극균이 이세좌의 거처를 '성 밖에 두자'는 말을 듣고 영월에 정배하고, 홍귀달은 시추時推로 조율調律하였다.159) 연산군의 공격은 여기서 끝나지 않았다. 오히려 이제 시작이었다. 다시 좌의정 이극균에게 이세좌를 심방한 사람들의 죄가 종묘사직에 관계되지 않는다고 한 노공필·김응기金應箕 등의 하옥 여부를 물은 것이다. 이에 이극균이 아뢴 내용은 다음과 같다.

> 무릇 반역을 도모한 대역의 죄이지만, 난신적자인 뒤에야 종묘사직이 관계된다고 합니다. 《대전大典》 제사조祭祀條에 이르기를 '큰 불경은 사죄死罪요, 불경죄는 그 다음이라' 하였습니다. 세좌는 불경죄를 범하였으므로, 공

156) 《연산군일기》 권50, 연산군 9년 9월 갑술, 기묘, 신사.
157) 《연산군일기》 권50, 연산군 9년 9월 임오.
158) 《연산군일기》 권50, 연산군 9년 9월 계미, 을유; 《연산군일기》 권52, 연산군 10년 정월 계유.
159) 《연산군일기》 권52, 연산군 10년 3월 임신.

필 등이 난신적자亂臣賊子와는 죄가 같지 않다고 여겼기 때문에 그렇게 아뢴 것입니다. 그러나 역시 잘못되었으니, 옥에 가두어야 하겠습니다.[160]

연산군은 다 같은 불경죄를 큰 불경과 불경의 죄로 나눈 것과, 하사주를 쏟은 이세좌의 죄를 불경으로 논한 것을 매우 불쾌하게 여겼다. 이극균은 잘못을 시인할 수밖에 없었다.[161] 이극균이 신병으로 조정 출입을 하지 않아 상황을 파악하지 못한 탓인지, 아니면 자신의 정치적 위상을 믿어서인지 알 수 없다. 그러나 이극균이 이세좌의 일을 거듭 들추어 관련된 사람들을 하나하나 거론하고 좁혀 들어오는 연산군의 이상 징후를 파악하지 못한 것은 틀림없는 사실이었다. 좌천된 전 대간을, 이미 형장을 치고 귀양 보낸 지금 대간과 같은 죄를 줄 것인지 여부와 이세좌를 전혀 논핵하지 않은 홍문관을 속贖바치게 하는 것에 대해서도, 그가 연산군의 의중이나 상황의 긴박성을 깨닫지 못한 정황이 드러나고 있었다.

전후 대간의 잘못은 같이 처벌되어야 하겠습니다. 다만 전 대간은 이미 연좌 강등되었으니, 옛사람의 이른바 '기왕의 허물은 교화와 함께 갔다'는 것입니다. 또 사면을 받아 용서되었으니, 왕께서 사랑해 주심이 어떠하리까? 홍문관은 언관과 일체로 죄를 줄 수 없으니, 속바치게 하는 것이 지당합니다.[162]

연산군은 불경죄를 저지른 이세좌의 행태와 그를 옹호한 조정 신

160) 《연산군일기》 권52, 연산군 10년 3월 임신.
161) 《연산군일기》 권52, 연산군 10년 3월 무인.
162) 《연산군일기》 권52, 연산군 10년 3월 무인.

료에 대한 이극균의 속내를 작정하고 시험한 것이었는데, 이극균이 계속 온건한 처벌을 주장하는 것을 빌미로 오히려 그들에 대한 강경한 처벌을 결행하기로 결심한 것 같다. 위에서 특히 "기왕의 허물은 교화와 함께 간다"는 말을 매우 그르다고 지적한 것에 대해 이극균은 단장취의斷章取義의 잘못을 시인하였다. 실제 이극균이 아뢴 내용이 비록 적절한 논리였다 하더라도 이미 처벌하려고 마음먹은 연산군에게는 극형으로 논단하자는 말이 아니고는 어떤 법리적 해석도 쓸데가 없을 것이었다. 그래서 연산군은 전에 이세좌의 일을 잘못 의논한 죄와 노공필·김응기 등의 죄를 사사로운 정을 따라 율문을 들어 아뢴 죄목으로 이극균을 체직하고 국문하였으며, 인동현에 부처하였다.[163] 그는 결국 조카와 그에 관련된 지인들에 대한 관전寬典을 주장하다 견강부회牽强附會한 연산군의 질책을 받았고, 그 잘못을 시인하여 억울하게 처벌받은 셈이었다. 그 여파는 폐비윤씨에게 사약을 내릴 때 힘써 다투지 않았고, 국왕이 내린 술을 쏟는 교만 방종을 징계한다는 차원에서 이세좌에게 사약을 내리는 것으로 나타났다.[164]

연산군은 이들을 처벌한 것을 아름답지 못한 풍속의 개혁이라고 주장하였다. 신료들 스스로 '능상지풍凌上之風'을 만들었기 때문에 그것을 쇄신한다는 명분을 내세운 것이다. 이제 이극균도 죽음을 피할 수 없게 되었다. 그의 죄명은, 임금을 업신여겨 이세좌와 관련하여 사사로운 정을 따라 능상한 죄와, 재상·대간·시종 모두가 '과시만 하고 실지가 없으며, 억양抑揚이 너무 지나쳐 제가 좋아하는 자는 추천하고, 제가 미워하는 자는 밀어 넣어서 땅 속으로 빠뜨리며 은혜와

163) 《연산군일기》 권52, 연산군 10년 3월 기묘, 기축, 4월 임진.
164) 《연산군일기》 권52, 연산군 10년 3월 신묘.

위엄을 보이려 애쓰고, 세력과 기염을 고취하여 제멋대로 행동하려는 마음이 있었다는 것'이었다. 그래서 사약을 내리고 가산을 몰수하며, 그 아들·사위를 먼 변방으로 분배한다고 하였다.[165] 그런데 그의 졸기卒記는 이와는 다르다.

> 이극균은 너그럽고 넓은 기품과 도량이 있었다. 젊어서 문과 출신하고, 겸하여 활쏘고 말달리는 일도 연습하여 세조의 눈에 들어 뽑혀서 선전관이 되어 병법을 지도하였다. 후에 여러 번 변방을 지키는 장수가 되어서, 변방 일을 잘 알고 또 항상 그것을 자신의 책임으로 생각하여 내외 관직을 역임하면서 마음을 다하여 일을 보았다. 연산조에 좌의정이 되었는데, 왕의 행하는 일이 많이 착하지 못함을 보고 말로 글로 구원하려고 하니, 왕이 깊이 꺼려하였다. 끝내 무고히 죽으니, 나라 사람들이 슬퍼하고 애석해 하였다. 다만 성질이 허탄 부화浮華하고, 일 처리하는 것이 소활踈闊하며, 남의 말을 잘 믿고, 자기주장을 앞세우는 일이 많았다.[166]

성격이나 업무 방식에 대한 비판이 있지만, 대체로 그의 충성과 성실함을 긍정적으로 평가하고 있다. 죽기 직전 귀양지에 첩자妾子 이연명李延命과 함께 있던 이극균은, '소시부터 변방에서 일하였고, 나라 일에는 크고 작은 것 없이 모두 진심갈력盡心竭力하였으므로 한 가지 죄도 없다'는 말을 연산군에게 전달해 달라고 말한 뒤 목매어 죽었다.[167] 평생 국가를 위해 일한 것에 자긍심을 가지고 있었고, 끝까지 당당하게 무죄를 선언하고 죽은 것도 졸기 내용과 일치한다.

---

165) 《연산군일기》 권53, 연산군 10년 윤4월 임신.
166) 《연산군일기》 권53, 연산군 10년 윤4월 임신
167) 《연산군일기》 권53, 연산군 10년 윤4월 무인.

한편 이극균에 대한 처벌에 이어 그 일가에 대한 연산군의 참혹한 형벌이 본격화되고 있었다. 그의 아들·사위를 모두 장 1백 대에 처하여 변방으로 분배하였고, 이극균·세좌의 인가姻家를 관직에서 축출하였으며 그의 친족을 모두 난신의 예에 따르게 하였다.168) 이극균·이세좌의 처첩 자녀와 자부 및 손자를 각 고을에 정역시키고, 서녀庶女·사위도 치죄하였다.169) 이극균의 동성·이성 팔촌 친족 및 그를 찾아본 무사들을 변방 고을에 나누어 보내었고, 죽으면서 '무죄'를 외쳤다고 하여 그를 참시斬屍하였다.170) 임사홍이 폐비 사사에 대한 진실을 알리면서 그에 관련된 사람에게까지 사화는 확대되고 있었다.

다만 이극균과 사귀어 그 죄가 참대시斬待時에 해당하는 임사홍·유자광은 폐비할 때에 그 불가함을 극력 진언盡言한 공으로 각각 장형으로 속贖하고 본직을 돌려받았고, 장형으로 속하여 파직되었다.171) 두 사람만 사화의 광풍을 피한 것이다.

또한 변방을 자주 맡은 이극균이 무사들과 가까이 하였던 것을 연산군은 반역을 꾀하려 한 것으로 몰아 대역죄의 누명을 씌웠다. 성준은 모든 정책이나 주장, 그리고 시폐 10조목을 모두 이극균의 책임으로 돌렸다. 그러나 그도 교수형을 당하였다.172) 한치형은 부관능지剖棺凌遲 당하였고, 가산을 몰수당하였으며, 그 자식도 치죄되었다. 이극균의 가산도 몰수되었다.173) 첩자 이연명은 군기시 앞에서

168) 《연산군일기》 권53, 연산군 10년 윤4월 계유.
169) 《연산군일기》 권53, 연산군 10년 윤4월 병자.
170) 《연산군일기》 권53, 연산군 10년 윤4월 기묘, 경진.
171) 《연산군일기》 권53, 연산군 10년 윤4월 기축.
172) 《연산군일기》 권53, 연산군 10년 5월 계사.
173) 《연산군일기》 권53, 연산군 10년 5월 임진.

처형되었다. 이극균·윤필상·이세좌의 족친은 동성 팔촌과 이성異姓 사촌까지 그 자녀들을 귀양보내며, 한양에서의 거주를 금하였다.[174]

이미 걷잡을 수 없는 난정亂政과 폭정에 빠진 연산군의 악형은 점점 더 악랄해졌다. 이극균 등의 뼈를 묻은 곳과 저택瀦宅한 곳에 척흉청滌兇廳을 두어 돌에 죄상을 새기고,[175] 이극균·이세좌의 자식들의 재산을 적몰하였다. 이극균·윤필상·성준이 세운 과조科條를 모두 없애도록 하였고, 이극균의 아들(世俊·世健·末貞·義貞·延命)을 부관참시하였다.[176] 이극균·이세좌 등의 아비 및 형제를 모두 부관참시하고, 그 부모의 작첩爵牒을 모두 회수하였다. 또한 두 사람의 처족을 장에 처하여 출송出送하였고, 뼈를 태워 바다에서 날리는 쇄골표풍碎骨飄風의 형벌까지 행하였으며, 양인의 자손을 모두 죽였다.[177] 이극균은 물론 그 가문이 참혹하게 멸문지화滅門之禍를 당한 것이었다.

이극균 등의 신원 문제는 반정으로 중종이 즉위한 뒤 윤대에서 시작되었다. 성준·이극균의 두골頭骨을 연안부사가 표를 세우고 묻는 것을 본 봉상시 주부 조세보趙世輔가, 폐주廢主 때의 충성스런 신하로 무고하게 죽음을 당한 두 사람의 두골을 거두어 예를 갖추어 제사지낼 것을 청하면서 공론화된 것이다.[178] 다음 날 예조에게 그들의 두골을 거두어 장사지내고 전奠을 올리도록 하였고, 죄 없이 베임을 당한 자와 부관참시된 자는 아울러 증작하고 그 자손은 녹용하며, 이극균 등을 예장하고, 석물을 세워서 제사지내도록 하였다.[179] 이극

174) 《연산군일기》 권53, 연산군 10년 5월 임인, 갑진.
175) 《연산군일기》 권54, 연산군 10년 6월 갑신, 7월 기축.
176) 《연산군일기》 권54, 연산군 10년 7월 갑오; 《연산군일기》 권55, 연산군 10년 8월 정해; 《연산군일기》 권56, 연산군 10년 10월 신미.
177) 《연산군일기》 권56, 연산군 10년 11월 정유, 정미; 《연산군일기》 권57, 연산군 11년 3월 기유; 《연산군일기》 권58, 연산군 11년 6월 신사.
178) 《중종실록》 권1, 중종 1년 10월 기유.

균을 비롯한 피화자들의 억울함을 조금이나마 신원하는 조치였다.

5. 맺음말

형제들이 모두 문과에 급제한 데다가, 공신으로 참여한 형제들로 인해 가장 성한 문벌 가문에서 이극균은 출사하였다. 공백기도 있었으나 거의 50년 가까운 세월 동안 국정에 참여한 그의 출발은 세조 2년에 문과에 급제한 뒤부터였다. 그 후 이극균은 문관이지만 무재武才도 뛰어나 변무와 관련한 활동을 많이 하였다. 특히 세조 13년 서정 때에는 만포절제사로서 이만주 소탕의 한 축을 담당하여 전공을 세웠다. 전라도관찰사 때에는 도적 소탕 실패로 곤혹을 치르기도 하였지만, 공납 부정을 저지른 순천부 영리를 구타한 낙안군수 하숙산의 기개를 인정하고 수하手下를 다스리지 못한 잘못을 인정하고 사과까지 하는 상관으로서 보기 드문 관용을 보이기도 하였다.

형조참판으로서 성종 9년 4월 붕당을 결성하여 조직적으로 정적을 제거하였고, 후에는 무오·갑자사화를 일으킨 장본인인 임사홍(내척)·유자광에게 결정적으로 유리한 법조문을 내세워 그들의 정치 생명을 연장시키는 데 일조하였다. 그 또한 훈척과 동질성을 가지고 있었기 때문이다. 성종 12년 4월 이후에는 평안도절도사로서 서정 이후 통교가 단절된 건주위 야인의 귀순 문제에 대해 중앙과 긴밀한 연락을 취하면서 많은 야인들의 입조를 지휘하였다. 특히 병조판서일 때, 성종이 추진하는 재령군 전탄의 물을 끌어들이기 위한 사업

179) 《중종실록》 권1, 중종 1년 10월 임자.

타당성에 의문을 품고, 처음부터 끝까지 반대하여 백성을 위하는 진정한 관료로서의 모습을 보여주었다. 그의 주장은 군안을 바로잡기 위해 군적 개정과 육진을 소생시키는 구체적인 방안들과 같이 대부분 철저한 분석과 상황 파악을 바탕으로 한 것이었다.

풍병 때문에 성종 18년의 영안북도 병마절도사의 임기를 채우지 못하였고, 성종 21년 4월 좌참찬에 제수되었다. 1년 뒤에는 이조판서로서 잘못된 인사로 곤혹을 치렀으며, 병조판서 이숭원과 더불어 도사인 이숭원의 아들을 이극균이 호조정랑에 제수하고, 참봉인 그의 얼서孽壻를 이숭원이 선전관으로 제수하였다는 대간의 논핵으로 추문당할 입장에 처하기도 하였다. 성종 22년 정월, 조산보가 함락되고 변장이 전사한 변란 뒤에 논의된 올적합 정벌에는 현실적 이유를 들어 계속 반대하였는데, 그때의 북정은 한갓 군사들만 괴롭히는 것으로 끝났다.

서쪽 변방에서 변환이 계속되면서 서북면 도원수가 된 이조판서 이극균은, 가자를 받고 의정부 좌참찬에 제수되었다. 부임을 전후하여 계속되는 야인의 침구로 막대한 손실을 입었지만, 고사리성에서 대승을 거두어 패전을 일부 만회하였다. 침구를 자행하면서 다른 한편으로 귀순을 요청해오는 등 양면성을 보이는 야인에 대한 대응을 놓고 성종과 이극균, 이극균과 정승의 의견이 충돌하기도 하였지만, 삼위의 야인 등은 이미 귀순하였고, 다만 배산의 적만 문제로 남았다. 그는 변방 안정에 크게 이바지하고 3년 만에 도원수에서 물러났다. 이어 제수된 경상도관찰사로서 특히 내지의 왜구들의 문제를 집중적으로 거론하였고, 염근한 수령을 천거하고 열녀와 효부를 발굴하였다. 조선 사상계에서 큰 의미를 갖는 유일로 생원 김굉필을 천거한 것은 빼놓을 수 없는 업적이다. 이때 공무의 내용은 탁월한 것이었다.

연산군 1년 3월 평안도관찰사가 되었는데, 위원에 침입한 기주위 야인들이 사람들을 사로잡아 간 것을 놓고, 이극균의 습격론과 조정의 정벌론이 충돌하였다. 그는 귀순한 야인 김주성가를 이용하여 동청례 등을 들여보내 포로 쇄환 및 야인의 지형·지물 파악과 동청례의 형 동아망개의 이주를 받아들여 변방의 안정을 도모하려는 정책 등에 노력을 기울였다. 그러나 동청례 파견을 통한 야인 정벌 정책 시도는 결국 실패로 돌아갔다.

연산군 4년 7월 무오사화 때에는 김종직의 죄상을 대역의 죄로 논단하고 부관참시할 것을 주장하였으나, 연산군 1년 수륙재 설행에 반대 상소를 올린 유생들의 의금부 구속을 힘써 만류하여 유생들의 호평을 받기도 하였다. 좌찬성으로 있는 동안 결정된 야인 정벌에서 이극균은 부장으로 서북면 도원수가 되었다. 그러나 배산의 적에 대한 정보원의 보고 내용이 일치하지 않으면서 정벌이 미루어졌다. 평안도를 거쳐 입조하기 원하는 야인들의 끈질긴 요구를 놓고, 국가의 수모라고 반대하는 윤필상 등과 여러 효과를 들어 찬성하는 이극균의 의견이 충돌하였다. 또한 동청례 재파견 실패와, 그가 주도한 여진정책 실패에 대한 많은 비판이 쏟아졌다. 이극균의 잘못만은 아니었으나 책임은 면할 수 없었다. 결국 서정은 중지되었다.

중앙으로 돌아온 경변사 이극균은 우상에 임명되었다. 그는 대체로 좌의정 성준과 함께 공사를 결정하였고, 《서북제번기》와 《서북지도》를 찬술하여 진상하기도 하였다. 대론이 다를 때 서로 비난하는 대간을 치죄하도록 한 조치는 결과적으로 대간을 처벌할 근거로 작용할 수 있다는 점에서 대단히 부정적이다. 다른 한편 이극균은 영의정 한치영, 좌의정 성준과 함께 국정에 참여하여 연산군의 폐정을 개혁하였다. 연산군 9년 정월에 좌의정이 되면서 그의 정치적 위상은 절정에 달한 것 같았다. 그런데 위험은 전혀 예기치 않게 연산군의 후궁 간택에 반대하는 홍귀달의 상소에서 시작되었다. 홍귀달을 국문한 연산군은, 대간·재상들이 서로 붕당이 되어 인군을 고립시키고 있는 것에 대한 불만을, 경로연에서 내린 술을 쏟은 이세좌의 불경죄를 처벌하는 것으로 응징하였다. 갑자사화의 시작이었다.

사화를 적극 주도한 연산군은 폐비윤씨를 사사할 때 힘써 다투지 않았고, 국왕이 내린 술을 쏟아 불경죄를 범한 이세좌에게 사약을 내렸다. 이세좌의 죄를 큰 불경이 아닌 불경으로 논한 것을 빌미로 부처한 이극균에게도 사약을 내렸다. 죄목은 '능상凌上'이었다. 조카에 대한 관전을 주장하다가 당한 억울한 죽음이었다. 졸기의 긍정적 평가와 같이 그는 국가를 위해 진심갈력한 것을 명예롭게 생각하고, 자신의 무죄를 선언한 뒤 목을 매어 죽었다.

이극균이 죽은 뒤에도 연산군은 그와 그의 아들 및 아비와 형제를 모두 부관참시하였다. 이어서 연산군은 쇄골표풍까지 하였고, 이극균·이세좌 두 사람의 자손을 모두 죽였으며, 이극균의 가산 및 이극균·이세좌의 자식들의 재산도 다 적몰되었다. 그의 가문이 참혹하게 멸문지화를 당한 것이었다. 중종이 즉위한 뒤 조세보가 아뢰어 예장과 전을 올리도록 하는 조치와 죄 없이 죽음을 당한 자 및 부관참시된 자는 아울러 증작하고 그 자손은 녹용하는 조치가 취해졌다. 또한 이극균 등을 예장하고, 석물을 세워 제사를 지내는 것 등으로 그들의 억울함은 조금이나마 신원되고 있었다.

중앙 정치에서 약간의 잘못이 있다 하더라도, 그는 평생 국가의 일에 온 힘을 다한 관료이자 군사 방면에 정통한 전문가였다. 그뿐 아니라 국방·민생·전략·전술·외교 각 방면에서 두각을 나타낸 조선

전기 몇 안 되는 문무를 고루 갖춘 인물이었다. 특히 백성들의 민폐를 덜기 위한 정책으로 민생 안정의 선봉에 섰던 사실은 기억될 만하다.

■ 참고문헌

《廣州李氏大同譜》
《태종실록》《세종실록》《세조실록》《예종실록》《성종실록》《연산군일기》《중종실록》
《國朝文科榜目》

국사편찬위원회, 《한국사》 22, 국사편찬위원회, 1995.
鄭杜熙, 《朝鮮時代의 臺諫硏究》, 1994.

金泰永, 〈朝鮮초기 世祖王權의 專制性에 대한 一考察〉, 《한국사연구》 87, 1994.
南智大, 〈朝鮮 成宗代의 臺諫 言論〉, 《한국사론》 12, 1985.
宋洙煥, 〈甲子士禍의 새 해석〉, 《史學硏究》 57, 1999.
李泰鎭, 〈15世紀 後半期의 '鉅族'과 名族意識〉, 《韓國史論》 3, 1976.
韓春順, 〈成宗 초기 貞熹王后(세조비)의 政治 聽斷과 勳戚政治〉, 《朝鮮時代史學報》 22, 2002.
______, 〈朝鮮 成宗의 六曹直啓制 運用과 承政院〉, 《한국사연구》 122, 2003.
韓嬉淑, 〈15세기 도적 활동의 사회적 조명〉, 《역사와 현실》 제5호, 한국역사연구회, 1991.
______, 〈朝鮮前期 李世佐의 생애와 甲子士禍〉, 《조선시대사학보》 50, 2009.

이극견의 생애와 그 가문

이 영 춘
국사편찬위원회 편사연구관

1. 머리말

이극견李克堅은 조선 초기 세종 대에 태어나, 세조~연산군 때까지 활동한 관료이다. 그의 생몰년은 기록이 없어 확실히 알 수 없지만, 대략 1430년(세종 12) 무렵에 나서 1504년(연산군 10) 무렵에 졸서한 것으로 추측된다.[1] 그의 자는 중고仲固이며, 아버지는 황해도관찰사를 지내고 예조참판에 증직된 이예손李禮孫이다. 조부는 청백리로서 형조참의에 올랐던 이지직李之直이며, 증조부는 고려 말의 유학자 둔촌遁村 이집李集이다. 어머니는 밀양박씨로 현감 박서朴曙의 딸이다.

1) 그의 출생연도는 정확히 알 수 없지만, 형인 극기가 1426년(세종 8)에 태어난 것으로 보아 1430년 무렵으로 추정한 것이다. 졸서 연도는 《燕山君日記》에서 그에 관한 기사가 1504년 6월 22일에 끝나고(《燕山君日記》 권54, 10년 6월 22일 辛巳) 이후 일절 기록이 없다. 그와 종형제 간이었던 극균克均(좌의정)과 종질從姪 세좌世佐(판중추부사) 및 종손從孫 수원守元(도사) 등이 모두 이때 일어났던 갑자사화에서 처형되었고, 그도 여기에 연루되어 탄핵을 받고 가옥을 압류당하였다. 2년 뒤인 1506년 중종반정이 일어난 뒤에도 그의 등용 기사가 없는 것으로 보아 그 전에 졸서한 것으로 추측된다.

이극견의 첫 부인은 남양홍씨로, 남성군 홍석洪錫의 딸이었다. 홍석은 개국 초의 좌명공신 남성군(후에 南陽君으로 改封) 홍서洪恕의 장자로서 아버지 남성군의 작위를 승습한 것으로 생각된다. 홍석의 조부는 1361년 홍건적의 난 때 공민왕을 안동까지 호종하였던 호종공신 남양군 홍사범洪師範이며, 증조부는 고려 말의 좌정승 남양후 홍언박洪彦博이다. 그의 후실은 창녕성씨로 예조참판을 지내고 판서에 증직된 성수번成秀蕃의 딸이다. 이를 보면 그의 두 처가 쪽도 대단한 가문이었음을 알 수 있다.

이극견은 문과에 급제하지 못하였으므로 크게 현달하지 못하였고, 비교적 낮은 의금부 낭관(도사), 군기시 판관(종5품) 등에서 시작하여 사헌부 지평(정5품), 개성부 경력(종4품), 군자시 부정(종3품) 등의 중견 관직을 지냈고, 마지막에는 통례원 좌통례(정3품)에 올랐다. 통례원 좌통례는 임기를 마치면 당상관으로 승진하는 자리였으나, 그의 관력은 여기서 그치고 말았다. 그러나 그는 깨끗한 인품과 청렴하고 근면한 공직 수행으로 당시의 대가들에게 칭송을 받았다.

이극견은 음직으로 출사하여 성실한 노력으로 중견 관료에 이르렀으나, 높이 쓰이지는 않았다. 이 때문에 그는 당대의 정치에 큰 영향을 끼치거나 특별히 주목받는 활동을 하지는 못하였다. 그러나 그는 자신의 일문이었던 광주이씨가의 정치적 부침과 궤를 같이하였고, 몇 차례의 사화에서 큰 피해를 입은 뒤 그의 자손들이 사림파의 이름난 인사로 성장하여 조선 중·후기에 유력한 사환 가계를 이룰 수 있었다.

이극견의 집안은 명문 사환가답게 부단히 벼슬길로 나아갔다. 그의 아버지 이예손과 형 극기(대사성, 관찰사) 등이 모두 훌륭한 인품과 높은 명망을 갖고 순직하였고, 장자 이반李攀(장단부사)의 자손들인 영부英符와 수경首慶이 각기 기묘사화와 을사사화 때 피해를 입은 사림으로서 크게 명성을 날렸다. 또한 칠곡에 정착하였던 이극견의 차자 이지李摯의 후손들은 또 하나의 유력한 문벌을 이루었다. 그들 가운데서도 이지의 현손 윤우潤雨(공조참의)·영우榮雨(주부)-(系)도장道長(응교)-원정元禎(이조판서)-담명聃命(이조참의)·한명漢命(교리) 및 도장道長(응교)-원록元祿(대사헌)-기명基命(현감) 가계는 특히 현달했다.

이극견 자신은 비록 주목받는 고관에 오르지 못하였지만, 그의 후손들은 조선 중기 사림의 주류가 되어 화려한 사환의 길을 이어감으로써 이인손-극감계의 동고東皐 이준경李浚慶(영의정) 가계, 이인손-극균(좌의정)계의 한음漢陰 이덕형李德馨(영의정) 가계와 함께 대표적인 문벌로 정착하게 되었다. 그의 가계는 기호에서 활동하였던 장자 가계(기호파)와 영남에서 정착하였던 차자 가계(영남파)로 나뉘었지만, 그들을 합쳐서 모두 좌통례공파左通禮公派라고 부르고 있다. 이극견은 바로 이 좌통례공파의 비조가 되는 인물이다.

여기서는 조선 중·후기에 명문 사환가로서 혁혁한 명성을 날렸던 광주이씨 통례공파의 비조 이극견의 가문적 전통과 그의 관직생활 및 후손 가계의 개략적인 모습들을 살펴보기로 한다.

2. 광주이씨의 근원과 발전

광주이씨 가문은 고려 말기에 새롭게 중앙정계에 등장한 신흥사대부가의 하나였다. 오늘날의 광주이씨는 본래 경상도 칠원의 호족이었으나, 후삼국시대 고려에 끝까지 항복하지 않았기 때문에 태조 왕건王建에 의해 회안(후의 광주 경안역)의 역리로 정속되었고, 후에 광주의 향리로 이속되었다고 한다. 이들은 고려 말 이후 현달하여 문벌이 됨으로써 광주를 본관으로 삼았지만, 기원으로 따지면 칠원 이씨漆原李氏라고 할 수 있다.[2)]

칠원에서 유래하는 광주이씨에는 시조가 다른 두 계열이 있다. 하나는 고려 말의 성리학자이며 은둔 시인이었던 둔촌遁村 이집李集(1327~1387)을 선조로 하는 성관으로서,[3)] 주지하는 바와 같이 조선 초기에 혁혁한 문벌이 되었다. 다른 하나는 고려 말 둔촌과 같은 시대에 활동하였던 참의 이양중李養中의 가계였다. 광주이씨 가운데 먼저 중앙관료로 진출하여 사족이 된 계열은 이양중의 선조들로 생각되고 있으나,[4)] 이 계열은 조선시대에 그다지 두드러지지 못하였다.[5)]

둔촌은 광주이씨 주류 계열의 사실상의 시조라고 할 수 있다. 그의 가계는 부친 이당李唐 때까지 광주부의 향리역에 종사하던 한미한 가문이었으나, 둔촌 자신을 포함한 형제 다섯 명이 모두 과거에 급제하여 중앙관직에 나아감으로써 비로소 가문이 떨치게 되었다.[6)]

---

2) 《國譯 廣李世蹟》(廣州李氏大宗會, 2005) 95~96쪽.

3) 李集의 先祖 家系(《萬姓大同譜》)
漢喜–益庇–文–蔚(令同正)–漢(攝司正)–祿(進士)┬密(進士)
└唐(生員)–集(原名元齡, 文科, 判典校寺事)

4) 李養中의 先祖 家系(《萬姓大同譜》)
自成(鄕任)–君麟(鄕任)–龍壽(鄕任)–漢希–伯章(樞密事)–誠祐(門下侍中)–岑(敎導)–全斯(佐郞)–方貴(文,府使)–養中(文, 參議)

5) 李養中의 후손들 가운데서 중요한 사환 가계는 대략 아래와 같다(《萬姓大同譜》).
養中(文, 參議)–遇生(主簿)–守哲(文壯, 節度副使)–蓀(文, 贊成, 靖國功臣漢山府院君)
┬純彦(縣監)–尊仁(文壯)–綱·尊義(文, 吏曹參議)–砬(文, 持平)·國(文, 吏曹參議, 扈聖功臣漢川君)
└誠彦(文, 兵使, 左尹)

6) 李集의 형제 家系(《同姓譜》)
唐(鄕吏, 生員)┬仁齡(文, 改名 逢, 進士, 慶先庫使)
├元齡(文, 改名 集, 進士)
├希齡(文, 十擧科, 知郡事)
├自齡(文, 十韻科)
└天齡(文, 補賢科, 改名 省)

향리 가문에서 중앙관료로 진출하던 것은 고려 후기의 일반적인 양상이었다. 이것은 새로이 지배층으로 성장하고자 하였던 향리층 공통의 사회적 욕구 때문이기도 하였지만, 고려 후기에 전래한 이념지향적인 성리학을 익힌 이들이 학문과 과거를 통해 관직에 진출하려는 것은 유학자들의 보편적인 목표이기도 하였다.

둔촌은 고려 후기 성리학의 중흥조였던 안유安裕의 족질 안보安輔의 문하에서 수학하였다. 당시 그와 동문수학하였던 이보림李輔林, 염국보廉國寶, 이륵李勒, 우현보禹玄寶 등은 후에 모두 재상이 되었다. 둔촌은 또 목은牧隱 이색李穡, 포은圃隱 정몽주鄭夢周, 도은陶隱 이숭인李崇仁, 척약재惕若齋 김구용金九容, 삼봉三峰 정도전鄭道傳 등과 도의의 친구가 되었다. 이들은 모두 당시 신흥사대부 계층을 대표하는 인물들이었다. 이들은 새로운 학문을 통해 사회를 개혁하고자 하는 이상에 불타고 있었다. 그래서 과거를 통한 그들의 관직 진출은 왕성하였고 기득권층인 권문세족들과 충돌하기도 하였다. 그들에게는 과거를 통해 중앙관료로 진출하는 통로가 마련되어 있었다.

이러한 고려 말의 정치·사회적 경향은 둔촌의 가문에서도 마찬가지였다. 둔촌의 형제 다섯과 아들 삼형제가 모두 과거에 응시하여 사환의 길로 나아갔던 것이다. 둔촌 당대에는 고위 관료로 진출하는 것이 쉽지 않았지만, 그의 자손 대에는 가능하게 되었다. 둔촌은 젊은 시절 중하위 관직에 종사하였다. 그러나 그의 관직생활은 여러 가지 시대적 환경과 결부되어 여의치 않았던 것 같다. 그래서 그는 대략 10여 년의 관직생활 끝에 봉순대부 판전교시사를 마지막으로 은일의 생을 보내게 되었다. 둔촌의 은거에 대하여는, 선행 연구에서 대략 밝혀져 있다.[7]

광주이씨 가문의 역사에서 가장 특이한 점은 은일의 성향을 지녔던 둔촌의 후손들이, 여말선초 특수한 정치상황에서 주저 없이 신왕조의 정권에 참여하여 왕성한 관직생활을 통해 명문 사환가로 발전하게 되었다는 사실이다. 그리고 그들은 관도에 큰 성취를 이루게 되었고 단 1세기 만에 많은 훈구대신들을 배출하는 등 전국 제일의 명문 사환가가 되었다. 둔촌의 불우했던 사환 경험이 후손들에게 커다란 교훈이 되었고, 결과적으로 그들의 정치적 진출을 촉진하는 요소로 작용하였을 것으로 생각된다.

둔촌은 스스로 은둔의 길을 택하였지만 자손들에게도 그것을 바라지는 않았다. 그는 자손들에게 학문을 간곡히 부탁하고 무능한 인간이 되지 말 것을 가르쳤다.[8] 둔촌이 목은에게 부탁하여 지은 〈이씨삼자명자설李氏三子名字說〉에는 그가 세 아들에게 지어 준 이름 지직之直·지강之剛·지유之柔와 그들의 자字인 백평伯平·중잠仲潛·숙명叔明은 모두 《서경》에 근거한 것으로 대개 성인의 다스림을 사모하고 기대하는 뜻이 담겨 있음을 설명하고 있다. 이를 보면 그가 자손들에게 얼마나 큰 기대를 가지고 있었는지 알 수 있다. 그것은 곧 자신과는 달리 세상에 나가 도를 실현하라는 메시지이기도 하였다.

그래서 지직·지강·지유 세 아들은 여말선초의 혼란기에도 모두 과거에 급제하여 관직에 나아갔고, 그 후 많은 후손들이 고관대작 훈신이 되어 조선 초기에 가문의 성세를 울렸던 것이다. 여기에는 당대의 현인군자 명사들과 폭넓게 맺은 둔촌의 인적 연계도 큰 도움이 되었을 것이다.

둔촌의 후손들 가운데서 중요한 인물들을 정리하면 〈그림 9-1〉과

7) 李楠福, 〈遁村 李集 硏究〉, 《한국중세사연구》 4, 1997; 呂運弼, 〈遁村 李集 硏究〉, 《東洋漢文學硏究》 10, 1996; 이영춘, 〈遁村 李集의 出處觀과 隱遁의 의미〉(미발표)

8) "讀書可以悅親心 勉爾孜孜惜寸陰 老矣無能徒自懷 頭邊歲月苦駸駸."(《遁村遺稿》 卷2, 〈長兒遊學佛國寺 以詩示之〉)

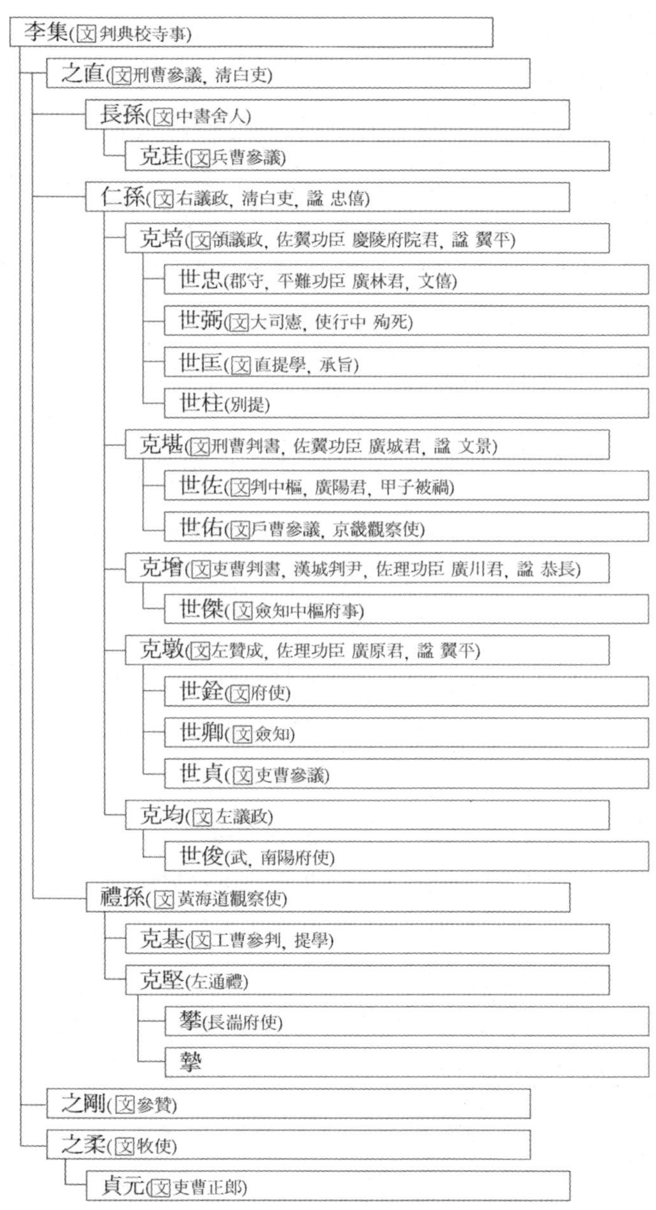

그림 9-1. 둔촌 주요 후손들의 계보(4세손까지만 정리, 문은 문과급제자)

같다.

이 가계도를 보면 둔촌의 후손들이 고작 1백여 년이라는 짧은 기간 동안 얼마나 많이 문과에 급제하고 요직으로 진출했는가를 알 수 있다. 또한 둔촌의 자손들은 관직생활에서 정도를 지켜 청백리淸白吏로 뽑힌 사람들이 많았다. 아들 지직(형조참의)과 손자 인손仁孫은 모두 청백리로 칭송을 받았고, 영의정을 지낸 증손자 극배克培는 고관으로 공신이 되었음에도 청렴하고 소박한 생활로 명망을 얻었다. 이 극배의 형제 5명은 모두 문과에 급제하여 출세하였고, 그 중에 4명은 공신이 되기도 하였다. 이 무렵 광주이씨 가문의 성세는 하늘을 찌를 것과도 같았다. 이렇게 권력의 상층에 올라가면서 일부 후손들은 권세를 부리게 되었고 부귀를 좇기도 하였다. 이것은 권력의 속성이라고 할 수 있을 것이다. 그러나 이인손의 자손들 가운데서도 정암靜庵 조광조趙光祖를 추종하여 사림파에 속한 인물들이 있었고, 이예손李禮孫의 후손들은 대체로 사림의 길을 걸었다. 그래서 사화 때 많은 피해를 입기도 하였으나, 이후에도 고관대작과 명현들이 끊이지 않고 배출되었다. 한 작은 가문에서 이렇게 많은 인재를 배출한 것은 그 유래를 찾아보기 어려울 것이다.

조선시대에 둔촌계 광주이씨는 대략 150여 명의 문과급제자를 배출하였는데, 그 중 많은 사람들이 당상관에 올랐고, 정승·판서·문형도 적지 않았다. 무과에 급제한 사람도 80여 명이나 되었는데, 그들 가운데는 병사·수사·통제사·군문대장·무승지·병조판서에 오른 사람들도 많았다. 가장 대표적인 것은 영의정 이극배의 6세손 상원象元의 후손 가계와 극견의 6세손 도빈道彬의 후손 가계로서, 〈그림 9-2〉와 같다. 문반 명문가의 후예임에도 왕성하게 무반직에 진출한 것을 보면 광주이씨가의 사환에 대한 집념을 알 수 있다.

* 李仁孫(文, 右議政)-克培(文, 領議政)……象元(克培의 6世孫) 家系

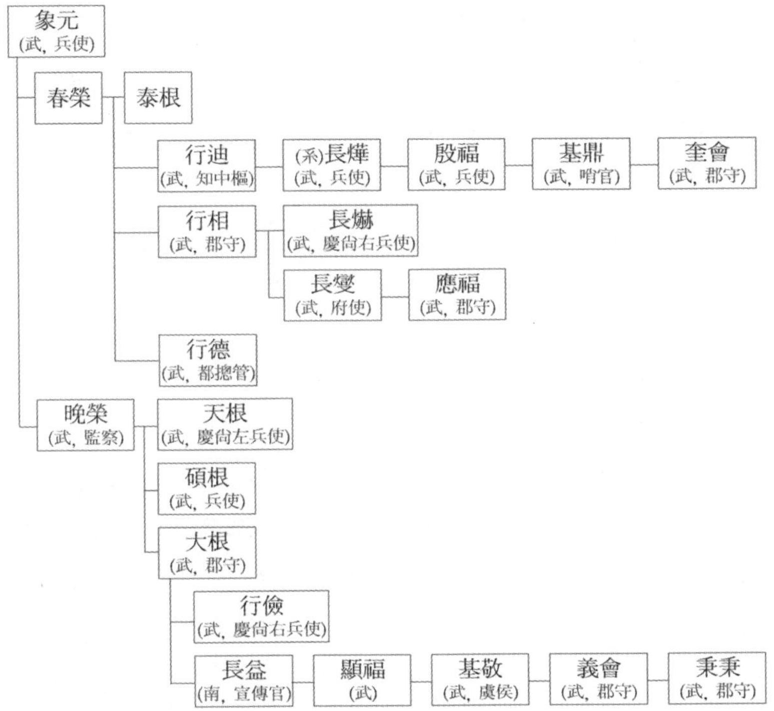

* 李禮孫(文, 觀察使)-克堅(左通禮)……道彬(克堅의 6世孫) 家系

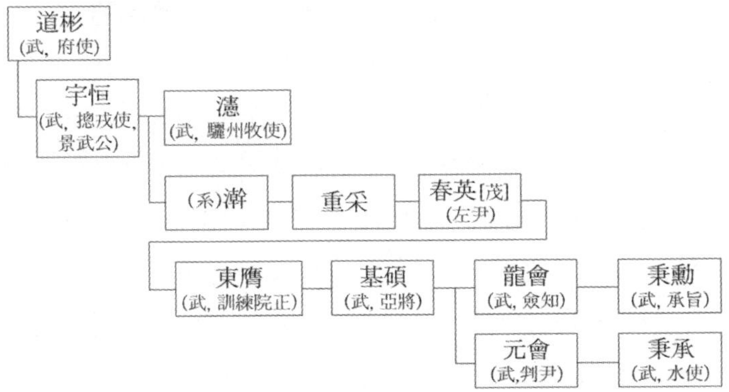

그림 9-2. 광주이씨의 대표적 무반 가계

다만 광주이씨 가문은 성이 이씨李氏였기 때문에 왕비를 배출하지 못하여 외척이 된 일은 없었고,9) 대학자로서 산림에 징소된 인물들도 많지 않았던 것 같다. 이 때문에 조선 후기에는 가문의 성세가 조선 초기만큼 떨치지 못하였다.

3. 이극견의 활동 배경

1) 시대 배경

이극견李克堅이 태어나고 활동하였던 15세기 중반에서 16세기 초반은 조선왕조가 국가의 토대를 확립하고 통치체제를 정비하였던 시기였다. 왕조 개창 이래 100여 년 동안 평화가 지속되었고 새로운 농업기술의 발달로 생산력이 비약적으로 발달함으로써 민생이 안정되었고, 특히 양반 지배계층은 안정되고 윤택한 사회적 기반을 확립하게 되었다. 국가는 문치주의에 입각하여 학문과 문화를 장려하여 15세기 후반부터 많은 문화적 업적들이 이루어지고 있었다.

15세기는 조준趙浚·정도전鄭道傳·권근權近 등 개국공신 세력을 이은 관학파 학자 관료들, 특히 세종 대에 집현전에서 양성된 젊은 엘리트 학자들이 국가제도의 정비와 학문 발전에 중추적 역할을 하였다고 할 수 있다. 그들에 의하여 법전·역사·지리·어문·농업·의약·음악 등에 관한 많은 관찬서적들이 편찬 보급되었다. 그러나 16세기 후반에 이르면 미약하게나마 길재吉再(1353~1419)와 김숙자金淑滋(1389~

9) "동성불혼同姓不婚"이라는 유교적 예법의 원리 때문에 조선왕조는 비록 본관이 다르더라도 이씨李氏와는 국혼을 하지 않았다.

1356)·김종직金宗直(1431~1492)으로 이어진 재야사림의 전통이 부흥하여 이른바 사림파의 맹아가 싹트기 시작하였다. 유교의 도학을 천명하고 의리명분을 강조한 그들의 학풍은 후대 성리학자들의 정신적 지주가 되기도 하였지만, 새로운 정치세력의 성장을 의미하기도 하였다.

광주이씨는 시조 둔촌 이래 은일의 전통이 강하였고, 사림의 기질을 가지고 있었다. 그들의 일파인 이인손의 자손들은 세조~성종 대에 혁혁한 훈구 관료로 성장하기도 하였지만, 다른 가계는 여전히 사림적인 풍도를 가지고 있었다. 이예손李禮孫(황해도관찰사)의 자손들인 이극기李克基(대사성, 경상도관찰사)·극견克堅(좌통례)–반攀(장단부사)–영부英符(이조정랑, 기묘명현) 등이 여기에 속한다고 할 수 있다. 이들은 연산군 때 갑자사화로 큰 타격을 받았지만, 이인손의 자손들은 더욱 심하게 화를 입었다. 그 뒤에 그들은 대체로 사림파에 합류하여 관료의 길을 가거나 재야학자의 길을 걷게 되었다. 사림에 대한 이해는 이극견과 그 후손들의 활동을 이해하는 데 중요한 열쇠가 된다.

조선왕조는 문치주의 유교국가였으므로 교육은 양반관료의 양성이나 사대부들의 교양습득뿐만 아니라 국민전체의 유교적 교화를 위해서도 중시되었다. 15세기에는 주로 관학의 진흥을 통한 국가적 차원의 교육정책이 추진되었다고 할 수 있다. 중앙에는 성균관과 4학을 재정비하고 지방에는 향교를 통해 교육을 장려하였다. 그리고 과거 시험을 통하여 유교 교육을 독려할 수 있었다. 이극견의 형이었던 이극기는 성균관 대사성 및 동지성균관사를 지내면서 관학의 학풍을 크게 진작시킨 사유로 존경을 받았다.

그러나 16세기부터는 지방 사림들을 중심으로 사학私學을 통한 교육운동이 일어나 성리학의 학문 전수와 확산이 일어나게 되었고, 이것이 조선 성리학 발달의 기폭제가 되었다고 할 수 있다. 사림으로 불리는 성리학 전공의 학자군이 생겨나고 그들은 왕성한 학문·교육활동과 정치·사회적인 실천운동으로 16세기 사회의 새로운 주류를 이루는 지도층으로 성장하였다. 사림은 중소지주층 출신 양반계급을 중심으로 이루어진 광범한 학자 집단이라고 할 수 있다. 종래의 사대부 계층 관료들도 유학적 소양을 갖춘 이들이었지만, 이들은 관료적 성향이 강하여 성리학과 같은 사변적 학문활동에는 주력하지 않았다. 사림은 성리학의 학문적 탐구와 윤리의 실천 그 자체를 우선으로 삼고 관직은 형편에 따라 나아가기도 하고 물러나기도 하였다. 사림도 물론 정치를 통한 도의 실천을 목표로 하였기 때문에 관직생활을 중요하게 여겼지만 학문을 통한 개인적 수양을 선결조건으로 여겼으므로 훈구파의 직업관료들과는 그 성향이 달랐다. 16세기까지는 사림도 대체로 과거를 통하여 출사하는 경향이 많았지만, 차츰 과거와 벼슬을 단념하고 성리학 그 자체에만 몰두하는 사람들이 나타나게 되었고, 이들을 처사處士나 은일遺逸로 일컬으며 학자의 미덕으로 간주하는 경향이 생기게 되었다. 사림은 성리학 학습과 실천을 통하여 치인治人보다 수기修己를 강조하는 성향을 보였다. 조선 성리학에서 특히 이기심성론理氣心性論이 활발히 연구되었던 까닭도 그 때문으로 보인다. 수기를 통한 도덕성의 확립은 경쟁집단이었던 훈구파의 실권자들과 겨루는 데 명분을 쥘 수 있는 무기가 되는 것이기도 하였다.[10)]

사림이 대거 조정으로 진출하여 일정한 정치세력을 이루었을 때

---

10) 李成茂, 〈한국의 성리학〉, 《한국역사의 이해》, 집문당, 1995, 33쪽.

는 흔히 정치집단으로서 사림파라고 일컫기도 한다. 사림의 형성은 여말선초의 정변기에 지방에 은거한 절의파 학자들에서 기원을 둔 것으로 알려져 있지만, 이들은 대체로 세조 때 이르러 중앙진출을 꾀하게 되었다. 김종직과 그의 문인들이 대표적이다. 도덕정치를 추구하는 이들 신진세력은 기성 훈구세력과 정치적 성향이 달랐고 또 그들 자신의 정치적 입지 확보를 위해서도 기성 관료집단의 독주를 견제하려고 하였다. 이에 훈구세력은 위협을 느끼게 되었고, 그 결과 여러 형태의 갈등과 마찰을 빚어 결국 네 차례의 사화가 일어나게 되었다. 사화 때마다 사림은 커다란 타격을 받았지만, 후진 교육활동으로 양산된 두터운 인적자원과 도덕적 명분 덕에 명종 20년 이후 최종적인 정치적 승리를 획득하여 조선 중기 사회의 새로운 주도층이 되었다.

사림이 표방했던 것은 도학이었다. 도학은 단순히 유교경전이나 문예적 소양을 함양하는 것이 아니라 요순과 공맹으로부터 전승된 것으로 믿는 심성〔心法〕을 기치로 하여 하나의 도통체계道統體系를 수립하고, 그 정신에 충실하려고 하는 이념적 경향을 가진 학문이나 학풍을 말한다. 도학을 기치로 내세운 사림은 자아의 완성〔修己〕과 사회적 실천〔治人〕을 주요 과제로 표방하여, 유교의 원리주의적原理主義的인 이상을 실현하고자 하는 성향을 가지고 있었다. 이들은 의리와 명분을 중시하는 일종의 원칙주의에 몰두하였다. 이 때문에 그들은 다소 급진적인 사회 개혁을 추구하게 되었다.

사림파의 과격한 개혁운동이 훈구파의 반격을 초래하여 1498년(연산군 4)의 무오사화, 1504년(연산군 10)의 갑자사화, 1519년(중종 14)의 기묘사화 및 1545년(명종 즉위)의 을사사화를 유발하게 되었다. 이극견 자신을 포함한 그의 가문은 갑자사화로 큰 화를 입었고, 기묘사화와 을사사화 때는 그의 손자 이영부李英符와 증손 수경首慶(영부의 장자)이 각기 피해를 받았다. 그러나 사화로 입은 피해는 훗날 가문의 명성을 높이고 후손들의 앞길을 열어주는 역할을 하기도 하였다.

2) 가문 배경

둔촌의 후손들인 광주이씨 일가는 15세기 후반에 신흥 문벌로 유례 없는 극성기에 이르렀다고 할 수 있다. 이극견의 친족들은 〈그림 9-1〉에서 본 바와 같이 과거와 고관대작을 휩쓸다시피 하였다. 이는 주로 그의 중부仲父인 인손과 그의 다섯 아들들에 의해 이루어진 것이었지만, 그 자신의 집안도 여기에 버금갈 만하였다. 잠시 극견 일가의 가세를 살펴본다.

이극견의 아버지 예손禮孫(?~1459)은 1434년에 문과에 급제하고, 사간원 정언, 사헌부 지평, 사간, 성균관 대사성, 황해도관찰사, 형조참의 등의 요직을 지내고 1459년(세조 5)에 북경에 말을 공납하는 관압사로 갔다가 귀국 도중에 황해도 봉산에서 병으로 순직하였다. 실록의 졸기를 보면 그의 성품과 처신을 잘 알 수 있다.

> 관압사 이예손이 봉산에서 죽으니, 부의로 쌀·콩 각 20석, 종이 1백 권과 곽·송진〔松脂〕·석회 등의 물건을 내려 주었다. 이예손은 광주 사람인데 성질이 강개하고 방직하여 구차하게 남의 마음에 들려고 하지 않았으므로, 당대의 염개한 관료로 칭송되었다. 그가 죽자 사람들이 모두 애도하였다.[11)]

11) 《世祖實錄》 권15, 세조 5년 3월 11일 계사. "管押使李禮孫死于鳳山, 賜賻米豆各二十石·紙一百卷·槨·松脂·石灰等物. 禮孫, 廣州人, 性慷慨方直不苟容, 時稱廉介, 及其亡也, 人皆悼之."

이극견의 형인 극기(1426~1491)도 성리학에 정통한 학자였으며, 훌륭한 인품의 소유자였다. 그는 1453년 문과에 급제하고, 이조전랑과 사인, 홍문관 전한과 직제학, 지제교, 삼사의 장관을 모두 지내고, 예조·이조의 참의, 성균관 대사성, 공조참판, 예문·홍문 양관제학, 승지, 예조참판, 한성부 좌윤 등 요직을 두루 역임하였고, 일본과 중국에 사신으로 가기도 하였으며, 경상도관찰사로 나가 진휼賑恤에 매진하다가 중풍으로 졸서하였다. 그는 특히 성리학에 조예가 깊었고,[12] 성균관 대사성 혹은 동지성균관사로 있을 때 강학에 힘써 관학의 학풍을 진작시킨 것으로 명망이 높았다. 이 때문에 그가 성균관에서 물러나 전직할 때마다 여러 유생들이 상소를 올려 그를 더 유임시켜 줄 것을 요청하기도 하였다.[13] 실록에 수록된 그의 졸년기사를 보면 그의 학문과 인품 및 업적을 잘 알 수 있다.

> 동지중추부사 이극기가 졸하였다. 이극기의 자는 자안子安이요 본관은 광주廣州이다. 부지런하고 근신함으로써 공무를 수행하고 마음을 잡음이 확실하여 사사로운 뜻으로 흔들리지 않았다. 또 성리학에 정밀하여 지나치게 천착穿鑿하지도 아니하고 왜곡하지도 아니하고 대의를 잡기에 힘썼다. 이로 말미암아 배우는 자가 기꺼이 스승으로 삼았다. 전후 여러 차례에 걸쳐 스승의 자리에 있으니 학업을 받는 자가 모두 따랐다. 동지성균관사에서 가정대부에 올라 경상도관찰사로 나가게 되자 학도들이 상소하여 머물기를 청하였으나, 임금이 백성을 다스리는 직무가 유생들을 교육하는 것보다 중하다고 여겨 특별히 보냈다. 이때 바야흐로 흉년이 들어서 빈민을 구제할

12) 《國朝文科榜目》 癸酉式年榜 李克基 난에는 특별히 "精於性理之學"이라고 기록되어 있다(《國朝文科榜目》 第一, 端宗朝 癸酉式年榜).
13) 《成宗實錄》 권174, 성종 16년 1월 18일 신축.

정책이 가장 급하였는데, 이극기가 마음을 다해 백성을 보호하며 쉬지 않고 분주하였다. 이 때문에 병을 얻어 크게 쓰이는 데 이르지 못하니, 사람들이 모두 애석해하였다.[14]

이극견은 둔촌 이래로 이어온 훌륭한 가풍 속에서 자랐고, 어진 부형의 가르침을 받았으므로 개결한 인품과 성실한 태도로 관직생활을 할 수 있었다. 그와 종형제였던 이인손의 후손들은 대부분 훈구적 성향을 지닌 고관으로 성장하여 한 세상을 풍미하였지만, 그와 그의 부형·후손들은 모두 사림의 기질을 가지고 청백리의 길을 추구하였다고 할 수 있다.

4. 이극견의 관직생활과 시련

1) 이극견의 관직생활

15세기 말~16세기 초에 광주이씨 집안에서는 문과에 응시하여 급제하지 않은 사람이 드물 정도였다. 따라서 이극견도 과거에 응시하였을 것으로 생각되지만 성공하지 못하였다. 그래서 그는 비교적 낮은 의금부 낭관(도사), 군기시 판관(종5품), 행사헌부 지평(정5품), 개성부 경력(종4품), 군자시부정(종3품) 등을 지내고 최후에는 통례원 좌통례(정3품)에 올랐다. 통례원 좌통례는 임기를 마치면 당상관

14) 《成宗實錄》 권224, 성종 20년 1월 10일 기사. "同知中樞府事李克基卒. 克基字子安, 廣州人. 勤謹奉公, 所執確如, 不爲私意所移. 又精於性理之學, 不鑿不曲, 務挈大義. 由是學者樂爲之師, 前後居師席, 受業者咸歸焉. 自成均同知, 陞嘉靖出爲慶尙道觀察使, 學徒上疏願留, 上以治民之職重於師儒, 特遣之. 時方凶歉, 荒政太急, 克基盡心存撫, 馳驅不休, 以此得疾, 未至大用, 人皆惜之."

으로 승진하는 자리였으나, 그의 관력은 여기서 그치고 말았다.

이극견의 집안은 명문 사환가답게 끊임없이 벼슬길로 나아갔다. 그리고 그의 아버지 이예손과 형 극기 등이 모두 훌륭한 인품과 높은 명망을 가지고 봉직하였고, 손자 영부와 증손 수경은 각기 기묘사화와 을사사화 때 피해를 입은 사림으로서 역시 아름다운 명성을 남겼다. 이극견 자신은 비록 고관에 오르지 못하였지만, 직무 수행에 성실하고 과오가 없어 당시에 호평을 받았다. 이제 간략히 그의 관직생활을 살펴본다.

이극견은 과거에 급제하지 못하였으므로 문음으로 관직에 나아간 것으로 보인다. 《경국대전》의 음직 규정을 보면 "공신 및 2품 이상의 아들·손자·사위·동생·조카와 〔원종공신의 경우는 아들·손자에만 한한다〕, 실직 3품인 자의 아들·손자, 일찍이 이조·병조·도총부·사헌부·사간원·홍문관·부장·선전관을 거친 자의 아들로서 나이가 20세 이상인 자에게 시험을 보게 하여 등용한다. 녹사에 속하고자 하는 자는 들어 준다"[15]고 하였으므로 웬만한 사환가에서는 문음으로 진출할 기회가 매우 많았다고 할 수 있다.

이극견의 경우를 보면 아버지 예손이 종2품 황해도관찰사를 지냈을 뿐만 아니라, 사간원 정언·사간, 사헌부 지평 등을 지냈으므로 당연히 음직을 받을 자격이 있었다. 게다가 조부 지직도 홍문관 교리, 강원도관찰사를 지냈으므로 그의 손자 자격으로 받을 수 있었으며, 형 극기가 홍문관 전한과 직제학, 삼사의 장관, 이조의 참의, 공조·예조참판, 양관제학, 승지 등을 지냈으므로 그의 동생 자격으로 음직을 받을 수도 있었다. 심지어는 우의정을 지낸 숙부 인손의 조카 자

15) 《經國大典》 권1, 〈吏典〉, 取才, 蔭子弟.

격으로 받을 수도 있고, 장인이었던 남성군 홍석의 사위 자격으로 음직을 받을 수도 있었다. 그러나 그는 아버지 예손의 아들 자격으로 음직에 나아갔을 것으로 추측된다. 예손의 장자 극기는 이미 과거로 진출하였기 때문이다.

문음으로 벼슬을 받는다고 하더라도 바로 벼슬에 오르는 것은 아니었다. 그들도 최소한의 자격시험인 취재取才를 통과해야 하였는데, 이는 오경五經에서 1과목, 사서四書에서 1과목의 강경 시험이었다. 그러나 이는 문과에 견주면 매우 쉬운 시험이었다.[16]

이렇게 하여 그는 문음으로 벼슬에 나아갔다. 그는 대체로 1430년(세종 12) 무렵에 태어난 것으로 생각되고 있으므로 늦어도 1460년(세조 6) 경에는 관직생활을 시작하였을 것으로 보인다. 그가 관직으로 나아간 데는 1459년(세조 5) 3월에 관압사로 북경에 갔다가 귀국 도중 황해도 봉산에서 질병으로 순직한 아버지 이예손의 영향도 있었을 것이다. 예손이 봉산에서 질병으로 누웠을 때 세조는 어의 김유지와 아들 극견을 보내어 치료하고 간병하게 하였다. 이러한 일로 극견은 국왕의 주목과 동정을 받았을 것으로 추측된다.

실록에 기록된 그의 첫 관직은 의금부 낭관으로, 1467년(세조 11) 5월 22일 이시애李施愛의 난에 연루되어 의금부에 투옥된 신숙주申叔舟의 항쇄項鎖를 늦추어준 사건과 관련하여 남용신南用信 등 다른 낭관들과 함께 국문당한 기사에 포함되어 있다. 의금부는 반란·역모 등 국사범들을 체포·심리하는 법사로서, 여기에는 판의금부사 등 당상관 5명(모두 타관으로 겸직시킴)과 낭관 11명(종4품 경력 1명, 종6품 도사 5명, 종8품 도사 5명)이 소속되어 있다. 이때 이극견은 출사 초기였으

16) 《經國大典》 권1, 〈吏典〉, 取才, 蔭子弟.

므로 종8품 도사로 있었을 것이다. 그는 19년 뒤(1486)에 비로소 종5품직에서 정5품직에 오르고 있으므로 1467년에 참상관인 종6품 도사로 있기는 어려웠을 것이다. 아무튼 이때의 국문으로 신숙주의 항쇄를 늦추어준 도사 남용신은 처형되고, 이극견은 큰 죄가 없었으므로 다른 동료들과 함께 파직되는 것으로 그쳤다. 이후 오랫동안 실록에 그의 사환 기록이 없는 것으로 보아, 이 사건 때문에 그가 상당 기간 사환에 어려움을 겪었을 것으로 생각된다.

그에 관한 기록은 19년이 지난 1486년(성종 17)에 다시 나타나고 있다. 그해 10월 29일에 그는 통훈대부(정3품 당하관)로서 사헌부 지평(정5품)에 임명되었다.[17] 다른 기사에 따르면 그가 지평에 임명되기 전에는 군기시 판관(종5품) 자리에 있었다. 조선시대 관료들에게 종6품 이상은 참상관이라 하여 중견 관원으로 간주되었고, 더구나 사헌부 지평은 대관으로서 백관에 대한 감찰과 국왕에 대한 간쟁까지 맡고 있었으므로 요직이라고 할 수 있다. 이 무렵 그는 순탄한 관료 경력을 쌓고 있었다고 할 수 있다.

그해 12월 8일에 그는 삼사의 일원으로 경연에 참가하여 정책 건의를 하기도 하였다. 이때 그는 각릉의 제향이 비록 정결하기를 힘쓰더라도 익히고 차리는 기구가 혹은 더럽고 낡아서 깨끗하지 못하므로, 제헌관과 감찰로 하여금 제기들을 잘 살펴서 만약 불결함이 있으면 전사관(제사 준비 담당 관원)을 추핵推劾하게 하자고 건의하였는데, 성종에 의해 그 자리에서 수용되었다. 그의 건의에 따라 바로 조관들을 각 능에 나누어 보내 자세히 살피게 하였던 것이다.[18]

17) 《成宗實錄》 권196, 성종 17년 10월 29일 경자. "以李世佐爲嘉靖禮曹參判, 韓僨嘉善漢城府右尹, 權健嘉善同知中樞府事, 李季仝嘉善行僉知中樞府事, 李克堅通訓行司憲府持平."

18) 《成宗實錄》 권198, 성종 17년 12월 8일 기묘. "御經筵. 講訖, 持平李克堅啓曰: '各陵祭享, 雖務精潔, 然熟設器具, 或汚毁不淨. 請令獻官監察兼審器具, 若有不潔, 推劾典祀官.' 卽命分遣朝官

조선시대 대간의 자리는 오래 머무를 수 있는 것이 아니었으므로 이극견도 다음 해에는 다른 자리로 전직하였을 것으로 생각된다. 1490년(성종 21) 3월에 그는 개성부 경력(종4품)에서 군자시(監) 부정(종3품)으로 승진하였다. 개성부 경력은 유수(종2품) 아래에 있는 2인자로서, 그 역할이 현재의 광역시 부시장과 같다고 할 수 있다. 개성부 경력은 내직(중앙관)으로 간주되었으므로 임기는 900일로 규정되어 있었으나,[19] 실제로는 8도의 도사와 같이 360일(1년)이었던 것으로 추정된다. 따라서 그는 1489년 3월에 개성부 경력으로 임용되었을 것으로 생각된다.

이극견이 경력에서 군자시 부정으로 승진한 것은 파격적인 조치로 간주되어 사헌부의 제지를 받았다. 즉 그해 3월 22일에 사헌부 지평 서팽소徐彭召가 그의 승진이 규례에 어긋나게 초월하였다고 탄핵하였던 것이다. 이때 서팽소는 옹주의 아들이었던 윤준원尹俊元·준민俊民 형제의 예빈시 첨정·풍저창 주박 임용과 성균관 전적 이유한李維翰의 양현고 주부 임용도 함께 탄핵하였다. 이에 성종은 이유한의 임용은 즉시 취소하고, 이극견과 윤준원·준민의 일은 이조로 하여금 논의하게 하였다.[20]

이에 다음날 이조판서 정문형鄭文炯이 어전에 와서 3인의 임용에 대하여 변명하였다.

于各陵, 審察."

19) 《經國大典》 권1, 〈吏典〉 京官職.

20) 《成宗實錄》 권238, 성종 21년 3월 22일 갑술. "司憲府持平徐彭召來啓曰: '今以李克堅爲軍資副正. 《大典》內, 有賢能勤勞者陞敍, 克堅非有卓異之才, 又無勤勞之事. 前以軍器判官, 陞拜開城府經歷, 今又陞拜副正, 未便. 尹俊元·俊民, 皆翁主之子, 宜敍於敦寧府, 而今者以俊元爲禮賓寺僉正, 俊民爲豊儲倉主薄, 俊元等, 皆非端士, 不可用於治事之地也. 以成均典籍李維翰, 兼養賢庫主簿, 維翰迂儒, 如儒生敎訓則可矣, 錢穀出入, 非所能爲, 諸以他典籍換差.' 傳曰: '克堅·俊元之事, 問于吏曹. 維翰, 以他典籍換差.'"

이극견은 일찍이 판관과 지평을 지냈는데, 직무 수행에 신중하고 근면하여 과실이 없었습니다. 지금 또 개성부 경력이 고만되었는데, 마침 부정에 빈자리가 있어서 의망하여 수점受點한 것이고, 그가 뛰어나게 현능한지는 신이 감히 알지 못합니다. 윤준원은 일찍이 풍저창수를 지냈고, 윤준민도 이미 감찰을 지냈기 때문에 예빈시 첨정과 풍저창 주부에 의망하여 수점한 것이고, 그들이 일을 다스리는 데에 합당하지 않은지는 신이 감히 알지 못합니다.[21]

정문형은 그를 발탁한 이유로 그가 "뛰어나게 현능"한지는 모르겠지만, "직무 수행에 신중하고 근면하여 과실이 없었음"을 들었다. 그러자 성종은 영돈령 이상의 대신들에게 의논하도록 명하였다. 먼저 영돈령부사 심회沈澮가 의견을 진술하였다.

이극견이 문무에 뛰어난 재주가 있는지는 신이 감히 알지 못합니다. 일전에 군기시 판관을 맡았을 때 신이 제조가 되었는데, 사람됨이 근검하고 질박하여 직책을 감당할 수 있다고 보았습니다. 경력이 고만되어 부정으로 제수한 것은 너무 지나친 것이 아닙니다.[22]

심회는 한때 군기시의 감독관이라고 할 수 있는 제조가 되었을 때 판관으로 있던 이극견을 관찰한 적이 있었던 바,[23] 그의 평에 따르

21) 《成宗實錄》 권238, 성종 21년 3월 23일 을해. "吏曹判書鄭文炯來啓: '李克堅曾經判官·持平, 勤謹守職, 無過失. 今又以開城府經歷考滿, 遞副正有闕, 擬望受點, 其特異賢能, 臣未敢知也. 尹俊元曾經豊儲倉守, 俊民亦已行監察, 故於禮賓寺僉正豊儲倉主簿, 擬望受點, 其不合於治事, 臣未敢知也.' 命示領敦寧以上."

22) 《成宗實錄》 권238, 성종 21년 3월 23일 을해. "沈澮議: '李克堅文武卓異之材, 臣未敢知, 曾任軍器判官, 臣爲提調, 見其人勤儉質, 實可堪職事. 經歷考滿副正除授, 不爲太過. 尹俊元等, 命敍敦寧府, 而更不啓稟, 擬他司改正爲便.'"

면 이극균은 사람됨이 근검하고 질박하여 직책을 잘 수행하고 있었다. 그리고 종4품 경력에서 임기가 만료〔考滿〕되어 부정(종3품)으로 승진시킨 것은 지나친 것이 아니라고 보았다.

영의정 윤필상尹弼商은 조금 다른 의견을 제시하였다.

> 이극견을 승직한 일은 진실로 사헌부에서 아뢴 바대로 법에 상고하여 보면 지나친 듯합니다. 다만 이극견은 서사한 지 이미 오래 되었고 경력도 많아서 비록 승직시킨다 하더라도 상관이 없을 듯합니다.24)

그의 생각에는 특별한 재능이나 공로가 없이 파격적으로 승진시키는 것은 법 정신에 어긋나지만, 이극견은 사환한 지 이미 오래 되었고 경력도 많으므로 승직시킨다 하더라도 상관이 없다는 것이었다. 그의 생각에도 특별히 승진을 반대할 이유가 없었던 것으로 보인다.

좌의정 홍응洪應의 의논은 아래와 같았다.

> 이극견은 5품직으로서 경력에 올랐고, 경력으로부터 부정이 되었으니, 갑작스럽게 옮겨 간 듯합니다. 그러나 품계가 통훈대부가 되었고 조정에 선 지 이미 오래 되었으며 사람됨이 또한 근실하게 공사公事를 수행하니, 비록 본직에 올리더라도 옳지 못함이 없습니다.25)

23) 조선시대에는 군기시 등과 같이 당상관이 없는 아문의 소속 관리들은 감독관이라고 할 수 있는 도제조나 제조들이 포폄을 시행하였다. 《經國大典》 卷1, 〈吏典〉 京官職. “경관은 그 관사의 당상관·제조 및 소속 조曹의 당상관이, 외관은 그 도의 관찰사가 매년 6월 15일과 12월 15일에 등급을 매겨〔等第〕 왕에게 보고한다.”

24) 《成宗實錄》 권238, 성종 21년 3월 23일 을해. “尹弼商議: ‘李克堅陞職事, 誠如憲府所啓, 考之於法則似過. 但克堅筮仕已久, 來歷亦多, 雖或陞職, 似亦不妨. 尹俊元·俊民, 翁主之子, 在所當敍, 但於東班, 堪敍與否, 臣則未知.’”

홍응의 견해도 윤필상과 같이 경력에서 바로 부정으로 승진시키는 것은 파격적인 것으로 생각하였다. 그러나 이극견은 이미 통훈대부가 되었으며 벼슬한 지도 이미 오래 되었고, "사람됨이 근실하게 공사를 수행"하므로 승진시키더라도 무방하다는 것이었다.

우의정 노사신은 의논하기를,

> 4품을 종3품에 제수한 것은 규례대로 천전遷轉하는 것인데, 이극견은 역사한 지 이미 오래 되어 지나치지 않을 듯합니다. 예빈시와 풍저창에서는 전곡을 출납할 뿐이고 송사를 결단하는 일이 없는데, 윤준원 형제는 일찍이 풍저창수와 사헌부 감찰을 지냈으니, 이제 이 관직에 제수하더라도 지나치지 않습니다.[26]

하였다. 그가 보기에는 종4품직에서 종3품직으로 승진시키는 것은 규정에 어긋나지 않는다는 것이었다. 그리고 윤준원 형제도 약간의 경력을 쌓았으므로 예빈시 첨정과 풍저창 주부에 임용한 것이 지나치지 않다는 것이었다. 그리하여 성종은 홍응의 의논에 따라 이 인사를 그대로 시행하였다.

이극견과 윤준원·준민 3인의 인사 문제는 이렇게 귀결되었다. 이극견의 승진 문제에 대한 처리에서 종4품직에서 종3품직으로 옮기는 것이 인사규례에 어긋나지 않는다는 것이었다. 그러나 여러 대신

---

25) 《成宗實錄》 권238, 성종 21년 3월 23일 을해. "洪應議: '李克堅以五品職陞經歷, 自經歷爲副正, 似若驟遷. 然階爲通訓, 立朝已久, 爲人又謹愼奉公, 雖陞本職, 未爲不可. 且尹俊元曾經倉守, 俊民曾經監察. 今之禮賓·豊儲倉, 豈皆擇賢士授之? 僅能供其職者, 皆可爲也.'"

26) 《成宗實錄》 권238, 성종 21년 3월 23일 을해. "盧思愼議: '以四品授從三品, 乃是例遷, 李克堅歷仕旣久, 恐未爲過, 當禮賓寺·豊儲倉, 出納錢穀而已, 無決訟之事, 尹俊元兄弟, 曾經豊儲倉守·司憲府監察, 則今授此職, 亦未過當.' 從洪應議."

들은 이극견의 인품과 직무에 대한 성실성을 충분히 감안하고 있음을 알 수 있다. 영돈령부사 심회는 그가 "사람됨이 근검하고 질박하여 직책을 감당할 수 있다"고 하였고, 좌의정 홍응은 그가 "조정에 선 지 이미 오래 되었으며 사람됨이 또한 근실하게 공사를 수행한다"고 하였다. 이를 보면 그가 특별히 학식이 뛰어나거나 재능이 비상한 것은 아니었지만 대단히 성실하고 책임감 있는 관료였음을 알 수 있다.

이후 10여 년 동안 실록에는 이극견의 사환 기록이 나타나 있지 않다. 그러나 《광주이씨대동보》에는 그가 한때 성주목사를 역임하였다고 기록하고 있다. 그 내용을 보면 아래와 같다.

> 이보다 앞서 통례공(이극견)께서 성주목사로 재임하실 때, 성주 관할 하의 팔거현에 거주하고 있던 최하崔河의 집에 가법이 있음을 알고 (摯로) 하여금 그 가문에 장가들게 하였다. 이것이 광주이씨가 칠곡에 입거하게 된 시초가 되었다.[27]

이 기록은 광주이씨의 한 갈래인 칠곡파가 이 지역에 처음으로 입거하게 된 계기를 밝힌 중요한 자료이지만, 이극견이 한때 성주목사를 역임했다는 사실을 알려주는 것이기도 하다. 그 시기는 분명하지 않지만, 그가 군자시 부정의 임기를 마친 성종 23년 이후였을 것이다. 조선 초기 수령의 임기는 1800일(5년)이었으므로 그는 여기서 연산군 초기까지 목사로 재임하였던 것으로 보인다. 이 기간에 그는 둘째 아들 지摯를 칠곡의 최하 집안에 장가보내기도 하였다.

27) 《廣州李氏大同譜》 권1, 24쪽. 李摯 欄 "先是 通禮公以星州牧使在任時, 聞州之八莒縣居崔河有家法, 使往聘其門, 子孫仍居焉. 是爲入漆谷之始也."

2) 이극견 가문의 시련

이극견은 1499년(연산군 5) 7월에 통례원 좌통례로 재직하고 있음이 실록에 나타나고 있다. 7월 12일에 사헌부 장령 손번孫蕃과 헌납 홍윤덕洪潤德이 그의 직무 실수를 탄핵하고 있는 것이다. 그들의 지적에 따르면, 이극견은 조정의 의례 진행을 책임진 관리였으나 매번 실례를 범하여 그 임무를 감당하지 못하니, 체직遞職해야 마땅하다는 것이었다. 이에 대해 연산군은 "이극견이 실례하였다면 이는 추국할 일이지, 그 직임을 교체할 일이 아니다"라고 거부하였다.[28] 이로써 이극견은 자리를 지킬 수 있었지만, 그의 관료로서의 경력은 여기서 더 나아가지 못하고 끝나게 되었다.

통례원 좌통례는 조선시대 관료제도에서 매우 중요한 자리였다. 이는 통례원의 수석 관원으로서, 정3품 당하관 자리였지만 임기를 마치면 당연히 당상관으로 승진하는 요직이었다.[29] 이러한 자리는 좌통례를 비롯하여 문관직의 승문원 판교, 봉상시정 및 무관직의 훈련원정 등 오직 네 곳 밖에 없었다.[30] 다만 통례원의 우통례는 좌통례 자리가 비었을 때 당연히 좌통례로 승진하게 하였으므로, 이 자리도 당상관으로 승진할 수 있는 정규 코스가 되었다. 그런데 이극견은 당상관 승진을 눈앞에 두고 관료생활을 마감했다. 그 사이에 무슨 곡절이나 사연이 있었는지를 알려주는 자료는 현재 남아 있지 않다.

1504년(연산군 10) 3월에 갑자사화가 일어나자 가세가 욱일승천하듯 도약하던 광주이씨 일가는 공전의 위기를 겪게 되었다. 이극견의

28) 《燕山君日記》 권34, 연산군 5년 7월 12일 경오. "掌令孫蕃·獻納洪潤德啓: '通禮李克堅每失禮不堪任, 請遞之'.……傳曰:……'克堅若失禮, 則當推鞫, 不可遽遞其任.'"
29) 《經國大典》 권1, 〈吏典〉 京官職 通禮院條. "左通禮陞堂上官, 有缺, 以右通禮不計仕陞授"
30) 《經國大典》 권1, 〈吏典〉 京官職; 권4, 〈병전〉 京官職.

사촌아우였던 극균(좌의정), 종질 세좌(판중추부사) 및 종손 수공(전한)·수원(도사)·수정(수찬) 등이 모두 연루되어 죽음을 당하거나 변경에 유배되었고, 다른 가족들도 화를 입었다. 이때 이극견도 수공에 연루되어 피해를 입었다. 그해 6월 22일에 왕명으로 이수공과 같은 부류를 색출하도록 하자, 영의정 유순柳洵이 이극견과 그의 종손 이수함李守諴을 뽑아 보고하였다. 이에 연산군은 그들의 집을 압류하여 팔아버림으로써 서로 왕래하지 못하도록 하였다.[31] 이후 9월 4일에는 이극균의 계서들 가운데 족친들이 쓴 것이 많다 하여 그의 조카와 종질들이 대거 체포되어 국문을 받게 되었다. 그리하여 조카 이세정李世貞·이세홍李世弘과 종손 이수훈李守薰·수간守幹·수위守葳·수건守騫·수공守恭·수함守諴 등은 형신을 받은 끝에 세정은 남해에, 수공은 창성에 유배되고 다른 사람들은 풀려났다.[32] 이때 겪은 그들 일문의 공포는 이루 말할 수가 없었을 것이다.

1985년에 찬술된 묘비문에 따르면 그는 연산군 대의 폭정과 혼란을 피해 처향인 임피현(지금의 전북 옥구군 임피면) 유촌에 낙향하였다가 별세하였다고 한다.[33] 이는 최근의 자료이기는 하지만, 구전에 근거한 것으로 보이며, 어느 정도 신빙성이 있는 것으로 추측된다. 아마도 그는 1504년(연산군 10) 갑자사화의 위기를 겪은 뒤에 완전히 관직생활을 포기하고 임피현 유촌의 처향으로 은퇴하여 만년을 보

---

31) 《燕山君日記》 권5, 연산군 10년 6월 22일 신사. "柳洵等加抄如李守恭者, 李守諴·李克堅以啓. 傳曰: '守諴·克堅及昨啓緣坐人家, 令盡賣之, 使不得往來.'"

32) 《燕山君日記》 권55, 연산군 10년 9월 4일 신묘. "柳洵·許琛·朴崇質啓: '李克均啓書, 必族親干謁人所書, 已命鞫之, 請與義禁府同鞫.' 傳曰: '可.' 洵等書啓克均堂姪李世貞·李世弘,·從孫守薰·守幹·守葳·守騫·守誾·守恭·守諴等曰: '干謁者皆武人無可疑, 其族親迷劣·年少者不錄, 其知文字者只此, 而登第者守恭·世貞而已.' 傳曰: '其竝拿來刑訊.'"

33) 《廣州李氏大同譜》 卷首, 文獻錄 〈左通禮公墓碑文〉(李能煥 撰). "墓在臨陂鷲城山柳村壬坐原, 卽聘鄕也. 蓋公値燕山亂朝, 避居于此, 以終其世."

내다가 곧 작고한 것으로 생각된다. 1506년 중종반정 이후에도 전혀 활동 기록이 없기 때문이다.

임피현 유촌에는 그의 첫 부인이었던 남양홍씨의 친정 농장이나 그녀가 상속받았던 농장이 있었을 것으로 생각된다. 남양홍씨는 고려 말의 좌정승 남양후 홍언박洪彦博 이래 호종공신 남양군 홍사범洪師範, 조선 좌명공신 남성군 홍서洪恕, 승습군 홍석洪錫 등 대대로 혁혁한 공신이 된 집안이었기 때문에 전국 각지에 농장이 있었을 것이고, 그 일부가 이극견의 처에게 상속되었을 것이다. 그는 이러한 임피 유촌의 처가 쪽 근거지에 은거한 것으로 생각된다. 그는 사후 유촌의 취성산에 매장되었고, 아들 이반李攀과 손자 영부英符도 여기에 묻혔으며, 증손 수경은 강정리 묘목산에 묻혔다. 이를 보면 그들은 한동안 이곳을 근거지로 삼아 활동하였음을 알 수 있다.

이상에서 본 바와 같이 이극견은 음직으로 출사하여 깨끗한 인품과 성실한 노력으로 중견 관료에 이르렀으나, 높이 쓰이지는 못하였다. 이 때문에 그는 당대의 정치에 큰 영향을 끼치거나 주목받는 활동을 하지는 못하였다. 그러나 그는 자신의 일문이었던 광주이씨가의 정치적 부침과 궤를 같이 하였고, 그의 자손들이 사림파의 명류로 성장하여 조선 중·후기에 유력한 문벌 가계를 이룰 수 있었다.

5. 이극견 가문 후손들의 활동

조선 초기 최대의 문벌 사환가 출신이었던 이극견은 문과에 급제하지 못하였고, 벼슬도 높지 않아 큰 활동을 하지 못하였으며, 연산군 때 갑자사화에 연루되어 불우한 여생을 보냈지만, 그의 자손들은 크게 현달하였다. 이들은 조선 중·후기 이후에 광주이씨 내에서도 대표적인 사환가문이 되었다. 그의 후손들은 기호에서 활동하였던 장자·삼자 가계(기호파)와 영남에 정착하였던 차자 가계(영남파)로 분기되었지만, 그들을 합쳐서 모두 좌통례공파라고 일컫고 있다. 이제 이극견 가문 후손들의 활동을 살펴보기로 한다.

1) 기호 가계

이극견의 장자 반攀(1460~1534)은 음직으로 나아가 장단부사를 지냈고, 차자 지摯(?~1535)와 람擥은 벼슬을 하지 못하였다. 이반의 묘가 아버지 이극견의 묘인 임피 취성산 유촌의 임좌향 아래에 있는 것을 보면, 그는 관직에서 물러난 뒤 여기서 만년을 보낸 것으로 생각된다.

이반의 장자인 영부(1487~1523)는 생원을 거쳐 문과에 아원亞元(갑과 제2인)으로 급제하여, 종부시 직장, 성균관 전적, 형조·병조 정랑, 사헌부 지평·장령을 지내고 이조정랑으로 있을 때(1519) 기묘사화가 일어나자 조광조 일파를 두둔한 죄로 몰려 파직당하고 임피로 낙향하였다. 그러나 뒤에 복직되어 세자시강원 문학을 지내다가 1623년에 졸서하였다. 그의 묘도 임피 유촌의 선대 묘소 아래에 있다. 후에 이영부는 《기묘명현록》에 오르게 되었고, 이조참판이 증직되었다. 이로 말미암아 그의 아버지 이반에게는 이조참판, 조부 이극견에게는 이조참의가 추증되었다. 영부는 후에 다시 의정부 우의정이 추증되었다. 기묘당인으로서 그의 활동을 보면 이극견 일가는 이때 사림파의 일원이 되었다고 할 수 있다.

이영부의 장자 수경首慶(1516~1562, 호 止齋)도 1538년에 문과에 급제하여 한림을 지내고 사간원 정언, 홍문관 수찬·교리, 경연 시독관, 사헌부 지평, 경기도사 등의 청요직을 역임하였다. 그러나 1545년 윤원형尹元衡 등이 일으킨 을사사화에 연루되어 다음 해 성균관 사예로 재직하다가 함경도 온성에 유배되었고,[34] 다음 해에는 원종공신의 훈적도 박탈되었다.[35] 여기에는 이웃에 살던 윤원형의 심복 진복창陳復昌의 모함이 작용하였던 것으로 알려져 있다.[36] 4년의 귀양살이 끝에 1551년 6월 가까운 지역으로 이배量移되었고,[37] 2년 뒤에 완전히 석방되었다.[38] 그러나 이후에도 그는 복직되지 못하였고, 사후인 1566년에 겨우 직첩이 환급되었다.

이영부의 차자 중경重慶(1517~1567)은 1546년에 문과에 급제하고 한림, 옥당, 이조전랑, 사인, 홍문관 직제학, 삼사 장관을 거쳐 이조참판에 올랐고 청백리로 선발되기도 하였다. 그러나 그는 중년 이후에 외척이었던 이량李樑·윤백원尹百源 일파와 정치적 행보를 같이하다가 공론의 비난을 받았고,[39] 1563년 이량이 탄핵을 받아 유배되자 그도 실세하였다.

이후에 이영부 가계의 직계 후손들은 그다지 떨치지 못하였으나, 제3자 복경復慶의 후손들은 무반으로 진출하여 크게 성공하였다. 즉 복경의 손자인 도빈道彬은 무과에 급제하여 부사·평안병사·통제사

34) 《明宗實錄》 권4, 명종 1년 8월 29일 계축.
35) 《明宗實錄》 권6, 명종 2년 10월 18일 을축.
36) 《明宗實錄》 권24, 명종 13년 9월 19일 임진. "윤인서尹仁恕가 또 아뢰기를, '권신에게 죄를 얻은 사람이라고 한 말은 딴 사람을 가리킨 것이 아닙니다. 지난날에 이수경이 진복창에게 거슬렸기 때문에 마침내 폄출되는 죄를 입었고, 유경심도 진복창에게 모함을 당했기 때문에 그렇게 아뢴 것입니다' 하였다."
37) 《明宗實錄》 권11, 명종 6년 6월 1일 무오.
38) 《明宗實錄》 권14, 명종 8년 윤3월 22일 무진.
39) 《明宗實錄》 권29, 명종 18년 2월 14일 계해. "李重慶爲人暗弱, 取友不端. 結姻李戡, 托迹李樑, 且結尹百源,·愼思報, 日夜相從, 莫知其醜, 識者鄙之."

등을 지냈고, 그의 아들 우항宇恒도 무과 출신으로 전라·경기수사·병사·총융사·통제사, 한성부 우윤 등을 지냈으나, 신임옥사에 연루되어 옥사하였다. 그러나 영조가 즉위한 후인 1725년에 신설伸雪·복관되어 의정부 좌찬성이 추증되었다. 그의 아들 이헌李瀗도 무과에 급제하여 경상우병사·여주목사 등 무반 고위직에 올랐으나 그 또한 신임옥사에 연루되어 처형되었다가, 1725년에 신설·복관되었다.

이도빈의 후손들은 이러한 정치적 풍파를 겪기는 하였지만, 그래도 조선 후기 내내 유력한 무반가의 지위를 유지하였다. 그의 증손인 춘영春英은 훈련원정, 한성부 좌윤, 동지의금부사 등을 지냈고, 현손 동응東膺은 훈련원정, 그의 아들 기석基碩은 아장, 손자 용회龍會는 첨지, 손자 원회元會는 통제사를 지내고 한성부 판윤을 지냈다. 용회의 아들 병훈秉勳은 무관으로 드물게 승지를 지냈고, 원회의 아들 병승秉承도 수사를 지냈다. 이들은 모두 무과 출신으로 혁혁한 벼슬에 올랐다(〈그림 9-2〉 참조).

기호 가계의 또 한 파는 이극견의 셋째 아들이었던 람擥의 자손들이다. 그의 장자 이영현李英賢(1507~1572)은 1537년(중종 32) 별시 문과에 급제하고, 이듬해 다시 탁영시에서 발탁되어 홍문관 수찬·교리, 사간원 정언·사간, 사헌부 지평, 경연 시독관, 사복시정, 홍문관 직제학, 승지, 종부사정, 이조참의, 형조참의, 한성부 우윤·좌윤, 청홍도관찰사, 예조·형조·공조참판, 개성유수 등 요직을 두루 지냈다. 그는 경연에서 풍부한 학식과 맑은 음성으로 유명하였고, 옥사 판결에 분명했으며, 지방관으로 나가 민폐를 덜고 백성의 생활을 안정시켜 칭송을 받았다. 그의 묘는 광주에 있지만, 직계 후손들은 후에 경상도 상주로 이거하였다. 다만 이영현의 차자 유경惟慶–신愼(문翰林)–의백義伯(武, 通政)–흥복興福(武, 知中樞) 계열은 광주와 용인 일대에 살았다.

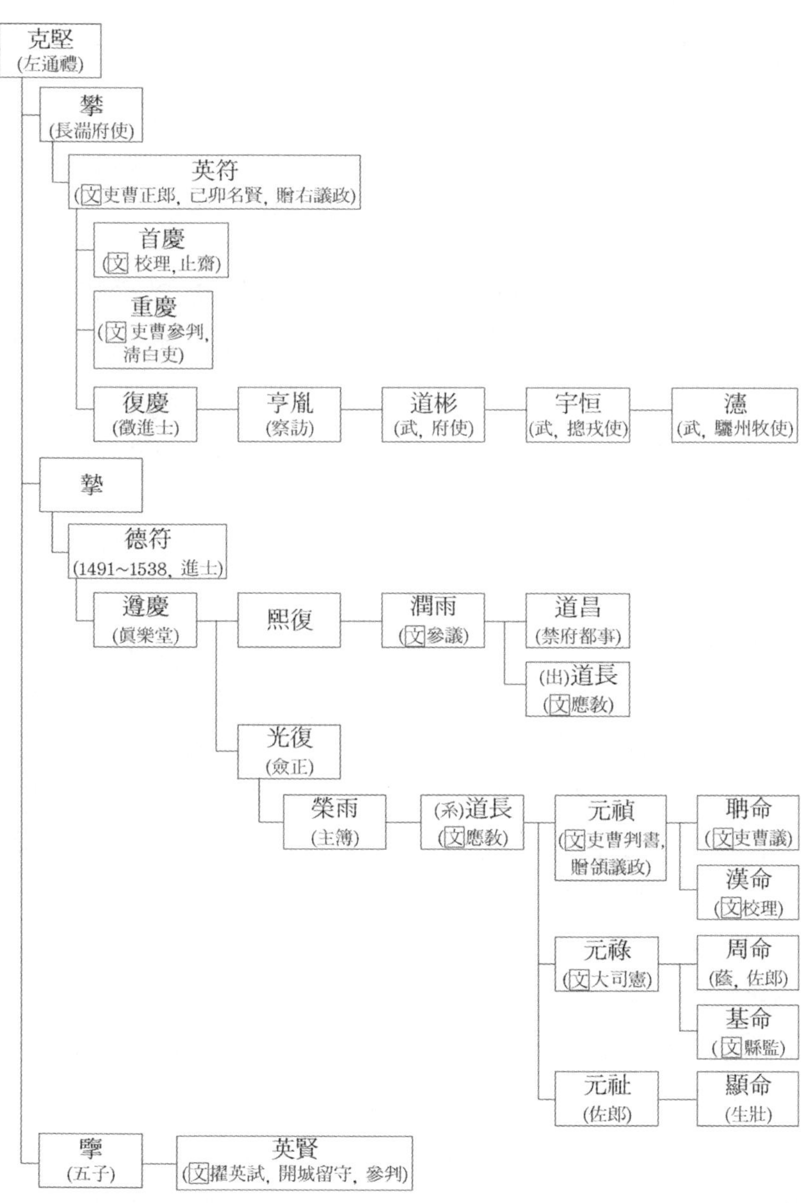

그림 9-3. 이극견의 주요 후손 가계도(문은 문과급제자)

이극견의 후손들 가운데서 저명한 인물들의 가계도를 정리하면 〈그림 9-3〉과 같다.

2) 영남 가계

이극견의 후손들 가운데서 또 하나 유력한 문벌을 이루었던 가계는 혼인으로 칠곡에 정착하게 되었던 그의 차자 이지의 집안이었다. 이들 중에서는 이지의 현손 윤우潤雨(문공조참의)·영우榮雨(주부)–도장道長(문응교)–원정元禎(문이조판서)–담명聃命(문이조참의)·한명漢命(문교리) 및 도장道長(문응교)–원록元祿(문대사헌)–기명基命(문현감) 가계가 가장 현달하였다. 이 가계의 묘는 대부분 칠곡 일대에 있다.

이윤우(1569~1634, 선조 2~인조 12)의 호는 석담石潭으로, 원래 율곡 문인이었으나 후에 한강寒江 정구鄭逑의 제자가 되었다. 성주 인근에 살았기 때문에 그렇게 된 것 같다. 그는 1606년(선조 39) 식년문과에 급제하여 성균관 전적, 예문관 검열, 시강원 설서를 역임하였으나, 사관으로서 정인홍鄭仁弘의 비위사실을 직서하였다가 탄핵을 받아 낙향하였다. 1623년의 인조반정 이후 예조정랑, 사간원 정언, 홍문관 수찬·교리, 예문관 응교, 성균관 사성을 역임하고 1631년에 공조참의에 이르렀다. 그는 사후에 이조참판이 추증되고 칠곡의 사양서원과 성주의 회연서원에 제향되었다.

그의 아들 이도장(1603~1644, 선조 36~인조 22)은 당숙 영우榮雨에게 입후하였는데, 여헌旅軒 장현광張顯光의 제자가 되었다. 1630년(인조 8) 식년문과에 급제하고, 승문원 정자, 사근도찰방, 승정원 주서, 예문관 검열·봉교, 사헌부 지평, 홍문관 교리·수찬, 이조좌랑, 합천군수 등을 지냈으나, 만년에는 관직에 나아가지 않았다.

그의 장자가 이조판서로 숙종 대 남인의 중추였던 이원정李元禎(1622~1680, 광해군 14~숙종 6)이며, 차자가 대사헌을 지낸 이원록李元祿이다. 이원정은 조부 윤우에게서 수학하였고, 1652년(효종 3) 증광문과에 갑과로 급제하여 예문관 검열, 홍문관 교리, 동래부사를 역임한 후 1673년(현종 14)에 도승지, 1677년(숙종 3)에 사간원 대사간, 형조판서를 지냈다. 1680년 이조판서로 있을 때 경신환국이 일어나 화를 입었다. 9년 뒤 1689년 기사환국이 일어나 남인이 집권하자 신원되었고, 영의정이 추증되었다. 시호는 문익文翼이고 문집으로 《귀암집歸巖集》이 있다.

이원정의 장자 이담명李聃命(1646~1701, 인조 24~숙종 27)은 미수眉叟 허목許穆의 문인으로, 1670년 별시문과에 급제하여 성균관 학유, 승정원 주서, 홍주목사를 지내다가 경신환국으로 파직되었다. 1683년 기사환국 이후에 복관되어 승정원 우승지, 전라도관찰사, 홍문관 부제학, 이조참판, 경상도관찰사를 지냈다. 관찰사로 있을 때 진정賑政에 힘쓰고 선정을 베풀었으며, 군정·호포·시재의 폐단에 대한 시정책을 강구하였다. 〈서전차의書傳箚疑〉·〈기뢰홍記雷虹〉 등을 저술하고, 문집으로 《정재집靜齋集》 8권을 남겼다.

그의 동생 한명도 문과에 급제하여 예문관 검열, 홍문관 교리 등을 지냈는데, 증조 이윤우, 조부 도장, 아버지 원정에 이어 사세한림으로 명성을 떨쳤다. 이원정의 아우 원록은 문과에 급제하여 대사헌을 지냈고, 그의 아들 기명도 문과 출신으로 현감을 지냈다. 이원록의 장손 기중沂中도 문과에 급제하여 병조정랑을 지냈다. 그 뒤에도 이 집안에서는 문과에 급제한 사람들이 많았지만, 노론이 정국을 주도하던 때였으므로 별로 관직에 나아가지는 못하였다.

6. 맺음말

이극견은 조선 초기 세종 대에 태어나서 세조 대~연산군 대에 활동한 관료였다. 그는 명문 가문에서 태어나 음직으로 출사하였고, 성실히 노력하여 중견 관료에 이르렀으나, 높이 등용되지는 못하였다. 그래서 그는 당대에 큰 영향을 끼치거나 특별히 주목받는 활동을 보이지는 못하였다. 그러나 그의 사환은 광주이씨가 일문의 정치적 부침과 궤를 같이하였고, 몇 차례의 사화에서 큰 피해를 입었다. 이후 그의 자손들은 사림파의 명류가 되어 조선 중·후기에 유력한 사환 가계를 이룰 수 있었다.

이극견의 아버지 이예손과 형 극기 등은 모두 훌륭한 인품과 높은 명망을 가지고 당상관에 이르렀고, 장자 이반의 자손들인 영부와 수경이 각각 기묘사화와 을사사화 때 사림파의 일원으로서 크게 명성을 남겼다. 또한 칠곡에 정착하였던 이극견의 차자 이지의 후손들은 또 하나의 유력한 문벌을 이루었다. 그들 중에서도 이지의 현손 윤우(공조참의)·영우(주부)–도장(응교)–원정(이조판서)–담명(이조참의)·한명(교리) 및 도장(응교)–원록(대사헌)–기명(현감) 가계는 특별히 현달하였다.

이극견 자신은 비록 주목받는 고관에 오르지 못하였지만, 그의 후손들은 조선 중기 사림의 주류가 되어 화려한 사환의 길을 걸었다. 그리하여 그의 가계는 이인손–극감계의 동고東皐 이준경李浚慶 가계와 함께 광주이씨의 대표적인 문벌로 정착하게 되었다. 그의 후손들은 기호에서 활동하였던 장자 가계(기호파)와 영남에서 정착하였던 차자 가계(영남파)로 분기하였지만, 그들을 합쳐서 모두 좌통례공파라고 부르고 있다. 이극견은 바로 이 좌통례공파의 비조가 되는 인물이다.

우리는 이극견과 그의 후손들의 사례를 통하여 조선시대 양반 문벌들의 형성과 그 부침을 볼 수 있다. 이 사례에서 우리는 일시적으로 화를 입더라도 기묘명현이 되는 것과 같은 유교적 명분이 조선시대 정치·사회의 주류에 참여하여 성공할 수 있는 지름길이 됨을 알 수 있다. 이극견 가계의 장기적인 성공은 그의 종형제들과 같이 훈구파의 길을 걷지 않고 사림의 길을 고수하였기 때문이었다고 할 수 있다. 이것이야말로 시조 둔촌으로부터 비롯된 광주이씨의 진정한 가문적 전통이라고 할 수 있을 것이다.

■ 참고문헌

《廣州李氏大同譜》《萬姓大同譜》《國譯 廣李世蹟》(廣州李氏大宗會, 2005)《遁村遺稿》
《世祖實錄》《成宗實錄》《燕山君日記》《明宗實錄》
《經國大典》《國朝文科榜目》《大典》

呂運弼, 〈遁村 李集 硏究〉, 《東洋漢文學硏究》 10, 1996.
李楠福, 〈遁村 李集 硏究〉, 《한국중세사연구》 4, 1997.
李成茂, 〈한국의 성리학〉, 《한국역사의 이해》, 집문당, 1995.
이영춘, 〈遁村 李集의 出處觀과 隱遁의 의미〉(미발표).

조선 전기 이세좌의 생애와 갑자사화*

한 희 숙
숙명여대 역사문화학과 교수

1. 머리말

이세좌는 조선 초기 최고 문벌가문의 하나인 광주이씨 가문에서 태어나 활발한 관직생활을 하며 훈구로 성장하다가, 연산군에 의해 비극적인 죽음을 당한 문신이다. 그는 성종이 폐비윤씨를 사사할 때 승지로서 명을 받고 윤씨의 집에 가 머물렀던 일 때문에 결국 연산군에게 죽임을 당한 것으로 유명하다. 이세좌에 대해서는 《연려실기술燃藜室記述》에 다음과 같은 이야기가 전해지고 있다.

> 폐비에게 사약을 내릴 때 이세좌가 대방승지로서 약을 가지고 갔다. 그 날 저녁에 집에 돌아와 그 아내와 한 방에 자는데, 아내가 묻기를, "듣건대 조정에서 계속하여 폐비의 죄를 논한다 하더니 결국은 어찌 될까요?" 하였

* 이 글은 '〈朝鮮前期 李世佐의 생애와 甲子士禍〉, 《조선시대사학보》 50, 2009'를 수정한 것이다.

> 다. 세좌가 "지금 이미 약을 내려 죽였소" 하니 아내는 깜짝 놀라 일어나 앉으면서, "슬프다. 우리 자손이 종자가 남지 않겠구나. 어머니가 죄도 없이 죽음을 당했으니 아들이 훗날에 보복을 않겠는가. 조정에서 장차 세자를 어떤 처지에 두려고 이런 일을 한단 말인가" 하더니, 연산군 갑자년에 세좌는 그 아들 수정守貞과 함께 모두 죽임을 당하였다.[1)]

이것은 비록 후대에 쓰인 기록이지만, 이세좌의 부인이 예견했던 바와 같이 그는 폐비에게 사약을 가지고 간 일 때문에 큰 피해를 입었다.

또한 이세좌는 연산군 9년 인정전에서 열린 양로연에서 어사주御賜酒를 받으려다 실수로 이를 왕의 옷에 쏟은 일이 있었는데, 연산군은 이 사건을 빌미로 그를 당시 팽배해 있던 능상지풍凌上之風, 즉 왕을 업신여기는 풍조의 괴수로 지목하고 유배보냄으로써 갑자사화의 포문을 연 인물이 되었다. 자신이 업신여김을 당하고 있다고 생각한 연산군은 능상풍조를 척결하고 대신과 대간들의 권력을 약화시켜 왕권을 강화하려는 기회를 엿보고 있었고, 이세좌는 연산군의 정치적 탄압의 표적이 되었다.

이와 같이 이세좌는 갑자사화의 원인이 되는 폐비윤씨의 죽음에 깊이 연관되어 있고, 또 연산군 당시 능상지풍과 관련하여 그 척결에도 깊이 관련되어 있었다. 이세좌는 능상지풍 혁파와 갑자사화로 이어지는 일련의 과정에서 그 발단의 중심에 놓여 있었다. 따라서 이세좌는 연산군 대의 정치상황과 갑자사화를 이해하는 데 매우 중

1) 《燃藜室記述》에는 이와 관련된 기사가 몇 개 있다(《燃藜室記述》 제6권 연산조고사본말 갑자년의 사화, 제6권 성종조고사본말 尹氏의 廢死). 李墍 撰 《송와잡설》에도 비슷한 얘기가 전한다. 《기재잡기》 1, [歷朝舊聞一]에도 비슷한 내용이 실려 있는데, 여기서는 이세좌를 이극균의 아들로 잘못 기록하고 있다.

요한 인물이라고 생각된다.

그러나 지금까지 이세좌에 대한 연구는 지엽적이고 부분적으로만 이루어졌고, 그 때문에 그에 대한 이해는 아직까지 제대로 이루어지지 못한 점이 많다. 광주이씨 가문의 많은 인물들에 대한 연구가 이루어지는 과정에서[2] 그의 생애에 대해 개략적으로 살펴본 글이 있지만,[3] 아직 부족하다고 생각된다. 그리고 갑자사화를 다루는 많은 연구들에서도 이세좌에 대해서는 그다지 주목하지 않았던 것으로 보인다.[4]

따라서 이 글에서는 기존의 연구들을 바탕으로 이세좌의 생애에 대한 고찰과 아울러 갑자사화로 이어지는 일련의 과정 속에 그가 어떻게 연루되고 있는가에 대해 살펴보고자 한다. 이에 먼저 이세좌의 출생과 가계·가문의 위상을 알아보고, 이어 그의 관직활동을 통해 그의 생애를 살펴보겠다. 그리고 그가 연산군에 의해 처벌받는 과정과 갑자사화의 관련성을 확인하고자 한다. 이를 통해 이세좌의 생애와 연산군 대의 정치상황, 그리고 갑자사화에 대한 이해의 폭이 넓어질 것이라 생각된다.

---

2) 한국역사문화연구원·서울역사박물관, 《朝鮮時代 廣州李氏의 삶과 學文》 발표문, 2007 및 성남문화원, 《조선초기 광주이씨 인물연구》 발표문, 2005.
3) 한희숙, 〈조선 전기 이세좌 연구〉, 《朝鮮時代 廣州李氏의 삶과 學文》 발표문, 2007.
4) 갑자사화에 대한 연구로는 다음을 들 수 있다. 申奭鎬, 〈조선 성종시대의 신구대립〉, 《신석호전집》 1, 신서원, 1996; E.W, Wagner, 〈李朝 士林問題에 관한 再檢討〉, 《全北史學》 4, 전북사학회, 1980; 權延雄, 〈燕山朝의 經筵과 士禍〉, 《九谷 黃鍾東敎授 停年紀念 史學論叢》, 1994; 金燉, 〈燕山君代의 君臣權力關係〉, 《朝鮮前記 君臣權力關係硏究》, 서울대학교출판부, 1997; 宋洙煥, 1999, 〈甲子士禍의 새 해석〉, 《사학연구》 6; 金範,〈朝鮮 燕山君代의 王權과 政局運營〉, 《大東文化硏究》 53, 2006; 김범, 《사화와 반정의 시대》, 역사비평사, 2007; 한희숙, 〈연산군대 廢妃尹氏 追封尊崇 과정과 甲子士禍〉, 《한국인물사연구》 10, 한국인물사연구소, 2008.

2. 가계와 생애

1) 출생과 가계·가문

이세좌는 1445년(세종 27) 6월 7일에 한성의 교동 자택에서 이극감李克堪의 아들로 태어났다. 그의 가문인 광주이씨는 조선 초기 당대 최고 가문의 하나였다. 그러나 광주이씨의 조상 가운데서 오늘날 기록이 확실히 남아 있는 사람은 이당李唐의 둘째 아들 둔촌遁村 이집李集(1314~1387)이다.[5] 그는 광주이씨의 중시조로 이세좌의 고조가 된다. 이집은 광주의 향리였으며 고려 공민왕 대에 과거에 합격하였다. 그는 포은圃隱 정몽주鄭夢周, 목은牧隱 이색李穡, 도은陶隱 이숭인李崇仁 등과 더불어 도덕과 문장으로 한 시대를 풍미한 인물로 널리 알려져 있다.[6] 이로 보아 광주이씨는 고려 말에 흥기한 신흥세력이라 할 수 있다.

이집은 황석범黃碩範의 딸인 정화택주 영주황씨와의 사이에서 세 명의 아들을 두었는데 형조참의를 지낸 이지직李之直, 의정부 좌참찬을 지낸 이지강李之剛, 성주목사를 지낸 이지유李之柔이다. 이들은 모두 과거에 합격하였지만 조선 건국기에 공신에 책봉되거나 왕실 또는 유력 가문과 혼인한 것으로는 보이지 않는다. 가문의 배경보다는 개인의 능력을 바탕으로 출세의 길에 들어섰던 것이다.

이세좌의 증조부인 이지직(1354~1419)은 강원도안렴사·내서사인·사헌부 집의, 성주목사·형조참의를 지냈으나 태종이 민무구·민무질 등을 제거할 때 이를 막으려다 도리어 그들의 사주를 받고 실언과

5) 廣州李氏大宗會, 《國譯 廣李世蹟》.
6) 《遁村遺稿》 권4, 〈遺事〉.

불경을 저질렀다는 모함을 받아 탄핵을 당했다.7) 그 뒤 물러나 광주의 탄천에서 지냈기 때문에 그를 탄천선생이라 불렀다. 그러나 태종이 죽으면서 세종에게 그를 중용할 것을 명하였고, 이에 세종이 즉위하자 그를 불렀으나 끝내 나아가지 않았다. 그는 청백리에 뽑혔고, 영의정에 추증되었다. 이지직은 경주이씨 인주부사 이원보李元普의 딸과 혼인하여 의정부 사인을 지낸 이장손李長孫, 대사헌·호조판서·우의정을 지낸 이인손李仁孫, 황해도관찰사를 지낸 이예손李禮孫 등 세 아들을 두었다.

이세좌의 조부인 이인손은 김숙자·이승손 등과 수학하였다. 이러한 점에서 광주이씨 가문은 사림들과도 연결성이 없지 않았다.8) 그는 태종 11년에 성균시에 합격하고 태조 17년에 22세의 나이로 문과에 급제한 뒤 여러 관직을 두루 거쳤고, 자그마치 세 차례나 호조판서에 오르기도 하였다. 그리고 세조 대에 우의정에 오름으로써 광주이씨 가문에서 비로소 재상급의 인물이 배출되었다. 그는 별장別將 노신盧信의 딸인 부인 노씨와의 사이에서 5남 3녀를 두었는데, 이세좌의 아버지 이극감을 비롯하여 극배克培·극증克增·극돈克墩·극균克均 등 다섯 명의 아들이 모두 문과에 합격하고 공신이 되었다. 이 때문에 광주이씨는 당대 최고 가문으로 성장할 수 있었다.

이세좌의 아버지인 이극감은 문과에 급제하여 집현전에 들어갔고, 문과 중시에 합격하여 부수찬이 되었다.9) 세조가 즉위할 때 공을 세워 좌익공신 3등이 되고 이조참의, 동부승지를 지냈다. 특히 그는 세

7) 《태종실록》 권16, 태종 8년 10월 1일 을해; 권31, 태종 16년 3월 20일 임자.
8) 이인손李仁孫(1395~1463)에 대해서는 이 총서의 1권에 실린 배성, 〈이인손의 생애와 정치적 역정〉 참고.
9) 이극감李克堪(1423~1465)에 대해서는 이 책의 류주희, 〈이극감의 생애와 관직활동〉 참고.

조 7년(1461)에 호조참판으로 세자의 교육을 맡았는데, 이때 세자에 대한 특별한 부탁을 받을 정도로[10] 세조의 두터운 신임을 받고 있었다. 이후 도승지가 되고, 이조참판 광성군廣城君에 봉해졌으며 형조판서가 되었다. 1460년(세조 6)에 북정할 때는 기무機務를 출납하여 특별히 총애를 받았다.[11] 부인은 광홍창사 최덕로崔德露의 딸 충주최씨이며, 그 사이에 세좌世佐·세우世佑·세걸世傑 등 세 아들을 두었다. 충주최씨는 충주 지역의 대표적인 토성으로서 당대 문벌이었고, 이극감은 혼인을 통해 충주에 터전을 잡았던 것으로 보인다.[12]

이세좌의 부인은 관찰사 조근趙瑾의 딸 양주조씨로, 1447년(세종 29)에 태어나 14세에 시집와서 4남 5녀를 두었다.[13] 조씨는 영중추 조말생趙末生[14]의 손녀이며, 중추원부사 이사원李師元[15]의 외손녀이다. 조씨의 할아버지 조말생은 태종의 지극한 총애를 받은 대신으로서 승승장구하였으나 세종 8년, 뇌물비리사건에 연루되어 외직으로 좌천되기도 하였다.[16] 이세좌의 장인인 조근은 젊어서 과거에 급제하여 집현전 박사가 되었다가 사간원 정언·이조정랑·사헌부 장령을 역임하고, 여러 번 증직하여 예조참의에 이르렀으며, 강원도관찰사·

10) 《세조실록》 권24, 세조 7년 5월 29일 무진.

11) 《세조실록》 권36, 세조 11년 7월 28일 계유.

12) 박홍갑, 〈16세기 전반기 정국 추이와 충주사림의 피화–광주이씨 克堪系를 중심으로–〉, 《史學硏究》 79, 2005.

13) 이세좌의 부인 조씨는 사리에 달관한 식견과 앞날을 예견하는 지혜가 있었던 것으로 보인다. 주 1) 참고

14) 조말생趙末生(1370~1447, 공민왕 19~세종 29)은 조선 초기의 문신으로 자는 근초謹初·평중平仲, 호는 사곡社谷·화산華山, 본관은 양주이며, 서운관정書雲觀正 의誼의 아들이다.

15) 이사원李師元은 세종 대 좌의정을 지낸 이직李直의 아들이다. 《세종실록》 권53, 세종 13년 8월 7일 기해 星山府院君 李稷의 졸기 참고.

16) 《세종실록》 권116, 세종 29년 4월 27일 무오 趙末生의 卒記 참고. 조말생의 뇌물비리사건에 대해서는 서정민, 《세종, 부패사건에 휘말리다–조말생 뇌물사건의 재구성》, 살림, 2008 참고.

전주부윤 등을 지냈다.[17] 이세좌의 처가인 양주조씨 가문도 당대 이름난 집안이었으나 조말생의 비리사건 때문에 최고의 가문으로 성장하는 데는 걸림돌이 있었던 것 같다.

이상에서 살펴본 이세좌의 가계를 도표화해 보면 〈그림 10-1〉과 같다.

다음으로 조선 초기 광주이씨 가문의 위상을 살펴보자. 광주이씨 가문에서는 〈그림 10-1〉에 나타난 인물들을 비롯하여 다수가 문과에 급제하고 공신에 책봉된 것으로 보인다. 이를 표로 작성해 보면 〈표 10-1〉과 같다.

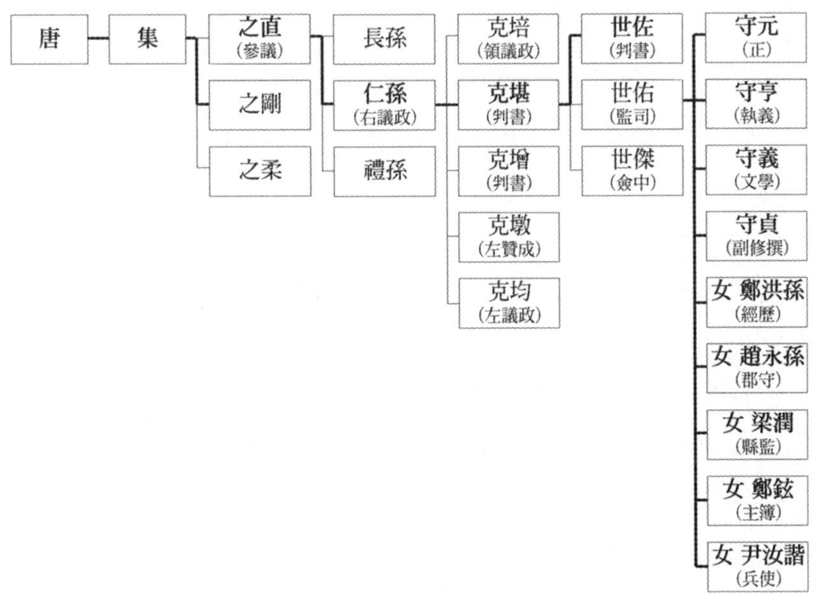

그림 10-1. 이세좌 가계도

17) 《성종실록》 권51, 성종 6년 1월 16일 병인.

표 10-1. 광주이씨 가문의 과거 급제자 및 공신

	이름	관계	과거 급제 여부	공신 및 대표 관직
1	지직	집의 아들	문과급제	형조참판
2	지강	집의 아들	문과급제	좌찬성
3	지유	집의 아들	문과급제	성주목사
4	장손	지직의 아들	문과급제	의정부 사인
5	인손	지직의 아들	문과급제	우의정
6	예손	지직의 아들	문과급제	황해도절도사
7	극배	인손의 아들	문과급제	좌익공신
8	극감	인손의 아들	문과급제	좌익공신, 형조판서
9	극증	인손의 아들	문과급제	익대·좌리공신
10	극돈	인손의 아들	문과급제	좌리공신
11	극균	인손의 아들	문과급제	좌리공신
12	극기	예손의 아들	문과급제	공조참판

* 《동국여지승람東國輿地勝覽》 인물조, 《국조문과방목國朝文科榜目》 참고.

〈표 10-1〉에 따르면 이집의 세 아들 지직, 지강, 지유가 모두 문과에 급제하였고, 지직의 세 아들도 모두 문과에 급제하였으며, 인손의 다섯 아들과 예손의 한 아들이 문과에 급제하였다. 이집 이후 3대에 걸쳐 12명의 급제자가 배출된 것이다.18) 이세좌의 가문은 아버지 다섯 형제가 모두 문과에 급제하여 조부모가 국가로부터 해마다 쌀을 받는 특별한 명문의 반열에 있었다.19)

18) 《東國輿地勝覽》 인물조에 따르면 광주이씨 출신 가운데 문과에 급제한 사람은 위의 〈표 10-1〉의 극균과 극돈을 제외한 10명으로 나타나 있고, 이태진도 이를 바탕으로 10명으로 파악하고 있는데 이는 잘못된 것이라 하겠다(李泰鎭, 〈15세기 후반기의 〈巨族〉과 名族意識〉, 《한국사론》 3, 1976, 268~271쪽).

19) 세조에서 예종을 거쳐 성종 대에 이르는 기간에 '八克朝廷'이란 말이 있었다 한다. 조정 회의에 무려 8명의 '克'자 들어가는 광주이씨 집안 형제들이 참석하였기 때문이

또한 〈표 10-1〉에 따르면 광주이씨 가문은 조선 초기의 혼란한 정국 속에서 많은 공신을 배출하여 가문의 영광을 높여 나갔다. 세조, 성종 대에 들어와서는 재상급의 인물을 배출하여 명실상부하게 명족의 지위에 이르게 되었다.

광주이씨 가문은 개인의 능력을 보여주는 과거 급제자와 정치적 능력을 보여주는 공신·정승들을 배출함으로써 성종 대에는 최고 명문가로서의 위치를 확고히 하게 되었다. 《용재총화慵齋叢話》를 쓴 성현은 광주이씨를 당대 최고의 문벌가문으로 꼽았다.[20] 특히 성현이 이세좌를 거론하여 '광성군廣城君은 비록 일찍 죽었으나 그 아들 세좌는 지금 광양군廣陽君'이라 한 것은 당시 그가 광주이씨 가문의 대표적 인물임을 나타낸 것이며, 또 '문자문손文子文孫도 높은 반열에 서서 서로 잇따라 끊이지 않았다'고 한 것은 역시 광주이씨 가문이 그 명성을 떨치고 있음을 보여준 것이라 생각된다. 광주이씨 가문의 위상은 성종 19년 연회 때에 명나라 두 사신과 허종許琮이 주고받은 대화에서도 잘 나타난다. 이때 사신이 이세좌를 가리켜, '광릉군의 아들'이냐고 묻자 허종은 '광릉군의 조카인데 광릉군의 형제는 다섯 명이 급제하여 그 어머니가 국가로부터 해마다 녹을 받는다'고 하였다. 이에 사신은 '이는 거가대족이니 중국에서도 보기 어려운 경우'라며 칭찬하였다.[21] 다섯 형제가 과거에 합격하여 재상이 된 경우는 명나라에서도 유래가 없을 정도였다.

요컨대 이세좌는 당대 최고 문벌가인 광주이씨 가문에서 태어났고, 역시 가문의 지위가 매우 높은 양주조씨 조말생의 손녀와 결혼

다. 《經國大典》 禮典 奬勸條에 따르면 '다섯 아들이 과거에 급제한 자의 부모에게는 왕에게 보고하여 세사미를 내려주고, 죽었으면 추증하고 치제한다'고 하였다.

20) 《慵齋叢話》 권2.

21) 《성종실록》 권215, 성종 19년 4월 10일 계묘.

하였다. 이집-이지직-이인손-이극감-이세좌로 이어지는 그의 가계는 이세좌의 정치적 성장에 좋은 배경으로 작용하였다. 그런데 이같이 높은 그의 가문의 위상은 오히려 후술하는 바와 같이 연산군 대에 그와 그의 친인척들이 제거되는 빌미가 되기도 하였다.

2) 출사와 관력

당대 최고 가문의 전성기에 태어난 이세좌는 1465년(세조 11) 성균시의 생원에 1등으로 합격하였고, 25세가 되는 1468년(예종 즉위)에 내섬시 판관으로 첫 관직에 나아갔다. 아마도 가문의 후광을 얻어 음서로 나아간 것 같다. 이후 1504년(연산군 10)에 유배 가서 죽을 때까지 34년 동안 관직생활을 하였다. 그는 이 기간 동안 많은 관직을 거쳤으며, 정치·경제·사회·문화·국방 등 여러 분야에서 활동하였다. 여기서는 그의 관직생활에서 대표적인 것들을 중심으로 살펴보고자 한다.

첫째, 그는 30대 전반에는 사간원 대사간을 비롯하여 홍문관 부제학 등 대간직을 역임하였다. 그는 처음에 내섬시 판관으로 나아간 뒤 1476년(성종 7)에 호조좌랑을 제수받았고 이듬해에 33세의 나이로 식년문과에 응시하여 갑과에 급제하였다.[22] 그가 과거에 급제하기까지는 별로 이렇다 할 관직을 지낸 것은 아닌 것 같다. 그러나 과거에 급제하자 남보다 무척 빠르게 출세를 하여 통정대부 사간원 대사간이 되었다.[23] 그가 대사간에 임명된 것은 실로 파격적인 특채라

22) 그런데 이세좌는 새로 과거에 급제한 뒤 길에서 선진자를 만났을 때 신진의 예를 행하지 않았다 하여 탄핵을 받았다(《성종실록》 권78, 성종 8년 3월 16일 계미). 이것은 그의 나이가 많았기 때문이기도 하지만, 그가 훈구 가문 출신이었기 때문에 신참례를 행하지 않은 것이 아닌가 생각된다.

할 수 있으며 이는 가문의 후광 때문에 가능했던 것으로 보인다.

이세좌는 성종 10년에 홍문관 부제학이 되었다. 그는 이때 교년회交年會에 여악女樂을 사용하는데 여악은 간사한 음악과 음란한 여색이므로 궁궐에 들어와서 밤을 지낼 수는 없으니, 여악을 정지할 것을 청하였다.24) 그가 여악에 대해서 부정적 인식을 갖고 있었음은 이후 성종 19년에 장악원 제조가 되어 경연특진관을 겸임하면서 기녀와 악공이 음탕한 음악을 연습하지 못하도록 청한 데서도 알 수 있다.25)

둘째, 30대 후반에는 승정원의 승지직을 거치면서 성종의 최측근으로 성장하였다. 이세좌는 성종 11년부터 16년까지 승정원에서 근무하며 국정의 논의에 참여하였다. 그는 성종 11년 1월에 동부승지로, 4월에 우부승지로, 6월에 좌부승지로 승진하였으며, 7월에 의주 선위사로 나아갔다.26) 이어 성종 12년 4월에는 좌부승지로 평안도 중화군의 군사와 역마 등에 대하여 아뢰었다. 그는 중화군은 평안도의 제일선에 있는 군인데, 인리人吏가 지극히 적어서 빈객이 오면 군사들에게 공궤供饋하게 하니 폐단이 생긴다고 지적한 뒤 이 군에 여외군사旅外軍士가 있다고 하니 이들을 인리에 보충하는 것이 좋겠다고 건의하였다. 또 이세좌는 역리들의 처지를 고려하여 칠참七站에서 바치는 말의 주료晝料를 지급하는 것이 좋겠다고 건의하였다.27) 또한 흉년이 들자 곡식이 허비되는 것이 술보다 더하다며 떡 해 먹는

23) 《성종실록》 권77, 성종 8년 윤2월 21일 기미.
24) 《성종실록》 권112, 성종 10년 12월 24일 을해.
25) 《성종실록》 권219, 성종 19년 8월 13일 갑진.
26) 《성종실록》 권113, 성종 11년 1월 5일 병술; 권116, 성종 11년 4월 13일 계해; 권118, 성종 11년 6월 1일 경술; 권118, 성종 11년 6월 28일 정축; 권119, 성종 11년 7월 12일 경인; 권120, 성종 11년 8월 3일 경술.
27) 《성종실록》 권129, 성종 12년 5월 29일 계묘.

것을 금하자고 하였고,[28] 또 경기 지방이 실농하자 서적전西籍田의 곡초를 사복시에 수납하도록 하고, 여러 고을에서 바치는 곡초도 줄여서 백성들의 폐해를 제거할 것을 건의하였다.[29]

이세좌는 성종 12년 12월에 다시 우승지가 되고,[30] 이듬해 6월에 좌승지가 되었다.[31] 그런데 바로 이 해에 폐비윤씨가 사사당하였는데 좌승지였던 그는 윤씨를 그 집에서 죽이라는 성종의 명을 받고 이를 수행할 수밖에 없었다.[32] 이때 이세좌는 자신이 윤씨의 얼굴을 알지 못하니 내관과 함께 갈 것을 청하여 조진曹疹이 따라갔다. 이세좌는 주서 권주權柱에게 전의감에 가서 비상을 가지고 가라 하고, 저녁이 되자 성종의 명에 따라 윤씨 집에서 유숙하였다.[33] 이것은 훗날 연산군이 갑자사화를 일으킬 때 이세좌가 가장 먼저 죽임을 당하는 직접적인 원인이 되었다.

또한 이세좌는 승지로서 경연관이 되어 성종에게 《대학》을 강론할 때 "임금의 도는 성의誠意·정심正心과 군자를 올려 쓰고 소인을 물리치는 것으로 근본을 삼아야 한다"고 하며 인사의 중요성을 강조하였다.[34] 성종 14년에는 도승지가 되었는데[35] 이때 성종이 삼자를 강

28) 《성종실록》 권132, 성종 12년 8월 18일 경신.
29) 《성종실록》 권133, 성종 12년 9월 12일 계미.
30) 《성종실록》 권128, 성종 12년 4월 10일 갑인; 권136, 성종 12년 12월 13일 계축.
31) 《성종실록》 권142, 성종 13년 6월 2일 기해.
32) 폐비윤씨 사사사건의 전말에 대해서는 한희숙, 〈조선초기 성종비 윤씨 폐비·폐출 논의 과정〉, 《韓國人物史硏究》 4, 2005; 〈조선 성종대 폐비윤씨 사사사건〉, 《韓國人物史硏究》 6, 2006; 〈연산군대 廢妃尹氏 追封尊崇 과정과 甲子士禍〉, 《韓國人物史硏究》 10, 2008 참고.
33) 《성종실록》 권144, 성종 13년 8월 16일 임자. 일반적으로 사약은 금부도사가 들고 갔다. 그런데 이때는 좌승지 이세좌가 책임자로 갔다. 이는 전례가 없던 일이고 또 폐비윤씨의 지위를 생각해서 그렇게 조치한 것이 아닌가 생각된다.
34) 《성종실록》 권148, 성종 13년 11월 29일 계해.
35) 《성종실록》 권150, 성종 14년 1월 10일 계묘; 성종 14년 1월 30일 계해; 권151, 성종 14년 2월 11일 갑술.

하고자 묻자 '《장자》·《노자》·《열자》는 이단의 글이니, 경연에서 진강하는 것은 필요치 않다'고 하여[36] 유학자의 면모를 보여주었다. 성종 18년 12월에 가정대부 광양군廣陽君에 책봉되었고,[37] 이듬해에는 경연특진관이 되어 경제 문제와 왜구 문제에 관련된 중요한 사항들을 청하였다.[38]

셋째, 40대에는 주로 예조·형조·호조참판과 대사헌, 그리고 지방관찰사를 두루 거치면서 민생 문제에도 관심을 많이 갖게 되었다. 이세좌는 성종 9년 8월에 통정대부 충청도관찰사가 되어 잠시 지방으로 나가서[39] 수군을 늘리기 위한 시책과 변경을 강화할 것을 청하였다.[40] 16년 10월에는 호조참판으로 표전을 받들고 북경에 가서 정조正朝를 하례하였고,[41] 이듬해 돌아와 예조참판을 거쳐 경상도관찰사로 나아갔다.[42] 성종 20년 11월에 호조참판을 거쳐 황해도관찰사가 되었는데,[43] 이때 황해도에는 강도 김일동을 중심으로 도적떼가 들끓어 소탕하고 있던 때였다. 그는 도적을 잡으려면 신속히 가야 하지만 간략하게 차리고 가면 도둑을 만나 변을 당할 수 있다고 생각하여 황해도를 순행할 적에 가는 곳마다 군사를 약간씩 뽑아 방비할 수 있게 해 줄 것을 청하였다.[44] 이때 그는 삼촌인 평안도관찰사

36) 《성종실록》 권150, 성종 14년 1월 20일 계축.
37) 《성종실록》 권210, 성종 18년 12월 23일 무자.
38) 《성종실록》 권212, 성종 19년 윤1월 12일 정축.
39) 《성종실록》 권95, 성종 9년 8월 20일 기유; 권96, 성종 9년 9월 16일 갑술.
40) 《성종실록》 권110, 성종 10년 윤10월 7일 기미.
41) 《성종실록》 권180, 성종 16년 6월 2일 신사; 권181, 성종 16년 7월 17일 을축; 권184, 성종 16년 10월 15일 임진; 권185, 성종 16년 11월 12일 기미.
42) 《성종실록》 권196, 성종 17년 10월 29일 경자; 권197, 성종 17년 11월 30일 신미.
43) 《성종실록》 권229, 성종 20년 6월 6일 계사; 권233, 성종 20년 10월 3일 정해; 권234, 성종 20년 11월 4일 무오; 권234, 성종 20년 11월 24일 무인.
44) 《성종실록》 권234, 성종 20년 11월 25일 기묘.

이극돈李克墩과 체찰사 이극견李鐵堅 등과 함께 강도들을 체포하는 데 힘썼다.45)

성종 24년 6월에는 경기관찰사가 되었고46) 이듬해 2월에 민생과 직접 관련되는 군역 문제에 대해서 상소를 올렸다. 그는 군적 작성 및 군역부과 때 감고와 향리들의 잘못으로 나타나는 폐단을 시정할 것을 주장하고, 선군들이 스스로 입역하지 않고 값을 주어 대립代立하는 데에서 생기는 폐단을 논죄하도록 건의하였다.47) 또 그는 때가 농사철인데 백성들의 식량이 떨어지면 농사에 힘쓸 수가 없으니, 군자창의 미곡으로 구휼해 줄 것을 청하였다.48)

이세좌는 여러 차례 대사헌의 직책을 역임하였다. 성종 16년 6월에 대사헌이 되어, 성종이 뇌물 받은 관리의 아들을 허통해 준 것은 잘못이라며 '장리금고법이 《대전》에 실려 있는데, 한때의 은혜 때문에 만대에 행하여질 법전이 무너진다면 옳지 않다'며 허통하지 말 것을 주장하였다.49) 이어 계속하여 뇌물 받은 관리·서얼 자손의 허통이 잘못되었음을 아뢰었고, 서얼을 과거에 나아가도록 허용한 것은 잘못이라며 명령을 속히 거둘 것을 주장하였다.50) 그는 장리와 서얼에 대해서 강한 금고의식을 가지고 있었다. 성종 20년 10월에 다시 대사헌이 되었고, 23년 9월에도 대사헌이 되어51) 성종에게 금승령禁僧令을 폐할 수 없다고 논하였다.52) 그리고 형벌과 상여를 신

45) 《성종실록》 권235, 성종 20년 12월 30일 계축.
46) 《성종실록》 권279, 성종 24년 6월 1일 계해.
47) 《성종실록》 권287, 성종 25년 2월 17일 병자.
48) 《성종실록》 권288, 성종 25년 3월 3일 임진; 권290, 성종 25년 5월 9일 병신.
49) 《성종실록》 권180, 성종 16년 6월 7일 병술.
50) 《성종실록》 권180, 성종 16년 6월 9일 무자.
51) 《성종실록》 권269, 성종 23년 9월 6일 갑술.
52) 《성종실록》 권272, 성종 23년 12월 2일 무술.

중하게 할 덕목을 상소하였고, 민생을 위하여 환자곡을 거두지 말 것을 청하는 등[53] 민생 문제에도 상당한 관심을 보였다.

성종 25년(1494) 12월에 성종이 죽자, 그는 이듬해 산릉도감 제조로서 국장의례 및 능 축조를 담당하였다.[54] 이와 같이 이세좌는 성종 치세 25년 동안 왕의 신임과 총애를 한 몸에 받으면서 승승장구하였고, 주요 행정직을 두루 역임하면서 성리학자로서의 면모와 행정가로서의 역량을 보여주었다.

넷째, 50대의 이세좌는 연산군을 섬기며 더욱 출세하여 한성부 판윤과 호조·이조·예조판서 직을 두루 거치며 정치적으로 꾸준히 성장하고 있었다. 그는 연산군 1년 10월에 호조판서와 한성부 판윤이 되었고[55] 2년 2월에 함경도순변사를 제수받고 나아갔으며, 6월에 숭정대부로 가자되어 다시 호조판서가 되었다. 연산군 3년에 이조판서에 임명되고 선공감 제조로 공진문拱辰門 밖의 담을 축조하는 데 유위군사를 동원하였다. 이듬해 무오사화 때에는 김종직을 대역죄로 논단하고 부관참시해야 한다고 주장하였다.[56] 그는 숙부 이극돈과 함께 연산군 4년에 무오사화를 일으킨 주역이었고, 김종직의 부관참시를 극론할 만큼 사림파 제거에 앞장섰던 대표적 훈구세력이었다. 그의 할아버지 이인손이 김숙자와 매우 친밀한 관계였던 것과 달리 이세좌는 김숙자의 아들 김종직을 극형에 처할 것을 상소하는 등, 사림에 대해 비판적 입장을 취하고 있었다. 이어 판중추부사, 예조판서 겸지경연사가 되었고,[57] 연산군 7년 윤7월에 판의금부사를 겸하

53) 《성종실록》 권272, 성종 23년 12월 25일 신유; 권283, 성종 24년 10월 14일 을해.
54) 《성종실록》 권291, 성종 25년 6월 23일 경진; 권297, 성종 25년 12월 24일 기묘.
55) 《연산군일기》 권9, 연산군 1년 10월 9일 무오.
56) 《연산군일기》 권30, 연산군 4년 7월 17일 신해.
57) 《연산군일기》 권30, 연산군 4년 7월 28일 임술; 권31, 연산군 4년 8월 6일 기사.

표 10-2. 이세좌의 관력과 관직생활

연대	나이	관력
세종 27년(1445)	1	출생
예종 즉위년(1469)	25	내섬시 판관
성종 5년(1474)	29	도사
성종 8년(1477)	33	식년문과 갑과로 급제, 통정대부 대사간
성종 9년(1478)	34	충청도관찰사
성종 10년(1479)	35	통정대부, 홍문관 부제학
성종 11년(1480)	36	승정원 동부승지, 우부승지, 좌부승지, 의주선위사
성종 12년(1481)	37	좌부승지, 우승지
성종 13년(1482)	38	좌승지
성종 14년(1483)	39	가선대부, 승정원 도승지, 예조참판
성종 16년(1485)	41	가정대부, 대사헌, 형조참판, 호조참판, 동지중추부사
성종 17년(1486)	42	예조참판, 경상도관찰사
성종 18년(1487)	43	광양군에 봉해짐
성종 19년(1488)	44	장악원 제조, 경연특진관
성종 20년(1489)	45	예조참판, 사헌부 대사헌, 호조참판, 황해도관찰사
성종 23년(1492)	48	동지사, 대사헌
성종 24년(1493)	49	자헌대부 경기도관찰사
성종 25년(1494)	50	산릉도감제조
연산군 1년(1495)	51	호조판서, 한성부 판윤
연산군 2년(1496)	52	함경도순변사, 숭정대부, 호조판서
연산군 3년(1497)	53	이조판서, 선공감 제조
연산군 4년(1498)	54	판중추부사, 예조판서 겸지경연사
연산군 7년(1501)	57	겸판의금부사
연산군 9년(1503)	59	회배례에서 연산군의 옷을 적셔 불경죄에 걸림
연산군 10년(1504)	60	유배 중에 사사됨. 갑자사화 중에 부관참시됨

였다.[58] 이와 같이 매우 다채롭고 화려한 경력의 소유자였던 이세좌는 그만큼 정계에서 지위와 위상도 높았다. 그러나 오히려 이러한 점은 연산군이 왕권을 강화하고자 하는 데 걸림돌이 되었다. 따라서 이세좌는 후술하는 바와 같이 연산군의 능상풍조척결 의지와 갑자사화에 연루되어 죽임을 당하였다.

이상에서 살펴본 이세좌의 주요 관력과 관직생활을 표로 작성해 보면 〈표 10-2〉와 같다.

3. '능상지풍凌上之風' 연루와 갑자사화

1) '어사주 과반경주過半傾注' 사건과 갑자사화의 발단

연산군 대에 들어 최고 훈구대신의 위치에 올라 있던 이세좌는 연산군 9년(1503)에 이르러 큰 시련을 당하였다. 그는 연산군이 능상풍조 혁파와 폐비윤씨의 원수를 갚기 위해 벌인 갑자사화의 첫 번째 희생물이 되었기 때문이다.

연산군이 즉위한 초기부터 관료들 사이에는 왕을 업신여기는 풍조, 곧 '능상지풍'이 매우 심해졌다. 또한 성종조부터 활기를 띠기 시작한 언관의 발언권이 갈수록 강화됨에 따라 왕권의 행사에 걸림돌이 되고 있었다.[59] 이에 연산군과 대간들은 첨예한 갈등관계에 놓여

---

58) 《연산군일기》 권40, 연산군 7년 윤7월 20일 병신.

59) 연산군 즉위 직후부터 왕과 삼사의 팽팽한 줄다리기가 시작되었고, 태종과 세조처럼 전제왕권을 행사하고 싶었던 연산군은 권력의 불균형에서 오는 긴장감을 '능상지풍'으로 처벌함으로써 타개하려 하였다(권연웅, 〈燕山朝의 經筵과 士禍〉, 《九谷 黃鍾東教授 停年紀念 史學論叢》, 1994 참고). 이러한 면은 폐비윤씨의 복위 과정에서도 많이 나

있었고 대신들조차 어린 연산군에게는 정치적 장애물이 되었다. 연산군이 이러한 분위기를 눈치채지 못할 리 없었고, 시간이 갈수록 그의 심기는 매우 불편해졌다. 국왕에 대한 간언은 연산군 8년을 기점으로 크게 증가했다. 대신들조차 국왕에게 많은 간언을 올리면서 정치세력의 협력 대립관계는 대신과 삼사가 서로 가까워지고 국왕은 차츰 고립되는 구도로 재편되고 있었다.[60]

또한 연산군은 이미 즉위 직후 성종의 묘지문에 나타난 폐비윤씨의 아버지 윤기무尹起畝의 이름을 확인하면서 생모 윤씨가 죄를 입어 폐위된 사실을 알게 되었다.[61] 그리고 폐비 묘의 관리 상태를 알아보는 과정에서 폐비 사사의 전말을 파악하게 되었다.[62] 이 과정에서 이세좌가 사약을 들고 갔던 사실을 알게 되었을 것으로 보인다. 연산군은 어머니 윤씨가 죽임을 당한 것을 알고 정신적인 황폐함을 드러냈으며, 관련자들에 대한 보복심이 심해지고 있었다. 따라서 연산군은 자신을 업신여긴다고 생각되는 행동이나 말을 하는 관료들을 '능상지풍'으로 몰아서 벌줌으로써 조정의 분위기를 쇄신하고자 기회를 엿보고 있었다.

연산군은 무오사화 이후에도 삼사의 능상풍조가 그다지 수그러들지 않은 것에 대해 여전히 큰 불만을 가지고 있었다. 연산군은 능상의 폐단이 삼사뿐만 아니라 대신들에게까지 만연하였다고 분석했고, 그들에 대한 무차별적이며 직접적인 숙청이 필요하다고 결심하게

타나고 있었다(한희숙, 앞의 글 참고).

60) 김범, 앞의 책, 139쪽.

61) 《연산군일기》 권4, 연산군 1년 3월 16일 기해.

62) 《연산군일기》 권4, 연산군 1년 4월 11일 갑자. 흔히 연산군이 어머니 윤씨의 죽음 전말에 대해 알게 된 것은 임사홍의 고변 때문이고 이 때문에 갑자사화가 일어난 것이라고 하지만 연산군은 이미 이때부터 그 사실을 하나씩 알게 되었다(한희숙, 〈연산군대 廢妃尹氏 追封尊崇 과정과 甲子士禍〉 참고).

되었다. 연산군은 새로운 사화를 준비하고 있었던 것이다.

연산군의 능상지풍을 없애기 위한 계획의 제1호 대상이 바로 이세좌였다. 연산군은 벼르던 기회를 드디어 9년 9월에 인정전에서 열린 양로연에서 찾았다. 마침 이 자리에 참석한 이세좌가 실수로 어사주를 엎질러 연산군의 옷을 적시게 되었다. 상황에 따라서는 무례한 행동이 될 수도 있고 웃고 넘길 수도 있었다. 그런데 대신이나 대간을 포함하여 어느 누구도 이세좌의 처벌을 요구하지 않았다. 연산군은 대신이 자신의 옷에 술을 쏟은 것도 화가 나는데 아무도 이세좌에게 죄주어야 한다고 말하는 사람들이 없자, 나이 많은 권신의 위세에 눌려 어린 국왕인 자신의 체모를 돌아보지 않는 능상풍조가 있다며 격분하였다. 당시의 일을 기록한 자료를 보면 다음과 같다.

> 연산군이 인정전에서 양로연을 열었다. 이때 연산군은 “오늘 잔을 드린 재상들에게 회배를 내릴 때, 반 이상을 엎지른 자가 있는데 이런 일이 어떤가?”라고 하였다. 승정원에서는 “과연 엎질렀다면 매우 공손하지 못한 일입니다. 신하로서 어찌 이런 일이 있겠습니까?”라고 하였다 이에 연산군은 “예조판서 이세좌가 잔을 드린 뒤 회배를 내릴 때 내가 잔대를 잡았는데, 세좌가 반이 넘게 엎질러 내 옷까지 적셨으니, 국문하도록 하라”고 하였다.63)

28세의 연산군은 59세의 이세좌를 정치적으로 탄압하면서 이를 기회로 능상풍조를 쇄신하고 왕권을 강화하고자 하였다. 연산군은 비정치적인 문제들을 가장 핵심적인 관심사였던 능상 문제와 직결시키고 있었다. 연산군은 왕권을 정치적 사안보다는 비정치적 문제

63)《연산군일기》권50, 연산군 9년 9월 11일 갑술.

를 둘러싸고 행사하였다. 연산군은 비정치적 문제들을 자신의 정치적 지상목표인 능상의 척결을 통한 절대왕권의 확립이라는 본질적인 사안과 직결시켰다.[64]

이튿날 연산군은 이세좌가 하사하는 술을 엎질러 자신의 옷까지 적시고 자리 위에도 흘려 오래도록 마르지 않았다고 하며 버려둘 수 없는 일이라고 화를 냈다. 이에 승정원에서 이세좌를 추국하라고 아뢰었고, 연산군은 '소리가 나도록 엎질러 임금의 옷까지 적셨다'는 말을 더 써 넣으라고 하였다.[65]

그러나 대간들은 여전히 이세좌를 탄핵하지 않았다.[66] 이세좌는 대간을 지낸 인물이었고, 대간들이 볼 때는 대수롭지 않은 일이었다. 이에 더욱 화가 난 연산군은 의정과 육조와 여러 관리들의 의논을 거두어 이세좌와 아울러 대간의 죄를 의논하였다. 처음에는 대신들이 이세좌의 실수를 옹호하였으나 차츰 왕의 뜻에 따라 '대불경론'으로 다스려 그를 무안에 유배보내자고 하였다. 연산군은 그의 아들들을 모두 파면시키고 '대신은 벌금을 바칠 수 없으니 본직을 체임하도록' 하였다.[67] 이세좌는 자신의 실수에 대해 해명했지만 연산군은 그 말이 사실이 아니라며 듣지 않았다. 승지 허집許輯 등도 처음에는 이세좌의 편을 들어 주었고, 윤필상도 '그가 일부러 엎지른 것이 아니라 실수를 한 것'이라며 두둔하였지만 연산군은 용서하지 않았다.[68] 연산군은 정승들에게 이세좌를 체임시킨 일을 말하며 '나이

64) 김범, 앞의 책, 128쪽; 김돈, 《조선중기 정치사 연구》, 국학자료원, 2009 참고.
65) 《연산군일기》 권50, 연산군 9년 9월 12일 을해.
66) 대간들은 이세좌의 행동에 대해 대수롭지 않게 생각했으며, 당시 왕권과의 관계를 볼 때 오히려 연산군의 행동에 대해 비판적일 수 있었다.
67) 《연산군일기》 권50, 연산군 9년 9월 15일 무인.
68) 《연산군일기》 권50, 연산군 9년 9월 16일 기묘. 이세좌는 당시 '내가 평시에는 술을 못 마셨는데, 오늘은 회배를 다 마셨다'고 하여 주변 사람들이 그 말을 듣고 웃었다 한다.

많은 대신으로서 인군이 어리다 하여 이렇게 공손스럽지 못하니 될 일이냐?' 하며 책하였다.69)

그러나 대간들은 여전히 그를 죄줄 것을 청하지 않았고, 이것이 연산군을 더욱 화나게 만들었다. 연산군은 이세좌의 위세가 두려워 그런 것이라며 대간들을 불러 간하게 하고, 이세좌의 일을 빌미로 대간을 탄핵하려 하였다. 그리고 연산군은 이세좌가 정승들의 의논을 빙자하여 세력을 믿고 교만 방종하니 아들 이수형의 사인직을 갈게 하고, 그는 농가가 없는 고을로 귀양보내라고 하였다.70)

이와 같은 연산군의 명령에 이세좌를 두둔하던 대신들도 차츰 연산군의 뜻을 따랐다. 이세좌를 두둔하던 윤필상·성준·유순은 태도를 바꿔 이세좌의 죄가 죽어 마땅하다고 하였고, 김응기金應箕·이집李諿 등은 대간들이 이세좌의 벌이 매우 가볍다 여겨 더 죄주어야 한다고 청하지 않았으니 그들에게도 죄가 있다고 하였다.

일이 벌어진 지 10일이 지난 9월 20일에 이세좌는 전라도 무안현으로 귀양갈 것이 결정되었다.71) 연산군은 이세좌가 유배지에 이르는 날짜와 서울을 떠나는 날짜도 자세히 아뢰게 하고, 혹시라도 지체하여 늦는 일이 있으면 중한 죄로 논하게 하였다.72) 그리고 10월 9일에는 이세좌의 숙부인 이극균에게 이세좌가 술을 엎지른 행동을 비난하였다.73) '능상지풍'이 있다고 생각한 연산군은 이세좌를 벌줌

---

69) 《연산군일기》 권50, 연산군 9년 9월 18일 신사. 이세좌가 연산군의 표적이 된 것은 이미 앞에서 말한 바와 같이 그가 폐비윤씨 사사사건에 깊이 관여되어 있었다는 점과, 당대 위상이 매우 높은 훈구 가문의 대신이라는 점이 동시에 작용한 것이라고 볼 수 있다. 연산군은 능상지풍 혁파와 어머니 윤씨에 대한 복수를 동시에 벌였다.
70) 《연산군일기》 권50, 연산군 9년 9월 19일 임오.
71) 《연산군일기》 권50, 연산군 9년 9월 20일 계미.
72) 《연산군일기》 권50, 연산군 9년 9월 21일 갑신.
73) 《연산군일기》 권51, 연산군 9년 10월 9일 임인.

으로써 이를 근절하려 하였고, 이러한 분위기 속에서 이세좌는 유배를 당하는 첫 희생자가 되었다.

그런데 연산군은 이세좌를 전라도 무안으로 유배보내고 이틀 뒤 다시 온성으로 유배지를 옮기게 하였다가,[74] 얼마 후 '나이 늙고 이미 스스로 징계하였을 것'이라 하여 특별히 석방하였다.[75] 이세좌는 양로연에서 어사주를 쏟은 사건 이후 약 4개월 만에 석방되어 10년 3월 3일에 유배지에서 돌아와 단봉문 밖에서 사은하였다. 이에 연산군은 술을 하사하며 '이것은 네가 전일 기울여 쏟은 것'이라며 농담도 하였다.[76]

그러나 이러한 분위기는 오래가지 않았다. 연산군이 이세좌를 빨리 풀어준 것은 이에 대한 대간과 대신들의 반응을 살펴본 뒤 이를 빌미로 또 다른 탄압을 준비하고 있었기 때문이다. 연산군의 능상지풍 혁파를 위한 정치적 탄압은 아직 시작에 지나지 않았고, 이세좌의 유배는 이어질 갑자사화의 단초를 여는 발단일 뿐이었다.

2) 홍귀달의 불경죄와 이세좌의 2차 유배

이세좌를 빨리 풀어준 연산군은 능상풍조를 혁파하기 위한 또 다른 기회를 엿보고 있었다. 그것은 그리 오래지 않아 일어났다. 이세좌는 자신과는 전혀 관계없는 뜻밖의 사건으로 다시 유배를 가게 되었다.

이세좌가 유배에서 석방되어 돌아오고 있을 무렵인 1504년(연산군

74) 《연산군일기》 권50, 연산군 9년 9월 22일 을유.
75) 《연산군일기》 권52, 연산군 10년 1월 11일 계유.
76) 《연산군일기》 권52, 연산군 10년 3월 3일 갑자.

10) 2월에 연산군은 간택령[77]을 내렸다. 그런데 이 간택령에 홍언국洪彦國이 불응하는 사건이 발생했다. 그리고 이세좌가 돌아온 지 열흘도 되지 않은 3월 11일에 홍언국의 아버지 경기관찰사 홍귀달이 아들을 비호하며 가장으로서 죄 얻기를 청하였다.

> 신의 자식 참봉 홍언국의 딸이 신의 집에서 자랍니다. 처녀이므로 대궐에 나아가야 하는데, 마침 병이 있어 신이 언국을 시켜 사유를 갖추어 고하게 하였는데, 관계 관사에서 대궐에 나오기를 꺼린다 하여 언국을 국문하게 하였습니다. 진정 병이 있지 않다면 신이 어찌 감히 꺼리겠습니까? 지금 비록 곧 들게 하더라도 역시 들 수 없습니다. 언국의 딸이기는 하지만 신이 실은 가장이기에 죄를 기다립니다.[78]

홍귀달은 아들을 두둔하며 손녀가 병이 있어 간택에 응하지 않았다고 변명하였다. 그러나 새로운 호재를 잡은 연산군은 홍귀달이 자신을 업신여겨 손녀를 간택에 들이지 않은 것이라며 불경죄를 들어 정치적 숙청을 일으켰다. 연산군은 다시 비정치적인 사건을 들어 왕권을 강화하려 하였던 것이다. 이 사건은 이세좌와는 전혀 관계가 없는 별개의 사건임에도, 그 불똥은 연산군이 의도한 대로 다시 이세좌에게로 옮겨 붙었다. 연산군은 홍귀달에게 '그 불공함이 이세좌가 하사주를 기울여 쏟은 죄와 다름이 없다'며 관찰사의 직첩을 거두게 하였다.

연산군은 이세좌가 풀려난 일에 대해 대신과 대간들이 어떤 반응을 보이는지 살폈다. 그런데 이번에도 대간들이 간하지 않자 이들이

77) 《연산군일기》 권52, 연산군 10년 2월 21일 계축.
78) 《연산군일기》 권52, 연산군 10년 3월 11일 임신.

간하지 않는 것은 이세좌의 세력을 두려워하기 때문이고, 홍귀달의 언사가 불공하고 임금을 경시하는 태도 또한 이세좌의 행위를 본받은 때문이라 하였다. 연산군은 군신의 분의가 엄하지 않아 전일 대간과 대신들이 이세좌의 불경죄를 탄핵하지 않았다고 분노하였다. 즉 대간과 재상들이 서로 붕당이 되어 임금을 고립시키고 있다는 것이었다. 홍귀달이 불공한 말을 한 까닭도 불경죄를 저지른 이세좌를 중죄로 다스리지 않았기 때문이라고 하였다. 이에 이세좌를 다시 강원도 영월로 보내고, 홍귀달을 함경도 경원으로 귀양보냈다. 그래도 분이 덜 풀린 연산군은 귀양가던 두 사람을 잡아와 성 밖에서 때리게 하였다.[79] 홍귀달의 언사는 연산군이 능상 및 불경 풍조를 혁파하려는 계획에 또 하나의 빌미를 제공한 단서가 되었다.

연산군은 다시 이세좌를 압령해 가게 하고 홍귀달을 경원으로 유배보냈다.[80] 그리고 두 사람을 한양으로 돌아오지 못하게 하고 도중에 병을 칭탁하여 지체하거나, 지나가는 길의 수령이나 찰방들이 위로하지 못하게 하였다. 또한 이세좌가 궐문 밖에 와서 사죄하자 연산군은 이는 자신의 뜻을 탐지하려는 것이라며 오히려 국문하게 하였다. 그리고 이세좌를 강원도 평해군에 귀양보내고, 아들 수정이 마음대로 직을 떠나 그를 따라갔다 하여 국문하도록 하였다.[81] 이세좌에 대한 연산군의 분노는 홍귀달에 대한 그것보다 훨씬 더 심했다. 3월 16일에 연산군은 의금부 경력 박기朴基를 시켜 다시 이세좌를 잡아오게 하고, 그에게 '불공한 자가 있는 것이 모두 너 때문'이라며 매질했다.[82]

79) 《연산군일기》 권52, 연산군 10년 3월 11일 임신; 연산군 10년 3월 12일 계유.
80) 《연산군일기》 권52, 연산군 10년 3월 13일 갑술.
81) 《연산군일기》 권52, 연산군 10년 3월 14일 을해.
82) 《연산군일기》 권52, 연산군 10년 3월 16일 정축.

연산군은 이세좌의 불경죄를 빌미로 대간들에 대한 탄압을 강화하였다. 이세좌를 탄핵하지 않은 대간들을 귀양보내고 이세좌에게 문안갔던 관리들을 크게 국문하였다. 그리고 대간들이 이세좌의 불경을 제대로 논박하지 않았다고 지적하며 다시 그들을 처벌하였다. 대사헌 이자건李自健, 대사간 박의영朴義榮을 비롯한 대간들을 금묵불언죄噤嘿不言罪를 추론하여 옥에 가두었다. 또한 사헌부의 관원들이 이세좌의 집을 철거하지 말기를 청한 것은, 능상지풍을 통렬히 없애려 하는데 도리어 선동하는 격이라며 그들을 옥에 가두게 하였다. 그리고 승정원에 명을 내려 '뒤에 큰 사면령을 내리더라도 이세좌는 용서하지 말라'고 하였다.[83] 연산군은 이세좌에 대하여 논박하지 않은 대간을 숨김없이 써서 아뢰게 하고, 심지어 그들을 때리고[84] 홍문관과 대간으로서 이세좌를 논하지 않은 자를 속히 국문하게 하였다.[85] 연산군은 '군신의 분별을 바로잡지 않을 수 없다'며 대간을 때려 외방에 보내게 하고, 홍문관은 법률에 따라 벌금을 바치게 하였다.[86]

또 조신으로서 이세좌를 탄핵하는 상소에 참여하지 않은 사람, 문안을 드렸거나 안부를 물은 사람, 그가 유배지에서 돌아왔을 때 찾아가 방문한 자들을 조사해서 아뢰게 하였다. 재상과 조사로서 그와 관계를 가진 자들을 모두 국문토록 한 것이다.[87] 또 이세좌를 방문한 사람의 성명을 빠짐없이 써서 아뢰게 하고 이들을 다 찾아낸 뒤에 새 대간을 임명할 것이라 하였다. 승지들에게도 이세좌를 방문한

83) 《연산군일기》 권52, 연산군 10년 3월 12일 계유.
84) 《연산군일기》 권52, 연산군 10년 3월 15일 병자.
85) 《연산군일기》 권52, 연산군 10년 3월 16일 정축.
86) 《연산군일기》 권52, 연산군 10년 3월 18일 기묘.
87) 《연산군일기》 권52, 연산군 10년 3월 15일 병자.

자가 있느냐고 묻고, 홍문관에서 이세좌의 일을 보고도 탄핵하지 않았으니 벌금을 내게 하는 것이 옳다며 정승들에게 의논하게 하였다.[88] 당시 조정의 재상들 가운데는 많은 사람들이 이세좌를 방문했었다. 이에 연산군은 전직 관리로 이세좌를 방문한 자를 의금부에서 국문하게 하였다.[89] 또한 그를 방문한 사람들의 추안推案을 내려 보내며 유지를 내리기 전에 심방한 자, 유지 뒤에 심방한 자, 우연히 만난 자 등을 차등있게 벌금을 바치게 하였다.[90] 그리고 그를 방문한 사람들을 심문하는 대로 그때그때 놓아주라고 하였다.[91]

연산군은 이세좌의 친인척들에 대한 탄압도 그치지 않았다. 이세좌의 아우 이세걸과 아들 이수원, 사위들도 장을 때려 모두 외딴 곳에 유배보냈고, 자제를 모두 외딴 지방으로 귀양 보내게 하였다. 연산군은 이세좌의 죄를 반역보다 더 심하다고 하며 그의 아들과 사위·아우는 사면할 기회가 있더라도 놓아주지 말라고 하였다.[92] 자신들에게 화가 미칠 것을 두려워한 고관들은 이세좌가 불경죄를 범하였으니 아들·사위·아우 등을 처벌하는 것은 당연하다고 하였다.[93]

또한 연산군은 이세좌의 삼촌 이극균을 벌하였다. 당시 좌의정이었던 이극균은 이세좌에 대한 처벌이 법률에 어긋난다며 반박하는 의논을 하였다. 이에 연산군은 '자신이 불공대천의 원수를 갚으려고 그 뿌리를 뽑고 있는데 이극균이 몰래 비호하고, 또 이세좌의 사위도 함께 연좌해야 하는데 이극균이 그 죄를 청하지 않았으니 매우

88) 《연산군일기》 권52, 연산군 10년 3월 17일 무인.
89) 《연산군일기》 권52, 연산군 10년 3월 22일 계미; 연산군 10년 3월 23일 갑신; 연산군 10년 3월 24일 을유.
90) 《연산군일기》 권52, 연산군 10년 3월 25일 병술.
91) 《연산군일기》 권52, 연산군 10년 3월 19일 경진.
92) 《연산군일기》 권52, 연산군 10년 3월 25일 병술; 연산군 10년 3월 20일 신사.
93) 《연산군일기》 권52, 연산군 10년 3월 21일 임오.

그르다'[94]며 이들을 죄주게 하였다. 연산군의 의도가 대간들을 길들이기 위한 능상풍조 혁파조치와 함께 훈구들을 길들이려는 폐비윤씨에 대한 복수극으로 진행되고 있었다.

홍귀달의 불경죄로 말미암아 이세좌는 다시 '능상지풍의 괴수'로 몰려 귀양을 가게 되었다. 이세좌의 2차 유배는 홍귀달의 불경죄를 구실로 일어났지만 이는 이미 예정되어 있었던 것이고, 이는 폐비윤씨 사사사건에 대한 복수극으로 진행되었다. 두 차례에 걸친 이세좌에 대한 탄압은 갑자사화의 본격화를 알리는 신호탄이 되었다.

3) 이세좌의 사사死賜와 갑자사화의 본격화

두 차례에 걸친 이세좌의 유배는 왕권을 강화하려는 연산군의 계획으로 이루어진 것이었고, 결과는 사사로 이어졌다. 홍귀달의 아들 홍언국을 비호하는 언사로 다시 유배를 가게 된 이세좌는, 몇 차례 유배지를 옮기게 되어 평해에서 거제로, 거제에서 다시 곤양으로, 또 해남으로 옮겨 갔다. 마침내 연산군은 성종 때 폐비윤씨가 사사당한 일을 거론하며 이세좌를 죽이게 하였다. 3월 30일에 연산군은 승정원에 다음과 같이 전교하였다.

> 이세좌는 지위도 높고 나이도 늙었으니 비록 죄를 범했다 하더라도 그 나이에 어찌하랴 여기고 있다. 이리하여 그 교만과 오만이 자라서 친히 하사한 술을 마시지도 않고 쏟았으며, 또 폐비할 때 간하여 임금의 마음을 돌리게 해서 성덕으로 하여금 누가 없게 하였더라면 좋았을 것인데, 구차하

94) 《연산군일기》 권52, 연산군 10년 3월 28일 기축.

게 임금의 명을 좇아 약을 가지고 그 자리에 갔으니 어찌 교만하게 아첨하여 투생偸生을 꾀한 게 아니겠는가. 나는 반드시 참형으로 다스릴 것이다.[95]

연산군은 이를 기점으로 폐비윤씨 사사사건에 대한 복수극을 본격화하였다. 이세좌는 능상풍조를 혁파하는 데도, 그리고 폐비윤씨에 대한 복수를 하는 데도 모두 적합한 인물이었다. 연산군은 의정부에 교지를 내리기를 '능상지풍을 고쳐 없애는 일이 끝나지 않았다. 이세좌는 선왕조에 큰일을 당하여 힘써 다투지 않았고, 오늘에 와서는 나이와 지위가 모두 높아지자 교만 방종이 날로 방자하여, 내가 친히 주는 술을 기울여 쏟고 마시지 않았다'고 하며 마침내 죽이게 하였다.[96]

이때 이세좌는 남해 귀양지로 가려고 곤양군 양포역에 도착했다. 그러나 그는 이곳에서 연산군의 명을 받고 대들보에 목을 매어 자살하였다.[97] 이때 그는 죽으면서 "내가 죽은 뒤에 개가 찢어먹지 못하게 하기를 바랄 뿐이다"라고 했다고 하는데, 연산군은 그 보고를 받고 자신을 개에 빗대었다고 생각하여 더욱 분노했던 것으로 보인다. 이세좌의 사사는 갑자사화의 본격화로 이어졌다. 연산군은 성종 대 폐비윤씨의 사사 논의에 참여하고 왕명을 수행한 신하들과 폐비를 추봉존숭追封尊崇하는 데 비판적이었던 인물들을 모두 대역죄로 추죄하여 8촌까지 연좌시키는 대규모의 정치적 살육을 전개하였다.[98]

이후 이극균과 이세좌, 그리고 그의 일가에 대한 참혹한 형벌이 진행되었다. 연산군은 이세좌와 그의 친인척을 벌주는 데 집요한 모

95) 《연산군일기》 권52, 연산군 10년 3월 30일 신묘.
96) 《연산군일기》 권52, 연산군 10년 3월 30일 신묘.
97) 《연산군일기》 권52, 연산군 10년 4월 9일 경자.
98) 한희숙, 〈연산군대 廢妃尹氏 追封尊崇 과정과 甲子士禍〉 참고.

습을 보였다.[99] 이세좌가 죽은 지 한 달 뒤인 10년 윤4월에 '이극균이 이세좌의 숙부로 정승 자리에 있으면서 세좌를 보호하려 했다'며 서인으로 삼아 먼 곳에 유배보내고, 그 아들의 직첩을 거두었다.[100] 그리고 결국 이극균에게 조카 이세좌를 비호하고 왕을 업신여겼다 하여 사약을 내리고 가산을 몰수하였으며, 그 아들과 사위를 변방으로 나누어 유배보내게 하였다. 또 '극균은 대신이라 사약을 내리는 뜻으로 중외에 효유하라' 하고, 의금부 경력 김영순金永純을 보내서 인동으로 가서 사약을 주게 하였다.[101] 이세좌를 비호하였다는 이유로 삼촌 이극균에게 사약을 내린 것이지만 이 또한 훈구세력을 길들이려는 조치의 하나였다.

연산군은 이세좌·이극균뿐만 아니라 윤필상·한치형·한명회·정창손·어세겸·심회·이파·김승경·권주·성준을 12간이라 하여 어머니를 폐한 사건에 연루시켜 모두 극형에 처하였다. 윤필상·권주·성준도 죽임을 당하였고, 그 나머지는 관을 쪼개어 송장의 목을 베고 골을 부수어 바람에 날려 보냈으며, 심한 경우 시체를 강물에 던지고 그 자제들을 모두 죽이고 부인은 종으로 삼았으며 사위는 먼 곳으로 귀양보냈다. 연좌되어 사형에 처할 대상자 가운데 이미 죽은 자는 모두 송장의 목을 베도록 하고 동성의 삼종三從까지 장형을 집행하고 여러 곳으로 나누어 귀양보내는 잔인한 복수극이 진행되었다.[102]

또 윤4월 21일에 연산군은 이세좌의 시신을 능지하여 사방으로 돌

99) 이세좌와 그를 둘러싼 친인척에 대한 처벌은 지나칠 정도로 잔인하고 자세하게 기록되어 있다. 이것은 연산군의 정신적 황폐함을 보여주는 실례로 볼 수도 있으나, 중종반정을 합리화하기 위한 《연산군일기》 편찬관들의 의도가 내포된 것이 아닌가 하는 의문도 든다.

100) 《연산군일기》 권53, 연산군 10년 윤4월 11일 신미.

101) 《연산군일기》 권53, 연산군 10년 윤4월 12일 임신; 권56, 연산군 10년 11월 11일 정유.

102) 《연려실기술》 제6권, 연산조고사본말 갑자년의 사화.

려서 경계하게 하였다.[103] 이에 5월 2일에 의금부에서는 다시 이세좌의 머리와 사지를 베어 왔고 연산군은 머리를 매달되 찌를 써 붙이게 하였다.[104] 또 이극균과 이세좌의 집은 못을 만들고 돌을 세워 죄명을 써서 신하들을 징계하고 관을 뻐갠 곳에도 돌을 세우고 죄명을 써서 사람들에게 그 죄악을 알리게 하였다. 나아가 이세좌에게 연좌된 사람의 집을 모조리 헐게 하였다.[105]

연산군은 10년 6월 26일에 이극균과 이세좌의 죄명문을 지어 바치게 하고[106] 앞서 내렸던 조치들을 거듭 시행토록 하였다.[107] 이극균과 이세좌의 시체는 매장하지 말고 들판에 버리도록 하고,[108] 이세좌와 홍귀달에 연좌된 사람 가운데 가장 가까운 자는 모두 섬으로 보내 종으로 만들어 고역하게 하였다.[109]

연산군은 이세좌뿐만 아니라 그의 자제와 친인척들에게도 잔혹한 처벌을 내렸다.[110] 이세좌의 아들·사위·아우로서 귀양간 자는 폐하여 서인으로 삼아 영구히 관직에 오르지 못하게 하였고 그의 족친에 대한 탄압을 더욱 강화하였다. 또 이극균·이세좌의 처첩 자녀와 자부 및 손자와 그 족친으로 연좌된 사람들을 각 고을에 역을 지게 하였다. 그리고 이극균과 이세좌의 아버지 및 형제를 모두 부관참시하고, 그 부모의 작첩을 모두 회수하며, 처족을 묶어다가 장을 때리고 쫓아내도록 하였다.[111] 그리고 이세좌와 이극균의 시체를 다시 파내

103) 《연산군일기》 권53, 연산군 10년 윤4월 21일 신사.
104) 《연산군일기》 권53, 연산군 10년 5월 2일 신묘.
105) 《연산군일기》 권54, 연산군 10년 6월 20일 기묘.
106) 《연산군일기》 권54, 연산군 10년 6월 26일 을유.
107) 《연산군일기》 권54, 연산군 10년 7월 6일 갑오; 권54, 연산군 10년 7월 9일 정유.
108) 《연산군일기》 권55, 연산군 10년 8월 17일 갑술.
109) 《연산군일기》 권56, 연산군 10년 10월 21일 무인.
110) 《연산군일기》 권53, 연산군 10년 5월 4일 계사; 권53, 연산군 10년 5월 10일 기해 등.
111) 《연산군일기》 권56, 연산군 10년 11월 21일 정미.

어 해골을 분쇄하여 형적을 없애게 하는 쇄골표풍碎骨飄風의 형벌을 내렸다.[112] 이듬해 11년 1월에는 이세좌를 비롯하여 폐비윤씨 사건에 연루된 자 19명의 뼈를 부순 가루를 강 건너에 날리게 하였다.[113] 연산군은 이세좌와 관련된 모든 일들을 일일이 찾아내어 철저하게 보복을 감행하고 엄청난 극형을 자행하였다.

또 연산군은 이극균과 이세좌가 건의하여 세운 법은 모두 폐지하여 쓰지 말게 하였다.[114] 이세좌는 예조판서로 있을 때 문관의 결원이 많다 하여 별시로 인재를 뽑을 것을 청하였는데 그 방을 혁파하게 하고,[115] 문과 별시에 합격한 사람 가운데 이들의 족친이 있으면 빨리 아뢰고, 무과에도 응시하지 못하게 하였다.[116] 그리고 이세좌를 간흉의 괴수로 이름하게 하여, '괴흉능군魁兇凌君'이라 하고, 이극균은 '걸힐능군桀黠凌君'이라고 하였다.[117]

이러한 연산군의 처벌은 당대 최고의 지위를 자랑하던 훈구 가문에 대한 징벌이자, 당시 자신을 업신여기는 대간과 대신들, 그리고 어머니의 죽음과 관련된 대신들에 대한 징벌이었다. 이세좌의 사사 이후에도 그의 친인척들에 대한 처벌은 거의 2년 동안 이루어졌다. 그러나 곧이은 중종반정으로 연산군이 폐위되고 중종이 왕위에 오르자 이세좌는 곧 복원되었다. 중종은 이세좌를 예로써 개장改葬하게 하고,[118] 그를 비롯하여 당시 화를 당했던 이극균·이세걸, 그리고 사건에 연좌된 많은 사람들도 모두 사면하였다.

112) 《연산군일기》 권56, 연산군 10년 12월 15일 신미.
113) 《연산군일기》 권57, 연산군 11년 1월 26일 임자; 연산군 11년 2월 8일 갑자.
114) 《연산군일기》 권54, 연산군 10년 6월 27일 병술; 권54, 연산군 10년 7월 4일 임진.
115) 《연산군일기》 권56, 연산군 10년 12월 10일 병인.
116) 《연산군일기》 권56, 연산군 10년 11월 24일 경술.
117) 《연산군일기》 권60, 연산군 11년 10월 1일 임자; 권60, 연산군 11년 10월 7일 무오.
118) 《중종실록》 권1, 중종 1년 11월 11일 병술.

4. 맺음말

이세좌는 15세기 중엽 최고의 문벌가문으로 성장한 광주이씨 가문에서 태어났다. 이집-이지직-이인손-이극감-이세좌로 이어지는 그의 가계는 고려 말 향리에서 성장하여 세조~성종 대에는 12명의 과거 급제자와 5명의 공신을 배출하였으며, '8극八克'이라 불려질 만큼 당대 조정을 움직이는 최고 훈구세력으로 성장하였다.

이극감의 아들로 태어난 이세좌는 예종 대 내섬시 판관으로 벼슬에 나아간 뒤 성종의 총애를 받으며 연산군 대까지 30년 이상 관직생활을 하였다. 이세좌는 성종 치세 25년 동안의 관직생활에서 승승장구하여 정치적인 거물로 성장하였다. 30대 전반에는 사간원·홍문관 등 언관직을 거쳤고, 30대 후반에는 승정원에서 오랫동안 근무하였으며, 40대에는 예조·호조·형조참판 등 육조참판과 사헌부 대사헌, 그리고 충청도·경상도·황해도·경기도관찰사 등 지방 요직도 두루 거쳤다. 50대이던 연산군 대에는 더욱 출세를 하여 호조·이조·예조의 판서를 지냈으며 의금부 판사를 지냈다. 그는 무오사화 때 김종직을 처벌해야 한다고 주장한 인물로 사림에 대해서는 비판적 입장을 보였다.

그런데 이세좌는 연산군 9년 양로연에서 어사주를 엎지른 사건을 빌미로, 또 홍귀달의 불경죄를 계기로 능상을 조장한 핵심인물로 지목되어 연산군에게 탄압을 받았다. 당시 대간·대신과의 권력 관계에서 자신을 업신여기는 능상풍조가 만연하다고 생각한 연산군은 비정치적인 문제를 정치화하면서 불경죄를 전제로 신료들을 억압하려 하였다. 그 첫 번째 희생자가 성종 대 좌승지로서 성종의 명에 따라 폐비윤씨 사사의 책임을 맡고 그의 집에 사약을 전달했던 이세좌였다. 연산군은 왕권을 절대화하고 어머니 윤씨의 원수를 갚는 계획에 희생자가 필요했고, 이세좌는 이에 가장 적합한 인물이었다. 따라서 이세좌는 윤씨를 죽이는 일에 성종에게 간곡하게 반대하지 않았다는 점에서, 또 당대 최고 훈구 가문의 대신으로 능상풍조를 조장했다는 이유로 왕권을 절대화하려는 연산군의 제1 희생자가 되었다.

연산군의 이세좌에 대한 처벌은 갑자사화를 알리는 신호탄이었으며, 그 처벌 과정은 왕권을 제약하는 대간과 절대왕권 구축에 걸림돌이 되는 훈구세력을 제거하기 위한 실천 과정이었다. 연산군은 이세좌의 처벌 과정에서 그의 불경을 제대로 논박하지 않았다는 이유로 대간 및 홍문관원과 대신들을 탄압하고 논죄하였다.

이세좌에 대한 처벌은 개인의 불경죄를 넘어 연산군의 능상풍조 혁파와 폐비윤씨 사사 및 윤씨 복원에 관련된 인물들에 대한 처벌 과정이었다. 즉 이세좌는 왕권을 절대화하려는 연산군의 희생자로 갑자사화의 발단을 제공하였으며, 갑자사화의 진행 과정에서 그 또한 부관참시되고 쇄골표풍鎖骨飄風되는 극형을 당하였다. 폐비윤씨를 죽이라는 성종의 명을 거역하지 못했던 이세좌는 결국 연산군에 의해 정치적 시련을 당하였고, 그의 시련은 곧 갑자사화의 본격화와 궤를 같이하는 것이었다.

■ 참고문헌

《朝鮮王朝實錄》《國譯 廣李世蹟》《慵齋叢話》《燃藜室記述》

성남문화원, 《조선초기 광주이씨 인물연구》 발표문, 2005.
한국역사문화연구원·서울역사박물관, 《朝鮮時代 廣州李氏의 삶과 學文》 발표문, 2007.
김돈, 《조선중기 정치사 연구》, 국학자료원, 2009.
김범, 《사화와 반정의 시대》, 역사비평사, 2007.

權延雄, 〈燕山朝의 經筵과 士禍〉, 《九谷 黃鍾東敎授 停年紀念 史學論叢》, 1994.
金燉, 〈燕山君代의 君臣權力關係〉, 《朝鮮前期 君臣權力關係硏究》, 서울대학교출판부, 1997.
金範, 〈朝鮮 燕山君代의 王權과 政局運營〉, 《大東文化硏究》 53, 2006.
박홍갑, 〈16세기 전반기 정국 추이와 충주사림의 피화–광주이씨 克堪系를 중심으로–〉, 《史學硏究》 79, 2005.
宋洙煥, 〈甲子士禍의 새 해석〉, 《사학연구》 6, 1999.
申奭鎬, 〈조선 성종시대의 신구대립〉, 《신석호전집》 1, 신서원, 1996.
E.W, Wagner, 〈李朝 士林問題에 관한 再檢討〉, 《全北史學》 4, 1980.
李泰鎭, 〈15세기 후반기의 〈巨族〉과 名族意識〉, 《한국사론》 3, 1976.
한희숙, 〈조선초기 성종비 윤씨 폐비·폐출 논의 과정〉, 《韓國人物史硏究》 4, 2005.
______, 〈조선 성종대 폐비윤씨 사사사건〉, 《韓國人物史硏究》 6, 2006.
______, 〈연산군대 廢妃尹氏 追封尊崇 과정과 甲子士禍〉, 《韓國人物史硏究》 10, 2008.

성종 대 이세우의 정치활동

이 상 규
한국학중앙연구원

1. 조선 초기 광주이씨의 가문 배경

광주이씨는 고려 말 이당李唐이 향리 출신으로 국자감시國子監試에 합격하고 그의 다섯 아들(仁齡, 元齡, 希齡, 自齡, 天齡)이 모두 문과에 급제함으로써 도약의 발판을 마련하였다.[1] 이당의 다섯 아들 가운데 둘째 아들 원령(集으로 개명, 1327~1387)은 21세가 되던 1347년(충목왕 3)에 국자감시에 합격하고 1355년(공민왕 4)에 29세의 나이로 문과에 급제하였다.[2] 그는 1368년(공민왕 17)에 집권자 신돈辛旽의 실정을 논박하기도 하였고 신흥사족의 대표가 되었던 목은牧隱 이색李穡, 포은圃隱 정몽주鄭夢周, 도은陶隱, 이숭인李崇仁과 시문 교류가 깊었던 인물이었다. 이집은 관직생활을 오래 하지 않았으나 남한강변의 천

1) 李楠福, 〈李集의 생애와 학문〉, 《高麗後期 新興士族의 硏究》, 경인문화사, 2004, 125~126쪽.
2) 李楠福, 위의 글, 92쪽.

녕川寧에 은거하면서 당대의 신진관료와 시문으로 교류하였고, 피폐한 백성들의 현실을 개탄하고 위정자의 본분 망각을 질책하였다.

이집은 공민왕이 1374년에 시해된 뒤로 관직에 뜻을 두지 않고 천녕으로 이주하여 61세로 생을 마쳤다. 그가 신돈의 비행을 탄핵했다는 점은 뒷날 이성계를 비롯한 왕조개창파들이 신돈의 실정을 부각하고 우왕禑王, 창왕昌王을 신돈의 소생으로 규정함으로써 고려조 멸망의 필연성을 부각하는 노선에도 어긋나지 않는 것이었다. 이집의 의도와 관계없이, 그의 신돈 탄핵은 조선 개국부터 광주이씨를 절조 있는 가문으로 여기게끔 해서 자손들이 왕성하게 신왕조의 건국사업에 참여할 수 있는 바탕을 제공하였을 것으로 보인다.[3)]

이집의 아들 지직之直, 지강之剛, 지유之柔는 고려 말에 과거에 급제하고 신왕조에서도 관직을 지냈다. 첫째 아들 이지직은 태조조에 형조우참의刑曹右叅議를 지냈으나 1400년(정종 2)에 발생한 제2차 왕자의 난에 반대하다가 폐고되어 광주廣州의 탄천炭川으로 물러나 여생을 보냈다.[4)] 셋째 아들 이지유 또한 1400년 2차 왕자의 난을 만류하다가 경상도 성주목사星州牧使로 좌천되었다. 그러나 2자 이지강은 태종 이방원李芳遠의 측근으로 활약하여 세종조에 들어서 판서까지 관직에 올랐다.[5)] 이지강의 사환이 비록 아들로 이어지지는 못했지만, 조카인 장손長孫, 인손仁孫, 예손禮孫의 출세에 기반을 제공했다는 사실은 어렵지 않게 짐작할 수 있다. 세 명의 조카 가운데 첫째 장손

---

3) 이세우의 墓碣銘에 朴祥이 '적신 신돈은 권모술수로 人主를 (농락하고) 사대부들이 두려워서 黨附했다'고 말한 것은 그가 사림파였기 때문에 그렇게 말한 것이 아니라 조선 초기 조야를 막론하고 존재하였던 신돈 부정론의 시각으로 보아야 할 것이다(朴祥, 《訥齋集》 권1 〈觀察使李公墓碣銘幷序〉, 한국문집총간 19, 민족문화추진회, 1988).

4) 《廣州李氏大同譜》 1권, 3쪽.

5) 《한국민족문화대백과사전》 CD-ROM, 李之剛, 한국정신문화연구원 편찬, 동방미디어 개발, 2003.

(忠僖公)은 31세에 졸하였지만 둘째 인손은 세종 대에 한성판윤에 올랐다가 세조조에 들어서 우의정으로 치사하였고, 셋째 예손은 황해도관찰사, 대사성을 지냈다.

이와 같이 광주이씨는 조선왕조 건국 후에 이집의 아들과 손자 대에 관직 진출이 활발하여 판서, 정승을 배출하였고, 이인손의 아들 오형제는 모두 문과에 급제하여 1자 광릉부원군廣陵府院君 극배克培는 영의정에, 2자 광성군廣城君 극감克堪은 형조판서에, 3자 광천군廣川君 극증克增은 병조판서에, 4자 극돈克墩은 찬성에, 5자 극균克均은 우의정에 오르는[6] 등 최고의 사환을 기록하였다. 다섯 형제 가운데 네 명이 세조에서 성종 대에 좌익공신佐翼功臣, 좌리공신佐理功臣에 책봉되어[7] 권력의 핵심에 자리 잡았다.

요컨대 광주이씨는 고려 말 향리 이당의 다섯 아들이 과거에 급제하였고, 그 중 이집이 짧은 관직생활을 마치고 은거한 것을 제외하고 이집의 손자, 증손, 현손 대까지 꾸준히 출사하여 고위직을 지냈고 공신에 책봉되어 권력의 핵심에 있었다고 할 수 있다.

2. 이세우의 정치활동

이세우의 아버지는 좌리공신(3등)으로 광성군廣城君에 책봉된 판서 이극감李克堪(1427~1468)[8]이며 어머니는 관찰사 최순崔洵(충주인)의 손녀이다.[9] 이극감은 문과중시를 거쳐 부수찬이 되었고 예조·형조

6) 《國朝榜目》, 朝鮮總督府中樞院, 1939, 通文館 영인.
7) 鄭杜熙, 《朝鮮初期 政治支配勢力硏究》, 일조각, 1983.
8) 족보에는 졸년이 42세로 되어 있으나 《세조실록》에 실린 졸기에는 43세로 나와 있다(《세조실록》 권36, 세조 11년 7월 28일).

판서 겸 양관대제학을 지냈으며 부모의 상에 슬픔을 극진히 하다가 42세에 졸하고 말았다.[10] 사관史官의 평에 따르면 그는 다른 사람들보다 총명하여 기억력이 뛰어났고 1460년(세조 4)에 북도에 파견되었을 때에 기무機務를 출납하여 왕의 총애를 입었다고 하였다. 형조판서로 재직할 때에 뇌물을 많이 받아 물의物議가 가볍다는 평이 있었다.[11] 이극감이 40년대 초반에 판서까지 승진할 수 있었던 것은 부친 대까지 닦여진 사환의 기반에다가 자신 또한 공무 처리가 분명하다는 점이었다. 시호는 문경文景이며 좌의정에 추증되었다.[12]

이극감은 세좌, 세우, 세걸 삼형제를 두었다. 첫째 아들 세좌世佐(1445~1504)는 관직이 예조판서에 올랐으나 연산군이 내린 술을 어의에 엎질렀다는 불경죄로 귀양을 갔다가 추후 경상도 곤양昆陽에서 졸하였다. 1506년 중종반정이 일어난 뒤에 신원되었고 직첩을 돌려받게 되었다.

셋째 아들 세걸(1463~1504)은 문과에 급제하여 조천사朝天使의 부사로 명에 사행갔다가 돌아오자마자 갑자사화甲子士禍에 연루되어 화를 입었다. 그도 중종반정 후에 신원되었고 이조참판에 증직되었다.

이세우(1449~1490)는 판서 이극감의 둘째 아들로서 자가 중언仲彦이고 1469년(예종 1)에 생원시와 진사시에 모두 입격하였으며,[13] 1475년(성종 3)에 친시에서 병과로 급제하였다.[14] 그는 공교롭게도 부친과 향년이 1년밖에 차이나지 않으며 전후 15년 동안 관직에 머

9) 《忠州崔氏大同譜》(전2권), 충주최씨대종회, 회상사, 2001.
10) 《廣州李氏大同譜》 1권, 9쪽.
11) 조선왕조실록 CR-ROM, 《국역세조실록》 36권 11년 7월 28일 계유, 이하에서 조선왕조실록을 인용한 방식은 이와 같다.
12) 朴祥 撰, 〈觀察使李公墓碣銘〉.
13) 司馬榜目 CD-ROM, 한국학중앙연구원 장서각 web-site 제공.
14) 《국조방목》, 76쪽.

물렀다. 최종관직은 경기도관찰사였고 품계는 가선대부였다.

이제 그의 관직활동을 중요한 사안별로 검토하기로 한다.

이세우는 문과에 급제한 뒤에 성균관 전적典籍, 형조좌랑刑曹佐郎을 지내고 경상도 도사로 임명되었다. 당시 경상감사는 정사를 게을리 하고 술에 빠져 있었으며 성격 또한 포학하였는데, 도사 이세우는 화평하면서도 조용하게 일을 처리하여 억울한 옥사가 없었다고 한다.[15] 뒤이어 형조정랑刑曹正郎에 제수되었다.[16]

1481년(성종 12) 3월에 사헌부에서 형조 관리가 법을 잘못 적용한 것을 조사하기 위해 형조정랑 이세우에게 소치召致(출두) 처분이 내려졌는데도 이세우가 몇 차례나 출석하지 않자 심문하라는 명령이 떨어졌다. 이세우는 불려나와서 사건 당사자와 면질面質하라는 처분을 회피하려고 병을 핑계로 응하지 않는다고 보고되어 심문을 받게 된 것이다.[17] 당초 이 사건의 발단은 형조의 관리가 당상관 심린沈潾의 종 종산終山이 상처를 입었는지 여부를 조사하지 않고 김석효金碩孝[18]가 자기 종 승량升良의 물건을 빼앗은 일을 법에 심판을 받도록 보고한 데 있었다. 김석효가 다른 사람의 종을 자신의 도망간 종으로 잘못 알고 잡물을 빼앗고 문권文券을 위조한 죄를 처벌받아야 하는데도, 형조 관리는 제대로 분간하지 못하고 왕에게 김석효만을 추국할 것을 보고하였다. 형조의 관리가 정승 심회沈澮의 아들인 심린[19]에게 아부하여 김석효의 죄명을 추국하도록 사헌부의 관리들에

15) "佐宣嶺南 時按使荒湛于樂 雀鼠一埤 公談笑游刃 獄無叫寃."(朴祥, 《訥齋集》 별집 권1 〈觀察使李公墓碣銘〉)

16) 朴祥, 《訥齋集》 별집 권1 〈觀察使李公墓碣銘〉, 한국민족문화대백사전 web-site.

17) 《국역성종실록》 127권, 성종 12년 3월 25일; 성종 12년 3월 30일.

18) 《朝鮮文科榜目》(송준호·Wagner 공저)에 따르면 김석효는 본관이 경주이고 그의 조카사위가 1472년 문과에 급제하여 헌납을 지낸 이식(全義)이었다(한국학중앙연구원 장서각 web-site). 김석효와 사촌형 김효행의 과거 사항은 나타나지 않는다.

게 압력을 행사했다는 것이다.

본래 김석효는 1475년(성종 6)에 사촌형 김효행金孝行의 부인 정씨의 종 승량을 자신의 소유로 하고자 문권에 수장手掌(서명)을 정씨에게 받지 않고 처의 손바닥을 그려 서명을 위조하였고, 증인과 필집筆執도 위조하여 외방에 있는 사람을 대신해서 자신이 착명서압着名署押[20]한 죄가 있었다. 이에 사헌부는 김석효가 사유赦宥 처분을 받기 전에 있었던 일로 1475년의 문권위조를 속이려고 하므로 더욱 김석효를 심문하고자 하였던 것이지, 형조정랑 이세우에게 다른 뜻을 두지 않았다고 변명하였다.

이 사건의 진행 과정을 소상히 알 수는 없으나, 형조 관리가 잘못 처결한 것을 가리기 위해 같은 부서의 이세우에게 출석하여 대질할 것을 사헌부에서 건의했지만 정작 이세우는 신병 때문에 나가지 못했고, 이 사이에 다시 사헌부에서 이세우를 심문할 것을 건의하였다는 것으로 정리할 수 있다. 진행 과정에 김석효가 이전에 저지른 문권위조 행위가 발각된 것은 이세우에게 내려진 처분과는 그다지 관계가 없다.

다시 말해, 사헌부는 형조의 관리들이 당초 심린·김석효의 송사에 정승의 아들이자 당상관인 심린을 감싸고 돌면서 김석효의 죄를 가중하려 했다고 판단하고, 이세우에게 소치 처분을 건의한 듯하다. 아마도 김석효가 자신의 종이 도망한 것을 남의 종으로 오인한 것은 '심린'가의 종인 듯하며, 이 때문에 김석효와 심린 사이에 송사가 발생한 것으로 추측된다. 처음에 형조에서 송사를 조사할 때 심린이

19) 심린沈潾은 영의정 심온沈溫의 손자로 성종 대에 병조참의를 지낸 인물이다(《국역 성종실록》 273권 성종 24년 1월 12일).
20) 조선시대에 서명하는 방법으로, 이름을 적고 날인해서 서명을 대신하였다.

정승의 아들(아버지 심회沈澮가 세종의 장인인 심온沈溫의 아들)이라는 점 때문에 김석효에게 먼저 혐의를 둔 듯하며, 형조정랑 이세우나 같은 형조의 관리가 잘못 판결을 내린 것을 가지고 나중에 사헌부에서 당사자 내지 동료 관원의 잘못을 조사할 것을 보고하는 과정에서 이세우가 거명된 것으로 보인다.

이세우는 1482년(성종 13) 7월에 직첩을 돌려받은[21] 뒤에 사헌부에서 처분이 부당하다고 견제를 받기도 하였으나[22] 홍문관 교리校理로 제수되었다. 이어 4품직인 홍문관 응교應敎로 승진하였다.[23] 1484년(성종 15) 9월에 통정대부로 품계가 오르면서 동부승지로 승진하였다가 1개월 만에 우부승지에 제수되었다.

우부승지로 재직할 때 이세우는 호조가 경상도 성주星州 화원현花園縣에서 상인들에게 물화를 받아들이고 삼포三浦 왜인들의 물건을 사들이게 하는 절목을 보고했을 때 자신의 의견을 개진하였다.[24] 당시 이 사안을 놓고 국왕은 영돈령領敦寧 이상 전직 경상감사인 관리들에게 의논하도록 하였고 승지들에게도 의견을 물었다. 이세우는 왜인들의 물화가 삼포에 닿으면 그 소재지의 관원이 물건을 받아서 성주목 화원현으로 실어나르게 할 것을 주장하였다. 상인들이 사섬시司贍寺에 대가로 바친 포로써 왜인들의 물품 값을 지불하고 수로로 화원현까지 일본 물화(소목, 동, 철)[25]를 운반한 뒤 다시 그것을 서울로 옮겨서 장사치들이 삼포에 드나들어서 생기는 폐단이 없도록 할 것을 주장하였다. 최종 도성에 도착한 물건은 국가 관서에서 쓰일

21) 《국역성종실록》 143권, 성종 13년 7월 7일.
22) 《국역성종실록》 148권, 성종 13년 11월 16일.
23) 朴祥, 《訥齋集》 별집 권1 〈觀察使李公墓碣銘〉.
24) 《국역성종실록》 175권, 성종 16년 2월 15일.
25) 張舜順, 《朝鮮時代 倭館變遷史 硏究》, 전북대 박사논문, 2001, 29쪽.

곳으로 팔려나가는 방식이었다.

다른 관료들은 왜인들과 우리 상인들 사이의 호시互市(상호교역)를 허락하고 금지된 물품을 단속할 것을 주장하고 논의에 부쳐진 절목은 시행하는 방법이 세밀하여서 끝없는 폐단을 낳을 것이라고 하였다. 한마디로 무역은 그 당사자가 가격 차이를 노려서 이윤을 남기는 방식이지, 국가가 중도에서 관리하기란 어렵다고 하였다. 또는 절목 그대로 시행하자고 하는 부류도 있었고, 호시를 시행해서 금물이 거래되거나 기밀을 누설하고 이득을 다투다가 불화를 일으키는 등의 폐단을 지적하여 화원현의 왜물고에서만 물품 거래를 할 것을 주장하기도 하였다. 절목대로 시행하자는 견해를 제외한다면, 이 사안은 호시를 부정해서는 안 된다는 주장과, 화원현의 왜물고 거래 방식을 보완해서 시행하자는 주장으로 나누어졌다.

다소 복잡해 보이는 '화원현 왜물고' 안은 성종이 금수품禁輸品이 거래되는 것을 염려하여 특정 기간에 시행했던 방식으로, 끝내 그것을 유지할 수는 없다고 한 것처럼,[26] 1486년(성종 17)에 왜물고 무역은 폐지되었다. 이렇게 방향이 정해지고 보름 뒤에 국왕은 관청에서 무역을 관장하는 방식을 주장하는 견해가 있지만 우리에게 나지 않은 물건을 일본에서 구하는 유무상통을 내세우면서, 금수품을 적발하는 것은 대마도주와 다짐해서 양국간에 엄격하게 수립해야 한다는 조건으로 호시 승인론을 내세웠다.[27] 호시, 즉 사무역 금지조치가 내려진 것은 1469년(예종 1)의 일로서 조선의 상인과 통사通事가 일본인과 금은을 암거래하다가 적발되어 상인 등을 참형한 뒤였다.[28] 요컨대 이세우가 주장한 '화원현 왜물고' 안은 조선 상인과 삼

26) 《국역성종실록》 175권, 성종 16년 2월 15일.
27) 《국역성종실록》 176권, 성종 16년 3월 1일.

포의 왜인들 사이의 상호 거래가 금지되었다가 국왕이 호시 복구를 승인하려고 하던 시기에 나온 것이라 할 수 있다. 이 사안은 국왕이 호시 복구를 결정하기 전에 논의한 것이므로 여기서 국정운영 방식의 일단을 볼 수 있다. 대신들의 의견을 들은 다음 측근 부서인 승지들의 견해까지 물어서 결정한 것이다. 문맥에 분명히 드러나지는 않지만 논의된 사항을 결정하는 데 승지들에게 협조를 구하는 절차가 있었던 듯하다.

1485년(성종 16) 6월에 좌부승지로 승진한 이세우는 장례원 관리의 잘못 때문에 잠시 파직되기도 하였다. 이 사건은 장례원掌隷院 판결사判決事 이평李枰과 사평司評 유인유柳仁濡가 정이보鄭二寶의 노비를 입안立案하여 발급해 줄 때 형조 담당 승지인 안침安琛에게 의논한 데서 비롯되었다.[29] 문의를 받은 우부승지 안침은 좌부승지 이세우에게 발급 여부를 물어서 만들어 줄 것을 답하였다. 이것이 문제가 되어 의금부에서 함부로 판결사의 직임을 행사했다 하여 장례원 관리 2명에게 형추刑推(형을 가해서 조사함)하도록 건의하고 안침·이세우의 정실情實이 있는지 조사할 것을 보고하였다. 대신들의 논의에서 대략 두 승지의 처신은 직책상 어울리지 않는 행위이지만, 장례원 관리가 혼자 처결하지 못하여 우연히 문의한 것에 그친 것이므로 직첩을 회수하는 것으로 마무리되었다.[30]

한 달 뒤에 고신을 돌려받은 이세우는 1486년(성종 17) 1월에 장례원 판결사로 제수되었다가[31] 우부승지로 자리를 옮겼고, 다시 공조참의工曹參議로 승진하였다.[32] 이세우는 1487년(성종 18) 1월에 우승

28) 張舜順, 앞의 글, 29~30쪽.
29) 《국역성종실록》 181권, 성종 16년 7월 29일.
30) 《국역성종실록》 182권, 성종 16년 8월 10일.
31) 《국역성종실록》 187권, 성종 17년 1월 28일.

지로 재임하면서 장례원에서 오승윤吳承胤, 박지朴枝 등이 제기한 노비 소송의 최종판결에 대하여 여섯 승지 전체의 의견을 개진하였다.[33] 처음에 성종은 영돈령 이상 의정부 대신들에게 '자녀가 없는 적모의 노비〔無子女嫡母奴婢〕'[34] 조항을 어떻게 적용할 것인지 의견을 물었다. 무자녀적모노비 조항은 피가 섞이지 않은 의자義子가 무자녀 적모의 제사를 지낼 경우 의자에게 제사지낼 몫을 남겨두고 본가로 노비를 귀속시키는 것을 뜻한다. 정창손鄭昌孫은 "동복의 형제가 없다면 삼촌(고모 포함)들이 나누어 가지며, 삼촌이 없다면 사촌(범위)에서 나눠 가지며 사촌이 없는 경우에는 관에 귀속하는 것이 의례이다. 비록 형제의 자식일지라도 그 부모가 죽었다면 그 동복형제의 대열에 낄 수 없다"고 발언하였다. 그리고 2년 전에 반포된 《경국대전》의 본뜻이 지금 이 소송하는 경우에 적용되는 것이 아니라고 주장하거나, 윤필상尹弼商과 같이 '이 경우는 부모의 노비가 아니기 때문에 부모가 이미 죽었는데 그 자식들이 쟁송할 수 없다'고 하여 적당하지 않다는 견해도 있었다. 또는 《경국대전》의 조항대로 동복형제 가운데 자신은 죽고 자녀가 있는 사람은 그 부모가 동복형제 생존시의 균분하는 것과 같이 하는 것이 옳다고 한 의견도 있었고 김겸광金謙光은 "인정으로 따진다면 동복형제가 비록 죽었다고 하더라도 그 자녀가 있다면 동복형제가 살아 있는 것과 같이 해서 균분하는 것이 좋을 듯하다"고 의견을 피력하였다.

성종은 대략 의견이 두 가지로 갈리자 승지들의 의견까지 물었다. 승지들은 《경제속전經濟續典》[35] 사천私賤조를 인용하여 적실에 자식

32) 《국역성종실록》 191권, 성종 17년 3월 9일.
33) 《국역성종실록》 199권, 성종 18년 1월 23일.
34) 《經國大典》 권5 〈刑典〉 私賤.
35) 태조 대에 간행된 《經濟六典》의 條令·判旨를 모아서 태종 대에 《經濟六典元集詳節》과

이 없으면 양첩 자식이 공평하게 나눠 가지는 것이고 적실 및 양첩 자식이 모두 없으면 천첩 자식으로 양인 신분인 자에게 7분의 1을 준다는 것을 먼저 제기하고 그 나머지 노비는 (적실의) 동복형제의 생사를 물론하고 분급하며 동복형제가 없으면 사손使孫[36]의 사촌에게 한하여 분급한다고 진달하였다.[37] 다소 장황하지만 이들 주장의 근거를 제시하면 다음과 같다.

《구대전舊大典》[38]의 사천조에 '자녀 없는 적모의 노비는 7분의 1로 하고 승중자承重者는 3푼을 더하고 나머지는 본족本族에게 돌려주는데 주註가 붙어서 동복형제가 없으면 삼촌에게, 삼촌이 없으면 사촌친四寸親에게 준다'고 하였습니다. 세 개의 법전에서 분급하는 대의는 모두 같고 문자의 자세하고 소략함이 같지 아니합니다. 대저 입법은 그 대체를 드는 것이고 법을 적용하는 사람이 참작하고 저울질하여 정리에 맞게 할 뿐입니다. 이른바 동복형제가 없으면 삼촌이고 삼촌이 없으면 사촌이라고 하는 것은 반드시 동복 소생이 모두 죽은 다음이고 삼촌이 모두 죽은 다음에 사촌입니다. 가령 동복형제 10명 가운데 9인이 죽고 1인만 살아 있으면 생존한 사람의 지위로 좇고 생사를 따지지 않고 균분하고 삼촌은 간여할 수 없습니다. 그 나머

《經濟六典續集詳節》을 간행하였는데, 이것들은 줄여서 《元六典》, 《續六典》이라고 하였다(韓㳓劤, 《역주경국대전》의 해제, 6~7쪽). 《경국대전》이 반포되고도 관리들 사이에 이것을 참고했다는 사실을 본문의 승지들의 의논에서 알 수 있지만 언제 인멸되었는지는 알 수 없다.

36) 자녀가 없는 사람의 노비를 상속받을 수 있는 일정한 촌수 범위 안의 친족을 말한다(韓㳓劤 外, 《譯註經國大典》, 한국정신문화연구원, 1986, 734쪽).

37) 《成宗實錄》 권199, 성종 18년 1월 23일. "朴崇質, 尹殷老, 李世佑, 安處良, 宋瑛, 李則議 謹考經濟六典私賤條 嫡室無子息 則良妾子息執籌平分 嫡室及良妾竝無子息 賤妾自身良者 及七分之一 其餘奴婢 同腹奴婢 同腹存沒 勿論分給 無同腹者 限使孫四寸分給."

38) 1471년(성종 2)의 경국대전을 다시 증보개수하여 1474년(성종 5)에 '新定經國大典'이라는 이름으로 반포하고 이것을 '甲午大典'이라도 하였는데 이를 가리키는 용어이다(朴秉濠, 《決訟類聚補》 소재 註釋, 한국정신문화연구원, 1996, 221쪽).

지도 이와 같습니다. 이와 같다면 오늘날의 법은 조종지법祖宗之法입니다. 비록 생사를 따지지 않는다는 말은 없더라도 생사라는 뜻이 또한 그 속에 있습니다. 관리가 다만 문자만 보고 입법의 본뜻을 궁구하지 아니하고 다만 그 사람이 있는 것만 보고 지급하고 죽은 사람에게 주지 않는다면 천 구口의 노비라도 살아 있는 한 사람만 오로지 얻고 죽은 아홉 사람의 자손은 모두 얻을 수 없으니, 몹시 입법의 본의에 어긋나는 것입니다. 그렇다면 무자녀적모노비만 오로지 지목하여 본종에 돌려준다는 말이 됩니다. 그 나머지 상송相訟은 마땅히 동송부동송同訟不同訟의 법을 적용해야 하고 이것을 좇는 것은 옳지 않습니다. 이제 박지朴枝 등이 쟁송한 노비를 장례원이 동송부동송의 법을 쓰지 아니하고 이에 자녀가 없는 적모의 노비를 본종에 돌려준 판결은 참으로 미안한 일입니다.

승지들은 경제육전의 속전續典과 세조-성종 대에 간행된 《구대전舊大典》,[39] 그리고 1485년(성종 16)에 반포된 을사대전, 모두 세 법전을 참고하여 장례원의 판정이 온당하지 못하다고 의논하였다.[40] 동복 소생 가운데 한 명이라도 살아 있다면 동복이 죽고 살아 있음을

39) 1466년(세조 12)에 호전과 형전을 반포한 것을 병술년대전이라 하고 1471년(성종 2)에 新定《經國大典》을 완성한 것을 신묘년대전이라 하고 1474년(성종 5)에 改撰《經國大典》을 반포한 것을 갑오년대전이라 한다. 병술년대전을 일컫는 것으로 우선 볼 수 있지만 정확한 검토가 필요하다(韓祐劤, 《역주경국대전》 해제, 5~23쪽).

40) 이하에 서술하겠지만, 이 소송에서 성종이 나름의 판단을 가지고 영돈령 이하 대신들에게 세 번씩 의견을 물은 것인지는 단정하기 어렵다. 하지만 여섯 승지가 의견을 모아서 장례원에서 '자녀 없는 적모의 노비를 본종本宗으로 돌려주는 판결은 옳지 못하다'고 진달하므로 다시 영돈령 이하 대신들의 의견을 물은 것을 보았을 때 왕 나름의 견해가 있었던 것 같다. 승지들의 의견이 하나의 의견으로 모아진 점도 그러려니와 근거를 갖춘 점 또한 국왕의 의사와 일정한 관련이 있어 보인다. 또한 11명의 대신 가운데 盧思愼, 鄭昌孫, 韓明澮, 沈澮는 세조 대부터 법전 편찬에 참여한 이력이 있었다(《국역성종실록》 199권, 성종 18년 1월 23일; 韓祐劤, 《譯註經國大典》 해제, 11~13쪽).

따지지 않고 모두 그들의 자식에게 균등하게 분배해야 하는 것이 온당한데도 법전의 자구에만 집착하여 입법의 본뜻을 궁구하지 못한 것은 사리에 맞지 않다고 하였다. 결국 장례원에서 박지·오승윤이 제기한 노비상송을 동송부동송의 법[41]으로 적용하지 않고 '무자녀적모노비'로 하여 본종에게 돌려준 처사가 잘못되었음을 지적하였다.[42]

여섯 승지의 의견 개진이 있고 나서 성종은 세 번째로 영돈령 이하의 대신들에게 의견을 구하였다. 정창손, 한명회, 윤필상 3인은 앞서와 같은 의견을 말하였고, 심회는 경국대전의 조항에 동복형제가 없으면 삼촌에게 미치고 이미 죽은 동복형제의 자식을 지칭하는 조항이 없는 것이 약점이므로 균분하는 것이 옳다고 하였다. 이세우의 백부인 이극배李克培는 《경제육전속집經濟六典續集》의 조항과 《경국대전》의 관련 조항의 주註가 부합하지 않으므로 이 두 법전을 절충하여 동복의 생사를 따지지 않고 분급할 것을 주장하였다. 그리고 노사신은 무자녀무구처노비無子女無區處奴婢는 관례대로 나라에 귀속되는 것이 마땅하지만 국가가 동기 간의 친애하는 정을 헤아려 차마 갑자기 공물로 귀속시키지 못한다고 주장하였다. 그는 "부모의 노비는 자녀들이 응당 갖는 것이지만 친척노비는 이와 달라서 불행히 (부모가) 자녀 없이 죽고 나누어 주지도 못했다면 친척들이 서로 나누어 가질 수 있는 것이다. 대저 법을 만든 다음에 국가에 손해가 되기도 하고 백성의 삶에 해가 되기도 하지만 이번 박지·오승윤의 소송은 국가로서는 관계될 바가 없고 민생에도 걸리는 점이 없으므로 까닭 없이 법조문을 고칠 필요가 없다"고 주장하였다.

41) 同訟不同訟之法; 현재에 정해진 법률로 이전의 판결을 뒤집지 않는다는 것.
42) 《국역성종실록》 199권, 성종 18년 1월 23일.

결국 성종은 박지[43] 등이 제기한 노비소송을 장례원에서 동복형제의 생사를 따지지 않고 균등하게 분배할 것을 지시하고, '신몰동생지자녀身沒同生之子女' 조항은 막 반포된 《경국대전》의 조항을 고칠 필요가 없으며 이후에도 유추해서 적용할 수 있을 것이라고 결정하였다. 어쨌든 승지들의 집약된 견해나 세조 대부터 법전 편찬에 참여해온 원로 대신들은 각자 선·후 법전에 근거하면서도 쉽게 법 조항을 개정하려고는 하지 않았다. 오히려 성종이 내린 결론을 처음부터 지지하는 쪽과 이 소송이 잘못 적용되었다는 쪽으로 갈렸지만, 몇 차례 논의를 통해서 《경국대전》의 조항을 준수하는 쪽으로 방향이 정해졌다고 할 수 있다.

이세우는 노비소송 논쟁이 있은 지 이틀 만에 1487년(성종 18) 1월에 도승지로 자리를 옮기게 되었다.[44] 도승지로 재임 중에 영안도[45]의 군적軍籍 문제를 논란한 적이 있었다.[46] 당초 이 일은 영안도관찰사 성준成俊이 도민의 인심이나 풍속이 하삼도와 같지 않기 때문에 본도의 세전관하世傳管下를 군액軍額으로 편성하지 말고 이전대로 유지할 것을 보고한 데서 비롯되었다. 여기서 세전은 대대로 전해진다

43) 실록에서 기록을 찾아보면, 박지는 1473년(성종 4)에 박지, 안계손과 같은 얼자의 자식이 만호 자리를 탐하였다고 하며 성종 대에 고신을 돌려주었다고 하는 기사에서 언급된다. 또 1524년(중종 19)에 박지가 아들이 없어서 삼촌질 박윤의를 계후자로 삼았다가 나중에 첩자 박유복이 태어나서 이 두 사람이 제사 봉행을 다투어 사헌부에 송사했다는 기록도 보인다. 본문의 송사는 경국대전의 사천조에 해당하는 것이고, 위 박지의 신분이 '얼자'인 점, 박지의 계후자와 첩자가 봉사권을 놓고 송사를 벌였다는 점 등이 이 박지가 송사의 주인공 박지라는 심증을 굳히게 한다. 박지·오승윤 송사에서도 유독 박지가 앞서 나오거나 오승윤까지 대표해서 혼자만 나오는 점은 그가 무관을 지내고 있던 것과 관련이 있는 듯하다.

44) 《국역성종실록》 199권, 성종 18년 1월 25일.

45) 함경도는 1470년 2월에 영안도로 이름이 바뀌었다가 1509년(중종 4)에 함흥부와 관찰사영을 복구하고 이름대로 예전대로 환원되었다(한국민족문화대백과사전 연표 및 '함경도' 항목).

46) 《국역성종실록》 199권, 성종 18년 2월 5일.

는 말이고 '관하'는 16~60세의 남자인 정정正丁이 국역을 지는 데 재력을 뒷받침하는 봉족奉足을 가리키는 말이다. 조정助丁 또는 여정餘丁, 솔정率丁이라고도 하였으며 영안도에서는 이것을 관하라고 했고 제주도에서는 인록人祿으로 일컬었다.47)

이에 우의정이자 군적제조軍籍提調인 이극배가 먼저 발언하였다. 그는 도성 내 각 관청에 소속된 옹장업甕匠業을 하는 사람들이 이미 솔정을 받고 있는데 영안도 감사 성준이 건의했듯이 이 도의 토호들에게 확대해서 솔정을 지급한다면 다른 대상자는 어느 범위까지 들어가야 하는지 좌중의 의견을 구하였다. 이극배는 도성 이외의 장인에게 솔정을 지급한다면, 공평성의 원칙에서 영안도 군사를 비롯하여 봉족 없이 도성에서 시위를 서는 자, 족친이 소원하여 소속처가 없는 자, 야인野人(여진인)으로 투화投化한 자, 일체 직역에 종사하는 자, 모두 네 부류의 선택 사항을 제시하였다.

그러자 성종은 영돈령 이상의 대신들에게 의견을 구하였다. 한명회 등은 장인은 동거하는 일가붙이나 고공雇工 중에서 한 명을, 영안도 사람은 동거하는 일가붙이나 고공 가운데 두 명을 다른 역役에 지정하면 안 된다고 주장하였다. 왕은 장인에게 보인保人(봉족)을 주는 것은 동의하지만 영안도 사람들에게 솔정을 지급하는 것은 추후 논의할 뜻을 내보였다. 계속해서 승정원에도 의견을 묻자, 도승지 이세우가 함경도 사람들만 솔정을 지급하는 것은 온당치 못하다고 다소 강경한 주장을 하였다. 그는 함경도의 토호가 누락된 인정을 다수 보유하고 있어서 군액이 감소하는 폐단이 컸고 게다가 이런 조건

47) 李載龒, 〈奉足〉, 한국민족문화대백과사전 web-site, 한국학중앙연구원.
그리고 세전관하를 설명하기를 함경도의 토호들이 양민을 많이 점하여 노비같이 부렸다고 하였다(《국역성종실록》 199권 성종 18년 2월 5일).

때문에 1467년(세조 13)에 진압된 이시애의 난이 일어난 것이라고 하였다. 국가가 법을 적용할 때는 북도와 하삼도를 달리 적용해서는 안 되며 영안도만 양민을 솔정노率丁奴로 사역할 수 없다는 주장이었다. 군적사목軍籍事目 내에 만일 비부婢父·고공雇工으로 가난해서 자립할 수 없어서 남의 집에 의탁한 자는 역이 없는 것으로 판정해서 군역을 정해준다면 주인가에서 솔거할 필요성이 없으므로 하루아침에 내쫓을 것이고, 그렇게 되면 결국 도산할 것이기 때문에 이런 경우는 그대로 두어야 한다고 주장했다. 반대로 넉넉한데도 거짓으로 비부나 고공을 칭하면서 군액을 면제받을 것을 도모하는 자는 모두 추쇄해서 충역해야 한다고 하였다. 요컨대 이세우는 감사 성준, 한명회, 성종 등의 주장보다 훨씬 더 강경하였고, 이시애의 난 진압 후에 함흥을 강등하는 등 함경도 경계의식을 강하게 갖고 있었던 것으로 보인다.

이세우를 제외한 다른 승지들은 영안도는 노비가 본래 없어서 솔정에 의존하여 생활을 하기 때문에 일시에 누락된 인정을 추려내어 반발을 사는 것보다 기존 2명의 솔정을 유지하는 것이 실정에 맞다고 하였다. 조정의 의논은 당초 감사 성준의 제안대로 함경도의 토호에게 솔정 2명을 유지하는 것으로 결정되었고 기타 경향京鄕의 장인에게 솔정을 지급하는 의견은 채택되지 못했다.

이세우는 신병이 있어 도승지에 재임한 1487년 5월에 출사하지 못하였다.[48] 성종은 그가 여러 날 입직하지 못하게 된 이유를 묻고, 승정원의 직무상 도승지를 오랫동안 비워둘 수는 없으므로 병세의 차도가 없으면 한직으로 배치하고 내의원을 보내서 치료할 것을 지시

48) 《국역성종실록》 202권, 18년 5월 12일.

하였다. 국왕은 이세우가 앞으로 요직에 쓰일 인물이라고 여기고 우선 덜 긴요한 자리로 옮겨서 병세가 호전되길 기대하였다.

이세우가 성종의 기대를 입고 있었다는 것은 그가 30대 중반에 문한직文翰職을 맡고 있었던 서거정徐巨正과 이승소李承召의 뒤를 이을 인물로 평가받았다는 사실로 입증이 된다.49) 이는 경연에서 지사知事 이파李坡가 발의한 것으로, 서거정, 이승소 두 사람이 연로하여 뒤를 이을 사람으로서 경서經書를 잘 읽은 사람으로 이세우와 김응기金應箕를, 역사책[史籍]은 정수곤鄭壽崑·조지서趙之瑞를, 시와 문장은 조위曺偉·신종호申從濩 같은 사람을 천거하여 적절한 관직을 제수하고 미리 양성하도록 하고자 한 취지였다.

이내 출사한 이세우는 수원부사 양찬梁瓚이 양주목사로 전직하는 것이 부적당함을 건의했다가 도리어 대간에서 이세우의 직무태만을 추궁하는 바람에 파직당하고 직첩을 회수당하기에 이른다.50) 처음에 이세우는 왕명을 띠고 둔전屯田을 설치하는 문제로 남양의 대부도大部島에 갔다가 경유지 수원부에서 부사 양찬의 행태를 보고 나중에 인사논의의 장에서 양찬의 부적합성을 진언하였다. 이미 양주목사와 수원부사를 바꾸어 임명한다는 명령이 내려진 상태에서 이세우가 어전에서 양찬을 양주목사에 제수하는 것이 부적당하다고 할 뿐 상세한 이유를 말하지 못하자, 성종은 더욱 추궁하였다. 뒤이어 대간이 이세우가 3일 만에 돌아올 거리를 수원부에 더 머물렀음을 지적하였고, 국왕의 질문에 얼버무린 죄까지 성토하고 나섰다. 당사자 이세우는 친분이 두터운 정성근鄭誠謹이 대마도 경차관對馬島敬差官으로 떠나는 길에 작별하려고 남양에서 임의로 수원으로 갔다고 고

49) 《국역국조보감國朝寶鑑》 제17권 성종조 3 14년 3월 8일, 민족문화추진회 web-site.
50) 《국역성종실록》 205권, 성종 18년 6월 12일.

백하였다. 대간에서 도승지 이세우를 처벌할 것을 거세게 요구했지만, 성종은 1차로 파직하고 나중에 직첩을 거두는 것으로 마무리하고자 하였다.

이세우는 공무 중에 임의로 대마도경차관으로 떠난 친구를 작별하고자 수원부에 들렀다가 부사의 비행을 목격하여 양찬이 양주목사에 부적합하다는 사항을 자세히 보고하지 않은 죄였고,[51] 반면에 성종은 대간에서 반대하는 대부도 둔전[52]을 결행하기 위해 승정원을 움직여 둔전을 지지하는 상소를 올리게 한 듯하여[53] 이세우를 크게 처벌할 뜻이 없었다. 이 일이 있은 지 5개월 뒤에 이세우는 직첩을 돌려받았다.[54]

이세우는 직첩을 돌려받고 호조참의가 되었다가[55] 1488년(성종 19) 5월에 외직인 경기감사에 임명되었다.[56] 감사로 재직한 기간의 이력은 알 수 없고 그나마도 신병으로 오래 근무하지 못했다.[57] 그는 선대의 묘가 있는 충주로 돌아와 죽음을 맞이하였다.

51) 이세우가 수원부사 양찬이 양주목사에 제수되는 데 부적합한 이유를 자세히 얘기하지 않았는지는 알 수 없다. 아울러 대간에서 이세우를 처벌할 것을 강조한 이유가 흔한 관리의 비행 규찰 때문인지 양자 간의 불편한 관계에 있었던 것인지 하는 점도 또한 알 수 없다.

52) 《국역성종실록》 201권, 성종 18년 3월 14일·15일.

53) 사평史評에 승정원의 성건成健, 이덕량李德良, 김승경金升卿, 이세우李世佑가 둔전을 설치하는 것이 백성들에게 해가 되고 대신들이 반대하는데도 오히려 왕의 뜻에만 따르려고 한 행위를 비판하는 내용이 있다(《국역성종실록》 201권, 성종 18년 3월 14일).

54) 《국역성종실록》 201권, 성종 18년 11월 24일.

55) 《국역성종실록》 201권, 성종 18년 12월 23일.

56) 《국역성종실록》 202권, 성종 19년 윤1월 23일.

57) 朴祥, 《訥齋集》 별집 1권 〈觀察使李公墓碣銘〉.

3. 연산군 대의 사화와 이세우 자손들의 충주 낙향

이세우는 1490년(성종 21)에 아버지 이극감 대부터 근거지였던 충주에서 42세의 일기로 세상을 마감하였다. 그로부터 9년 뒤에 아들 이자李滋(1466~1499)는 무오사화가 일어나자 자신에게 죽음이 닥칠 것을 예감하고 폭음을 하다 34세로 죽고 말았다.[58] 이보다 앞서 이자는 성균관 박사로 있을 때에 연산군이 광포하고 교활한 면을 날로 드러내자 경연에서 매번 절박하게 꼬집다가 왕이 몹시 꺼려하여 외직(함양현감)으로 나가 있었다.[59] 남편의 죽음으로 며느리 광주안씨(司諫 安彭命의 딸)가 집안을 도맡아서 3남 2녀를 교육하고 혼처를 정하여 1504·1519년 두 차례의 사화가 닥쳐왔는데도 일가의 면모를 잃지 않았다. 손자들은 약수若水, 약빙若氷, 약해若海였고, 손녀는 곽안방郭安邦의 부인과 권전權磌의 부인이 되었다.

이세우 일가는 무오사화를 당하여 국초 이래의 관운이 끊어지고 갑자사화, 기묘사화를 거치면서 아들 이자의 출처관에 영향을 받은 약수·약빙 형제는 기묘사화 때에 조광조의 신원을 주장하였다. 기묘사림의 대열로 합류한 것이다. 이 점은 이세우의 부형들이 갑자사화 전까지 화려한 관직을 자랑하던 것과는 좀 차이가 있다.[60] 무오사화 때에 이자가 연산군의 성미를 간하다가 결국 죽음에 이른 것과 달리 종조부 이극돈이 무오사화의 요인을 제공했다고 지목되거나, 백부

58) 朴祥, 《訥齋集》 별집 1권 〈博士李公墓碣銘幷序〉.
59) 朴祥 撰, 〈博士李公墓誌銘〉.
60) 백부 이극배(1422~1495)는 성종 말년에 기로소에 들어갔다가 영의정을 지냈고, 숙부 이극증(1431~1494)은 좌참찬에, 무오사화의 화를 불러온 것으로 지목된 이극돈(1435~1503)은 찬성에, 이극균(1437~1504)은 좌의정을 지냈다. 형 이세좌 역시 찬성에까지 올랐다(《광주이씨족보》 1권 및 《연산군일기》 48권, 연산군 9년 2월 27일).

이세좌가 김종직金宗直과 그 제자들을 극형에 처할 것을 주장한 점은 사화기에 이세우 가문 안에서도 처신이 같지 않았음을 알 수 있다.[61]

어쨌든 이전에 실세한 이세우 직손까지 포함하여 1504년(연산군 10)에 닥친 갑자사화로 광주이씨 가문 전체가 하루아침에 풍비박산되고 말았다. 이세우의 숙부인 이극균李克均은 성종의 고명을 받은 신하로서 연산군 초기에 정치를 바로잡는 바가 많았지만, 도리어 연산군의 화심을 불러왔고[62] 급기야 임사홍任士洪과 유자광柳子光이 연산군을 충동질하여 옥사를 일으켰을 때 폐비론에 가담했다는 죄목으로 경상도 인동仁同에 귀양갔다가 사약을 받았다. 그는 사약을 받을 때 "내가 나라를 위한 공로가 있고 몸에 아무런 죄가 없음을 네가 임금에게 반드시 아뢰라"고 금부도사에게 말하여, 연산군이 사후에 뼈를 부수도록 하는 추형追刑을 가했다 한다.[63] 이세우의 형 이세좌는 1482년(성종 13)에 폐비윤씨에게 사약을 가지고 간 형조 담당 승지였다는 사실 때문에 이때 화를 당했다.[64] 이세좌는 연산군이 정전正殿에서 재상들에게 술을 돌릴 때 왕이 내려준 술을 다 마시지 못했고 술을 왕의 어의에 엎질렀다 해서 귀양을 갔다. 그는 극변으로 옮겨졌다가 거제로 이배되던 중 경상도 곤양昆陽에서 자결하였다.[65]

끝없는 추형이 가해지면서 이극균의 머리를 조정의 백관들이 차

61) 족보에 이세좌가 무오사화에 함경도 穩城에 유배되었다고 기록된 것은 갑자사화 때의 사실을 잘못 기록한 것이 아닌가 한다(《연산군일기》 50권, 연산군 9년 9월 22일).
62) 《연산군일기》 53권 연산군 10년 윤4월 12일-李克均 卒記.
63) 《국역연려실기술》 2권 연산조 고사본말, 민족문화추진회, 1976년 재판, 144쪽.
64) 연산군의 명으로 이세좌의 집안을 수색하였는데 이때 설날에 세배온 사대부들의 명단이 드러나서 이들도 모두 옥에 갇혔다(《국역연려실기술》 2권 연산조 고사본말, 144쪽).
65) 《한국민족문화대백과사전》 CD-ROM, 이세좌 편.

례대로 서서 지켜보게 한 다음 팔도로 돌리라는 영이 떨어졌다.[66] 그리고 이극균·이세좌의 부모와 형제들의 시신도 부관참시하고 부모의 작첩爵牒도 모두 회수하라는 명령이 떨어졌다.[67] 두 달 뒤에 폭군은 이극균, 이세좌의 뼈를 갈아서 강물에 띄워보내라고 지시하였다.[68] 사건의 당사자가 아니라 하더라도 형제자매뿐만 아니라 외손外孫까지도 연좌율連坐律을 적용하였고 당사자들의 외손들까지도 무과에도 응시하지 못하게 할 정도였다.

이보다 앞서 무오사화의 여독으로 이세우의 자손들이 낙향한 충주는 이세우의 외가가 있던 곳이었다. 이미 그곳에는 극감-세우 부자의 묘가 있었다.[69] 충주는 세우-자滋-약빙若氷 계열 이외에도 세좌-수원守元-연경延慶으로 이어지는 가계가 이주하여 뒷날 기호사림파로 활약하게 된다.[70] 이세우의 손자 약빙은 기묘사화 후에 조광조趙光祖와 형인 이약수李若水 두 사람의 사면을 강력하게 주청하다가 파직되었다. 그 뒤 재등용되어 한산군수로 근무할 때 연산군과 노산군魯山君의 후사를 세울 것을 주장하다가 삭직된 후 충주 북촌에 정착하였다.[71] 이들이 충주에 정착하여 이곳이 사림세력의 근거지가 될 수 있었던 데에는 충주목사 박상朴祥의 도움이 컸다. 박상은 담양부사로 재직하고 있을 때 중종반정으로 폐위된 단경왕후端敬王后 신씨愼氏의 복위를 주장하였고, 충주목사로 있을 때 기묘사화로 의탁할 수 없었던 김세필金世弼·이자李耔·이연경이 충주에 정착할 수 있도록

66) 《연산군일기》 53권, 연산군 10년 윤4월 28일.
67) 《연산군일기》 56권, 연산군 10년 11월 11일.
68) 《연산군일기》 57권, 연산군 11년 1월 26일.
69) 박홍갑, 〈중종조 충주사림의 진출과 활동-己卯名賢을 중심으로-〉, 《史學硏究》 제55·56합집, 한국사학회, 1989, 408쪽.
70) 박홍갑, 위의 글, 408쪽.
71) 박홍갑, 앞의 글, 415쪽.

도왔던 인물이다. 기묘사림파의 선두였던 박상이 이약수·약빙과 노선을 같이 한 인연으로 뒷날 이세우–이자李滋 부자의 비문을 쓰게 되었고,[72] 이자의 부인 광주안씨廣州安氏가 1522년(중종 17)에 죽었을 때 만사挽詞를 짓기도 하였다.[73]

다음으로 이세우의 처가를 살펴보고자 한다. 이세우의 부인은 광주판관光州判官 권질權耋(안동인)의 딸이다.[74] 처가의 가격이 광주이씨와 대등하다고는 할 수 없지만, 이세우의 장모가 찬성 이승손李承孫(영천인)의 딸이고 처남 권경우權景祐와 권경유權景裕가 각각 승지와 참판을 지낸[75] 점으로 보아 어느 정도 지체를 유지했다고 보아야 할 것이다. 더욱이 권경유는 사관史官으로 있을 때 김종직의 조의제문弔義帝文을 실은 일로 국문을 당하면서도 강직하게 굽히지 아니하고 조용히 죽음을 받았다고 한다.[76] 이세우의 부인 안동권씨는 남편과 생년이 같고(1449) 1504년 갑자사화로 집안이 큰 화를 입게 되었을 때 3남 2녀를 건사하였고 1517년(중종 12) 69세로 졸하였다.[77]

4. 맺음말

앞서 말했듯이 이세우는 조선 초기 최대의 관운을 발휘했던 광주

72) 박상의 연보에 연대가 분명치 않다는 단서를 달아서, 1529년(중종 24) 3월에 박상이 이세우–이자 부자의 묘갈명을 지었다고 기록되어 있다(車柱環, 《譯解訥齋集》, 충주박씨문간공파문중, 1979, 1027쪽).

73) 《광주이씨족보》 1권, 12~13쪽.

74) 《氏族源流》, 豐壤趙氏花樹會 편, 豐壤趙氏文集叢書 제5권, 1991, 安東權氏.

75) 朴祥, 《訥齋集》 별집 권1 〈觀察使李公墓碣銘〉.

76) 《국역연려실기술》 2권, 연산조 고사본말, 162쪽.

77) 《광주이씨족보》 1권, 12~13쪽.

이씨가에서 태어나 30대 중반에 당상관으로 고속 승진해서 5년 동안 승지를 지냈다. 관직에 근무했던 15년간 외직으로 경상도사와 경기 감사에 잠시 근무한 것을 제외하고 대부분의 시간을 중앙에서 근무하였다. 그가 성종의 신임을 얻고 조정에서 경학 방면의 대표 관료로 촉망을 받았지만 40대 초반에 생을 마침으로써 기대에 부응할 수는 없었다. 공교롭게도 부친 이극감의 향년과 아들이 1년밖에 차이가 나지 않는다.

따라서 이세우의 생애를 살펴보려면 아무래도 중앙관직에 근무하면서 정치 현안에 의견을 제시했던 승지로 근무한 기간에 집중할 수밖에 없었다. 1484년(성종 15)에 동부승지로 있으면서 일본인 상인과 조선인 사이의 사무역을 금지하고 일시 낙동강의 성주목 화원현에 왜물고倭物庫를 유지하는 방안을 제시하였다. 이 방안을 실시하게 된 것은 장사치들이 삼포로 드나들면서 일본인들과 금수품을 거래하는 것을 방지하고자 함이었다. 결국 성종은 화원현 왜물고는 금수품 거래 방지를 위해 한때 실시한 방안이고, 끝내 사무역을 금지할 수 없다는 결정을 내렸다. 언뜻 보면 이세우나 그를 비롯한 승지들의 의견이 국왕과 배치된 것 같으나, 이 논의가 있은 지 2년 만에 호시互市가 회복된다는 점을 고려할 때, 최종 승정원의 의견은 국왕이 판단한 사항을 결정하는 데 정책의 정당성을 만들어 나가는 과정과 관련하여 이해할 점도 있을 것이다.

1487년(성종 18)에 우승지로 재임하면서 승정원 전체의 의견을 말할 때, 장례원掌隷院에서 박지朴枝·오승윤吳承胤이 제기한 노비소송을 동송부동송同訟不同訟의 법을 적용하지 않고 법 조문의 자구에만 집착하여 '무자녀적모노비無子女嫡母奴婢'로 해석하여 본종本宗에 돌려준 처사가 잘못되었음을 지적하였다. 성종은 박지 등이 제기한 노비 소송에서 장례원이 동복형제의 생사를 따지지 않고 균등하게 분배할 것을 지시하고, '신몰동생지자녀身沒同生之子女' 조항은 막 반포된 《경국대전》에서 고칠 필요가 없으며 이후에도 유추해서 적용할 수 있을 것이라고 판정하였다. 국가가 법을 만들어 국가에 손해가 되기도 하고 백성들의 삶에 해가 되기도 하지만, 이 소송은 국가로서도 관계될 바가 없고 민생에도 걸리는 점이 없으므로 까닭 없이 법조문을 고칠 필요가 없다는 것이었다. 이 사안이 처리된 의미는 왕조 건국 1세기를 들여서 만든 《경국대전》을 하나의 사례로서 쉽게 조항을 고치지 않고 법 정신을 깊이 검토하여 적용하려고 했다는 점이다.

같은 해에 도승지로 승진한 이세우는 함경감사 성준成俊이 함경도의 세전관하世傳管下(함경도 토호에게 지급된 봉족)를 군적으로 편성하지 말고 종래대로 유지할 것을 주장했을 때, 다른 이들과는 달리 영안도(함경도)의 토호들에게 솔정(봉족)을 지급하는 것마저 반대하는 강경한 태도를 견지하였다. 그는 함경도의 토호가 누락된 인정人丁을 다수 보유하고 있어서 군액이 줄어드는 폐단이 있었고 게다가 이 때문에 1467년(세조 13)에 진압된 이시애의 난이 일어났다고 주장하였다. 다른 대신들은 함경도의 세전관하만이 아니라 경·향의 장인匠人들에게도 솔정을 지급할 것을 주장하였고, 이에 국왕은 한번에 누락된 인정을 추쇄하여 반발을 사는 것보다 영안도의 노비가 없는 점을 감안하여 기존대로 두 명의 솔정을 유지할 것을 결정하였다. 이 사안에서 사평史評에도 등장하듯이 '성품이 가혹하게 살폈다'는 말과 어느 정도 관련이 있는 듯하다. 그가 5년이나 승지에 재임한 것은 그가 사무를 처리하는 것이 자세하고 마음이 정직했기 때문에 임금이 그를 신임했다는 기록의 근거가 될 것이다.

앞에서 든 세 건의 사안을 통해서 국왕, 영돈령 이하의 고위 관료,

승정원까지 국정을 운영했던 실체의 속마음까지 알 수는 없을 것이다. 사안의 처리 과정에서 대략을 이해할 수 있으며 외형상 반대하거나 의견 차이가 많았던 것도 출발점부터 달랐다고 판단하기에는 이르다. 어쨌든 이세우는 가선대부로 품계가 올라 경기감사로 도임하였지만 치적은 알 수 없으며 오히려 승지로 있을 때에 신병이 있어 제대로 근무할 수 없었다.

이세우 사후로 광주이씨 가문은 연산군 대에 발생한 무오사화와 갑자사화로 말미암아 선초의 명벌名閥의 지위에서 추락하여 이세우의 외가가 있던 충주로 낙향하게 된다. 가문 내에서도 사화기에 처신을 크게 달리하는 파가 생기기도 하지만, 중종 대 이후로는 사림파의 큰 축이 된 눌재 박상과 교류하여 사림파의 노선에 합류한다. 충주 낙향은 이세우 후손들에게 선대의 기반으로 회귀한다는 뜻도 있었지만 박상이 충주목사로 재직하면서 이세우의 손자인 이약수·이약빙이나 이세좌의 손자 이연경 등에게 황무지 개간에 협조하면서 처신을 같이했던 요인도 작용하였다. 이들은 조광조를 스승으로 섬겼거나 현량과에 선발된 인연으로 1519년 기묘년에 조광조의 억울함을 호소하였다. 이러한 인연으로 눌재가 이세우·이자 부자의 묘갈명을 찬하고 세우의 부인 광주안씨의 장례에도 만사를 지어주었다.

■ 참고문헌

《廣州李氏大同譜》
《廣州李氏族譜》

《國朝寶鑑》《國朝榜目》《練藜室記述》《司馬榜目》
《世祖實錄》《國譯成宗實錄》《燕山君日記》
《訥齋集》《決訟類聚補》
《氏族源流》, 豐壤趙氏花樹會 편, 豐壤趙氏文集叢書 제5권, 1991, 安東權氏.
《忠州崔氏大同譜》(전2권), 충주최씨대종회, 회상사, 2001.
《한국민족문화대백과사전》 CD-ROM, 한국정신문화연구원 편찬, 동방미디어 개발, 2003.

鄭杜熙, 《朝鮮初期 政治支配勢力研究》, 일조각, 1983.
車柱環, 《譯解訥齋集》, 충주박씨문간공파문중, 1979.
韓㳓劤 外, 《譯註經國大典》, 한국정신문화연구원, 1986.

박홍갑, 〈중종조 충주사림의 진출과 활동-己卯名賢을 중심으로-〉, 《史學研究》 제55·56합집, 한국사학회, 1989.
李楠福, 〈李集의 생애와 학문〉, 《高麗後期 新興士族의 研究》, 경인문화사, 2004.
張舜順, 〈朝鮮時代 倭館變遷史 研究〉, 전북대 박사논문, 2001.